市場化のなかの北欧諸国と日本の介護

その変容と多様性

Marketising Trends in Nordic and Japanese Eldercare

斉藤 弥生　石黒 暢 編著
Yayoi Saito　Nobu Ishiguro

大阪大学出版会

目次

はじめに　社会の変容と高齢者介護
　　　　　―国際比較，介護現場の視点から……………………………1
1　高齢者介護の共通の課題
　―「再家族化」,「市場化」,「私費購入化」のなかで　1
2　介護現場の声に基づく国際比較調査(1)
　―NORDCARE 調査　2
3　介護現場の声に基づく国際比較調査(2)―日本調査　4
4　北欧諸国の高齢者介護はどう変わっているのか　5
5　本書の構成　11

第Ⅰ部　NORDCARE 調査からみた北欧諸国と日本の高齢者介護

第1章　「施設」と「在宅介護」の境界線
　　　　―介護労働者の日常からみえるもの……………………………17
1　はじめに　17
2　介護サービス利用者の特徴　20
3　介護労働者の特徴　22
4　介護の仕事の特徴　24
5　労働環境と健康状態の特徴　27

6 「施設」と「在宅」の間で
—あいまいになる境界線（スウェーデン） 29
7 「施設」と「在宅」の間にくっきり残る境界線（日本） 32

第2章 スウェーデンと日本の介護労働者の実像
—ホームヘルパーと施設職員の属性を中心に …………37
1 はじめに 37
2 研究方法 38
3 調査結果と分析 40
4 考察—スウェーデンと日本の比較 49
5 おわりに 53

第3章 日本とデンマークの介護労働環境
—介護労働者のストレスとその背景 ………………………57
1 はじめに 57
2 研究方法 58
3 分析結果 59
4 考察 66
5 おわりに 70

第4章 仕事の裁量とやりがい
—Wærness の「ケアの合理性」概念に焦点をあてて …75
1 はじめに 75
2 Wærness の「ケアの合理性」概念 76
3 ホームヘルプの変容と展開
—「ケアの合理性」概念の視点から 80
4 現場で働く介護従事者の声からの分析 85
5 考察—日本におけるホームヘルパーの自由裁量 91
6 おわりに 93

第５章　スウェーデンの認知症ケアにおける認知症看護師の役割
──ヴェクショー市の事例をもとに……………………………97
1　はじめに　97
2　認知症看護師の歩みと役割　98
3　認知症看護師の実際──ヴェクショー市の事例　103
4　日本の認知症ケアへの示唆　106
5　おわりに　110

第Ⅱ部　北欧諸国の高齢者介護の今
──市場化動向とその多様性

第６章　北欧４カ国における高齢者介護の市場化とその特徴…115
1　はじめに　115
2　民間供給の範囲　117
3　市場化の手法　126
4　市場化のもとでのサービスの質に関する規制　145
5　市場化の帰結　153
6　結論と今後の調査　161

第７章　スウェーデンにおける高齢者介護の市場化
──競争，選択，より厳格な規制の要請…………………175
1　はじめに　175
2　法律と市場化の手法　179
3　規制と事業者対象の監査　187
4　スウェーデンにおける市場化の程度　205
5　市場化が与えた影響　217
6　まとめ　234

第8章　デンマークにおける高齢者介護の市場化
——自由選択，質の向上と効率化の追求……………………251
1　はじめに　251
2　デンマークの高齢者介護　253
3　市場化に関連する法制度　255
4　市場化に関連する仕組みとモデル　257
5　規制の形態と事業者の監督　267
6　高齢者介護における市場化の拡がり　269
7　市場化導入の帰結　281
8　結論　286

第9章　ノルウェーにおける高齢者介護の市場化
——背景とトレンド，それに対する抵抗……………………293
1　はじめに　293
2　ノルウェーの高齢者介護における制度と法律　295
3　競合する改革の軌跡　297
4　市場化に関連する法律と規則　308
5　民間供給の規模と範囲　313
6　市場化——論争の大きな課題　321
7　市場化のインパクト——論争中の課題とともに　325
8　議論と結論　333

付　録……………………………………………………………………343
1　本書でとりあげた調査および調査報告書について　344
2　NORDCARE 調査および NORDCARE 日本調査の結果に基づく
北欧4カ国と日本のクロス集計　352
3　NORDCARE 日本調査の調査票　405
あとがき　416
執筆者一覧　421
索引　423

はじめに

社会の変容と高齢者介護
——国際比較，介護現場の視点から

斉藤 弥生・石黒 暢

1 高齢者介護の共通の課題 ——「再家族化」，「市場化」，「私費購入化」のなかで

超高齢社会での持続可能な介護保障に向けて，対応策の明確な方向性を示すことが求められるなか，質の高い介護サービスのためのシステム構築は，国家レベルの緊急課題である．グローバル化，新自由主義的政策の流れのなかで，北欧諸国の高齢者介護も他国と同様に大きな影響を受け，世界が注目してきた普遍的給付にも変容がみられる．また，福祉国家財政の縮小のなかで，再家族化（re-familialisation），市場化（marketisation），私費購入化（privatisation）の傾向が指摘され，議論されている．

日本の介護保険制度においても，2015 年改正では，「要支援者」（＝軽度者）に対する訪問介護，通所介護の地域支援事業への移行，特別養護老人ホームの入所基準の規定（要介護 3 以上），高齢者の一部を対象とした自己負担の引き上げが行われた．同時に，民間企業によるサービス付き高齢者向け住宅の増設など，介護の市場的解決を促す政策には北欧諸国と同様の傾向がみられる．

本書の目的は主に次の 2 点である．第一に介護労働者の声を集めた量的調査に基づき，北欧諸国との比較を通じて，日本における介護の仕事と介護労働者の特徴を示すことである．第二に，普遍的給付を前提としてきた北欧 4

カ国の高齢者介護が「市場化」という新たな局面にどう対処しているかを明らかにし，北欧 4 カ国の高齢者介護の多様性を示すと同時に，高齢者介護の市場化についての論点を明確に示すことである．

北欧諸国の介護政策はこれまでにも日本の介護政策に大きな影響を与えてきたが，日本での議論はいまだに福祉国家拡大期にみられた自治体による供給独占，北欧諸国の高齢者介護システムはほぼ同じ，といった北欧モデルの紋切り型イメージから抜け出せていない．本書では，北欧諸国の介護の市場化にみる諸政策に関する最新情報に基づき，北欧諸国の多様性を明確に示し，また介護の市場化の影響を評価し論じており，日本の政策形成にも重要な示唆を与えうる．

本書の特徴は，第一に，介護労働者を対象とした，日本と北欧諸国で実施した量的調査に基づく国際比較分析であり，当該分野における新たな試みにある．第二に，「市場化」をテーマとした北欧 4 カ国の高齢者介護の最新動向を横断的に分析し，紹介する学術的な貢献である．第三に，スウェーデン，デンマーク，ノルウェーの介護研究の第一人者らとの共著であり，国際共同研究の成果であるという点である．

2　介護現場の声に基づく国際比較調査(1)――NORDCARE 調査

高齢者介護に関する国際比較研究では，OECD 統計や政府統計などによる社会保障支出や介護費用支出額，ホームヘルパーの数やホームヘルプの利用時間，利用者数などのサービス量による比較が多い．実際の介護サービスや介護従事者の労働環境について，量的調査に基づく，実証的な国際的な比較研究はみられなかった．もちろん，それぞれの国内には高齢者介護の実態を明らかにする多くの調査研究があるが，調査の前提条件が異なっているため，国際比較のデータとして使用することが難しい．

2000 年以降，ヨーロッパを中心に介護サービスの内容や介護サービス従事者に注目した比較研究への関心が高まっている．たとえば，国際比較研究では，自宅で行われる介護を「ホームケア」という一律の単語で議論してきたが，ホームケアを例にあげても，その内容は国によってさまざまである．たとえば，北欧諸国ではそのほとんどがホームヘルプであるが，日本ではデイサービスの利用が多い（内閣府 2015）．

国際比較の視点から介護の多様性を明らかにした先駆的な調査のなかに，ストックホルム大学で行われた『北欧 4 カ国のホームヘルプ』（2003）がある．ホームヘルパーの日常的な仕事を観察した結果，北欧諸国のなかでも各国でさまざまな特徴をもつことが明らかになった．たとえばノルウェーのホームヘルプには「掃除機をかける」仕事が多くみられたが，「身体介護」は観察されなかった．ノルウェーの多くのコムーネでは訪問看護に身体介護が含まれ，ホームヘルパーの仕事は掃除や買い物という家事援助に限られていることが多い．またデンマークでは「利用者とお茶を飲む」光景が多く観察された一方，スウェーデンではその光景はあまり見られない（Szebehely（red.）2003）．この違いの背景には，そこに住む人々の生活，ホームヘルプが発達してきた歴史，また政権政党の政策方針などが関係しているものと考えられる．

このように介護サービスの内容は，国により異なり，また時代とともに変化している．介護はそれを必要とする人たちの生活を支えるものであり，その国や地域に住む人々の生活習慣やライフスタイルに大きな影響を受けているからである．

このような視点から Marta Szebehely（ストックホルム大学）らは，2005 年に「高齢者介護に関する北欧諸国の比較調査」（通称：NORDCARE 調査）として，スウェーデン，デンマーク，ノルウェー，フィンランドの介護従事者を対象に大規模調査を実施した．Szebehely 教授はスウェーデンにおける高齢者介護研究の第一人者であり，著作も多く，政府報告書などにも多くの論文が掲載されている．その後，カナダ（2006），オーストラリア（2008），ドイツ（2010），日本（2012）の各国で同じ調査票を用いた調査が実施され，NORDCARE 調査は幅広い国際比較調査に発展してきた．

NORDCARE 調査は，「介護」という同じ言葉を使っていても，その内容は国によって異なり，介護サービスはその社会の文化や歴史，政治等を反映していることを示すと同時に，高齢者介護の国際比較研究においては，提供されるサービスの量的比較だけでなく，内容の分析や働く人たちや利用者の声からの検討が重要であることをも示唆している．

3 介護現場の声に基づく国際比較調査(2) ——日本調査

編者らの研究グループは幸運にも Szebehely 教授の協力を得て，2012 年に日本でほぼ同じ内容の調査，「NORDCARE 調査—日本調査」を実施することができた．本調査では日本国内で日常的に行われる介護の具体内容，介護従事者の特徴や仕事に対する考え方などを調査し分析することはもちろん，これまでに NORDCARE 調査に参加した国々と高齢者介護サービスと介護従事者の働く環境や考え方の比較分析を行うことを目的としている．

こうした国際比較を通じて，日本の高齢者介護サービスの特徴や介護従事者の方々の考えやおかれている環境を明らかにし，世界的に見た位置づけを確認することにより，今後の介護サービス供給や編成の在り方，サービスの質の向上に向けた取り組みの議論を展開することが可能となる．

一例を紹介しよう．日本でも在宅で生活する高齢者のなかに，医療行為を必要とする高齢者が増えている．具体的には痰の吸引，経管栄養（胃ろうを含む）などであるが，これらの医療行為は，医師の指示のもと家族が行うことはできたが，ホームヘルパーや介護職員が行うことは禁止されていた．そのため，これらの医療行為を必要とする高齢者は，受け入れ態勢の問題から，老人ホームの入所や短期入所，通所介護の利用を断られることがある．また家族にとっても高齢者から目を離せず，介護負担は大きなものである．このような状況を改善するため，法改正が行われ，2012 年からは介護福祉士と研修を受けた介護職員が一定の条件の下で，これらの医療行為ができるようになっている．スウェーデンでは，1990 年代中頃から，すでにホームヘルパーは在宅における医療行為の一部を担っていた．しかし在宅で必要とされる医療行為の内容が日本とは異なる．スウェーデンでは地域看護師の指導と責任のもとで，その能力が認められたホームヘルパーが傷口の処置や糖尿病の方へのインシュリンの注射などを行っている．スウェーデンでは胃ろうの処置を必要とする人はまず見られない．口からの食事摂取が困難な若い人に対しては，胃ろうの処置をすることもあるそうだが，高齢者にはまず行われない．一方，スウェーデンでは，糖尿病の治療を必要とする人が多く，自宅でのインシュリン注射の援助に対するニーズは高い．ホームヘルパーが行う医療行為にも，その国の医療制度や生活文化の違いが見られる．

4　北欧諸国の高齢者介護はどう変わっているのか

Szebehely 教授らは NORDCARE 調査に続き，2013 年に *Marketisation in Nordic eldercare: a research report on legislation oversight, extent and consequence*（通称 Normacare）を刊行した．同報告書は，スウェーデン，フィンランド，デンマーク，ノルウェーの北欧 4 カ国にみる高齢者介護の市場化プロセスを分析し，解説したものであり，Szebehely 教授らによる 4 カ国の比較分析も含まれている．北欧諸国においては，高齢者介護にどのような市場化改革が行われたのか，民間事業者によるサービス供給がどこまで進行しているのか，どのようにして市場化された高齢者介護サービスの質を測定しているのか，介護サービスの市場化は利用者に対して，介護従事者に対して，高齢者介護システムに対して，どのような影響を与えたのか，これらが同報告書の問いである．この報告書には，介護サービスの市場化の経験が豊かな英語圏の国として，カナダとアメリカの事例も紹介されている．本書の第Ⅱ部は，同報告書の一部を執筆者の同意と協力に基づき，翻訳して掲載している．

ところで，ここでいう「市場化」（marketisation）とはどういう意味であろうか．市場化は幅広い概念であり，高齢者介護の市場化は多様に解釈されうる．特に本書の第Ⅱ部を理解するためには，原著である Normacare 報告書に

	民間アクターの関与あり	民間アクターの関与なし
市場原理の実践あり	①競争原理による民間委託：顧客選択モデル	②公的セクターに民間セクターの実践を導入
市場原理の実践なし	③競争原理を用いない民間委託	④「伝統的な」公的セクターによる供給

図 1．市場化の概念

出所：Anttonen & Meagher（2013：14）より作成

おいて市場化がどのように定義されているかを把握しておく必要がある．ここでは，同報告書の第 1 章に依拠して，市場化の概念について概観する（Anttonen & Meagher 2013：16–18）．

高齢者介護の市場化を分析するにあたって設定された概念の枠組みは図 1 のとおりである．縦軸は「市場原理の実践」で，競争原理などの市場的なロジックが介護サービス供給において実際に用いられているかどうかを表している．横軸は「民間アクターの関与」であり，関与があるかないかで分けられる．これによって 4 領域（①～④）が形成される．このうち，①，②が市場化として定義される類型である．

①は「市場原理の実践あり，民間アクターの関与あり」のパターンである．競争入札などの方法によって民間事業者をサービス供給に参入させるような場合はこれにあたる．サービスの価格や質を競わせることで効率化とサービスの質向上が目指される．

②は「市場原理の実践あり，民間アクターの関与なし」である．市場化の前提条件として民間アクターの関与が必須と思われがちであるが，民間アクターの関与があるかどうかは，市場化を検討するうえで決定的ではないという（Anttonen & Meagher 2013：16）．サービス供給に民間事業者が参入しない場合でも，公的セクターに市場的な原理を導入する場合は，市場化されたシステムであるとみなされる．たとえば，購入者－供給者分離モデル（181 頁）を導入したり，ベンチマーキングを用いたりなどして民間企業のような組織編成やマネジメントを取り入れるケースは，市場化の一つの形態である．

③の「市場原理の実践なし，民間アクターの関与あり」は市場化とはみな

されない．民間アクターが供給に関与しているだけでは市場化された介護システムとはいえず，市場のロジックが用いられているかがポイントになる．たとえば，ノルウェーやフィンランドではこれまで民間事業者（主に非営利事業者）の供給する福祉サービスに対して公的な財源が使われてきたが，競争原理のような市場のロジックは用いられておらず，市場化とはみなされない．

④は「市場原理の実践なし，民間アクターの関与なし」である．1980年代までの北欧諸国で公的部門が一元的に介護サービスを供給していた方式であり，市場化には含まれない．

以上を整理してAnttonen & Meagher（2013: 16）は，市場化とは「市場の合理性や実践がみられること」（presence of market rationalities and practices）と定義し，市場化されたサービスの中心には競争原理と利用者選択が存在すると述べている．

Szebehely（2014）は1990年以降の北欧諸国の高齢者介護の状況を表1のように説明する．普遍主義（universalism）を特徴としてきた北欧諸国であるが，サービス利用率は下がっており，再家族化（re-familialisation），私費購入化（privatisation），市場化（marketisation）の方向性が強まっている．Szebehely（2014）がここでいう普遍主義とは，質の高いサービスが指向され，すべての社会階層にいきわたっているということである．これは，多くの中流階層

表1．1990年以降の北欧諸国にみる高齢者介護の動き

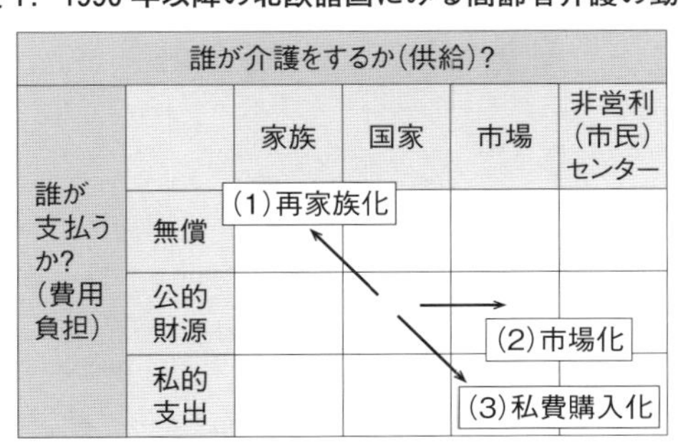

出所：Szebehely（2014）に加筆

が福祉サービスを利用することで，その質の水準が向上することを前提としている．普遍主義に基づく福祉サービスとは，すべての人に対して，同じサービスを提供するという意味ではなく，すべての人に対して個人に合わせた福祉サービスを提供することである．

北欧諸国の高齢者介護は，「再家族化」，「私費購入化」，「市場化」に向かっているということを示す指標がいくつかある．まず図2は北欧4カ国における介護サービス利用率の推移を示す．どの国も高齢者の介護サービス利用率が減少傾向にある点は共通している．統計を比較すると，スウェーデンは介護サービス利用者の比率が14%で，最も低い数値となっている．最も利用率が高いのはノルウェーで22%，次いでデンマーク，フィンランドの16%となる．またスウェーデンとフィンランドは1990年代初頭に深刻な財政危機に見舞われ，図2からも明らかなように，スウェーデンは1990年代初頭，

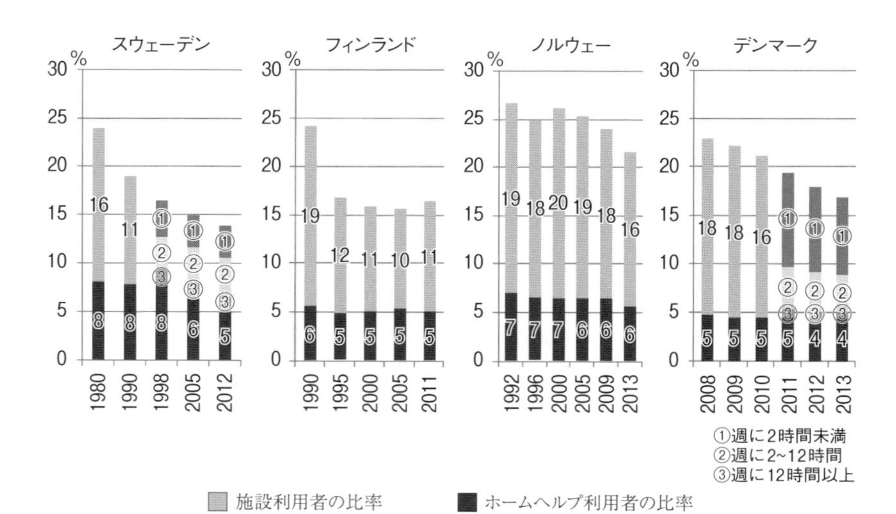

スウェーデン　：65歳以上高齢者の介護サービス利用率（1980年～2012年）
フィンランド　：65歳以上高齢者の介護サービス利用率（1990年～2011年）
ノルウェー　：67歳以上高齢者の介護サービス利用率（1992年～2013年）
デンマーク　：65歳以上高齢者の介護サービス利用率（2008年～2013年）

図2．北欧4カ国における介護サービス利用率の推移

出所：Szebehely（2014）

フィンランドは 1990 年代中盤に利用率の低下が顕著であった．それに比べると，ノルウェーとデンマークは 2000 年に入るまでそれまでの水準を維持していたことがわかる．

またさらに，デンマークとスウェーデンのホームヘルプを比較すると，デンマークでは「週に 2 時間」のホームヘルプ利用者がスウェーデンの 3 倍近くの数になっており，これはデンマークの特徴と言える．つまり，デンマークでは予防に力を入れており，軽度者のサービス利用が多い．

利用率の低下による「再家族化」の兆候は，主に資源が少ない高齢者にみられ，「私費購入化」の兆候は主に資源の豊かな高齢者にみられるようになった．詳細については，本書の第 II 部でとりあげている．

図 3 は北欧 4 カ国にみる高齢者住宅とホームヘルプ利用率の推移を示す．どの国も高齢者住宅の利用率が減少している．その一方で高齢者住宅の減少をホームヘルプが補おうとする状況がうかがえる．特にスウェーデンにはその傾向がみられる．

高齢者住宅にも新たなタイプが登場している（詳細は本書第 II 部）．図 4 は北欧 4 カ国にみる 80 歳以上高齢者の介護サービス利用率（施設と在宅の合計）

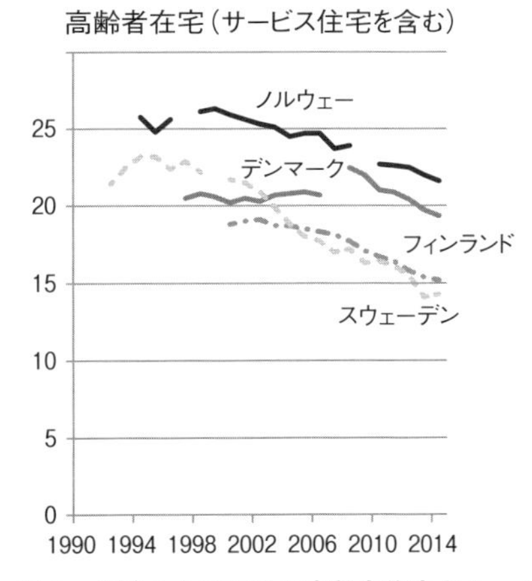

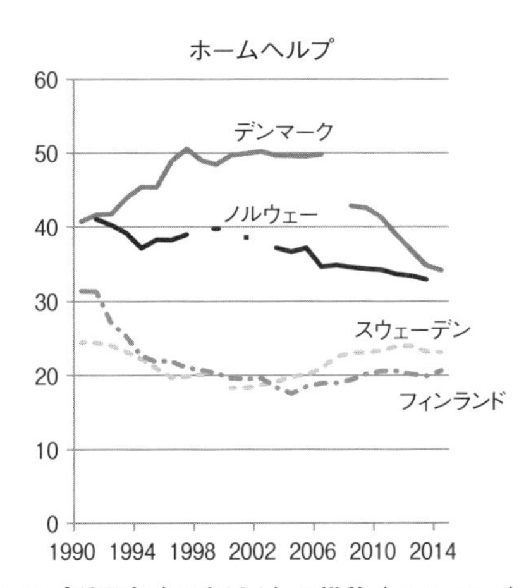

図 3．北欧 4 カ国にみる高齢者住宅とホームヘルプ利用率（80 歳以上）の推移（1990−2014）
出所：Szebehely（2016）

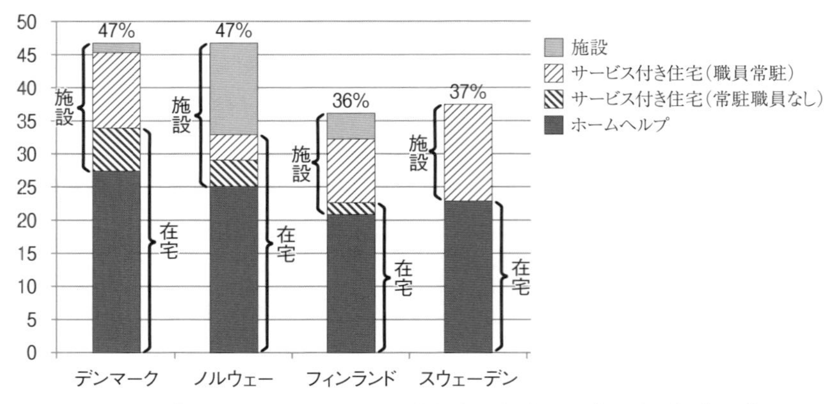

図 4．北欧 4 カ国にみる 80 歳以上高齢者の介護サービス利用率（2014）

出所：Szebehely（2016）

を示す．「西側北欧諸国」のデンマーク，ノルウェーが 47％で高く，「東側北欧諸国」のスウェーデン，フィンランドは 36〜37％で約 10％も利用率が低い．「西側」では施設と在宅の間の中間的なものの部分が大きい．これはサービス付き住宅と呼ばれるもので，職員が常駐するものと職員が常駐しないものがある．デンマークでは高齢者住宅の利用率は高いものの，施設の利用率が低いのが特徴である．スウェーデンの高齢者住宅は，介護付き住宅と呼ばれ，入所判定を必要とする高齢者住宅が総称されている．Szebehely（2016）は「東側」には中間的な住宅としてのサービス付き住宅（常駐職員なし）が少ないことを指摘している．

また自治体による一元的なサービス供給が北欧諸国の高齢者介護システムの大きな特徴であったが，1990 年代に競争入札による外部委託が一般的になり，また 2000 年代にはサービス選択モデルが始まり，都市部の自治体では，程度の差は異なるが，介護サービスは供給多元化の状態となっている．表 2 は北欧諸国における公的財源による高齢者介護サービスの民間事業者の動向を示している．北欧 4 カ国でも大きな差があることがわかる．

最も営利事業者の比率が高いのはスウェーデンで，総供給時間数の 19％を占める．次いで営利事業者の供給が多いのはフィンランドで 18％，デン

表 2．北欧諸国における公的財源による高齢者介護サービス民間事業者の動向（2012）（%）

スウェーデン		フィンランド		デンマーク		ノルウェー	
営利	非営利	営利	非営利	営利	非営利	営利	非営利
19 ↑	3 →	18 ↑	16 ↓	5-6 ↑	?	3-4	4-5

出所：Szebehely（2014）

マークとノルウェーは3～6%で先の2カ国に比べると，営利企業の参入はかなり少ない．非営利事業者をみるとスウェーデンは最も少なく3%程度で横ばい状態，フィンランドはもともと北欧諸国のなかでは最も高いシェアを持っていたが減少傾向，デンマークは統計がないが，ノルウェーとともに伝統的な非営利事業者が介護サービス供給（特に施設介護）において一定の役割を果たしている．Szebehely（2014）は，「東側」に営利事業者が多く，「西側」では営利事業者が少ないことを指摘している．

以上のような現象が生じている背景について，本書第Ⅱ部では当該国の介護研究の第一人者が各国の状況について執筆している．なお本書ではスウェーデン，デンマーク，ノルウェーの章を設けているが，それは本書の執筆者らが長年にわたり研究対象としている国で，それぞれの国の事情を理解しているからである．筆者らにとってフィンランドの事情についてはまだ研究の途上であり，本書には掲載していない．また北欧諸国はアイスランドを入れて5カ国とすることが多いが，NORDCARE 調査ではアイスランドを対象としていない．

5　本書の構成

本書は，介護労働における日本と北欧諸国（主にスウェーデンとデンマーク）の比較分析とその考察による【第Ⅰ部】と，北欧4カ国の高齢者介護の市場化動向の分析による【第Ⅱ部】で構成されている．

【第Ⅰ部】は日本の高齢者介護と介護労働者の特徴（仕事内容，属性，労働条件，仕事の裁量と働きがい）について，介護労働者を対象にした大規模実態調査（前述の「NORDCARE 調査」と「日本調査」）の結果を比較分析し，議論している．第 1 章では介護労働者の日々の仕事の比較を通じて（日本とスウェーデン），日本の在宅介護システムの基盤としてのホームヘルプの脆弱性を指摘している．日本では施設職員とホームヘルパーに仕事内容，介護対象者，属性，労働条件に大きな違いがあり，スウェーデンでは両者の違いが小さい．スウェーデンではホームヘルパーは施設並みの介護を在宅で展開している一方で，日本のホームヘルパーは家事に従事する傾向が強く，重度の介護を必要とする高齢者の在宅生活を支える上で課題となることを指摘した．第 2 章では介護労働者の実像の比較として，調査全体を概観している（日本とスウェーデン）．介護システムに対する両国の介護労働者の価値観として，スウェーデンでは利用者負担増，サービス削減に対する批判的意見が強くみられ，介護をより社会的に解決したいという指向がみえる．第 3 章では介護労働環境について「要求度－裁量度－サポートモデル」（Johnson & Hall 1988）を用いて比較分析を行っている（日本とデンマーク）．身体的疲れ，腰痛，精神的疲れ等の指標では，デンマークに比べ日本の数字は極めて高く，日本の介護労働者，特に施設職員のストレス反応が高いことを示している．第 4 章では仕事の裁量とやりがいについて，Wærness（1983）の「ケアの合理性」概念に基づき，比較分析と考察を行っている（日本と北欧 4 カ国）．日本のホームヘルパーの間では，仕事の現実と求める理想の間にギャップが大きいことが明らかとなり，その背景を介護基盤の展開の歴史から考察している．第 5 章では認知症高齢者介護についてスウェーデンの近年の取り組みを紹介し，日本における課題を指摘している．第Ⅰ部第 2，3，4 章は『IDUN──北欧研究──』第 21 号（2015 年）大阪大学言語文化研究科デンマーク語・スウェーデン語研究室．に掲載した論文に加筆修正を加えたものである．

【第Ⅱ部】は北欧諸国（スウェーデン，デンマーク，ノルウェー，フィンランド（一部））の高齢者介護にみられる市場化の動向について，各国の介護研究の第一人者と若手研究者が法律や制度概要，市場化の状況，市場化の帰結を執筆している．第 6 章では北欧 4 カ国にみられる高齢者介護の市場化の政策と動向を横断的に比較している．スウェーデン，フィンランドでは営利事業者の参入が急速に進んでいる．デンマーク，ノルウェーでも市場化は進んでいるが，比較的緩やかで，介護サービス供給（特に施設介護）における非営利団体の役割が定着している．第7章ではスウェーデンの動向を整理し，サービス選択自由化法（2009），家事労賃控除（2007）などの大きな影響を与えた法律や諸制度を紹介し，高齢者介護の公民の供給比率，民間セクターの構造，サービスの質確保に向けた政府の取り組みを詳細にまとめている．第8章ではデンマークの動向を整理し，国内にみられる市場化モデルの種類，市場化に関係する法制度改正，公民の供給比率など利用者の動向も詳細に示している．第9章ではノルウェーの動向をまとめている．北欧4カ国のなかでは最も市場化動向が緩やかなノルウェーであるが，労働組合など高齢者介護部門の関連アクターによる論争が紹介され，市場化の論点が示されている．

最後に付録として，第Ⅰ部で使用したNORDCARE調査の結果のクロス集計を掲載し，北欧4カ国と日本の高齢者介護と介護労働者をとりまく環境を比較している．ホームヘルプの仕事内容の違い，介護労働者の働く環境や健康状態など，日本の高齢者介護の特徴がわかる．

高齢者介護において「北欧モデル」は決して一つにはまとめきれない．ひとくくりにすることでわかりやすくなるが，その一方で，地域に根差した豊かな取り組みを見落としてしまう．筆者らもまだまだ理解不足で研究の途上にあるが，そのような思いでまとめた一冊である．

参考文献

〈邦文文献・資料〉

内閣府．2015．平成27年度 第8回高齢者の生活と意識に関する国際比較調査．

〈欧文文献・資料〉

Anneli, A. & Meagher, G. 2013. "Mapping marketization: concepts and goals". Szebehely, M. & Meagher, G.（eds.）*Marketisation in Nordic eldercare: a research report on legislation oversight, extent and consequences*. 13-22. Stockholm University.

Gabrielle, M. and Szebehely, M. 2014. *Marketisation in Nordic eldercare: a research report on legislation oversight, extent and consequence*. Stockholm University.

Szebehely, M. (red). 2003. *Hemhjälp i Norden. illustration och reflektioner*. Studentlitteratur.

Szebehely, M. 2014. *Sustaining universalism? Changing roles for the state, family and market in Nordic eldercare*. Keynote at ESPAnet, Oslo, September 5, 2014.

Szebehely, M. 2016. *Den nordiska äldreomsorgesmodellen: ideal or realiteter*. in Äldreforskinigardagen at Stockholm University, den 17 mars 2016.

第Ⅰ部

NORDCARE 調査からみた北欧諸国と日本の高齢者介護

第 1 章

「施設」と「在宅介護」の境界線
――介護労働者の日常からみえるもの

斉藤 弥生，石黒 暢

1 はじめに

日本では，介護保険制度が開始された 2000 年から 2016 年にかけて，介護サービス利用者は 148.9 万人から 554.2 万人に増加した（厚生労働省 2018a）．日本において 65 歳以上高齢者のホームヘルプ利用率は 4.4％（筆者ら試算）となり，この数字は OECD 諸国のなかでも決して低い数字ではない．

サービスの供給量は増えたものの，包括ケアに向けた在宅介護システムの編成には課題が山積している．日本では，1990 年代中盤に，スウェーデンやデンマークで当時すでに標準装備となっていた 24 時間対応のホームヘルプの構築を目指す自治体も現れたが，全国的な普及には至らなかった．介護保険制度の主たる目標の 1 つは，家族の介護負担を軽減し，社会的入院を減らすことであった．介護サービスの供給量が増え，家族が担ってきた高齢者介護の負担が軽減されたことは事実であるが，介護が必要となっても自宅で生活したいと考える高齢者の支援を考えると，いまなお課題は多く，深夜や早朝に介護を必要とする人は，家族の支援がなければ自宅での生活は困難である．

日本では，多くの要介護高齢者が病院に入院しており，病院の病床数の多さは国際的に指摘されている．人口千人あたりの病床数（2017 年）は，日本では13.1床で，スウェーデンでは2.3床である（OECD 2017）．一方，65歳以上の千人あたりの長期療養施設のベッド数をみると，スウェーデンが66.4床であるのに対し，日本は34.3床である（2015年）（OECD 2017）．日本の介護の現場では高齢者の退院が早まっているという声が多いが，国際比較でみると，日本では病院が介護施設の機能を担っているかのような構造になっており，総病床数の19.7%は療養病床，20.1%は精神科病床に使用されている（2016年）（厚生労働省 2017）．たとえば，日本では7.7万人の（2014年）認知症の人[1)]が病院に入院している（厚生労働省 2015）．一方，スウェーデンでは，総病床の93.0%が一般病床，7.0%が療養型病床（2015年）であり（OECD 2017），療養に使用される病床は限られている．経済開発協力機構（OECD）は日本に対し，病床数を削減し，在宅医療や在宅介護を充実させることで入院期間を短縮するよう，改善に向けた指摘と提案を続けている．

こうした状況が生まれる背景にはさまざまな要因があるが，本章では介護労働者の日常の視点から，日本とスウェーデンにみる社会基盤としての在宅介護の違いを示し，その違いが生まれる要因を議論したい．前述のとおり，OECD統計からも，これまでの先行研究からも，スウェーデンと日本では，医療や介護サービスの供給と編成に大きな差があり，日本の在宅介護システムは重度の介護を要する高齢者を支えきれていないことが推測できる．

日本とスウェーデンにおいて，介護労働者は施設や在宅でどのような高齢者を介護しているのか．そこではどのような介護が行われているのか．労働条件や労働環境はどうなっているのか．入院が多い日本と入院が少ないスウェーデンの社会基盤としての介護とその構造を比較し，違いを明らかにすることは，医療や介護を必要とする高齢者ができる限り自宅で暮らすことを選択できる包括ケアを構築する上で重要な示唆を提供する．

本章で用いるデータは，スウェーデンについては2005年にスウェーデンで実施されたNORDCARE調査（以下，NORDCARE調査）のデータである．日本については，筆者らが2012年に実施した高齢者介護に関する国際比較調査（日本調査）のデータを使用している．日本調査の分析対象は，ホームヘルプおよび施設の介護職員であり，スウェーデンは538名（ホームヘルプ

212，施設 326)，日本は 1,056 名（ホームヘルプ 677，施設 379）である．また OECD 統計，日本の厚生労働省，スウェーデン社会庁，スウェーデン統計局の統計も使用する．

表1は日本とスウェーデンの高齢者介護システムの概観を示す．両国のシステムは法律，財源調達，供給者の構成をみても大きく異なる．日本では介護保険施設（介護老人福祉施設，介護老人保健施設，介護療養型医療施設）のほとんどは厚生労働省が認可する社会福祉法人や医療法人が担っており，このことは法律で規定されている．その一方，ホームヘルプやデイサービス等の居宅介護サービスは民間事業者の参入が自由であり，ホームヘルプを提供する訪問介護事業者の 65.5%が営利法人である（厚生労働省 2017b)．

スウェーデンでは，介護付き住宅入居者の 80.3%がコミューン直営の住宅で暮らしており，ホームヘルプの 82.3%（利用者数）はコミューン直営で提供されており（Socialstyrelsen 2018)，民間委託が進んでいるものの，介護サービス供給全体の約 8 割はコミューンによる．しかし介護サービス供給にみる

表1．高齢者介護システムの概観

	日本	スウェーデン
主たる法律	介護保険法 老人福祉法 社会福祉法	社会サービス法
財源調達方式	介護保険制度（社会保険）	地方所得税（税）
介護事業者（ホームヘルプ）[1]	自治体：0.3% 営利法人：65.5% 非営利法人[2]：33.7%	コミューン：82.3% 民間（営利・非営利）：17.7%
介護事業者（施設）[3]	自治体：5.3%[4] 非営利法人[5]：94.8%	コミューン：80.3% 民間（営利・非営利）：19.7%

（出所）日本：厚生労働省（2017b)，スウェーデン：Socialstyrelsen（2018)．

1) 日本は「訪問介護」の事業者，スウェーデンは "hemtjänst"（ホームヘルプ）の利用者の割合．
2) 非営利法人の内訳は，社会福祉法人（18.7%)，医療法人（6.2%)，社団・財団法人（1.3%)，協同組合（2.3%)，特定非営利法人（5.2%)，その他（0.4%)．
3) 日本は介護老人福祉施設の開設主体，スウェーデンは "särskilt boende"（介護付き住宅）の入居者の割合．
4) 自治体の内訳は，都道府県（0.6%)，市区町村（3.3%)，広域連合など（1.4%)．
5) 非営利法人の内訳は，社会福祉法人（94.7%)，日本赤十字社など（0.1%)．

公民比率は，コミューン間で大きな違いがあり，たとえばストックホルム市では63.6%（2017）のホームヘルプ利用者が民間事業者を利用しており（Socialstyrelsen 2018），ストックホルム近郊のコミューンでも民間の供給比率が高い（第II部第7章参照）.

2 介護サービス利用者の特徴

国際的にみて，日本もスウェーデンも高齢化率は高く，80歳以上高齢者の割合では日本が8.6%（2018），スウェーデンが5.1%（2017）である．高齢者世帯について，日本では三世代同居の比率は減少しているものの，65歳以上高齢者がいる世帯の11.0%（2016）で，国際的には高い（内閣府 2018）．一方，スウェーデンの世帯構成人数は1.97人（2014）で，高齢者世帯では一人暮らしが圧倒的に多い（Statistics Sweden 2015）.

介護サービスの利用は，スウェーデンでは65歳以上高齢者の4.2%が施設介護，8.6%がホームヘルプを利用している[2)]（2015）（Socialstyrelsen 2017）．一方，日本では施設利用者は2.7%，ホームヘルプ利用者は3.6%である[3)]（厚生労働省 2018b）．スウェーデンでは自宅で受ける介護サービスのほとんどをホームヘルプが占めており，日本ではデイサービスの利用が多い．たとえば，日本の内閣府による調査[4)]では，日本の高齢者が利用する在宅介護サー

表2．利用している在宅介護サービスの種類（%）

	デイサービス	ホームヘルプ	ショートステイ	その他
日本	**55.9**	28.8	1.7	13.6
スウェーデン	14.5	**61.4**	2.4	21.7
ドイツ	18.3	59.1	6.5	16.1
アメリカ	15.1	57.5	5.5	21.9

出所）内閣府（2015）より作成
注）数値は介護サービスを利用している人のなかでの割合．
（問）あなたは，ふだんどのような「通所・在宅の福祉サービス」を主に利用していますか．（○は1つだけ）

ビスで最も多いのはデイサービス（55.9%），スウェーデンではホームヘルプ（61.4%）となっている（表2）（内閣府 2015）．

では，それぞれの国で，介護労働者はどのような状態の高齢者を介護しているのか．表3は，各国の施設職員[5]，ホームヘルパー[6]が介護する高齢者の特徴を示す．スウェーデンのホームヘルパーでは，室内の移動介護を必要とする高齢者または寝たきりの高齢者，認知症のある高齢者を介護している比率が日本に比べて高い．スウェーデンでは，ホームヘルパーの17.2%が，自ら介護する高齢者の「ほとんど」または「すべて」に認知症があると回答しており，19.6%は自ら介護する高齢者の「ほとんど」または「すべて」が移動介助を必要としている（あるいは寝たきり）と回答した．

一方，日本では自分が介護する高齢者の「ほとんど」または「すべて」に認知症があると回答したホームヘルパーはわずか9.0%であり，「ほとんど」または「すべて」が移動介助を必要していると回答したホームヘルパーも5.2%であった．日本の施設職員の69.2%は介護する高齢者の「ほとんど」または「すべて」が認知症高齢者であると回答している．

この結果から，スウェーデンのホームヘルパーは，日本に比べ，在宅でより重度の介護や認知症介護を必要とする高齢者を支援していることが推測される．

表3．介護サービス利用者の状態（%）

	日本		スウェーデン	
	ホームヘルプ	施設介護	ホームヘルプ	施設介護
室内の移動介助を必要とする人（または寝たきりの状態の人）	5.2*	45.6*	19.6*	52.6*
認知症の人	9.0*	69.2*	17.2*	50.0*

* $p < 0.05$

「あなたが普段，介護している人のなかには，下記の状態にある人はどれだけいますか」という設問で，表の数字は「すべて」「ほとんど」と回答した人の比率（他の回答の選択肢は「半数」，「数名」，「なし」．）

3 介護労働者の特徴

3.1 年齢と男女比

表4は介護労働者の平均年齢と男女比を示す．日本調査では，日本では，施設職員の平均年齢は35.8歳，ホームヘルパーの平均年齢は52.3歳である．ホームヘルパーの90.0％が35歳以上であり，施設職員の56.7％が35歳以下であった．日本では介護労働者の年齢には，「ホームヘルパーの年齢層は高く，施設職員の年齢は低い」という特徴がみられる．またホームヘルパーには既婚者が多く，施設職員には単身者が多い．スウェーデンでは，ホームヘルパーと施設職員の間に年齢差はみられない．

スウェーデンでは施設職員の3.4％，ホームヘルパーの3.8％が男性で両者に差がない．日本調査では施設職員の35.2％が男性であった（詳細は第2章）．介護労働者の性別では，日本の方が男性の比率は高い．

3.2 雇用形態

表5は，介護労働者の雇用形態を示す．正規雇用の比率は日本の施設職員では83.2％，ホームヘルパーでは32.0％，スウェーデンの施設職員（無期雇用）では87.4％，ホームヘルパーでは87.0％であった．パートタイム雇用比率は，日本の施設職員では6.9％，ホームヘルパーでは58.1％，スウェーデンの施設職員では64.3％，ホームヘルパーでは64.9％であった．

表4．介護労働者の平均年齢と男女比

	日本	スウェーデン
平均年齢	施設職員：35.8歳 ホームヘルパー：52.3歳	施設職員：45.3歳 ホームヘルパー：44.2歳
男女比	施設職員の35.2％が男性 ホームヘルパーの5.2％が男性	施設職員の3.4％が男性 ホームヘルパーの3.8％が男性

表5. 介護労働者の雇用形態（%）

	日本		スウェーデン	
	ホームヘルプ	施設介護	ホームヘルプ	施設介護
正規雇用	32.0	83.2	87.0	87.4
パートタイム雇用	58.1	6.9	64.9	64.3
夜勤	5.8	88.1	14.7	18.8
家計の主たる担い手	44.3	71.7	—	—

日本では，施設職員とホームヘルパーに大きな違いがあり，ホームヘルパーは正規雇用が少なく，パートタイム雇用が多い．スウェーデンでは，ホームヘルパーと施設職員の間で雇用形態の差がほとんどない．

また日本ではホームヘルパーの夜勤は5.8%しかなく，このことは日本において夜間や深夜のホームヘルプが普及していないことを示している．また日本ではホームヘルパーの70%が「週に20時間以下」の就労であった．スウェーデンで夜勤者が少ないのは，夜勤専門の職員がいるためである．

日本調査では，ホームヘルパーの55.7%，そして施設職員の28.3%が家計の主たる担い手でないことが示された[7]．つまり日本のホームヘルパーの半数強が家庭の主婦の兼業で，税制における配偶者控除の対象者が多いことが推測される．

3.3 教育や職業訓練

表6は，介護労働者の教育や職業訓練の状況を示す．日本ではほとんどのホームヘルパーは関連する教育や訓練を受けているが，その期間は半年未満の教育や職業訓練で相対的に短い．一方，施設職員は1年以上の教育や職業

表6. 介護労働者の職業訓練

	日本	スウェーデン
職業訓練	ホームヘルパー：半年未満が半数以上 施設職員：1年以上が半数以上	1年以上の職業訓練： ホームヘルパー 68.6% 施設職員 74.9%

訓練を受けている人が半数以上である．日本ではホームヘルパーと施設職員の間で，教育や職業訓練の期間の差が大きい．

スウェーデンではホームヘルパーの68.6%，施設職員の74.9%が1年以上の教育や職業訓練を受けている．日本と比べて，スウェーデンの介護労働者にはホームヘルパーと施設職員の間で教育や訓練の期間に差がみられない．

4 介護の仕事の特徴

4.1 介護の仕事

ここでは日本とスウェーデン両国において，介護労働者が実際に行っている仕事の頻度から，介護の仕事を「家事援助」（表7），「身体介護」（表8），「生活の質向上のための援助」（表9），「医療やリハビリ」（表10）の4つに分類し比較する．

全体として，スウェーデンでは日本と比べて，ホームヘルプと施設介護の間で仕事内容の差が小さい．

家事援助

表7は家事援助の頻度を示す．スウェーデンと比較すると，日本のホームヘルパーは日常的な家事援助（掃除，調理，買い物など）を提供している割合が高い．特に「掃除をする」という回答は多く，84.3%のホームヘルパーが毎日あるいは数日に1回は掃除をしている．この数字はスウェーデンのホームヘルパーの回答（40.5%）の2倍以上となっている．

また「調理」についても同様の傾向がみられ，日本では毎日1回は調理をしているホームヘルパーの比率は73.3%であるが，スウェーデンでは37.1%である．スウェーデンでは「どのくらいの頻度で（昼食か夕食に）調理済みの食事を提供していますか」という問いに対し，ホームヘルパーの

表7．家事援助（%）

	日本		スウェーデン	
	ホームヘルプ	施設介護	ホームヘルプ	施設介護
利用者の家を掃除する（掃除）	84.3*	25.8*	40.5*	19.2*
温かい食事をつくる（調理）	73.3*	5.5*	37.1*	24.9*
日用品・食料品を買う（買い物）	48.0*	1.6*	16.9*	2.8*

＊ $p < 0.05$
「あなたが日常的に行っている仕事を思い浮かべて下さい．あなたは次のことをどのくらいの頻度で行っていますか」という設問で，表に示す数字は「1日に数回」と「毎日」という回答の比率を合計したものである．（他の回答の選択肢は，「週に1回」「月に1回」「行っていない」.）

35.2%が「1日に数回」または「毎日」と回答しており，スウェーデンでは事前に調理した食事を提供することがより一般的になっている．

身体介護

表8は身体介護の頻度を示す．スウェーデンでは，ホームヘルパーの90.4%が身体介護を毎日行っており，ホームヘルパーと施設職員の間の差は日本に比べて小さい．その一方で，日本では身体介護を毎日行っているホームヘルパーは73.0%で，利用者の移動介助についても52.0%である．スウェーデンに比べると，日本では身体介護を行うホームヘルパーの比率が低い．

表8．身体介護（%）

	日本		スウェーデン	
	ホームヘルプ	施設介護	ホームヘルプ	施設介護
身体介護をする	73.0*	98.4*	90.4*	98.1*
利用者の移動を補助する	52.0*	99.8*	78.7*	94.0*

＊ $p < 0.05$
「あなたが日常的に行っている仕事を思い浮かべて下さい．あなたは次のことをどのくらいの頻度で行っていますか」という設問で，表に示す数字は「1日に数回」と「毎日」という回答の比率を合計したものである．（他の回答の選択肢は，「週に1回」「月に1回」「行っていない」.）

生活の質向上のための援助

表 9 は生活の質向上のための援助の頻度を示す．日本のホームヘルパーの数字は低く，「一緒にお茶やコーヒーを飲む」という項目では 6.3%，「散歩に付き添う」という項目では 4.1%であった．また過去 1 カ月に「利用者のヘアケア，マニキュアなど，美容に関することをした」というホームヘルパーは 11.0%であった．日本の介護保険制度では，このような援助をホームヘルパーが提供することは原則として認められていない．

スウェーデンでは，日本より多くのホームヘルパーが生活の質を上げるための援助行為を行っており，日本に比べて施設と在宅での差が小さい．

医療行為・リハビリ

表 10 は医療行為，リハビリの実施の頻度を示す．スウェーデンでは過去 1 カ月に間に，ホームヘルパーの 56.0%がリハビリを行い，37.3%が注射（インシュリン）を行っている．日本では，医療法により，ホームヘルプによる医療行為は原則として認められていないが，2012 年からは法律で定められた医療行為（痰の吸引，経管栄養の処置等）についてのみ，ホームヘルパーによる実施が限定的に認められるようになった．日本でもホームヘルパーが在宅における医療行為を行う可能性が示されたため，今後，この数字は高く

表 9．生活の質向上のための援助（%）

	日本		スウェーデン	
	ホームヘルプ	施設介護	ホームヘルプ	施設介護
一緒にお茶やコーヒーを飲む	6.3*	22.8*	16.6*	52.1*
散歩に付き添う	4.1*	29.4*	12.5*	13.8*
ヘアケア・マニキュア[注1)]	11.0*	60.4*	70.8	74.6

*$p < 0.05$

「あなたが日常的に行っている仕事を思い浮かべて下さい．あなたは次のことをどのくらいの頻度で行っていますか」という設問で，表に示す数字は「1 日に数回」と「毎日」という回答の比率を合計したものである．（他の回答の選択肢は，「週に 1 回」「月に 1 回」「行っていない」．）

注 1）「過去 1 カ月の仕事のなかで，あなたは次の仕事をしましたか」という設問で，表に示す数字は「はい」という回答の比率．（他の回答の選択肢は，「いいえ」．）

表10. 医療行為とリハビリ(%)

	日本		スウェーデン	
	ホームヘルプ	施設介護	ホームヘルプ	施設介護
リハビリテーション	13.0*	32.1*	56.0*	65.3*
注射	0.0	0.3	37.3	36.5

* $p < 0.05$
「過去1カ月の仕事のなかで，あなたは次の仕事をしましたか」という設問で，表に示す数字は「はい」という回答の比率.(他の回答の選択肢は，「いいえ」.)

なる可能性はある.

また日本において在宅でのリハビリテーションは，訪問リハビリテーションとして別のサービスとして存在し，ホームヘルパーの業務ではない.

5 労働環境と健康状態の特徴

表11は介護労働者の労働環境を示している．日本では介護労働者の約1割が，ほぼ毎日，有給の残業をしている．またホームヘルパーの19.5%，施設職員の41.6%は，ほぼ毎日，無給の残業をしている．さらに日本では，ホームヘルパーの22.1%，施設職員の34.5%が，仕事の量が多いという理由で，昼食休憩をとらなかったり，短縮したりしている.

これとは対照的に，スウェーデンの介護労働者はほとんど残業をしていない．昼休みの短縮は約1割程度が経験している.

また日本の施設職員は重いものを持ち上げたり，無理な体勢で働いているなど，身体的な重労働を行っている人の比率が高く，そのような重労働をほぼ毎日行っている施設職員は全体の80.9%にものぼる．日本の施設職員は，そのような身体的重労働を毎日のように行っているにもかかわらず，適切な介護機器を使用できている人はわずか33.4%であった．一方で，日本のホームヘルパーでは身体的重労働をする人の割合は2割弱であり，日本の施設職員と比べても，スウェーデンの介護労働者と比べても低い.

表 11. 労働環境（%）

	日本		スウェーデン	
	ホームヘルプ	施設介護	ホームヘルプ	施設介護
有給の残業	11.2*	10.7*	2.4*	0.0*
無給の残業	19.5*	41.6*	1.5	0.6
昼休みを短縮する，又はとらない	22.1*	34.5*	9.2*	13.2*
重いものを運んだり，持ち上げたり，引っ張ったりする	17.5*	80.9*	52.7*	65.9*
無理な体勢で仕事をする	17.4*	62.8*	47.8	46.9
適切な介護機器を使える[注1)]	28.5	33.4	70.2*	81.5*

＊ $p < 0.05$

「あなたの職場では，どのくらいの頻度で，次のことがありますか」という設問で，表の数字は，「ほぼ毎日」と回答した人の比率．（他の回答の選択肢は，「週に 1 回程度」「月に 1 回程度」「ほとんどない」「決してない」．）

注 1）「身体的にきつい仕事では，適切な介護機器を使える」という設問で，表の数字は，「はい」と回答した人の比率．（他の選択肢は「いいえ」．）

補助器具の使用について，日本では「適切な介護機器を使用できる」という回答は，施設職員もホームヘルパーも 3 割程度にとどまっている．スウェーデンでは，施設職員の 81.5%，ホームヘルパーでも 70.2%が，「適切な介護機器を使用できる」と答えている．

スウェーデンでは施設職員とホームヘルパーの労働環境の差は相対的に少なく，ホームヘルパーも施設職員並みの介護を行っていることが推測される．その一方で，日本の施設職員とホームヘルパーの労働環境の差は大きく，日本のホームヘルパーで身体的な重労働を毎日行っている人は 2 割弱であるが，日本における施設職員は過酷な労働環境のなかで働いていることが浮かび上がっている．

表 12 は，介護労働者の健康状態を示す．スウェーデンに比べて，日本の施設職員の健康状態は好ましくない状態にある．日本では施設職員の 62.4%が身体的疲労感を，38.1%が背中や腰に痛みを，45.4%が精神的疲労を常に感じている．またスウェーデンでは，ホームヘルパーと施設職員の健康状態の差は小さい．

表12. 介護労働者の健康状態（%）

	日本		スウェーデン	
	ホームヘルプ	施設介護	ホームヘルプ	施設介護
身体的疲労	30.7*	62.4*	29.4	28.7
背中や腰が痛む	19.2*	38.1*	11.9	15.2
精神的疲労	26.5*	45.4*	15.2	15.5

＊ $p < 0.05$
「常にある」という回答者の比率.（他の選択肢は「しばしばある」「ときどきある」「ほとんどない」「全くない」.）

6 「施設」と「在宅」の間で——あいまいになる境界線（スウェーデン）

NORDCARE 調査と日本調査の調査結果に基づき，スウェーデンの介護労働者の状況をみると，日本に比べて，介護の受け手（＝介護サービス利用者）の状態（表3），従事者の年齢と男女比（表4），雇用形態（表5），教育レベル（表6），仕事の内容（表7〜10），労働環境（表11），健康状態（表12）において，ホームヘルパーと施設職員の差が相対的に小さい．これに対し，日本の介護労働者は多くの点で，ホームヘルパーと施設職員の間に差がみられる．

そこで本節では，スウェーデンにおけるホームヘルパーと施設職員をとりまく環境に大きな差がみられない理由について，主に Trydegård（2000b）による施設と在宅介護の統合の歴史に関する言説に依拠して議論する．

6.1 ホームヘルプの効率化——サービスハウスの登場

スウェーデンでは，公的ホームヘルプの利用率は1975年にピークを迎え，当時は65歳以上高齢者の3割を超える人がホームヘルプを利用し（Szebehely 1995），80歳以上高齢者の3分の2がホームヘルプか介護施設を利用していた（Trydegård 2000b）．

1960年代中盤以降のホームヘルプの急速な拡大は，移送サービス，配食サービス，デイサービスの普及のきっかけになった．また多くのコミューン[8]がサービスハウス（servicehus）を持つようになったが，その目的の1つは，ホームヘルパーの移動距離を短縮させることにあった（Szebehely 1995, Trydegård 2000b）．サービスハウスには，ホームヘルプステーションやデイサービスなどが併設されており，入居者はこれらのサービスへのアクセスが容易となった．施設介護と在宅介護の統合の1つの形態は，サービスハウス，つまり施設ではない，高齢者の集合住宅の試みに見ることができる．

6.2　在宅介護専門職の登場

ちょうどその頃，1978年にはコミューンとランスティング[9]間の協定で，訪問看護に副看護師（undersköterska）と作業療法士（arbetstherapeuter）が加わり，訪問看護が強化された．そして，強化された訪問看護は，医療的ケアを必要とする全高齢者を対象とすることとなり，高齢者施設の居住者も対象とすることとなった．Trydegård（2000b）は，このような包括的な取り組みのもとで，施設長と在宅介護責任者との間の境界線が徐々に消滅し，両者の役割と機能が統合されていった点を指摘している．多くのコミューンで，一人の指導的な立場にある責任者が，一定のエリア内にある施設介護も在宅介護も両方を合わせて担当するようになり，その統合された専門職は1980年以降に在宅介護主任（hemtjänstassistent）となる．在宅介護主任に期待された役割は「福祉ネットワークにおけるクモ」（spider in the welfare web）であった（Trydegård 2000b）．クモの巣のように，福祉サービスを網目のようにネットワーク化し，そのリーダーとなることが在宅介護主任に求められた．

1982年の社会サービス法も高齢者介護に大きな影響を与えた．社会サービス法は「コミューンの住民はコミューン社会福祉委員会から生活支援を受ける権利を有する」と規定されており，この法律上の権利にはホームヘルプも高齢者施設も含まれていた（*ibid.*）．

1980年代には，ホームヘルプに小グループモデルを導入するコミューンが現れ，在宅でも高齢者施設で提供されるサービスと同じレベルの介護を受けることができるよう，24時間対応のホームヘルプサービスを立ち上げた．小グループモデルは，コレクティブモデルとも呼ばれるが，コミューン内に複数のホームヘルプ地区を設定し，ホームヘルパーは少人数で編成され，決められた地区のホームヘルプを担当する．小グループモデルでは，小地域単位で利用者とホームヘルパーに顔なじみの関係ができるため，質の高い介護が提供できると考えられた．ホームヘルパーも，施設職員と同様に，1日24時間体制で介護を提供するため，専門職としての高い技術が必要とされた．小地域単位で施設介護と在宅介護を統合した責任者が配置されたことは，スウェーデンにおける包括ケアの一つのルーツとなっている．

6.3 エーデル改革――初期医療と介護の統合

初期医療と介護の統合は，1992年に実施されたエーデル改革（Ädelreformen）によって進められた．エーデル改革により，これまでランスティングが担っていた高齢者を対象とする初期医療と介護の責任をコミューンが一元的に担うようになった．医師を除く約5万人の医療・看護系職員がランスティング職員からコミューン職員となった．高齢者介護の公的責任がコミューンに一元化されたことで，より多くの介護，さらに医療を必要とする高齢者の対応がコミューンに任されることになり，在宅介護には医療的ケアに対するニーズが高まった（Trydegård 2000b）．

またコミューンには，治療が終了したにもかかわらず，病院から退院できない患者の入院費支払い義務が課せられた．この改革はコミューンに対し，重度の介護や医療を必要とする高齢者が自宅で生活できるよう，在宅介護の強化を促した．高齢者施設は介護付き住宅（särskilda boende），つまり，賃貸契約で部屋を借り，自分の家具や衣類を持ちこむという点で，自宅と変わらない居場所となっていった（*ibid.*）．このような介護付き住宅に入居するためには，コミューンによる入所判定を必要とするが，「施設」と「在宅介護」の境界はほとんど見えなくなってきた．

NORDCARE調査と日本調査の結果でも，スウェーデンの高齢者介護において，施設介護職員とホームヘルパーの間で回答の差が相対的に小さいことが明らかになったが，これは，「施設」と「在宅介護」の境界線がほとんどないという現状を示す結果と言えるのではないだろうか．

7 「施設」と「在宅」の間にくっきり残る境界線（日本）

日本においても戦前から救貧院や救護施設があり，また1960年代には特別養護老人ホームが設置されホームヘルプも実施されていたものの，1990年代に入るまでは，日本の高齢者介護は選別的な性格を持ち，基本的には，低所得，一人暮らし，寝たきりの高齢者を対象としてきた．家族介護を前提としていた日本の高齢者介護は，人口の急激な高齢化に対応しきれず，1980年代半ばころからより普遍的な高齢者介護システムの必要性が議論されるようになった．1989年の高齢者保健福祉推進10カ年戦略（以下，ゴールドプラン）は，2000年までにホームヘルパーを10万人に，デイサービスセンターを1万カ所にするという，日本初の介護基盤の整備目標を持った計画であり，全国的な高齢者介護システムづくりのきっかけとなった．

日本のゴールドプランは，スウェーデンやデンマークの在宅介護システムを部分的にモデルとしており，たとえば，中学校区（人口約1.6万人）ごとの設置が目指された在宅介護支援センターはその例である．1990年代半ば頃には，スウェーデンやデンマークにみる小グループモデルを参考に，専門教育を受けたホームヘルパーによる24時間対応の在宅介護システムを目指す自治体も現れた．また国から各自治体への権限移譲も進み，全国の市町村には老人保健福祉計画を策定することが義務付けられた．このような政策の流れをみると，日本の高齢者介護も，基礎自治体が高齢者介護の大きな責任と権限を持つ北欧諸国の介護システムを目指すかのようにも思われた．

しかし公的な高齢者介護システムを築く上で，日本の高齢化の速度は早く，また同時に市場化の潮流のなかで設計され，2000年に導入された介護保険制度は，利用者と事業者の契約制度を前提に，「選択の自由」という考え方に強く特徴づけられていた．日本の介護保険制度は，要介護認定のもとで，利用者が事業者やサービスを選択するという点で，バウチャー制度の一種とも言われる．介護保険制度により，新たな介護の財源ができ，すべての人が介護サービスにアクセスできるようになったものの，日本の介護保険制度は，利用者と介護事業者の自由契約に基づく選択の自由モデルを基盤としているため，市町村が小地域での小グループモデルを編成することが困難となっている．

このような状況は，本書第Ⅱ部第9章で紹介するノルウェーの状況と少し似ている．ホームヘルプの合理的運営，介護と医療の統合，専門職の統合といった包括ケアを目指す改革に進もうとした時期が，介護サービスの市場化という世界的潮流の影響が強まる時期と重なってしまった（第Ⅱ部第9章参照）．

NORDCARE調査をもとに日本調査を実施し，その結果を比較することで，介護労働者を取り巻く環境とその様相が浮かび上がった．日本では施設と在宅の境界線がはっきりしており，そのことはホームヘルパーと施設職員の間にみられる多くの違いからもわかる．

ホームヘルパーには正規雇用やフルタイム雇用が少なく，また夜勤も限られている．日本ではホームヘルパーの多くが登録ヘルパーであり，日本調査ではホームヘルパーの55.7%は「主な家計の担い手ではない」と回答している．日本では，サービス管理責任者などの管理職を除き，主婦の兼業職としての特徴が残っている．

さらに日本の施設職員の労働環境は好ましくない状況であり，施設職員の健康状態にも悪い影響を及ぼしている．日本調査では，介護労働者は時間外労働が常態化しており，重いものを持ち上げたりする重労働にありながら，適切な介護機器が使えていない．その結果，スウェーデンに比べても，かなり多くの施設職員が背中や腰の痛みを抱えている．

日本調査で「もしあなたが，今後，介護の仕事を辞めようと思うとすれば，その理由は何だと思いますか」という問いに対し，多くの回答者が「腰痛」，

「身体的に継続が難しいと感じた時」と回答しており，「定年退職」という記述は少なかった．包括ケアを支える社会基盤としての在宅介護システムを考える際に，介護労働者の声は多くの示唆を与えてくれる．

注

1) 傷病分類別入院患者のうち，「血管性及び詳細不明の認知症」と「アルツハイマー病」の人の合計．
2) スウェーデンの在宅介護サービスで，デイサービスの利用率は0.6%，ショートステイの利用率は0.5%である（2015）（Socialstyrelsen 2017）．
3) 日本の介護サービス利用率は（厚生労働省 2018b）からの筆者の試算で，各サービス利用者数を65歳以上人口で割ったもの．
4) 日本の内閣府は1980年から5年おきに『高齢者の生活と意識に関する国際比較調査』を実施しており，2015年調査は日本，アメリカ，ドイツ，スウェーデンの4カ国で，各国の高齢者（60歳以上）約1,000人ずつを対象に，現地語による個別面接聴取調査を実施し，集計と分析を行っている．
5) NORDCARE調査において，スウェーデンの施設介護は，入所判定を要する介護付き住宅（säskilda boende）における介護，を意味している．日本調査においては，介護保険施設の介護である．
6) NORDCARE調査において，スウェーデンの在宅介護は，主に自宅や集合住宅で提供されるホームヘルプ，を意味している．日本調査においては，訪問介護である．
7) 日本調査のみの設問で，NORDCARE調査にはこの設問はない．
8) スウェーデンの基礎自治体で，全国に290コミューンが存在する．
9) スウェーデンの広域自治体で，全国に13レギオン（region）と7ランスティング（landsting）が存在する．

参考文献

〈邦文文献・資料〉

厚生労働省．2015．「平成26年患者調査」．
厚生労働省．2017a．「平成28年（2016）医療施設（動態）調査・病院報告」．
厚生労働省．2017b．「平成28年介護サービス施設・事業所調査」．
厚生労働省．2018a．『平成29年版厚生労働白書』．
厚生労働省．2018b．「介護保険事業報告」（平成29年4月分）．
内閣府．2015．「平成27年第8回高齢者の生活と意識に関する国際比較調査結果」．
内閣府．2018．『平成30年版 高齢社会白書』．
斉藤弥生・石黒暢．2013．『高齢者介護に関する国際比較調査（NORDCARE調査）：日本調査結果報告書』．大阪大学人間科学研究科斉藤弥生研究室・言語文化研究科石黒暢研究室．
斉藤弥生．2014．『スウェーデンにみる高齢者介護の供給と編成』．大阪大学出版会．

〈欧文文献・資料〉

OECD. 2017. Health at a Glance 2017.

Socialstyrelsen. 2017. Vård och omsorg om äldre. Lägesrapport 2017. (Care for the elderly. Report 2017).

Socialstyrelsen. 2018. Statistik om äldre och personer med funktionsnedsättning efter regiform 2017. (Statistics on Elderly and People with impairments-management form 2017).

Saito, Y. 2010. Development of home help in Japan: A comparison with Norway. Saito, Y., Auestad A. R., and Wærness, K (eds.). *Meeting the challenges of elder care: Japan and Norway*. Kyoto University Press and Trans Pacific Press.

Statistiska centralbyran. 2015. Population statistics. *Number and percentage of persons and households by region and household size. Year 2011-2014.*

Szebehely, M. 1995. *Vardagens organisering. Om vårdbiträden och gamla I hemtjänsten. (Organisation of everyday life. Care workers and elderly people in home help.)* Arkiv.

Szebehely, M. 2011. Insatser för äldre och funktionshindrade i privatregi. (Care for the elderly and people with disabilities in privatisation.) Hartman, L. (ed.) *Konkurrensens konsekvenser. Vad händer med svensk värfärd? (Effects of competition: What happens in the Swedish welfare?)* SNS Förlag.

Szebehely M. and Trydegård G. B. 2012. Home care for older people in Sweden: a universal model in transition. *Health and Social Care in the Community*, 20(3), 300-309.

Tyrdegård. G. B. 2000a. TRADITION, CHANGE AND VARIATION: Past and present trends in public old-age care. *Stockholm Studies of Social Work 16*. Department of Social Work, Stockholm University. Akademitryck AB.

Tyrdegård. G. B. 2000b. From poorhouse overseer to production manager: one hundred years of old-age care in Sweden reflected in the development of an occupation. *Ageing and Society*, 20, 571-597.

UN. 2012. *Prospects: The 2012 Revision*. United Nation.

第 2 章

スウェーデンと日本の介護労働者の実像
――ホームヘルパーと施設職員の属性を中心に

吉岡 洋子

1 はじめに

介護ニーズの拡大とそれを支える介護労働力の不足は，高齢化が進む各国で深刻化している．早急な介護労働の待遇・条件改善の必要性は明白であるが，未だ解決にはほど遠い．その背景には，マクロでの財政的制約のみならず，笹谷（2000：177）が言うように固定的なジェンダー観，介護労働の専門性に対する認識の低さがあり，また介護労働に関する実態把握や質の評価の難しさ等も複雑に絡んでいる．また，労働市場としての歴史も国により大きく異なり，状況の違いを生んでいる．

日本の場合，介護サービスまた介護労働は，2000年の介護保険制度を機に急拡大した新たな対人サービス産業ゆえの独自性がある．介護労働の専門性や働き方が十分確立される前に，市場化・多元化の流れによって短期間で量的拡大が進行した．そのなかで雇用形態も，介護労働者側のスタンスも実にさまざまな状況が生まれており，実際には“介護労働者”と一括りにしにくい現実もある．たとえば，水野（2010）は「訪問系と施設系の二層の労働市場」の大きな違いを示している．また阿部（2010）は，介護現場における「主婦と若者」問題として，ケア労働の問題に対し一枚岩になれない現状を指摘している．待遇改善の議論に際しても当然，こうした根本的な背景を十分とらえなければ解決の道は開かれないであろう.

一方, 北欧諸国では, 諸外国に比べ, 介護も労働市場の一部として20世紀後半の早い段階で発展し定着した. 介護の専門職化が進み, 公的セクターの大きな職業グループとして確立された. その上で, 特にスウェーデンでは1990年代頃以降に競争・選択の導入等の変化を迎え, 急速に進行した市場化が高齢者介護の在り方に大きな影響を及ぼしているとされる (Szebehely 2011, 斉藤 2014). そのなかで現地では, 質の向上や組織改革等の議論が前面に出されがちで, 介護労働者の基本的な実態に関する先行研究は稀である.

しかし, 介護労働の状況を改善するためには, その土台となるファクトとして, 介護労働者の特徴・属性や実態に関する研究蓄積が不可欠である. また, 介護は国際比較での先行研究が少ない分野であるが, 他国との比較から自国の位置づけを知ることの意味は大きいと思われる. 上記の問題意識から, 本章では, 勤務先の違い (ホームヘルパーと施設職員)[1] に注目し, スウェーデンと日本の介護労働者について, 属性を中心に比較検討を行い, 両国の介護労働者の実像をとらえる. 極めて素朴かつ根本的な問いとして, どのような人が, どのような意識を持ちどのような形で介護労働に携わっているのか, 個人だけでなく家庭生活も含めて多角的に検討し, スウェーデンと日本の介護労働者の実像を描き比較することで, 介護労働をめぐる議論と政策に対する示唆を見出したい.

2 研究方法

本章の分析に用いたデータは, スウェーデンについては2005年NORDCARE調査 (以下, NORDCARE調査) のデータである. 日本については, 筆者らが2012年に実施した「高齢者介護に関する国際比較調査 (日本国内アンケート調査. 以下, 日本調査) のデータを使用している. 分析対象は, ホームヘルプおよび施設の介護職員であり, スウェーデンは538名 (ホームヘルプ212名, 施設326名), 日本は1,056名 (ホームヘルプ677名, 施設379名) である．

本章では，介護職員の実像を描くのに必要な側面として，４つの視点：①個人的属性，②家庭との関係における属性，③仕事の状況とそれに対する認識，④仕事に関する考え方・価値観，を設定する．そして調査票のうち上記に関連する項目について，SPSS を用いた記述統計により国別・職場別に検討する．基本的に同じ調査票の設問から，両国を比較できる点が特徴と言える．NORDCARE 調査に基づく種々の国際比較研究（Daly & Szebehely 2012 等）では，施設の労働環境や条件，高齢者と障がい者分野の違い等が示されているが，本章では両国の介護労働者の属性そのものに注目して実像をとらえる．

次節に入る前に，ここで日本調査の結果について補足する．日本における介護労働の現状は，既に国内の先行研究により基本的な全体像が示されている．介護労働安定センターが毎年実施・公表している『介護労働の現状について－介護労働実態調査』は最も代表的なもので，労働者についても，属性，就業の実態や意識，労働条件等々が非常に多角的かつ詳細に示されている．他に，UA ゼンセン日本介護クラフトユニオンによる毎年の「就業意識実態調査」や，全国労働組合総連（2014）「介護施設で働く労働者のアンケート調査」等もある．

日本調査での介護労働者の属性に関する結果は，少なくとも今回分析対象とする範囲で，概して上記の先行研究が示す結果（性別，年齢，資格等）と変わらない[2)]．つまり，日本調査の結果は，日本に関する情報として目新しいものではなく，ひろく公表されている日本の介護労働者の現状に共通している．しかしそれゆえに，日本調査と NORDCARE 調査の結果を比較することが，日本の特徴を浮かび上がらせる意味での有効性を持つと考える．

3 調査結果と分析

3.1 個人的属性

まず，表1に示す回答者の個人的属性についてである（以下，表中の番号に沿い順に述べる）．「①性別」は，日本の施設のみ男性が突出して多い（35.2%）他は，女性が圧倒的多数である．「②年齢」は，平均年齢では両国は大差なく45歳前後であるが，職場別また年齢構成別でみると明確に異なる．日本は，ホームヘルプで高年齢層が多く（45歳以上の計が78%），施設で若年齢層が多い（44歳以下の計が79.9%）．スウェーデンは職場間の違いは見られず，各年齢層に分散している．

「③(高齢者介護に関わる）教育・訓練期間」は，「1-2年」と「2年以上」の計が日本は35.9%に対し，スウェーデンは72.5%と長期の者が多い．日本は職場別の差が顕著で，ホームヘルプは「1-5カ月」が最多（43.4%）で全体に短さが目立つが，教育を受けていないのはわずか（2.1%）である．施設は，「2年以上」（33.2%）が最多だが，他方で教育を受けていない人（13.7%）も一定いる．スウェーデンは，全体に教育期間が長く職場別の違いも少ないが，教育を受けていない人も一定みられた（ホームヘルプ14.5%）．

「④介護職の経験年数」について，国別ではスウェーデンの方が長い．特に「20年以上」をみると，スウェーデンでは全体の32.1%，日本では3.7%のみと違いが顕著であった．日本は，施設で年数が短く「1-5年」が最多（40.6%）を占め，ホームヘルプの方が経験年数は長期も含めてさまざまである．スウェーデンでは，職場を問わず10年以上が65%超であるが，20年以上の割合は施設の方が高い．

表1．個人的属性（国別・職場別）（%）

		全体（ホームヘルプ+施設）		日本		スウェーデン	
		日本	スウェーデン	ホームヘルプ	施設	ホームヘルプ	施設
①性別	女性	84.1	93.8	94.8	64.8	96.2	96.6
	男性	15.9	6.2	5.2	35.2	3.8	3.4
χ^2 検定		**		**		n. s.	
②年齢	25歳未満	4.1	5.7	0.6	11.2	5.3	5.9
	25−34歳	17.3	17.6	6.4	39.9	17.8	17.5
	35−44歳	19.4	23.3	14.9	28.8	27.9	20.3
	45−54歳	25.3	29.2	30.9	13.7	28.4	29.7
	55歳以上	33.9	24.2	47.1	6.4	20.7	26.6
χ^2 検定		**		**		n. s.	
年齢　平均値（数値は年齢）		46.94	44.87	52.34	35.79	44.21	45.29
年齢　標準偏差（数値は年齢）		13.001	11.751	10.469	10.371	44.21	12.031
t検定		n. s.		**		n. s.	
③教育・訓練期間	受けていない	6.3	9.8	2.1	13.7	14.5	6.8
	1カ月未満	9.0	1.5	8.8	9.4	2.4	0.9
	1−5カ月	33.9	6.6	43.4	17.2	7.3	6.2
	6−11カ月	14.9	9.6	19.5	6.7	7.3	11.2
	1−2年	13.6	42.1	10.1	19.8	43.0	41.5
	2年以上	22.3	30.4	16.2	33.2	25.6	33.4
χ^2 検定		**		**		*	
④介護職の経験年数	1年未満	5.1	1.7	5.1	5.0	2.9	0.9
	1−5年	32.2	17.9	27.5	40.6	16.2	19.0
	6−9年	30.4	14.7	33.8	24.4	16.7	13.5
	10−19年	28.6	33.6	30.2	25.7	38.1	30.7
	20年以上	3.7	32.1	3.4	4.2	26.2	35.9
χ^2 検定		**		**		*	

$*p < .05$, $**p < .01$

3.2　家庭との関係における属性

次に，家庭との関係における回答者の属性を表2に示し，概観する．「①配偶者の有無」は，「あり」が両国とも約7割で，日本の施設のみ44.4%と低かった．「②家事時間（週あたり）」は，スウェーデンは職場別の差はみられない．「6-10時間」「11-20時間」が多数を占め，「31時間以上」や「2時間以下」の割合がわずかである．日本は，職場別の差が大きい．ホームヘルプで「31時間以上」が18%と長時間が多いのと対照的に，施設では「2時間以下」(20.2%)「3-5時間」(22.1%) と短時間の占める割合が大きい．

「③(仕事と) 家庭生活との合致感」は，スウェーデンのホームヘルプ・施設と日本のホームヘルプが類似しており，「まあ合っている」が最も多く，「あまり合っていない」「非常に合っている」と続く．日本の施設のみ「あまり合っていない」が32.2%，非常に合っているが5.5%との結果で，家庭生

表2．家庭に関わる属性（国別・職場別）(%)

		全体（ホームヘルプ+施設）		日本		スウェーデン	
		日本	スウェーデン	ホームヘルプ	施設	ホームヘルプ	施設
①配偶者の有無	あり	62.2	76.0	72.2	44.4	72.0	78.6
	なし	37.8	24.0	27.8	55.6	28.0	21.4
χ^2 検定		—		**		n. s.	
②家事時間（週）	2時間以下	10.6	2.5	5.3	20.2	3.4	1.9
	3−5時間	13.7	14.7	9.0	22.1	13.1	15.8
	6−10時間	16.4	26.5	14.1	20.5	28.2	25.4
	11−20時間	24.8	28.4	28.8	17.5	26.7	29.6
	21−30時間	19.7	18.6	24.8	10.4	19.4	18.0
	31時間以上	14.9	9.3	18.0	9.3	9.2	9.3
χ^2 検定		**		**		n. s.	
③家庭生活との合致感							
	非常に合っている	11.3	15.2	14.6	5.5	16.5	14.4
	まあ合っている	57.5	54.7	59.6	53.7	58.7	52.1
	あまり合っていない	24.4	24.5	20.1	32.2	20.9	26.8
	全くあっていない	6.7	5.6	5.6	8.7	3.9	6.7
χ^2 検定		**		**		n. s.	
④仕事以外での介護の有無							
	なし	73.9	70.5	67.3	85.2	72.8	69.0
	あり	26.1	29.5	32.7	14.8	27.2	31.0
χ^2 検定		**		**		n. s.	
⑤仕事以外での介護による勤務時間への影響の有無							
	なし	71.1	89.9	68.1	82.1	90.6	89.5
	あり	29.0	10.1	31.9	17.9	9.4	10.5
χ^2 検定		**		*		n. s.	

* $p < .05$, ** $p < .01$

活と仕事の両立が特に困難とうかがえる．

「④仕事以外での介護の有無」（家族・親族・友人・近隣に対する定期的な介護や手助け）も，スウェーデンのホームヘルプ・施設と日本のホームヘルプが類似しており，「あり」が3割前後である．日本の施設のみ，「あり」が14.8%と低い．この仕事以外での介護について，「⑤勤務時間への影響の有無」も質問した．スウェーデンでは，職場にかかわらず「あり」は約10%であった．日本はスウェーデンより仕事への影響を大きく受けており，職場による違いも大きい．日本のホームヘルプでは「あり」が31.9%，施設でも17.9%であった．ここで「④仕事以外での介護の有無」と「⑤勤務時間への影響の有無」の結果を合わせてみると，日本では，仕事以外での介護がある割合と，勤務時間に影響がある割合がほぼ同じである．スウェーデンでは，約3割が仕事以外での介護があると回答したが，勤務時間への影響があるという割合は約1割であった．

3.3　仕事の形態・状況とそれに対する認識

仕事の形態・状況やそれに対する認識についての結果を，表3に示す．「①雇用主」は，日本についての結果であるが，職場間の違いが顕著である．ホームヘルプは，「大規模な民間企業」（41.4%），「社会福祉法人」（31.1%）を筆頭にNPO法人等も含め多様であるが，施設の場合は社会福祉法人が大半（84.4%）を占める．なお，表3には記載していないが，スウェーデンでの回答者の雇用主は94.7%が公的セクター，0.7%が民間企業，その他が若干であった．

「②雇用形態」は，フルタイム／パートタイムの区分でいえば，職場にかかわらずスウェーデンの方がパートタイムの割合が高い（約65%）．日本では，施設でのフルタイムの割合が圧倒的に高く（93.1%），ホームヘルプ（41.9%）と比べて職場別の差が大きい．

仕事の在り方として，「③訪問する前に仕事は決まっているか」という側面では，両国の施設・ホームヘルプ共に「頻繁にある」が圧倒的な割合を占めた．ただし，両国とも，「頻繁にある」はホームヘルプで 9 割以上，施設で 7 割以上と，職場別の差がみられる．

また意識的な面での，「④勤務時間に満足しているか」という設問につい

表 3．仕事の形態・状況とそれに対する認識（国別・職場別）（%）

	全体（ホームヘルプ+施設）		日本		スウェーデン	
	日本	スウェーデン	ホームヘルプ	施設	ホームヘルプ	施設
①雇用主（日本のみ）						
市町村・都道府県・国	6.2	—	5.2	7.8	—	—
社会福祉法人	50.5	—	31.1	84.4	—	—
医療法人	2.1	—	0.0	5.7	—	—
大規模な民間企業	26.4	—	41.4	0.3	—	—
小規模な民間企業	6.2	—	9.5	0.3	—	—
NPO 法人・協同組合等	7.4	—	11.5	0.3	—	—
人材派遣会社	0.4	—	0.2	0.8	—	—
その他	0.9	—	1.1	0.5	—	—
χ^2 検定	—		**		—	
②フルタイム・パートタイムの別						
フルタイム	60.3	35.5	41.9	93.1	35.1	35.7
パートタイム	39.7	64.5	58.1	6.9	64.9	64.3
χ^2 検定	**		**		n. s.	
③訪問する前に仕事は決まっているか						
頻繁にある	88.9	83.7	96.4	74.2	91.4	78.6
時々ある	5.4	9.5	2.9	10.4	4.8	12.6
ほとんどない	3.1	4.4	0.6	8.0	2.4	5.7
決してない	2.6	2.5	0.2	7.4	1.4	3.1
χ^2 検定	**		**		**	
④勤務時間に満足しているか						
はい	79.2	79.9	74.3	87.9	79.9	79.9
（いいえ）時間増を希望	8.2	17.5	12.5	0.5	17.2	17.7
（いいえ）時間減を希望（給料減でも）	12.6	2.6	13.3	11.5	2.9	2.5
χ^2 検定	**		**		n. s.	
⑤自分の能力との合致感						
私の能力より求められるレベルが高い	32.6	10.5	26.4	43.5	9.9	10.9
私の能力に見合っている	63.3	77.6	69.2	52.8	74.8	79.4
私の能力より，求められるレベルが低い	4.1	11.9	4.4	3.7	15.3	9.7
χ^2 検定	*		**		n. s.	

* $p < .05$, ** $p < .01$

ては，両国とも「はい」が約8割を占めたが，満足していない場合の理由は国や職場別に異なる．スウェーデンでは職場を問わず，満足していない場合の希望は「時間増」（約17%），「時間減（給料が下がっても）」（3%弱）であった．日本の施設では，「時間減」が11.5%で，「時間増」はほぼ皆無（0.5%）である．日本のホームヘルプは，「時間減」（13.3%）と「時間増」（12.5%）がほぼ同割合みられる．

さらに「⑤自分の能力との合致感」（あなたに課された仕事はあなたの能力に見合ったものか）は，国別の差が明確である．スウェーデンでは職場を問わず，「私の能力に見合っている」が大半（約75%超）で，ホームヘルプでは「求められるレベルが低い」が15.3%あった．日本も「私の能力に見合っている」が最も多く過半数を占めるが，スウェーデンに比べて「求められるレベルが高い」の割合が大きく，特に施設では43.5%，ホームヘルプでは26.4%みられた．

3.4　仕事に関する考え方・価値観

意識ややりがい

仕事に関する意識ややりがいに関する結果を，表4に示す．「①仕事は興味深く意義がある」は，両国とも「頻繁に」が最も多く，次に「時々」でこの2つが大半を占める．スウェーデンでは職場別の違いなく，日本より頻繁に意義を感じている．日本では施設よりも，ホームヘルプの方が「頻繁に」の割合が高かった（64.6%）．

似た内容の設問で「②利用者と会うことで得られることが多い」について，両国とも「よくあてはまる」「ややあてはまる」が大半であったが，日本の施設のみ「あまり当てはまらない」が16.7%と否定的な割合が目立った．また両国とも，施設よりホームヘルプの方が「よくあてはまる」が多い．

一方，「③利用者が受けるべきサービスを受けていないので不十分と思う」に対しては，「頻繁にある」が多い順に，スウェーデンの施設（32.2%）・ホームヘルプ（23.2%），日本の施設（15.8%）・ホームヘルプ（7%）であった．

表4．仕事に関する意識ややりがい（国別・職場別）（%）

	全体（ホームヘルプ+施設）		日本		スウェーデン	
	日本	スウェーデン	ホームヘルプ	施設	ホームヘルプ	施設
①仕事は興味深く意義がある						
頻繁にある	59.6	72.2	64.6	50.7	72.3	72.0
時々ある	37.7	23.9	33.5	45.1	23.8	23.9
ほとんどない	2.6	3.2	1.8	4.0	2.9	3.4
決してない	0.1	0.8	0.0	0.3	1.0	0.6
χ^2 検定	*		**		n. s.	
②利用者と会うことで得られることが多い						
よくあてはまる	37.8	53.3	40.4	33.1	59.5	49.2
ややあてはまる	49.6	37.7	50.2	48.4	34.8	39.6
あまりあてはまらない	11.6	5.1	8.8	16.7	3.8	5.9
全くあてはまらない	1.1	4.0	0.6	1.9	1.9	5.3
χ^2 検定	**		**		*	
③利用者が受けるべきサービスを受けていないので不十分と思う						
頻繁にある	10.2	28.7	7.0	15.8	23.2	32.2
時々ある	56.4	57.9	57.7	54.0	58.9	57.3
ほとんどない	30.9	11.5	33.1	27.0	15.0	9.3
決してない	2.5	1.9	2.1	3.2	2.9	1.2
χ^2 検定	**		*		**	
④あなたの仕事は次の人から喜ばれていると思うか						
利用者　喜ばれている（非常に，とても）	79.4	92.1	90.3	60.2	96.2	89.4
喜ばれていない（ほとんど，全く）	2.5	5.5	0.3	6.3	3.3	6.9
わからない	18.1	2.5	9.4	33.5	0.5	3.7
χ^2 検定	**		**		*	
利用者の家族						
喜ばれている（非常に，とても）	72.8	79.3	79.2	61.7	74.6	82.2
喜ばれていない（ほとんど，全く）	2.1	12.8	0.6	4.7	16.3	10.6
わからない	25.0	7.9	20.2	33.5	9.1	7.2
χ^2 検定	**		**		n. s.	
同僚　喜ばれている（非常に，とても）	46.2	86.1	51.0	37.8	86.3	86.1
喜ばれていない（ほとんど，全く）	5.5	9.2	3.3	9.3	7.6	10.2
わからない	48.3	4.7	45.7	52.9	6.2	3.7
χ^2 検定	**		**		n. s.	
直属の上司						
喜ばれている（非常に，とても）	50.4	65.9	59.3	34.8	67.5	64.8
喜ばれていない（ほとんど，全く）	5.9	24.6	3.2	10.8	24.4	24.7
わからない	43.6	9.6	37.5	54.4	8.1	10.5
χ^2 検定	**		**		n. s.	
行政議員や自治体議員						
喜ばれている（非常に，とても）	21.9	8.3	26.6	13.6	10.0	7.2
喜ばれていない（ほとんど，全く）	5.1	56.8	3.4	8.2	56.9	56.7
わからない	73.0	35.0	70.0	78.2	33.2	36.1
χ^2 検定	**		**		n. s.	
⑤過去1年間に仕事を辞めようと真剣に考えたことがあるか						
いいえ	51.2	59.2	55.0	44.3	58.3	59.8
はい	48.9	40.8	45.0	55.7	41.7	40.3
χ^2 検定	*		**		n. s.	

*p＜.05，**p＜.01

国別ではスウェーデンの方が，また両国とも職場別では施設の方が不十分さを強く感じている．

次に，「④あなたの仕事は次の人から喜ばれていると思うか」を，さまざまな立場の人（利用者，利用者の家族，同僚，直属の上司，行政職員や自治体議員）を念頭に尋ねた設問である．いずれもスウェーデンは職場別の差はないかわずかで，逆に日本では「喜ばれている」と思う割合は全ての相手についてホームヘルプの方が施設より大幅に高かった．「喜ばれている」と思う相手を，国別で高い順にみると，スウェーデンでは，「利用者」が1位（92.1%），「同僚」が2位（86.1%），「利用者の家族」3位（79.2%），「直属の上司」4位（65.9%）と続き，「行政職員や自治体議員」は5位で大きく数値が低かった（8.3%）．日本では，「利用者」が1位（79.4%），「利用者の家族」が2位（72.8%），「直属の上司」3位（50.4%），「同僚」が4位（46.2%），「行政職員や自治体議員」が5位（21.9%）であった．また，日本は，ホームヘルプ・施設とも全ての相手に対して「わからない」の割合がスウェーデンより大幅に高く，特に施設職員は「利用者」に対しても33.5%が「わからない」と回答した．

最後に，「⑤過去1年間に仕事をやめようと真剣に考えたことがあるか」についてである．「はい」の割合は，スウェーデンでは両職場とも約4割だが，日本では施設（55.7%）がホームヘルプ（45.0%）より顕著に高い．

介護に関わる議論に対する意見・価値観

介護に関わる4つの一般的議論に対する意見や価値観についての回答結果を，表5に示す．①～④の全てにおいて職場別の差は，スウェーデンではないかわずかで，逆に日本では顕著であった．「①男性職員を増やすことが介護の社会的地位向上になる」の「賛成」は，スウェーデンでホームヘルプ91.8%，施設85.0%，日本は全体に少し低くホームヘルプ78.5%，施設64.5%である．「②高齢者や障がい者のサービスを増やすために税金を上げるべきだ」の「賛成」は，スウェーデンでは全体で43.7%，日本は施設で46.3%だがホームヘルプは33.0%と低い．「③高齢者や障がい者にかかる費

表 5. 介護に関わる議論に対する意見・価値観（国別・職場別）（%）

	全体（ホームヘルプ+施設）		日本		スウェーデン	
	日本	スウェーデン	ホームヘルプ	施設	ホームヘルプ	施設
①男性職員を増やすことが介護の社会的地位向上になる						
賛成（やや，も含む）	73.4	87.7	78.5	64.5	91.8	85.0
反対（やや，も含む）	26.6	12.3	21.5	35.5	8.2	15.0
χ^2 検定	**		**		*	
②高齢者や障がい者のサービスを増やすために税金を上げるべきだ						
賛成（やや，も含む）	37.8	43.7	33.0	46.3	43.1	44.1
反対（やや，も含む）	62.2	56.3	67.0	53.7	56.9	55.9
χ^2 検定	**		**		n. s.	
③高齢者や障がい者にかかる費用は利用者自らがもっと負担すべきだ						
賛成（やや，も含む）	40.4	17.6	43.9	34.1	17.9	17.4
反対（やや，も含む）	59.6	82.4	56.1	65.9	82.1	82.7
χ^2 検定	**		**		n. s.	
④高齢者や障がい者はもっと家族からの援助を受けるべきだ						
賛成（やや，も含む）	66.3	42.8	68.3	62.8	42.4	43.1
反対（やや，も含む）	33.7	57.2	31.7	37.2	57.6	56.9
χ^2 検定	**		*		n. s.	

* $p < .05$, ** $p < .01$

用は利用者自らがもっと負担すべきだ」の「賛成」は，全体で 17.6％のスウェーデンに比べ，日本はホームヘルプ 43.9％，施設 34.1％と割合が高い．「④高齢者や障がい者はもっと家族からの援助を受けるべきだ」は，スウェーデンも全体で 42.8％いるが，日本はホームヘルプ 68.3％，施設 62.8％と共に非常に割合が高い．

4　考察――スウェーデンと日本の比較

上記の分析結果をもとに，主に職場（ホームヘルプ，施設）の区別に注目して，スウェーデンと日本の介護労働者の実像をとらえつつ考察していく．

4.1　属性と仕事に関わる側面での実像

個人的属性（表 1），家庭に関わる属性（表 2），仕事の形態・状況とそれに対する認識（表 3）の結果をもとに，介護労働者のプロフィールの描写を試みる．

スウェーデンの場合，ホームヘルプ・施設で違いはほとんどなく，「幅広い年齢層にわたる，比較的教育・経験年数の長いベテランの女性職員」で「配偶者があり，1/3 の割合で仕事外の介護も行いながら，それが勤務時間には影響せず，家庭生活とそれなりに調和させており」「パートタイムで公的セクター雇用」という姿が浮かび上がる．

日本は，職場別に大きな違いがみられる．まずホームヘルプは，「ホームヘルパー 2 級資格[2)]で働く，比較的ベテランの中高年女性」で「配偶者があり，長時間の家事と，1/3 の割合で仕事外の介護も行いながら，それに合わせて勤務時間を調整して家庭生活を送っており」「勤務先も雇用形態もさまざま」，という像がみえる．施設は，「介護福祉士資格有りとほとんど教育なしの場合があり，経験年数の短い 20-40 代の男女」で「1/2 の割合で配偶者がおり，家事や仕事外の介護にはあまり関わっておらず」「社会福祉法人雇用のフルタイム勤務」との姿が描かれる．日本については，訪問系と施設系での違いとして，水野（2010）や染谷（2007：220）が描く介護職員の姿とも共通する点が多いが，より多角的に具体的数値でとらえることができた．

4.2　属性と仕事に関しての二国間比較

上記で描いた実像をふまえ，二国間比較の視点で特徴を 3 点あげる．1 つめは，性別である．日本を含む各国で，ケア労働における女性偏重と男性排除，「食べていけない仕事」だから男性が少ないと問題視されている（春日 2001，山根 2010）．しかし，介護職では，一般にジェンダー平等度の高いスウェーデンよりも，日本の特に施設で男性割合が突出して高い[3)]ことは，国際比較から導かれた興味深い結果である．

2 つめは教育・経験の年数，有資格と無資格のギャップである．当然各国の資格制度や介護の歴史と関係が深い部分である．スウェーデンについて，調査結果では教育・経験年数が長いが，介護職の基本的資格が高卒レベルで取得できる“undersköterska”（副看護師）と“vårdbiträde”（介護職員）のため，1 年以上の教育を受けた人が多い．また，過去数十年の福祉国家発展のなかで，介護職の専門性や労働条件が確立され，現在ベテラン層が厚い様子がうかがえる．しかし実は，「教育を受けていない」人も一定みられ，まさに昨今問題となっている，介護職の無資格，能力不足（Törnquist 2012）とコミューン格差（Socialstyrelsen 2014）の問題の一端が表れていた．現地ではさらに，介護労働者不足，外国生まれの介護職員拡大に対応できる教育・研修の在り方も政策課題となっている（SCB 2013）．

日本は従来，ホームヘルプと施設で養成課程そのものが別で，「介護福祉士」と「ホームヘルパー 2 級」各々の取得期間が教育年数にあたる．そして，介護労働市場の急拡大に専門職化がおいついていない．資格化が進む一方，日本での教育期間の短さやばらつきは，介護労働の条件改善を検討する際の障壁でもあろう．

3 つめに，家庭生活やインフォーマルケアと働き方の関係である．ケア労働は，歴史的に女性が多くを担いインフォーマルなケアとの関わりが深い（山根 2010）が，介護労働の議論で言及されることは少ない．本調査では，スウェーデンの介護労働者が，職場を問わず，家事や仕事外の介護にあまり影響を受けていない姿が見て取れた．北欧 3 カ国のインフォーマルケアと雇用の関係を比較分析した Jakobsson *et al.*（2013）が，スウェーデンではインフォーマルケアの介護者である割合が低く，ケアと雇用の間にネガティブな関係がみられないと指摘する通りである．無論，社会一般の労働環境整備が進んでいることも土台になっているであろう．

日本の場合，ホームヘルプは不安定な仕事，施設は賃金体系もある程度整えられフルタイム雇用者が多い安定した仕事として（春日 2001），二分されている．ゆえに本来なら，施設での就労が長年継続されそうであるが，実際には家庭生活やインフォーマルケアの影響を受けにくいと考えられる若い世代が，施設職員の中心となっている．本調査結果でも見たとおり，ホームヘルプの方が，経験年数は施設に比べて長く，ベテラン職員が多い．要因は明確ではないが，家庭生活を重視して仕事を調整しながら働く主婦層ゆえに，労働条件のみに影響されず継続できたとも推察できる．介護労働の継続性を検討するには，単に賃金だけではない要素を考察することが不可欠と考えられる．

4.3　考え方や価値観に関する側面での実像

ここでは，仕事に関する意識ややりがい（表4），介護に関わる議論に対する意見・価値観（表5）の結果をもとに，内面から介護労働者の実像を探る．

スウェーデンの場合，ホームヘルプ・施設で違いはほとんどなく，「仕事の意義を感じ，利用者・家族・同僚からも喜ばれていると思い」，「利用者が受けるべきサービスを十分受けていないと思い，利用者負担増には強く反対で，男性職員増での社会的地位向上も必要と考える」姿が浮かび上がる．

日本は，職場別に大きな違いがみられる．まずホームヘルプは，「仕事の意義，利用者から得られるものが大きいと感じ，利用者と家族さらには職場や議員にも大変喜ばれていると思い」，「しかし利用者が受けるべきサービスを十分受けていないとは思わず」，「税金増よりも，家族からの援助や利用者負担の増加を求める」という像がうかがえる．全般に内面的満足度が高い．他方，施設では，「仕事の意義は感じ，利用者や家族に喜ばれているとは思うが確信はもてない」「家族からの援助は増やすべきであるが，利用者負担増や税金増は余り賛成でなく，男性職員増もさほど望まない」との思いで，割り切れない内面がうかがえる．両国とも，仕事の意義や満足感を感じながらも，約半分は1年以内に真剣に退職を考えた点で共通している．

4.4 考え方や価値観に関しての二国間比較

上記をふまえ，二国間比較の視点で特徴を2点あげる．まず，介護に関する社会的解決の志向についてである．スウェーデンでは，利用者負担増への反対が極めて強く（約8割），利用者が受けるべきサービスを十分受けていないとして，社会制度へ批判的な面が強い．一方日本では，特に家族からの援助増を求める意見が強く，利用者負担増にもスウェーデンより寛容である．男性職員を増やすことでの介護の社会的地位向上にも，スウェーデンより反対意見が多い．本来，介護労働の条件や環境整備を図るには，介護をより社会的な問題としていくことが不可欠と思われるが，日本の調査結果からは介護労働者が政策的解決を強く求める姿はあまり見えてこない．

日本は，介護保険制度後の急激な変化で，自助・互助の仕組みが弱まったり，利用者がお客様になってしまい相互関係としてのケアが壊れたりしたとも聞く．ゆえに，利用者と家族，雇用主，社会の狭間で，介護労働者が戸惑う面が大きいのかもしれない．

2点目に，日本の介護職における職場ごと（ホームヘルプと施設）の相違が，さまざまな面で非常に大きいという点である．ホームヘルプの方が，サービス化・細分化された不安定労働（水野 2010）であるが，労働者の内面は比較的満足しており，社会的解決の要求へとベクトルは向かない．施設は，低賃金とはいえ安定性のある1つの職場であるのに，労働者の内面における満足感や自信は高くない．このような形での二層化が，将来にわたって続くことは望ましいといえないであろう．今後は日本でもさらに介護労働の「専門性」が求められることは確実で，在宅と施設の資格が統合化された際の人材は，現在のホームヘルプのような労働形態は選択しなくなる．ホームヘルプのニーズは増しても，主婦を前提とした現在の像を脱却しない限り，担い手は将来空洞化することも考えられる．資格・専門性は統合した上で，ホームヘルプも施設にも人材が移動できる仕組みを模索するとすれば，本調査結果の大半の項目でホームヘルプと施設との違いがわずかだったスウェーデンは1つの参考になる．

スウェーデンと比べて介護労働の歴史が浅い日本は，不利な面も確かに大きいが，逆にスウェーデンとは異なるチャンスも残されている．本調査結果でも，たとえば，日本の新しい介護市場において施設に若年男性が多く参入し，また経験を積み満足感を得ているホームヘルパーも存在することが明らかになっている．この人々が離職する前に方策を講じ，介護労働の在り方を社会的に構築することが求められるだろう．

5　おわりに

本章では，勤務先の違い（ホームヘルパーと施設職員）に注目し，スウェーデンと日本の介護労働者について，属性を中心に比較検討を行い，両国の介護労働者の実像を描きとらえることを試みた．調査の時期の違いやサンプリングの課題のほか，言語間のニュアンスの違いや回答傾向の文化的違いもあるものの，多角的にとらえることで，新たな発見と示唆を得ることができた．今回，介護労働者はどのような人か，をいわば浅く広く検討したが，この属性部分を土台として諸課題を深く分析していく次段階へと進みたい．

注

1）ホームヘルプは日本では「訪問介護」が正式名称であるが，本章では便宜上，スウェーデン・日本の両方について「ホームヘルプ」，それに従事する労働者を「ホームヘルパー」とする．また，24時間職員配置のある居住型の介護施設を「施設」とし，そこで介護に従事する労働者を「施設職員」とする．スウェーデンの介護付き特別住宅は，本来「施設」ではないが，Szebehelyらも国際比較の便宜上「施設」という概念・用語を用いており，本研究もこれに従う．

2）ただし，「ホームヘルパー2級」は2013年3月末で廃止になり，「介護職員初任者研修」が創設されている．

3）男性割合は，NORDCARE 日本調査ではホームヘルプ 5.2%，施設 35.2%であったが，たとえば介護労働安定センター（2013）では，訪問介護員 8.0%，介護職員 24.8%であった．

参考文献

〈邦文文献〉

阿部真大．2010．「ユニットケアはケアワーカーを幸せにするのか？」『日本労働社会学会年報』21．43-70．

藤井宏一，他．2009．「介護分野における介護労働者の確保等に関する研究」『労働研究政策報告書』No.113．労働政策研究・研修機構．

石田健太郎．2006．「ホームヘルプ労働の教育制度と相互行為場面についての考察―実践のなかで「熟練者になる」ことを学習する―」．『福祉社会学研究』3．105-127．福祉社会学研究編集委員会．東信堂．

介護労働安定センター．2013．『介護労働の現状について―平成 24 年度介護労働実態調査』．公益財団法人介護労働安定センター．

春日キスヨ．2001．『介護問題の社会学』．岩波書店．

水野博達．2010．「現場から見た〈介護〉の幾つかの特性と介護労働の現状」．『日本労働社会学会年報』21．23-42．日本労働社会学会年報編集委員会．

斉藤弥生．2014．『スウェーデンにみる高齢者介護の供給と編成』．大阪大学出版会．

斉藤弥生・石黒暢．2013．『高齢者介護に関する国際比較調査（NORDCARE 調査）：日本調査結果報告書』．大阪大学人間科学研究科斉藤弥生研究室・言語文化研究科石黒暢研究室．

笹谷春美．2000．「『伝統的女性職』の新編成―ホームヘルプ労働の専門性」．大本喜美子・深澤和子編．『現代日本の女性労働とジェンダー』．175-215．ミネルヴァ書房．

渋谷光美．2014．『家庭奉仕員・ホームヘルパーの現代史』．生活書院．

染谷俶子（編著）．2007．『福祉労働とキャリア形成』．ミネルヴァ書房．

高松智画．2009．「介護労働者の現状と課題」．『龍谷大学社会学部紀要』34，19-30．龍谷大学社会学部．

UA ゼンセン日本介護クラフトユニオン．2016．「速報版 就業意識実態調査」．

安留孝子．2003．「ホームヘルパーの職業的確立に関する一考察―ホームヘルプ労働の特性の検討をもとに―」．『富山福祉短期大学紀要福祉研究論集』3．47-57．富山福祉短期大学．

山根純佳．2010．『なぜ女性はケア労働をするのか―性別分業の再生産を超えて』．勁草書房．

吉田輝美．2014．『感情労働としての介護労働』．旬報社．

全国労働組合総連．2014．『2014 年度版「介護施設で働く労働者のアンケート」と「ヘルパーアンケート」報告集』．全国労働組合総連．

〈欧文文献〉

Daly, Tamara & Szebehely, Marta. 2012. "Unheard voices, unmapped terrain: care work in long-term residential care for older people in Canada and Sweden", *International Journal of Social Welfare*, 21, 139-148.

Jakobsson, Niklas., Kotsadam, Andreas. & Szebehely, Marta. 2013. "Informal eldercare and care for disabled children in the Nordic countries: prevalence and relation to employment." *Nordic Journal of Social Research*, Vol. 4, 2013.

Meagher, Gabrielle & Szebehely, Marta. (eds.) 2013. *Marketisation in Nordic eldercare: a research report on legislation, oversight, extent and consequences* (Stockholm Studies in Social Work 30). Stockholm University.

Socialstyrelsen och Sveriges Kommuner och Landsting. 2014. "*Vård och omsorg om äldre jämförelser mellan kommuner och län" (Öppna jämförelser 2013).*

Socialstyrelsen. 2014. "*Fortbildning för undersköterskor och vårdbiträden i äldreomsorgen–en systematisk översikt om vetenskapligt stöd och effekter för äldre och personal.*".

Szebehely, Marta (red.) 2003. *Hemhjälp i Norden–illustrationer och reflektioner.* Studentlitteratur.

Szebehely, Marta. 2011. "Insatser för äldre och funktionshindrade i privat regi", Hartman, Laura (red.) *Konkurrensens konsekvenser. Vad händer med svensk välfärd?*, SNS Förlag.

Törnquist, Agneta. 2012. "Kompetensfrågans tröghet". *Äldre i centrum*, 2012. no 2. Stiftelsen Stockholms läns äldrecentrum.

〈インターネット上の資料〉

SCB. 2013. "Yrkesstrukturen i Sverige 2012, Yrkesregistret med yrkesstatistik 2012".
(http://www.scb.se/Statistik/AM/AM0208/2012A01/AM0208_2012A01_SM_AM33SM1401.pdf 2014.9.20 アクセス)

第 3 章

日本とデンマークの介護労働環境
——介護労働者のストレスとその背景

石黒 暢

1 はじめに

介護現場の人材不足の背景には労働環境が整備されていない現実があるといわれている．それにもかかわらず質の高いケアの提供が要求される状況は介護労働者の心身の負担につながり，バーンアウトなどの問題が深刻化している．「介護労働者のストレスに関する調査」によると，介護労働者の85.5%が職場や仕事においてストレスを強く感じている（介護労働安定センター 2005）．そして，他の多くの先進国においても介護労働者の職業性ストレス[1]や離職率の高さが問題になっており（OECD 2011），本章で比較対象としてとりあげるデンマークでも，介護労働者のストレスを軽減するための労働環境改善が重要な課題として議論されている（Det Nationale Forskningscenter for Arbejdsmiljø 2007）．デンマークは，社会学者エスピン＝アンデルセンの福祉国家類型論において，スウェーデンなどとともに「社会民主主義レジーム」に分類されており，その特徴の1つは，政府が普遍的な社会保障給付を行うことである．北欧諸国のなかでもデンマークはもっとも普遍的で寛大な高齢者介護サービスを提供しているといわれており，高齢者の介護サービス利用率が高い（Burau & Dahl 2013: 79-80）．それゆえ，介護サービスを担う労働力を常に量的に充足させることが不可欠となる．実際，デンマークの介護労働者人口の65歳以上人口比をみると，9.3％と高い（日本は5.5％）（OECD 2013: 183）．普遍的な介護システムを維持するために，介護のマンパワーをリクルートし，定着させることが強く求められるデンマークの介護労働者の労働環境はどのようなものだろうか．

本章では，日本とデンマークでほぼ同じ質問紙を使って行われた質問紙調査の結果を用いて日本とデンマークの介護労働環境を比較し，それぞれの特徴について論じ，そこから日本の介護労働の課題と進むべき方向性を検討したい．介護労働者のストレスはケアの質を落とすといわれており（阿部 2010；Trydegård 2012），良好な労働環境，すなわち介護労働者に対するケアはよいケアを提供するための前提条件である（Daly & Szebehely 2012）．したがって，介護労働者の労働負担の実態と背景を詳細に調査し，改善策を探る研究は，ケアの質を確保するために必要な知見を提供することにつながると考えられる．

2　研究方法

本章で論じる「職業性ストレス」に関する研究には一定の蓄積があり，さまざまな分析枠組みが用いられている．たとえば，Karasekらが考案した要求度－裁量度モデル（Job demands-control model）は，仕事の要求度と仕事の裁量度の2要因の組み合わせによって，種々のストレス反応との関連を検討することを提唱するものである（Karasek & Theorell 1990）．仕事の要求度の高低と仕事量，要求されるレベルなどと，自分で自分の仕事の中身や方法などを決定できる裁量度の高低との組み合わせによって，作業特性が分類されている．ストレスが最も多くみられるのは仕事の要求度が高く，裁量度が低い「高ストレイン群」である．労働者個人と仕事との関係に焦点をあてたこの要求度－裁量度モデルに，職場の人間関係の要因を付加した要求度－裁量度－サポートモデル（Demand-control-support model）が後に提唱され，職場の同僚や上司との関係やサポートが良好なものであるかが労働環境に影響をもたらすことが明らかにされている（Johnson & Hall 1988）．本章ではこのモデルを援用し，日本とデンマークの高齢者介護労働者の労働環境を，仕事の要求度，裁量度，同僚・上司との関係の視点から分析し，比較検討する．

本章の分析に用いたデータは，デンマークについては2005年にデンマークで実施されたNORDCARE調査のデータ（以下，NORDCARE調査），日本については，筆者らが2012年に実施した日本調査であり，その中で介護労働者のストレス反応とその背景にある要因（仕事の要求度，裁量度，同僚・上司との関係）に関連する項目の結果をみていく．本章で分析対象としたのは日本とデンマークの高齢者介護現場でホームヘルプと施設介護にたずさわる介護労働者のデータで，日本のホームヘルパー677名，施設職員379名，デンマークのホームヘルパー333名，施設職員409名[2)]である．ホームヘルプと施設では介護労働者の仕事内容も働き方も異なり，それぞれ特有の労働環境があるため，ホームヘルプと施設を分け，上記の4グループ別（国別，職場別）で集計したデータを比較する．

3　分析結果

3.1　介護労働者の属性

まず，回答者の属性を概観する（表1）．平均年齢は日本のホームヘルプが高く（52.34歳），日本の施設で働く介護労働者（35.79歳）と約17歳の開きがある．デンマークでは職場による差が小さい．性別をみると，日本の施設以外では女性が大半を占め（日本のホームヘルプ94.8%，デンマークのホームヘルプ98.5%，デンマークの施設98.3%），男性がほとんどいない．日本の施設では男性が35.2%を占めている．高齢者介護に関する教育を受けた期間は，日本のホームヘルプが最も短く，最も多かった回答は「1-5カ月」（43.4%）である．日本の施設で最も多かったのは「2年以上」（33.2%）である．全体的にデンマークの介護労働者は日本より教育期間が長くなっているが，デン

表1．介護労働者の属性（国別・職場別）（年齢以外は％）

		全体（ホームヘルプ+施設）		日本		デンマーク	
		日本	デンマーク	ホームヘルプ	施設	ホームヘルプ	施設
①性別	女性	84.1	98.4	94.8	64.8	98.5	98.3
	男性	15.9	1.6	5.2	35.2	1.5	1.7
χ^2 検定		**		**		n. s.	
②教育・訓練期間							
	受けていない	6.3	1.4	2.1	13.7	1.9	1.0
	全部で1カ月未満	9.0	1.2	8.8	9.4	2.2	0.5
	全部で1−5カ月	33.9	5.6	43.4	17.2	9.9	2.2
	全部で6−11カ月	14.9	8.3	19.5	6.7	8.7	7.9
	全部で1−2年	13.6	54.3	10.1	19.8	53.9	54.7
	全部で2年以上	22.3	29.2	16.2	33.2	23.5	33.7
χ^2 検定		**		**		**	
③介護職の経験年数							
	1年未満	5.1	0.8	5.1	5.0	1.5	0.2
	1−5年	32.2	15.3	27.5	40.6	14.5	15.9
	6−9年	30.4	17.3	33.8	24.4	21.1	14.2
	10−19年	28.6	30.5	30.2	25.7	30.7	30.4
	20年以上	3.7	36.1	3.4	4.2	32.2	39.2
χ^2 検定		**		**		*	
④フルタイム・パートタイムの別							
	フルタイム	60.3	39.4	41.9	93.1	45.1	34.8
	パートタイム	39.7	60.6	58.1	6.9	54.9	65.2
χ^2 検定		**		**		**	
⑤雇用形態							
〔日本〕	正規	50.4		32.0	83.2		
	非正規	49.6		68.0	16.8		
〔デンマーク〕	有期雇用		95.3			94.7	95.7
	無期雇用		3.1			2.8	3.3
	時間制雇用		1.0			1.9	0.3
	その他		0.7			0.6	0.8
χ^2 検定				**		n. s.	
⑥年齢	〈平均値（歳）〉	46.94	46.11	52.34	35.79	45.96	46.23
	〈標準偏差（歳）〉	13.00	9.85	10.47	10.37	9.48	10.15
t検定		n. s.		**		n. s.	

＊p ＜ .05, ＊＊p ＜ .01

マークのホームヘルプで最も多いのが「1-2年」で53.9%である．デンマークの施設は受けた教育の期間が最も長く，1年以上教育を受けている割合が9割近くにのぼっている．介護職の経験期間は，デンマークの施設が最も長く，日本の施設が最も短い．デンマークの施設では10年以上介護職を続けている割合が69.6%を占めている．これに対して日本の施設では「10年以上」と回答した割合は29.9%にすぎず，最も多いのは「1-5年」(40.6%）である．デンマークのホームヘルプでも介護職を10年以上続けている人が多い（62.9%）．日本のホームヘルプで最も多いのは「6-9年」（33.8%）で，次に多いのが「10-19年」(30.2%）である．フルタイム／パートタイム別割合を比べると，日本とデンマークのホームヘルプの間に大きな差はないが（フルタイムの割合は日本41.9%，デンマーク45.1%），施設では大きく異なり，日本の施設では圧倒的にフルタイムが多い（93.1%）のに対し，デンマークでは少ない（34.8%）．

雇用形態についての項目は，日本では正規雇用か非正規雇用かを尋ねており，デンマークでは無期雇用，有期雇用，時間制雇用，その他のいずれかを尋ねている．日本のホームヘルプでは非正規雇用が大半（68.0%）であるが，施設では正規雇用が大多数（83.2%）を占めている．デンマークではホームヘルプと施設の間に大きな差はみられず，どちらも大多数が無期雇用となっている．

平均年齢においても，日本ではホームヘルプ（52.34歳）と施設（35.79歳）との差が大きいが，デンマークではホームヘルプと施設の間に差はほとんどみられない．

3.2　介護労働者のストレス反応

表2は，〈ストレス反応〉を表す変数のクロス集計である．身体的疲れ，背中・腰の痛み，精神的疲れ，睡眠への影響のすべての項目において，デンマークの介護労働者より日本の介護労働者のほうがストレスの多い状況にあることがわかる．それぞれの国のなかでホームヘルプと施設を比べると，ほ

表 2．介護労働者のストレス反応（国別・職場別）（%）

	全体（ホームヘルプ+施設）		日本		デンマーク	
	日本	デンマーク	ホームヘルプ	施設	ホームヘルプ	施設
①勤務後に身体的疲れを感じる						
常にある	42.1	23.8	30.7	62.4	21.2	26.0
しばしばある	27.4	36.6	30.0	22.8	37.9	35.5
時々ある	25.0	30.9	32.2	12.2	34.5	27.9
ほとんどない	4.6	7.3	5.7	2.6	5.2	9.1
全くない	1.0	1.4	1.5	0.0	1.2	1.5
χ^2 検定	**		**		n. s.	
②勤務後に背中・腰が痛む						
常にある	26.0	9.9	19.2	38.1	7.9	11.5
しばしばある	23.9	21.8	22.3	26.7	20.6	22.9
時々ある	30.9	34.2	34.6	24.3	34.5	33.9
ほとんどない	14.8	25.4	18.6	8.2	27.6	23.6
全くない	4.3	8.7	5.2	2.6	9.4	8.1
χ^2 検定	**		**		n. s.	
③勤務後に精神的疲れを感じる						
常にある	33.3	8.8	26.5	45.4	9.3	8.3
しばしばある	23.1	22.7	21.5	26.0	23.2	22.3
時々ある	30.7	40.1	36.2	21.0	37.0	42.6
ほとんどない	11.2	21.8	13.5	7.2	22.0	21.6
全くない	1.7	6.6	2.4	0.5	8.4	5.1
χ^2 検定	**		**		n. s.	
④仕事のことを考えて熟睡できない						
常にある	8.3	3.1	7.0	10.6	2.7	3.5
しばしばある	12.5	11.8	10.3	16.4	11.5	12.1
時々ある	31.6	23.4	31.6	31.6	21.1	25.2
ほとんどない	33.7	37.7	35.5	30.5	40.2	35.6
全くない	13.9	23.9	15.6	10.9	24.5	23.5
χ^2 検定	**		**		n. s.	

＊ $p < .05$,　＊＊ $p < .01$

ぼすべての項目（デンマークの「精神的疲れ」を除く）で施設のほうが「常にある」,「しばしばある」と回答した割合が高いことがわかる．しかし，デンマークのホームヘルプと施設の割合の差はわずかである．日本は施設でストレス反応の数値が非常に高く，大半の人が勤務後に「身体的疲れ」や「精神的疲れ」を日常的に感じていることがわかる．

3.3　ストレスの背後にある要因

仕事の要求度

次に〈仕事の要求度〉をみると（表3），デンマークより日本の要求度が高い傾向がみられる．デンマークではホームヘルプと施設の間に大きな差がないが，日本ではホームヘルプよりも施設のほうが要求度はかなり高い．「仕事にはやることが多すぎる」と頻繁に感じている割合は4グループ間でそれほど大きな差がないが，顕著な差があるのは「課せられた仕事は能力に見合っている」の項目である．「自分の能力より仕事で求められるレベルが高い」と感じている割合は，デンマークのホームヘルプで3.7%，施設6.1%で，「自分の能力に見合っている」と考えている人が8割以上（ホームヘルプ84.1%，施設84.8%）を占めている．一方，日本で「能力より仕事で求められるレベルが高い」と考えている割合はホームヘルプで26.4%，施設で43.5%にのぼる．「自分の能力に見合っている」と考えている割合はホームヘルプ69.2%，施設52.8%である．日本の介護労働者が能力以上の任務を課せられていると感じている現状が浮き彫りになっている．超過勤務も（残業手当の有無にかかわらず）日本のほうがデンマークよりかなり多く，とりわけ日本の施設が突出している．

仕事の裁量度

〈仕事の裁量度〉をみると（表4），デンマークの施設，ホームヘルプ，日本のホームヘルプ，日本の施設の順に「日々の仕事内容に影響を与えられる」度合いが高い．デンマークの施設とデンマークのホームヘルプの間にはやや開きがあり，「頻繁である」と回答した割合は施設で67.3%であったのに対し，ホームヘルプでは46.0%であり，約20%の差があった．日本においては，わずかであるが，ホームヘルプのほうが施設より裁量度が高くなっており，施設職員は裁量度が低く，負荷がかかっている状況が示唆される．

表 3．ストレスの背後にある要因──仕事の要求度（国別・職場別）（%）

	全体（ホームヘルプ+施設）		日本		デンマーク	
	日本	デンマーク	ホームヘルプ	施設	ホームヘルプ	施設
〈仕事の要求度〉						
①やることが多すぎる						
頻繁にある	41.5	30.2	35.0	53.0	30.1	30.2
時々ある	48.3	55.9	52.1	41.7	59.3	53.2
ほとんどない	9.3	12.4	11.7	5.0	9.7	14.6
決してない	0.9	1.5	1.2	0.3	0.9	2.0
χ^2 検定	**		**		n. s.	
②仕事と能力が見合っているか						
能力よりレベルが高い	32.6	5.0	26.4	43.5	3.7	6.1
能力に見合っている	63.3	84.5	69.2	52.8	84.1	84.8
能力よりレベルが低い	4.1	10.5	4.4	3.7	12.2	9.1
χ^2 検定	**		**		n. s.	
③決まった時間より長く働く（残業手当有）						
ほぼ毎日	11.0	1.5	11.2	10.7	2.4	0.8
週 1 回程度	20.9	12.0	16.4	28.6	12.5	11.6
月 1 回程度	15.9	26.9	10.0	26.1	27.8	26.1
ほとんどない	33.2	48.8	39.2	22.8	46.2	51.0
決してない	19.0	10.8	23.1	11.8	11.0	10.6
χ^2 検定	**		**		n. s.	
④決まった時間より長く働く（残業手当無）						
ほぼ毎日	27.7	1.1	19.5	41.6	0.6	1.5
週 1 回程度	20.7	4.6	18.9	23.9	4.9	4.3
月 1 回程度	5.2	5.6	4.8	5.8	5.8	5.3
ほとんどない	29.1	23.6	35.0	19.1	23.5	23.7
決してない	17.2	65.1	21.7	9.5	65.1	65.1
χ^2 検定	**		**		n. s.	
⑤仕事が多くて休憩・昼食をカット・短縮						
ほぼ毎日	26.6	14.9	22.1	34.5	12.4	17.0
週 1 回程度	21.9	25.1	20.9	23.6	27.2	23.4
月 1 回程度	10.5	11.2	9.0	13.3	15.2	8.0
ほとんどない	29.8	30.3	34.4	21.8	30.3	30.3
決してない	11.2	18.4	13.7	6.9	14.9	21.3
χ^2 検定	**		**		**	

* $p < .05$, ** $p < .01$

表4．ストレスの背後にある要因
—仕事の裁量度と上司・同僚との関係（国別・職場別）（%）

	全体（ホームヘルプ+施設）		日本		デンマーク	
	日本	デンマーク	ホームヘルプ	施設	ホームヘルプ	施設
〈仕事の裁量度〉						
①日々の仕事内容に影響を与えられる						
頻繁にある	18.0	57.8	19.6	15.3	46.0	67.3
時々ある	59.2	29.0	60.0	57.8	30.5	27.7
ほとんどない	21.1	11.6	19.0	24.7	20.1	4.7
決してない	1.7	1.6	1.4	2.2	3.4	0.2
χ^2 検定	**		n. s.		**	
②利用者の希望・ニーズに応じて決められた仕事以外のことをする						
毎日	20.6	49.1	6.7	46.5	40.1	57.2
週1回程度	18.8	27.7	17.9	20.5	34.8	21.4
月1回程度	12.1	8.6	13.2	10.1	10.6	6.7
ほとんどない	43.8	13.5	55.8	21.4	13.6	13.5
決してない	4.7	1.1	6.4	1.4	1.0	1.2
χ^2 検定	**		**		**	
〈上司・同僚との関係〉						
①仕事について同僚と話す時間を持てる						
頻繁にある	31.9	43.4	29.6	36.0	39.9	46.3
時々ある	50.0	42.9	49.2	51.6	43.5	42.4
ほとんどない	17.3	13.0	20.2	12.2	16.0	10.6
決してない	0.8	0.7	1.0	0.3	0.6	0.7
χ^2 検定	**		**		n. s.	
②最も近い上司からサポートを受けられる						
頻繁にある	36.9	46.6	36.5	37.7	47.6	45.8
時々ある	46.8	35.5	47.6	45.4	35.4	35.6
ほとんどない	15.1	14.3	14.9	15.4	13.7	14.9
決してない	1.2	3.6	1.1	1.6	3.4	3.7
χ^2 検定	**		n. s.		n. s.	

＊$p < .05$，＊＊$p < .01$

「利用者の希望やニーズに応じて決められた仕事以外のことをする」を見ると，日本の施設，デンマークのホームヘルプ，デンマークの施設においては「毎日」という回答が最も多いが，日本のホームヘルプにおいては「ほとんどない」が最も多く，決められた仕事以外はあまりしていないことがよみとれる.

上司・同僚との関係

〈上司・同僚との関係〉をみてみる（表4).「同僚と仕事について話し合う時間をもてるか」についてはグループ間でそれほど大きな差がみられないが，最も数値が低いのは日本のホームヘルプで，同僚と話す時間が比較的少ないことがわかる.「仕事について最も近い上司からサポートを受けているか」についてもグループ間でそれほど数値に差がみられないが，デンマークのホームヘルプ・施設より日本のホームヘルプ・施設のほうがやや上司のサポートを受ける頻度が少ない.

4 考察

以上の分析結果をふまえて考察を行う．まず調査結果から，〈仕事の要求度〉については，デンマークより日本のほうが高い傾向がみられた．日本の介護労働者の労働時間数を平成24年度介護労働実態調査からみてみると，訪問介護員（ホームヘルパー）で平均週30.8時間，介護労働者（訪問介護以外で介護に関わる者）で39.1時間である．また介護労働者全体の1週間の平均残業時間数は4.7時間である（介護労働安定センター 2013)．一方，デンマークの介護労働者全体の雇用契約上の労働時間は，週平均31時間12分で，実際の労働時間は平均33時間2分（2005年）となっているので，超過している1時間50分が残業時間分だと考えられる（Nabe–Nielsen *et al.* 2007: 8)．データ元が異なるため厳密な比較はできないが，日本の介護労働者のほうが残業時間は長いことがうかがえる.

また，先行研究では介護労働者の仕事の量的な負担がストレス反応を高めることが指摘されている（横山 2012；堀田 2010)．日本では「働くことが美徳」という考えが根強くあり，決められた労働時間で仕事が終わらなければ残業したり，休日に働いたりすればよいと考える風潮もみられ（渥美 2008：38),

このような職場風土も一因となって介護労働者に多大な負担がかかっているとも考えられる．

介護労働者に限定せず労働者全体について考えても，日本はヨーロッパ諸国と比べて労働時間が長い．長時間労働は，1）仕事時間の増加，2）仕事以外の時間の減少，をもたらす．そして，仕事時間の増加は仕事負荷を増加させ，仕事以外の時間の減少は疲労回復時間を減少させる．これら2つの変化は仕事負荷／疲労回復時間の組み合わせを仕事負荷側に傾かせ，健康問題を引き起こす（岩崎 2008：39-40）．

次に，NORDCARE 調査から介護労働者がもつ裁量度を比較すると，デンマークの介護労働者は日本と比べて裁量度が高いことがうかがえる．介護労働者の裁量を「関係的な力」という概念で説明したのは Christensen（2005）である．Christensen は，介護労働のなかで作用する力を「構造的な力」（structural power）と「関係的な力」（relational power）に分けて論じている．介護労働を規定する経済的，法的，イデオロギー的，組織的な条件が「構造的な力」であり，一方，介護労働者と利用者との関係のなかで介護労働者が発揮する力が「関係的な力」である．介護現場では「構造的な力」によって介護労働者が行うケアの内容や方法などが定められているが，介護労働者が自分の裁量でその場に応じた仕事を行うこと，つまり「関係的な力」を使ってケアを行うこともある．介護労働においては「関係的な力」を発揮できるかどうかが介護労働者の心理的労働環境に大きな影響を与えるのではないだろうか．Tufte *et al.*（2012）は，介護労働者と利用者との関係的な側面の重要さを指摘している．また，介護労働者が利用者のニーズに合わせて柔軟に対応したり，世間話をしたりする時間的余裕と裁量権をもつことが，仕事のやりがい（meaning of work）につながり（原田 2008；Tufte *et al.* 2012），そのやりがいが労働者のメンタルヘルスを向上させる（Leiter *et al.* 1998; Tufte *et al.* 2008）．つまり，介護労働者が裁量権をもって仕事を行い，「関係的な力」を満足いく形でケアの場に生かすことができるようにすることがやりがいに結びつくと考えられる（Tufte *et al.* 2012）．日本の先行研究においても，裁量度が福祉職スタッフの精神的健康に肯定的な影響がもつことが示されている（森本

2003；岡田ほか 2009）．さらに，仕事の裁量度はケアの質とも有意な関係があり，介護労働者の裁量が大きいと行うケアの質が高いとも指摘されている（Winsløw *et al* 2007: 35）．

ただ，仕事の裁量度には，仕事の方針・目標に対する裁量度や休暇の取り方，仕事の方法に対する裁量度など複数の側面があり（森本 2003），本章において検討した変数だけでは分析が不十分である．裁量度を多面的にとらえられるように，今後の研究方法を検討する必要がある．

最後に，上司・同僚との関係について検討する．職場での上司・同僚との関係は働きやすさに大きな影響を与える．特に，日本の介護施設においては，精神的側面に最も大きな影響を与えるのは上司との関係であることが示されている（森本 2003；笠原 2001）．調査結果をみると，上司・同僚のサポートのレベルは全般的にデンマークより日本のほうが低いことが示唆された．特に日本のホームヘルパーが，同僚と話す時間や上司からサポートを受ける機会が相対的に少ない．

ホームヘルパーは施設職員のように常時，上司や同僚と一緒に働く職場ではないため，特殊な事情を抱えているといえる．特に日本で上司・同僚のサポートが少ないのは，多くを占める非正規雇用のヘルパー（登録型ヘルパー）が，自宅から利用者宅に直接向かい，利用者宅から自宅まで直接帰る，いわゆる直行直帰の勤務形態が多い[3]ことによるものであると考えられる．介護保険制度導入をきっかけに，地方自治体及び事業委託された市町村社会福祉協議会のホームヘルプ事業が打ち切られ，事業を実質的に支えてきたホームヘルパーの多くが正規職員から解雇されたり，配置転換されたりして，雇用身分も常勤から非常勤，登録ヘルパーといった不安な立場となっていった（吉田 2001）．このような就労形態のヘルパーにとって直行直帰は，職場に行く時間を節約し時間的に余裕をもつことができるメリットがあるが，職場で実際に同僚や上司と顔を合わせて連絡・報告を行う時間が減り，ヘルパーが技能を向上させたり，同僚のヘルパーや上司と情報交換したり，仕事をコーディネートしたりすることが難しくなる（西川 2004）．ヘルパー同士の横のつながりがなく苦悩しているヘルパーの現状も報告されている（吉田 2001；

原田 2008）．そこで，NORDCARE 調査において，日本のホームヘルパーが雇用形態（非正規雇用か正規雇用か）によって，上司・同僚との関係が異なるかどうかをみるために，表4で使用した変数「同僚と仕事について話し合う時間を持てるか」と「仕事について最も近い上司からサポートを受けられるか」を雇用形態別にクロス集計してみた．すると，上司からのサポートにおいては雇用形態別で有意差がみられなかったが，同僚と話し合う時間については有意差がみられ，「頻繁にある」と回答した割合は正規雇用の49.5％に対して非正規雇用では20.2％であった[4)]．

ただ，平成24年度介護労働実態調査では，他の介護職種と比べてホームヘルパーが上司や同僚との意思疎通に不満を感じたり，職場の人間関係全般に悩んだりすることが少ないという結果が出ている（介護労働安定センター 2013）．なぜそのような結果になっているのかについては不明であるが，今後，質的調査等をふまえてさらに精査していかなければならない．

北欧諸国においても介護サービスの市場化が進みつつあるが[5)]，公的部門が一元的に介護サービスを提供していた歴史が長く，そのなかで培われてきたケアの文化や労働文化が根強く残っている．デンマークにおけるホームヘルプは，従来，各自治体の担当課がホームヘルパーの訪問をコーディネートし，ホームヘルパーが単独で仕事を行う個別方式であったが，1980年代半ばからホームヘルパーを地区ごとにグループ化し，共同でマネジメントをする地区グループ方式が取り入れられた．この方式では，地区ごとにホームヘルプの業務を管理し，ヘルパー間で仕事を割り振る．地区のオフィスで毎日ミーティングを開き，情報を共有し，サポートし合えるような体制が整っている．誰かが欠勤すると別の人と交代することができ，柔軟かつ効率的に仕事を編成することができる（Fuglsang 2000: 13）．このようなホームヘルプの現場での上司や同僚との日常的なコミュニケーションは，長い間培われたデンマークのホームヘルプの伝統となっている．ただ，デンマークでは最近，介護分野の人件費を抑制する目的で，ITを活用して自治体のヘルパーのミーティング時間を削減する動きがみられる（Finansministeriet 2006: 9-10；Nielsen 2008: 68-69）．今後どのような方向に進むのか注視する必要がある．

5 おわりに

日本の介護労働者のストレスを軽減するためには，何よりも仕事の要求度を軽減する対策が不可欠である．高齢者の要介護度が高くなり，認知症の割合も急速に増加しているなかで，時間内に終わらせるべき仕事は高密度化してきている（田中 2008：23）．時間の制約で十分なケアを提供できないことは介護労働者の精神的負担につながる（Trydegård 2012; Liveng 2006）．また，仕事の裁量度や上司・同僚との関係という側面においても日本には課題があることが示唆された．デンマークにおいても上司・同僚とのよりよい関係を構築できるような環境づくりが必要とされ，取り組みが行われている．

最後に本章の限界と課題について述べる．本章で用いた日本調査の質問紙は入念な注意を払いながら作成したが，それでも北欧諸国版の調査票の質問とニュアンスが多少ずれることは不可避であり，調査結果の厳密な比較は難しい．また，サンプリングにおいては労働組合に協力を依頼し，日本調査では全国の施設・事業者を抽出してもらった．全国の介護労働者を代表するサンプルを確保するように最大限心がけたものの，アプローチできる介護労働者に偏りがでている可能性があることは否定できない．

先行研究によって，性別，介護の資格の有無，雇用形態など介護労働者の属性別にストレス反応が違うことが確認されており（横山 2012），今後は属性別の特徴もふまえて分析を行わなければならない．質的調査と量的調査を有機的に組み合わせながら，介護労働者の労働環境改善の方策を探求していきたい．

注

1）職業性ストレス（work-related stress）とは仕事の心理社会的な特徴によって引き起こされる身体的・精神的な反応で（作業関連疾患の予防に関する研究 研究班 2000），課せられた要求と，その要求に対処する資源との間に不均衡が生じた際に経験されるものである（European Agency for safety and Health at work 2002）．世界保健機関は，職業性ストレスとは自分の知識や能力にそぐわず，その対応能力が問われるような労働上の要求やプレッシャーを受けた際にみせる反応であるとしている（WHO 2014）．また厚生労働省によると，職業性ストレスとは職場におけるストレスで，人間関係，仕事のコントロール度，仕事量・時間外労働，仕事の将来性，仕事への適性，交代制勤務・出張等の勤務体制，職場環境などにより，労働者に生じてくるものである（厚生労働省 2014）．このように職業性ストレスにはさまざまな定義があるが，本研究では，課せられた職業上の要求と，その要求に対処する資源との間に不均衡が生じた際に起こる身体的・精神的な反応としてとらえる．

2）本調査において，デンマークの「施設」には，従来のナーシングホーム（plejehjem），介護型住宅（plejebolig）に加えて，高齢者住宅（ældrebolig）が含まれている．高齢者住宅は高齢者の自宅として扱われるため，本来「施設」には該当しないが，他の北欧諸国との比較を考慮して「施設」として扱った（Platz 2006）．

3）平成18年介護労働実態調査結果によると，業務開始時に「ほとんど事業所には行かないで直接利用者宅を訪問」するヘルパーが正社員は9.8%，非正社員では46.8%おり，業務終了時に「ほとんど事業所には行かないで直接自宅へ帰る」ヘルパーが正社員で8.5%，非正社員では42.6%であった（介護労働安定センター 2007）．

4）正規雇用の回答結果は，「頻繁にある」49.5%，「時々ある」42.0%，「ほとんどない」8.5%，「決してない」0.0%で，非正規雇用の回答結果は，「頻繁にある」20.2%，「時々ある」52.8%，「ほとんどない」25.5%，「決してない」1.6%であった．

5）デンマークは1980年代末頃からニュー・パブリック・マネジメントの影響を受け，公共部門の刷新を目指し，社会サービスへ市場原理を導入する改革を進めてきた．介護サービスについては，自治体が提供する公的なホームヘルプだけでなく，民間事業者の提供するホームヘルプからも介護サービスを受けることが可能となり，2003年からは要介護者がサービスを受ける事業者を選択できる準市場的な制度が全国的に導入された（石黒 2011）．

参考文献

〈邦文文献〉

阿部真大．2010．「ユニットケアはケアワーカーを幸せにするのか？」．『日本労働社会学会年報』21，43-70．日本労働社会学会年報編集委員会．

渥美崇史．2008．「事業者に求められる職場づくりの視点」．『月刊福祉』91(6)，36-39．全国社会福祉協議会．

原田由美．2008．「介護保険制度におけるホームヘルパーの裁量権に関する研究」．『介護福祉学』15(2)，161-171．日本介護福祉学会・編集委員会．

堀田聰子．2010．「介護保険事業所（施設系）における介護職員のストレス軽減と雇用管理」．『季刊社会保障研究』46(2)，150-163．国立社会保障・人口問題研究所．

石黒 暢．2011．「社会サービスにおける「選択の自由」とは―デンマークのホームヘルプサービスを例に―」．『IDUN』19，203-220．大阪大学言語文化研究センター デンマーク語・スウェーデン語研究室．

岩崎健．2008．「長時間労働と健康問題―研究の到達点と今後の課題」．『日本労働研究雑誌』575，39-48．労働政策研究・研修機構．

介護労働安定センター．2005．『平成16年度介護労働者のストレスに関する調査』．介護労働安定センター．

介護労働安定センター．2007．『大規模調査（平成 18 年度介護労働実態調査）』．介護労働安定センター．

介護労働安定センター．2013．『平成 24 年度介護労働実態調査』．介護労働安定センター．

笠原幸．2001．「「介護福祉職の仕事の満足度」に関する一考察」．『介護福祉学』8(1)，36-42．日本介護福祉学会・編集委員会．

森本寛訓．2003．「高齢者施設職員の精神的健康に関する一考察――職務遂行形態を仕事の裁量度の視点から考えて――」．『川崎医療福祉学会誌』3(2)，263-269．川崎医療福祉大学．

西川真規子．2004．「ヘルパーの技能の内実と向上：アンケート調査に基づく実証分析 その 1」．『経営志林』41(1)，35-53．法政大学経営学会．

岡田栄作・室谷健太・蒲原龍・花澤佳代・志渡晃一．2009．「精神保健福祉士の抑うつ症状とその関連要因」．『社会医学研究』27(1)，17-24．日本社会医学会事務局．

斉藤弥生・石黒暢．2013．『高齢者介護に関する国際比較調査（NORDCARE 調査）：日本調査結果報告書』．大阪大学人間科学研究科斉藤弥生研究室・言語文化研究科石黒暢研究室．

作業関連疾患の予防に関する研究 研究班．2000．『労働省「作業関連疾患の予防に関する研究」労働の場におけるストレス及びその健康影響に関する研究報告書』．東京医科大学衛生学公衆衛生学教室．

田中かず子．2008．「介護と「感情労働」―「見えない労働」に正当な評価を」．『女も男も：自立・平等』111，18-23．労働教育センター．

横山さつき．2012．「高齢者介護における組織的な職業性ストレス対策の試みとその評価」．『中部学院大学・中部学院短期大学部研究紀要』13，171-179．中部学院大学総合研究センター．

吉田直美．2001．「公的ホームヘルパーのおかれている社会的状況と問題点についての一考察」．『日本福祉大学社会福祉論集』105，1-17．日本福祉大学社会福祉学部・社会福祉総合研修センター．

〈欧文文献〉

Armstrong, Pat, Hugh Armstrong, Albert Banerjee, Tamara Daly & Marta Szebehely. 2011. "Structural Violence in Long-Term Residential Care", *Women's Health and Urban Life*, 10 (1), 111-129. Sociology Department, University of Toronto.

Burau, Viola & Hanne Marlene Dahl. 2013. "Trajectories of Change in Danish Long Term Care Policies-Reproduction by Adaptation through Top-Down and Bottom-up Reforms". Ranci, Costanzo & Emmanuele Pavolini (ed.). *Reforms in Long-term Care Policies in Europe: Investigating Institutional Change and Social Impacts*. 79-95. Springer.

Banerjee, Albert, Tamara Daly, Pat Armstrong, Marta Szebehely, Hugh Armstrong & Stirling Lafrance. 2012. "Structural violence in long-term, residential care for older people: Comparing Canada and Scandinavia". *Social Science and Medicine*, 74, 390-398. Elsevier.

Christensen, Karen. 2005. "The Modernization of Power in Norwegian Home Care Services", Dahl, Hanne M. and Eriksen, Tine R. (ed.). *Dilemmas of Care in the Nordic Welfare State*, 33-46. Ashgate.

Daly, Tamara & Marta Szebehely. 2012. "Unheard voices, unmapped terrain: care work in long-term residential care for older people in Canada and Sweden", *International Journal of Social Welfare*, 21, 139-148. Wiley-Blackwell.

Det Nationale Forskningscenter for Arbejdsmiljø. 2007. *Arbejdsmiljø i ældreplejen i Danmark: Resultater og konklusioner*. NFA.

Elstad, Jon Ivar & Mia Vabø. 2009. "Job stress, sickness absence and sickness presenteeism in Nordic elderly care". *Scandinavian Journal of Public Health*, 36, 467-474. SAGE Publications.

European Agency for Safety and Health at work. 2002. *Factsheet 22–work–related stress*. European Agency for Safety and Health at work.

Finansministeriet. 2006. *Organisering og effektivitet på hjemmehjælpsområdet*. Finansministeriet.

Fuglsang, Lars. 2000. *Menneskelige ressourcer i hjemmehjælpen: fra pelsjæger til social entreprenør*. Roskilde Universitet.

Johnson, Jeffrey V. & Hall, E.M. 1988. "Job strain, workplace social support and cardiovascular disease". *America Journal of Public Health*, 78, 1336–1342. American Public Health Association.

Karasek, Robert & T. Theorell. 1990. *Healthy work: stress, productivity and the reconstructing of working life*, Basic Books.

Kröger, Teppo. 2011. "The Adoption of Market–Based Practices within Care for Older People: Is the Work Satisfaction of Nordic Care Workers at Risk?" *Nordic Journal of Social Research*, 2(1), 91–104. The Centre for Innovation in Services, Lillehammer University College.

Leiter, Michael P., Harvie P. and Frizzell, C. 1998. "The correspondence of patient satisfaction and nurse burnout", *Social Science Medicine*, 47(10), 1611–1617. Elsevier.

Liveng, Anne. 2006. "Social– og sundhedshjælperelevers omsorgsorientering og hjælperarbejdets modsætningsfyldte krav". *Tidsskrift for arbejdsliv*, 8(1), 32–48. Werks Forlagsdistribution.

Nabe–Nielsen, Kirsten, Garde, A.H., Borg, V. *et al*. 2007. *Arbejdstider i ældreplejen. Resultater fra "Arbejde i ældreplejen" og "SOSU'er årgang 2004"*. Det Nationale Forskningscenter for Arbejdsmiljø.

Nielsen, Jeppe A. 2008. *Anvendelse af mobile it–løsninger i ældreplejen*. Socialministeriet.

OECD. 2011. *Help wanted? Providing and paying for long–term care*. OECD.

———. 2013. *Health at a Glance 2013*. OECD.

Platz, Merete. 2006. "Danmark i Norden: Arbejdsvilkår for ansatte i ældreplejen". *Gerontologi*, 22(3), 12–15. Dansk Gerontologisk Selskab.

Szebehely, Marta (ed.). 2003. *Hemhjälp i Norden*. Studentlitteratur.

Szebehely, Marta & Gun–Britt Trydegård. 2007. "Omsorgstjänster för äldre och funktionshindrade: skilda villkor, skilda trender?" *Socialvetenskaplig Tidskrift*, 14, 197–219. Institutionen för socialt arbete, Umeå Universitet.

Trydegård, Gun–Britt. 2012. "Care work in changing welfare states". *European Journal of Aging*, 9, 119–129. Springer.

Tufte, Pernille, Clausen, T. and Borg, T. 2008. "Oplevelser af psykisk nedslidning blandt seniormedarbejdere i den danske ældrepleje". *Tidskrift for arbejdsliv*, 10 (2), 78–92. Werks Forlagsdistribution.

Tufte, Pernille, Clausen T., and Nabe–Nielsen, K. 2012. "Client–related work tasks and meaning of work: results from a longitudinal study among eldercare workers in Denmark". *International Archives of Occupational and Environmental Health*, 85, 467–472. Springer.

Winsløw, Jacob Hilden, Borg, V. & Frandsen C.L. 2007. *Ressourcer og kvalitet i arbejdet*. Det Nationale Forskningscenter for Arbejdsmiljø.

〈インターネット上の資料〉

厚生労働省. 2014.「こころの耳（働く人のメンタルヘルス・ポータルサイト）」.
（http://kokoro.mhlw.go.jp/glossary/overwork.html, 2014.9.30 アクセス）

WHO. 2014. Occupational Health.
（http://www.who.int/occupational_health/topics/stressatwp/en/, 2014.9.30 アクセス）

第 4 章

仕事の裁量とやりがい
——Wærnessの「ケアの合理性」概念に焦点をあてて

斉藤 弥生

1 はじめに

高齢化の進展に伴い，介護サービスの需要が高まるなか，介護従事者の人材確保は先進諸国が抱える共通の課題である．グローバル化，市場化は介護現場にもさまざまな影響を与えているが，採用を増やし離職を減らすために，また介護サービスの質の向上に向けて，介護従事者の働きやすい環境づくりは急務である．

介護は感情労働の1つとみなされるが，ノルウェーの社会学者 Kari Wærness（1939-）は，1980年代初頭に「ケアの合理性」（omsorgsrationalitet）概念を示してケアの本質を議論し，北欧諸国の介護研究に大きな影響を与えた．「ケアの合理性」概念はもともと介護システムの内部に発生した官僚主義に対する問題提起であったが，近年ではニュー・パブリック・マネジメント[1)]による介護事業の経営管理に対する問題提起として引用される．「ケアの合理性」は英語では rationality of caring と訳されているが，英語の rationality やノルウェー語の rationalitet には，有利な経済機会を最大限に利用するという経済合理性の意味があると同時に，「道理をわきまえていること」，「良識」という意味がある．日本語の訳語をみつけるのは難しいが（第2節参照），本章では「ケアの合理性」と訳すこととする．

本章の目的は次の3点である．第一に「ケアの合理性」概念とそれに基づく北欧諸国（スウェーデン，ノルウェー）のホームヘルプの歴史的展開を検証すること，第二にホームヘルパー自身の働きがいの構造を分析し，近年のホームヘルプにおける「ケアの合理性」概念の妥当性を検討すること，第三に北欧諸国と比較して，日本のホームヘルプにみられる特徴を明らかにし，その背景を考察し説明することである．

本章ではまず第2節でWærnessの「ケアの合理性」概念を整理する．第3節では「ケアの合理性」概念の影響をうけた二人の介護研究者Marta SzebehelyとKaren Christensenによるスウェーデンとノルウェーのホームヘルプの変容についての分析を整理する．第4節ではSzebehelyらによる北欧4カ国の高齢者介護実態調査（以下，NORDCARE調査）と，筆者らが実施した介護実態調査（以下，日本調査）のデータを用いて，「ケアの合理性」概念に基づき，介護従事者の働きがいを規定する要因を分析し，検証する．また北欧諸国間，さらに北欧諸国と日本の比較を通じて，その特徴を分析する．第5節では日本のホームヘルプについて考察を加え，第6節を結論とする．

2　Wærnessの「ケアの合理性」概念[2)]

2.1　介護概念としての‘オムソリ’

スウェーデンでは高齢者介護を‘エルドレオムソリ’（äldreomsorg）という．行政でomsorgという語が使用されるようになったのは1970年代以降といわれる．Szebehely（1996）は関連語と比較しながら‘オムソリ’omsorgという語が持つ意味をとらえようとしている．‘オムソリ’は「悲しむ」（sörja）という語に関連し，「面倒をみる，責任を持つ」（sörja för），「～と悲しみをともにする」（sörja med）という意味を持つ．つまり介護という実働の側面と感情の側面という二面性を示す言葉（Szebehely 1996: 22）と説明している．さらに‘オムソリ’という語には，「気配り，心遣い」（omtanke），「周到，綿密，入念」

(noggranhet),「慎重，思慮深さ」(aktsamhet) という意味合いが含まれるとする．‘オムソリ’ とは感情を持つ人間によって営まれる，きめ細かな (noggrannhet)，心遣いのある実際の働きであり，混在する関係者間の関係性が問われる概念であり，働きの質が問われる概念として，Szebehely (1996) は ‘オムソリ’ の持つ意味をまとめている．

‘エルドレオムソリ’ の前には，高齢者介護を示す語として ‘オルドリングスヴォード’ (åldringsvård) という語が使用されていた．‘ヴォード’ (vård) はその語源に「保護，保護者」という意味を持つが，中立的な概念で保護対象者への感情は問わず，また医療的な意味合いが強い．さらに ‘ヴォード’ には，受け手の状態が回復し，元に戻るという意味もある．‘サーヴィス’ (service) という語があるが，その語源は「仕える，奉公する」(ラテン語 servire),「奴隷」(ラテン語 servus) である．‘ヴォード’ は医療者，管理者の立場が強く，‘サーヴィス’ は利用者の立場が強い．‘ヴォード’ と ‘サーヴィス’，また広範な意味を持つ ‘援助’ (hjälp) も高齢者介護の一部を構成するが，高齢者の生活を支援する行為を包括する概念ではない (Szebehely 1996: 22).

スカンジナビア諸国で使用される ‘オムソリ’ は提供者と受け手の関係性を重要視する概念であり，利用者の権利性が強い ‘サーヴィス’ や，医療や管理の色彩が強い ‘ヴォード’ とは異なる (Szebehely 1996).

また Wærness (1984) は ‘オムソリ’ の仕事 (omsorgsarbete) を ‘パーソナル・サーヴィス’ (personlig service) と明確に分けている．調理や掃除など，見た目が同じ行為でも，受け手が自分でできない場合は ‘オムソリ’，受け手が自分でもできる場合は ‘パーソナル・サーヴィス’ と整理した．‘オムソリ’ は提供者と受け手の関係の上に成り立つ行為とし，提供者は受け手に対して愛情と尊重の意を示す．Wærness は受け手の特徴から，表1のように ‘オムソリ’ 3つの種類に分類する．1つめは受け手の成長に結びつく ‘オムソリ’ であり，これは保育 (barnomsorg) と呼ばれ，教員と生徒，保育士と児童の関係に見られる．2つめは障がい者支援・福祉 (handikappomsorg) で，障がいのある当事者に対し，状態の維持や悪化の防止に寄り添う．3つめは高齢者

表 1. Wærness による 3 つの ‘オムソリ’

3 つのオムソリ	受け手との関係
保育（barnomsorg）	成長に結びつく
障がい者支援・福祉（handikappomsorg）	状態の維持，悪化の防止
高齢者介護（äldreomsorg）	衰弱や退化に寄り添う

（出所）Wærness（1983）より作成.

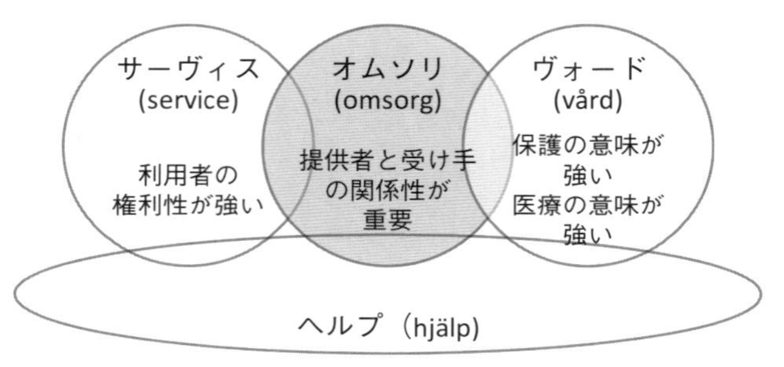

図 1. 介護の仕事
「オムソリ」・「ヴォード」・「サーヴィス」・「ヘルプ」

介護（äldreomsorg）で，高齢者の活動能力の低下に寄り添うものである．‘オムソリ’を含む 3 つの語は表 1 のように日本語訳されることが多いが，‘オムソリ’に該当する厳密な日本語訳は見つからない.

図 1 は Szebehely（1996）による ‘オムソリ’ の概念を筆者が解釈したものである．omsorg は care と英訳されるが，care は動物の世話，物の管理，家族同士の関わりにも使われるものの，‘オムソリ’ は人間同士にしか使われず，また家族同士のケア行為には使われない．こう考えてみると，‘オムソリ’ は 1970 年代以降のスカンジナビア諸国で，家庭内のケア活動の外部化が進む中，専門職とその受け手の関係とその在り方を議論してきた過程，つまりケアの歴史と文化のなかで生まれてきた言葉，概念と言えるのではないだろうか.

2.2　Wærnessの「ケアの合理性」概念

Wærness（1984）は「ケアの合理性」概念を示し，北欧諸国の高齢者介護研究に大きな影響を与えた．高齢化が進む国ではどこでも家事活動を部分的に外部化してきた．家族の負担を軽減する上でも，医療費の高騰を抑制する上でも，労働力を確保する上でも，家事活動の外部化は合理的な選択とされた．その一方で，専門職が担う‘オムソリ’が増え，またその供給量の抑制のために行政管理の対象となった．‘オムソリ’に直接関わっていない第三者によるニーズ判定を通じて，‘オムソリ’の内容，時間が決められることになった．本来，‘オムソリ’は担い手と受け手の相互関係の上に成り立つもので，‘オムソリ’提供者の一方的な事情やタイムスケジュールに左右されるものではなかった．

‘オムソリ’は商品生産の製造過程のように，技術を通じた合理化や効率化ができない．しかし1980年代以降，政府は‘オムソリ’に経営論理を採り入れ，合理化や効率化を図ろうとしてきた．‘オムソリ’の時間も30分，1時間単位に細切れになり，仕事の内容も「犬の散歩は禁止」「庭の手入れは禁止」など，詳細に規定されるようになった．この構造は‘オムソリ’の質にも影響する．「してあげたい」という純粋な自発的感情から生まれる行為が全く認められないとすれば，担い手にとって‘オムソリ’のやりがいは減少する．1分1秒の節約を求めて，細かなルールをつくっていくことが本当に‘オムソリ’の合理化につながるのか．

「合理性」という語は，一般に経済合理性の意味で使われ，行為に無駄がなく，効率的に行われることを意味する．しかしWærnessがここでいう「合理性」は，介護の扱われ方が道理にかなっているかを問うものである．無理な合理化で従事者の働きがいが低下すれば，‘オムソリ’の質も低下し無駄が生まれ，結果として非効率となる．介護という仕事には「合理的にしようとすると合理的でなくなる」というジレンマが常につきまとう．Wærnessは‘オムソリ’が当事者同士の関係性から遠ざかり，消費社会の商品の1つになりつつある時代に‘オムソリ’の本質を議論したのである．

Wærnessの「ケアの合理性」概念は，介護をアカデミックな研究対象とした点で，介護研究の萌芽に貢献した．しかしグローバル化とニュー・パブリック・マネジメント指向の勢いはますます強まり，北欧諸国では‘オムソリ’の合理化が進行していった．

3 ホームヘルプの変容と展開 ——「ケアの合理性」概念の視点から

3.1 スウェーデン

Wærnessの影響を受けたSzebehely（1995）はスウェーデンのホームヘルプの歴史的展開を，その仕事と裁量に焦点をあてて次のように論じている．

スウェーデンではホームヘルパーは昔，‘ヘムサマリート’（hemsamarit）（＝家庭奉仕人）と呼ばれていた．‘ヘムサマリート’の語源は聖書にある「善きサマリア人」であり，「隣人を愛せよ」というキリスト教の精神にあるともいわれる．1980年前後から公式文書では‘ヴォードビトレーデ’（vårdbiträde）（＝介護士）という語が使われるようになった．

表2はスウェーデンにおけるホームヘルプの変遷を示すが，Szebehely（1995）はこの流れを3つの時期に分けて説明する．1950年代から1960年代を「伝統的モデル」（den traditionella modellen）とし，ヘルパーと利用者の関係性が強かった時期，1970年代を「ベルトコンベア風モデル」（en löpandebands liknande modell）とし，集合的なサービスの編成に力が入れられ，仕事内容の管理が強まった時期，1980年代以降を「自主管理・小グループモデル」（en självstyrande smågruppsmodell）とし，専門職化が進んだ時期として説明する．さらにMeagher & Szebehely（eds.）（2013）では1990年代以降，ニュー・パブリック・マネジメントの拡大と福祉サービスの準市場化の流れのなかで，バウチャー制度の一種とされるサービス選択自由化制度が始まり，またグローバル化のなかで家事サービスの私費購入化が始まっていることを指摘している．

表 2．スウェーデンにおけるホームヘルプの変遷

年代	ホームヘルプの特徴
1950 年代 ボランティア	ウップサーラ赤十字が初めて高齢者向けホームヘルプをボランティアで実施. 社会庁「週に数回，在宅医療，家事援助，激励訪問を行う」 **母親役割への期待**，1920 年代からの家庭支援ヘルパー（主に子育て家庭対象）の廃止
1960 年代 量的拡大期	社会庁によるホームヘルプの仕事内容「掃除，ベッドメイク，寝巻の手入れ，窓ふき…身体介護が必要なことも．散歩，高齢者の元気づけ，話し相手」 **ホームヘルプへの特定補助金（1964 年）**
1970 年代 サービスの 集合化 合理化	集合的サービス（足のケア，入浴，食事，職員指導など）も補助金の対象に（1975 年）. 社会庁によるホームヘルプの仕事内容「**ホームヘルプの仕事は自立生活支援，社会的リハビリに力を入れ，家事援助に関する作業は少なくし，掃除は社会的訓練と位置付け，生活活性化に…**」（1979 年）
1980 年代 管理化 専門職化	**ホームヘルプのコレクティブ方式**．**介護管理職養成のための大学教育**．若い女性の雇用が増える．フルタイム雇用が増える．教育を受けた人が増える.
1990 年代 NPM 準市場化	ホームヘルプへの特定補助金廃止（1991 年）．**ニード判定システムの定着，介護サービス判定員の配置**．ホームヘルプ地区の民間委託．利用者負担増.
2000 年代 以降	利用者による事業者選択（**サービス選択自由化制度**） 家事サービスの私費購入化（**税額控除**）

（出所）Szebehely（1995），斉藤（2014），Meagher & Szebehely（eds.）（2013）より作成

スウェーデンで高齢者向けのホームヘルプが始まったのは 1950 年代初頭で，赤十字のボランティア活動がきっかけとなった．介護が必要とする高齢者は老人ホームへの入所が普通であったが，ボランティアによるホームヘルプは老人ホームが持つ貧困救済事業のイメージを払拭していて，高齢者の間で好評であった．戦後の福祉国家創設期において，スウェーデンでは育児手当，医療改革，年金改革などの社会保障制度の大規模改革が先行し，質の高い老人ホームを建設するための予算は見通しが立たなかった．当時の社会民主党政権はボランティアによるホームヘルプは予算もかからず，労働力の面からも主婦の潜在労働力に期待ができると考えた．当時の社会大臣は演説のなかで，「ホームヘルプは老人ホームの整備に比べて相当に費用を抑えることができる」とし，ホームヘルパー養成はおおげさに考えることはなく，そ

の採用は中年の母親層を対象にするべきだとした．その理由は中年の母親層はホームヘルパーが必要とする技術を日常生活のなかからすでに習得しているからだという．ホームヘルプに費用がかからないとする議論は，中年の主婦層が無償，あるいは時間給でホームヘルプを担うことを前提としていた．求人には「家事に豊富な経験を持つ専業主婦」という表現も使われており，主婦経験者であれば教育も研修も不要と考えられた．

「伝統的モデル」の時代には，ホームヘルパーの仕事は時間内にホームヘルパーと利用者の話し合いで決めていた．そして，管理職の仕事は，利用者である高齢者とホームヘルパーをうまく組み合わせることだった．1960年代半ば頃から1970年代の半ばにかけてスウェーデンでは，65歳以上の約30%がホームヘルプを利用していた．これは驚くべき数字であり，このような豊かな量のホームヘルプを経験した国はスウェーデン，デンマーク以外には見当たらない．

しかしオイルショック後の財政事情の悪化を受けて，ホームヘルプ利用は合理化の方向に進む．1970年代にあまりに拡大したホームヘルプの合理化を目指し，「ベルトコンベア風モデル」が登場した．ホームヘルパーの移動時間を極力少なくするため高齢者向けの集合住宅（サービスハウス）が建設され，デイサービスやリハビリなど集合的なサービスが登場した．

1980年代には「自主管理・小グループモデル」が始まり，ホームヘルプを小地域単位のグループに分割し，少人数のホームヘルパーが少人数の高齢者を24時間体制で介護するという方式が採り入れられた．これは日本では北欧のコレクティブ方式として紹介されることもある．これは1970年代に期待されたはずのサービスハウス増設の予算が見込めなくなったこと，またホームヘルパーの人手不足が深刻となり，ホームヘルパーの専門職化を通じて，ホームヘルパーが責任を持って仕事に関わることができる体制を整えようとしたものであった．

エーデル改革（1992）により，基礎自治体であるコミューンが訪問看護を担当するようになったこともあり，1990年代にはホームヘルパーは看護師の指導のもとで，インシュリン注射，傷の手当などの医療行為もするようになった.

スウェーデンにおけるホームヘルプ編成の歴史をみると，在宅介護がどうあるべきかという議論はほとんどなされず，サービスの合理的運営，介護現場の人手不足の解消が政策的に重視されてきたと Szebehely（1995）は分析する.

3.2　ノルウェー

Christensen（2005）は，ノルウェーのホームヘルプについて，女性ボランティアが活躍した「伝統的介護」(traditional care)，官僚主義のなかの「モダン・サービス」(modern services)，市場主義がもたらした生産物としての特徴が強い「レイト・モダン・アウトプット」(late modern outputs）に分けてその変遷を分析し，特に政府の管理（構造的な権力）と介護の受け手と提供者の相互関係にみられる変化を論じている．ボランティアの色彩が強い「伝統的介護」の時代（1960〜70 年代）には，受け手と提供者の相互関係が強かったが，福祉国家の拡大期には専門化がすすみ，その後，ニュー・パブリック・マネジメントの影響で事業の管理化が進むなかで，受け手と提供者の相互関係が弱まっていく．このことが介護職の離職や採用難の要因の 1 つであると指摘している.

特に高齢者介護にみられる官僚主義に焦点を当てた Christensen の分析ではノルウェーのホームヘルプの展開にとって，1980 年代は制度的枠組みにおいて重要な時期だったとしている．社会サービス法（1984）では，介護の責任が基礎自治体にあることが明記され，基礎自治体であるコムーネに老人ホームと在宅介護の責任が任されるようになった．さらに 1988 年の法改正では，ナーシングホームの権限もコムーネに移譲された．介護サービスのコムーネへの分権化は，同時に高齢者の入院日数削減を目的としていた（Christensen 2005: 39)．ノルウェーに見られた改革は，スウェーデンの社会サービス法（1982)，エーデル改革（1992）と時期はやや前後するものの目的と方向性は同じであった.

「モダン・サービス」の時期（1980〜90年代中盤頃）では，ホームヘルパーのアイデンティティが変わった．ホームヘルパーは家庭の主婦から労働者になり，賃金を得て，組織化され，より専門化されていく．Christensenは教育や訓練でホームヘルパーの力量があがったことは，高齢者介護の社会的信頼につながり，ホームヘルパーの専門職化はこの時期の官僚主義に対する1つの対抗策となったと指摘する（Christensen 2005: 40）．

さらにノルウェーの在宅介護に大きな変化をもたらしたのは，1991年の社会サービス法改正であった．介護事業者と利用者の間で契約書が交わされることで，ホームヘルプは規則を根拠とする公式なサービスになった．法的な見地から見れば，利用者と介護者双方の権限を強化する目的で開始されたが，結果として，双方の関係性が弱体化し，利用者のニーズは満たされず，介護者は受け手が望む介護に対応しにくくなった（Christensen 2005: 42）．このことはWærnessの提起する介護の合理性の議論に通じる現象であり，介護が抱えるジレンマを示している．介護職としてアイデンティティを保ちたいと願う核心部と，もう片方では，サービスの公式化や標準化に応じなくてはならないという要請の間に生じるジレンマである．Christensenは介護の公式化や標準化が進むことが，介護の合理性に逆行しかねないことを指摘した（Christensen 2005: 43）．この「レイト・モダン・アウトプット」の時期（1990年代終盤以降）には，介護が受け手に届けられる間に，新しい手続きが加わった．「購入者－供給者分離モデル」（303頁）という行政システムの移行のなかで，ニード判定が公式化，標準化されていった．個人宅で提供されるホームヘルプの作業の種類や量の認定が，実際にサービス提供を行っていない第三者によってなされる，つまり，サービスの量や方法を決める人と，ホームヘルプを実施する人の間で，明確に責任が分断されたことを指摘した．Christensen（2005）が介護についてcare, service, outputsと表現を変えて説明していることも，人と人の間の行為としての介護が，消費社会における生産物になっていったプロセスを示している．

4　現場で働く介護従事者の声からの分析

4.1　分析目的と方法

本節ではWærnessの「ケアの合理性」概念が注目する介護従事者の働きがいに対し，影響を与える要因は何かを検討する．さらにホームヘルプについて，ホームヘルパーの働きがいに影響すると想定される要因として，利用者との相互関係，教育機会の有無，仕事と能力の関係，仕事の裁量権などについて分析し，北欧諸国内での比較，また北欧諸国と日本を比較し検討する．

分析に用いたデータは，北欧諸国については2005年NORDCARE調査のデータである．日本については，筆者らが2012年に実施した「高齢者介護に関する国際比較調査（日本調査）」のデータを使用している．

【働きがい】についての設問「あなたの仕事は興味深く，意義があると感じますか」に影響しうる項目は，表3に示すとおりである．「あなたの仕事には新しいことを学んだり，専門性を向上させたりする可能性があるか」【教育機会】，「自分の仕事が利用者に喜ばれていると感じるか」【利用者との相互関係】，「課せられた仕事が能力に見合っているか」【仕事と能力】，「あなたは日々の仕事の内容に影響を与えることができるか」【仕事の裁量権】を抽出した．その他に影響すると推測される項目として「年齢」，「雇用形態」，「介護の教育年数」，「介護の仕事の継続年数」，「介護対象者：認知症」を抽出した．表4は日本と北欧4カ国のホームヘルパーの回答のクロス集計である．また表5は仕事の働きがいを測る設問を従属変数とし，前述の項目を独立変数として投入し，重回帰分析を行った結果を示す．

4.2　北欧諸国と比較した日本のホームヘルパー：クロス集計の結果

表4は【働きがい】に関連すると思われる項目について，日本と北欧4カ国のホームヘルパーの回答のクロス集計である．

表3.「働きがい」に関連すると思われる項目

	変数名	カテゴリー区分
1	【働きがい】あなたの仕事は興味深く，意義があると感じますか	ある（「時々ある」「頻繁にある」） ない（「決してない」「ほとんどない」）
2	【仕事の裁量権1】利用者の希望やニーズに応じて，決められた仕事以外をすることはどのくらいありますか	ある（「月1回程度」「週1回程度」「毎日」） ない（「決してない」「ほとんどない」）
3	【仕事の裁量権2】あなたは日々の仕事内容に影響を与えることができますか	ある（「時々ある」「頻繁にある」） ない（「決してない」「ほとんどない」）
4	【仕事と能力】あなたに課せられた仕事は，あなたの能力に見合ったものですか	レベルが高すぎる（「私の能力より求められるレベルが高い」） 妥当（「能力に見合っている」） レベルが低すぎる（「私の能力より求められるレベルが低い」）
5	【教育機会1】あなたの仕事には新しいことを学んだり，専門性を向上させたりする可能性はありますか	ある（「時々ある」「頻繁にある」） ない（「決してない」「ほとんどない」）
6	【教育機会2】仕事上，さらに必要な教育を受けていますか	ある（「時々ある」「頻繁にある」） ない（「決してない」「ほとんどない」）
7	【利用者との関係】あなたの仕事は利用者から喜ばれていると思いますか	感じる（「常に喜ばれている」「とても喜ばれている」） 感じない（「ほとんど喜ばれていない」「全く喜ばれていない」「わからない」）
8	〈介護の教育年数〉あなたは高齢者介護に関する教育あるいは訓練を受けましたか	なし（「いいえ」） 1年未満（「1カ月未満」「1－5カ月」「6－11カ月」） 1年以上（「1－2年」「2年以上」）
9	〈仕事の継続年数〉あなたは介護の仕事を何年していますか	1年未満（「1年未満」） 5年以下（「1－5年」） 9年以下（「6－9年」） 10年以上（「10－19年」「20年以上」）
10	〈年齢〉あなたの年齢は	対数
11	〈労働形態〉あなたの仕事はフルタイムですか，パートタイムですか	フルタイム（「フルタイム」） パートタイム（「パートタイム」）
12	〈介護対象者：認知症の人〉あなたが普段，介護している人のなかに，認知症の状態にある方々はどれだけいますか	ほとんど（「ほとんど」「すべて」） 数名－半数（「数名」「半数」） なし（「なし」）

表4．クロス集計表

		ある	ない
1. あなたの仕事は興味深く，意義があると感じるか **【働きがい】**	日本（N＝659）	98.1%	1.8%
	スウェーデン（N＝206）	96.1%	3.9%
	フィンランド（N＝168）	100.0%	0.0%
	デンマーク（N＝330）	97.9%	2.1%
	ノルウェー（N＝238）	98.7%	1.3%

		ある	ない
2. 利用者の希望やニーズに応じて決められた以外の仕事をする頻度 **【仕事の裁量権1】**	日本（N＝643）	37.8%	62.2%
	スウェーデン（N＝191）	74.3%	25.7%
	フィンランド（N＝158）	80.4%	19.6%
	デンマーク（N＝302）	85.4%	14.6%
	ノルウェー（N＝225）	84.9%	15.1%

		ある	ない
3. 日々の仕事の内容に影響を与えられるか **【仕事の裁量権2】**	日本（N＝622）	79.6%	20.4%
	スウェーデン（N＝207）	84.1%	15.9%
	フィンランド（N＝168）	76.8%	23.2%
	デンマーク（N＝328）	76.5%	23.5%
	ノルウェー（N＝237）	88.6%	11.4%

		妥当	レベル高すぎ	レベル低すぎ
4. 課せられた仕事と能力が見合っているか **【仕事と能力】**	日本（N＝663）	69.2%	26.4%	4.4%
	スウェーデン（N＝202）	74.8%	9.9%	15.3%
	フィンランド（N＝166）	84.9%	10.2%	4.8%
	デンマーク（N＝327）	84.1%	3.7%	12.2%
	ノルウェー（N＝238）	87.4%	9.2%	3.4%

		ある	ない
5. 新しいことを学び，専門性を向上させる可能性があるか **【教育機会1】**	日本（N＝666）	91.4%	8.6%
	スウェーデン（N＝207）	65.2%	34.8%
	フィンランド（N＝168）	89.3%	10.7%
	デンマーク（N＝328）	85.7%	14.3%
	ノルウェー（N＝238）	80.3%	19.7%

		ある	ない
6. 仕事上，さらに必要な教育を受けているか **【教育機会2】**	日本（N＝655）	76.6%	23.4%
	スウェーデン（N＝207）	48.8%	51.2%
	フィンランド（N＝166）	63.9%	36.1%
	デンマーク（N＝324）	64.8%	35.2%
	ノルウェー（N＝227）	51.1%	48.9%

表4．クロス集計表（続き）

		感じる	感じない		
7．自分の仕事が利用者に喜ばれていると感じるか **【利用者との関係】**	日本（N＝669）	90.3%	9.7%		
	スウェーデン（N＝210）	96.2%	3.8%		
	フィンランド（N＝168）	95.2%	4.8%		
	デンマーク（N＝330）	97.0%	3.0%		
	ノルウェー（N＝238）	97.9%	2.1%		
		なし	1年未満	1年以上	
8．介護の教育年数	日本（N＝662）	2.1%	71.7%	26.3%	
	スウェーデン（N＝207）	14.5%	16.8%	68.6%	
	フィンランド（N＝166）	3.6%	10.8%	85.5%	
	デンマーク（N＝323）	1.9%	20.8%	77.4%	
	ノルウェー（N＝239）	22.2%	11.7%	66.1%	
		1年未満	5年以下	9年以下	10年以上
9．仕事の継続年数	日本（N＝669）	5.1%	27.5%	33.8%	33.6%
	スウェーデン（N＝220）	2.9%	16.2%	16.7%	64.3%
	フィンランド（N＝169）	3.6%	16.0%	17.8%	62.7%
	デンマーク（N＝332）	1.5%	14.5%	21.1%	62.9%
	ノルウェー（N＝244）	0.0%	13.5%	16.4%	70.1%
		フルタイム	パートタイム		
10．フルタイム・パートタイム	日本（N＝673）	41.9%	58.1%		
	スウェーデン（N＝211）	35.1%	64.9%		
	フィンランド（N＝167）	89.2%	10.8%		
	デンマーク（N＝317）	45.1%	54.9%		
	ノルウェー（N＝239）	33.9%	66.1%		
		ほとんど	数名－半数	なし	
11．介護対象者：認知症の人	日本（N＝657）	9.0%	84.2%	6.8%	
	スウェーデン（N＝197）	17.2%	76.1%	6.6%	
	フィンランド（N＝165）	62.7%	33.8%	3.6%	
	デンマーク（N＝315）	10.5%	87.6%	1.9%	
	ノルウェー（N＝234）	8.6%	85.5%	6.0%	

【働きがい】の設問（「あなたの仕事は興味深く，意義があると感じていますか」）に対し，どの国もほとんどのホームヘルパーが仕事の意義を感じている．

【仕事の裁量権】についての設問（「利用者の希望やニーズに応じて決められた

以外の仕事をすることがありますか」）では，「決してない」「ほとんどない」の合計がデンマーク（14.6％），ノルウェー（15.1％），フィンランド（19.6％）で少なく，スウェーデン（25.7％）が最も多い．日本では62.2％の回答者が「決してない」「ほとんどない」と回答しており，北欧諸国に比べ，日本のホームヘルパーは仕事の裁量権が限られていることが推測できる．

【仕事と能力】についての設問（「課せられた仕事が能力に見合っているか」）については国により少しばらつきがみられる．「能力に見合っている」と最も感じているのはノルウェー（87.4％），続いてフィンランド（84.9％），デンマーク（84.1％）の順である．スウェーデン（74.8％）で他の北欧諸国に比べて低い．さらに低いのは日本（69.2％）であり，日本の回答者では「求められる仕事のレベルが高い」と感じている人が26.4％で他国に比べて多かった．

【教育機会】の設問（「あなたの仕事には新しいことを学んだり，専門性を向上させたりする可能性がありますか」）については，「頻繁にある」「時々ある」を合計すると，北欧諸国はフィンランド（89.3％），デンマーク（85.7％）で極めて高く，次いでノルウェー（80.3％）も高いが，スウェーデン（65.2％）は最も低い．日本（91.4％）は北欧諸国を抜いて高い数字を示している．

【利用者との関係】の設問（「あなたは自分の仕事が利用者に喜ばれていると感じますか」）では，すべての国で回答者の9割以上が「非常に喜ばれている」「とても喜ばれている」と回答している．一方，日本のホームヘルパーでは9.7％が「わからない」という回答者も含め，利用者から喜ばれていると感じていない．

以上をまとめると，日本のホームヘルパーは，北欧諸国に比べて，能力以上の仕事をさせられていると感じている人が多く，またホームヘルパーの仕事に対する裁量権が小さいことが明らかとなった．また日本のホームヘルパーの約1割が利用者に喜ばれていると感じていないか，わからないと回答している．北欧諸国の中では，スウェーデンがやや日本に近い傾向を示している．Meagher & Szebehely（2013）は，1990年代初頭の財政危機の経験，市場化の進行などの理由で，スウェーデンは北欧諸国の中で最も介護職員の労働環境が低下していることを指摘しているが，この状況も影響していると推測される．

4.3 何がホームヘルパーの働きがいにつながっているか：重回帰分析の結果

表5は【働きがい】を従属変数とした重回帰分析の結果を示す．有意な関連がみられた5項目について，標準化係数から関連の大きさをみると，「教育機会」，「利用者との相互関係」，「仕事と能力」，「仕事の継続年数」，「仕事の裁量権」の順であった．ホームヘルパー全体では，利用者と提供者の相互関係がホームヘルパーの働きがいに影響していることが明らかとなった．一方で，国による違いもみられ，日本では「教育機会」，「利用者との相互関係」，「仕事の裁量権」に強い関連がみられるが，北欧諸国は必ずしも同様ではない．たとえばノルウェーではいずれの項目とも関連が弱いことが示された．

表5．「あなたの仕事は興味深く，意義があると感じますか」（ホームヘルパー）を従属変数とした重回帰分析

		全体	日本	スウェーデン	フィンランド	デンマーク	ノルウェー
		β	β	β	β	β	β
2	仕事の裁量権1	0.053	−0.003	0.049	0.090	0.036	0.019
3	仕事の裁量権2	0.077*	0.216***	0.118	−0.054	−0.084	0.091
4	仕事と能力	0.106***	−0.022	0.244**	0.193	0.202**	0.003
5	教育機会1	0.324***	0.272***	0.357***	0.408***	0.371***	0.258*
6	教育機会2	0.033	0.013	−0.004	−0.112	0.060	0.120
7	利用者との関係	0.150***	0.184***	0.036	0.291***	0.029	0.186
8	専門教育の年数	0.021	−0.078	−0.002	0.038	0.136*	0.045
9	仕事の継続年数	0.079*	0.013	0.016	0.051	0.118	0.184*
10	年齢	0.009	−0.010	0.110	0.063	0.059	−0.009
11	雇用形態	0.050	0.138*	0.090	0.143	0.101	−0.044
12	介護対象者：認知症	0.012	0.056	−0.043	0.124	−0.107	−0.004
Adjusted R Square		0.205	0.199	0.254	0.284	0.220	0.194
Number of cases		1107	375	161	139	248	184

（注）＊$p < 0.05$，＊＊$p < 0.01$，＊＊＊$p < 0.001$

またスウェーデン，デンマーク，ノルウェーでは「利用者との相互関係」との関連がみられなかった．

5　考察――日本におけるホームヘルパーの自由裁量

北欧諸国でも，介護職員の自由裁量の余地が減少し，介護の仕事に対するやりがいに影響していることは先行研究でも指摘されている（第3節）．しかしその北欧諸国に比べても，日本のホームヘルパーは仕事における裁量権の余地が少ないことが推測される．また約1割の人が自分の仕事が利用者に喜ばれていない，あるいはわからないと回答している．「ケアの合理性」概念をふまえて分析すると，日本のホームヘルプは北欧諸国とは異なった特徴を示していた．その背景を日本のホームヘルプの変遷から考察してみたい．

表6は日本におけるホームヘルプの仕事内容の変遷を示す．日本で正式な事業としてホームヘルプが開始されたのは「老人家庭奉仕員制度」（1962）による．第3節で述べたスウェーデン，ノルウェーのホームヘルプの歴史と比較しても，制度が同じ時期に開始している点は興味深い．しかしその数の違いは1970年代前後に顕著となる．国内の救貧的施設に対する世論を受けて，在宅福祉の充実を進めた北欧諸国に対して，日本の老人家庭奉仕員制度は低所得の一人暮らし高齢者を対象にしており，給付は極めて限定されていた．たとえば1973年時点の国際比較では，人口10万人あたりのホームヘルパー数はスウェーデン825人に対して，日本はわずか9人であった（森1974：47）．老人家庭奉仕員要綱には，ホームヘルパーの仕事の内容は「食事の世話，洗濯，掃除」とされ，現行の介護保険制度でいう「生活援助サービス」が中心であった．また日常生活の相談係としての役割も果たしており，「慈善の気持ちが大切」が必要と明記されていた．日本でも，スウェーデンでも，ホームヘルパー制度は主婦の家事能力を求め，また奉仕の精神を求めていた点は共通する．

日本でホームヘルプが一般家庭に幅広く普及したのは介護保険制度以降と

表6．日本におけるホームヘルプの変容

	内容	サービスの普遍化
1960年代 （老人家庭奉仕員要綱）	食事の世話，洗濯，掃除． 慈善の気持ちが必要．日常生活の相談係も．	老人家庭奉仕員
1980年代 （要綱改定）	家事，介護，相談の能力と経験が必要． 身体的に精神的にも健康で，熱意が必要．	
1990年代 （ゴールドプラン）	「身体介護に関すること」，「家事に関すること」，「相談・助言」．在宅介護の3本柱．	ホームヘルパー
2000年代 （介護保険法）	居宅において介護福祉士等により行われる介護，日常生活上の世話であり，厚生労働省令で定めるもの．「身体介護中心型」，「生活援助中心型」．相談・助言はなくなる．	訪問介護員
2006年以降 （介護保険法改正）	「介護予防訪問介護」が加わる．	合理化が強まる
2015年以降	ヘルパーの医療行為（一部） 要支援サービスが地域支援事業に．	

（出所）Saito（2010）より作成．

言える．介護保険制度は準市場を前提としたシステムであり，要介護認定があり，介護支援専門員によるケアプランがあり，ホームヘルパーが決められた仕事しかできないことは初めからのルールであり，日本では多くのホームヘルパーや利用者にとって特に驚くことではない．

一方で，日本のホームヘルパーは北欧諸国のホームヘルパーに比べて，「利用者との相互関係」，「仕事の裁量権」，「教育機会」が，「働きがい」に強く関連している（表5）．この点から考察すると，日本のホームヘルパーの間では，仕事の現実と仕事に対する理想のギャップが他国に比べて大きいことが推測できる．

北欧諸国では，たとえばスウェーデンではホームヘルプ利用率がピークを迎えた1975年には65歳以上の約3割がホームヘルプを利用していた．1960年代のホームヘルプは滞在時間だけが決まっていて，何をするかはホームへルパーと利用者がその日に決めていた．両者がプライベートな時間を一緒に過ごすことも珍しくなかった（Szebehely 1995）．そのような時代を経て北欧諸国では‘オムソリ’文化が築かれてきた．ただし近年の研究では，北欧諸国でも今の高齢者はかつての高齢者と違い，介護者との相互関係より，標準化された介護と介護技術の高さを求める傾向があることを指摘するものもあり（Andersson 2008），北欧諸国でも，介護の仕事に対する理想と実際の仕事が乖離している可能性も考えられる．

6　おわりに

本章の目的は，第一に「ケアの合理性」概念とそれに基づくホームヘルプの歴史的展開の分析を検証することであった．本章では北欧諸国のなかでスウェーデンとノルウェーを取り上げたが，2国では，時期は多少，前後するものの，類似する目的で，類似する改革が行われてきたことが明らかとなり，官僚主義，ニュー・パブリック・マネジメントのなかで，介護の受け手と提供者の関係が希薄になってきているという指摘が確認された．

第二に，ホームヘルパー自身は働きがいをどう見出しているかを分析し，近年における「ケアの合理性」概念を検証するために，NORDCARE調査と日本調査のデータベースを用いてクロス集計と重回帰分析を行った．クロス集計では日本のホームヘルパーは北欧4カ国に比べて，利用者の満足度を感じている割合が若干低く，仕事内容に対するホームヘルパー自身の裁量権が小さい傾向が明らかとなった．重回帰分析においては，ホームヘルパーの働きがいは，教育機会，利用者との相互関係，仕事と能力の項目において有意差がみられ，国ごとの違いはみられるものの，Wærnessの「ケアの合理性」概念は約30年たった現在でも，介護労働を考える上で，重要な要素であることが検証された．

第三に，北欧諸国と比較して，日本のホームヘルプの特徴について，その歴史的展開から考察した．日本ではホームヘルプが実際に，一般の高齢者が誰でも使えるサービスとなったのは介護保険制度以降であり，それに伴い，ホームヘルパーの数も増加した．また介護保険制度そのものがニュー・パブリック・マネジメントの思想を含んで設計されている．日本では，実際の介護の仕事とホームヘルパーが理想とする仕事の間のギャップが大きいことが推測される．

介護という仕事は，担い手と受け手の間の相互関係の上に成り立ち，「してあげたい」という感情が働きがいにつながるという基本的な構図を持つ．そのなかで今後の介護人材の確保に向けて，「ケアの合理性」概念を踏まえた制度の検討，たとえば要介護認定の在り方，ケアプランの在り方，ホームヘルプの仕事内容の管理と仕事の裁量権の在り方等を議論する必要があるだろう．特に日本において，介護が消費社会の単なるアウトプット（生産物）にならないように，また有能な介護人材を確保する上でもこの作業は重要である．

注

1）公共政策において，民間の経営手法と考え方を取り入れようとする概念．
2）第 2 節は，斉藤（2014）の 129～134 頁の引用．

参考文献

〈邦文文献〉

森幹夫．1974．『ホームヘルプ』財団法人日本生命済生会．
斉藤弥生・石黒暢．2013．『高齢者介護に関する国際比較調査（NORDCARE 調査）：日本調査結果報告書』．大阪大学人間科学研究科斉藤弥生研究室・言語文化研究科石黒暢研究室．
斉藤弥生．2014．『スウェーデンにみる高齢者介護の供給と編成』大阪大学出版会．

〈欧文文献〉

Andersson, Katarina. 2008. The Neglect of Time as an Aspect of Organizing Care Work. Wrede, Sirpa and Lea Henriksson (eds.) *Care Work in Crisis. Reclaiming the Nordic Ethos of Care*. Studentlitteratur.
Christensen, Karen. 2005. The Modernization of Power in Norwegian Home Care Services. Dahl, Hanne Marlene and Tine Rask Eriksen (eds.) *Dilemmas of Care in the Nordic Welfare State. Continuity and Change*. Ashigate.
Daly, Tamara and Marta Szebehely. 2011. Unheard voices, unmapped terrain: Care work in long-term

residential care for older people in Canada and Sweden. *International Journal of Social Welfare*. 2012: 12. pp. 139-148.

Eliasson Rosmari (red.). 1996. *Omsorgens skiftningar. Begreppet, vardagen, politiken, forskningen*. Studentlitteratur.

Meagher, Gabrielle and Marta Szebehely (eds.) 2013. Marketization in Nordic eldercare: a research report on legistration, oversight, extent and consequences. *Stockholm Studies in Social Work 30*. Stockholm University.

Saito, Yayoi. 2010. Development of Home Help in Japan: A Comparison with Norway. Saito, Yayoi, Abe Auestad, Reiko and Kari Wærness (eds.) *Meeting the Challenges of Elder Care: Japan and Norway*. Kyoto Univ. Press.

Szebehely, Marta. 1995. *Vardagens organisering. Om vårdbiträden och gamla i hemtjänsten*. Arkiv.

Szebehely, Marta. 1996. Om omsorg och omsorgs forskning. Eliasson Rosmari (red.) *Omsorgens skiftningar. Begreppet, vardagen, politiken, forskningen*. Studentlitteratur.

Szebehely, Marta. 2011. Insatser för äldre och funktionshindrade i privat regi. Hartman, Laura (red.) *Konkurrens konsekvenser. Vad händer med svensk välfärd?* SNS Förlag.

Wærness, Kari. 1984. The Rationality of Caring. Anne Showstack Saasson (red.) *Women and the State*. London: Hutchinson.

Wærness, Kari. 1996. "Omsorgsrationalitet". Eliasson Rosmari (red.) 1996. *Omsorgens skiftningar. Begreppet, vardagen, politiken, forskningen*. Studentlitteratur.

第 5 章

スウェーデンの認知症ケアにおける認知症看護師の役割——ヴェクショー市の事例をもとに

山口 宰

1 はじめに

普遍型福祉国家として紹介されることが多いスウェーデンは，諸外国と比較し早い段階から高齢化が進行しており，高齢化率は2017年には19.8%となっている（Statistiska Centralbyrån 2018）．高齢化に伴い，加齢とともに出現率の上昇する認知症高齢者も増加を続けており，現在の13〜15万人から毎年2〜2.5万人のペースで増えることが予測されている（Socialstyrelsen 2017）．今日，認知症高齢者対策にかかる社会的コストは629.2億クローナ（約7,550億円）に上っており，スウェーデンの高齢者福祉においても重要な課題の1つとして位置づけられている（Socialstyrelsen 2012）．

スウェーデンにおいて，認知症高齢者への対策が注目されるようになったのは，1970年代後半のことであった．当時，認知症高齢者を含む高齢者のケアは，ランスティング[1)]の管理下にあった病院を中心に行われていた．しかし，社会的入院の増加や財政の逼迫といった問題が顕在化し，1980年代から重ねられた議論を踏まえ，1992年に高齢者福祉政策に関するエーデル改革（Ädelreformen）が実施された．この改革によって，基礎自治体であるコミューン[2)]（kommun）が高齢者ケアに対して責任を持つことが明確化され，スウェーデンの認知症ケアは医療的モデルから脱医療的ケアへと大きな方向転換が行われた．このプロセスにおいて認知症ケアが地域でのケアへと組み込まれ（西田・高野 2013），その結果，スウェーデンでは，認知症になっても，適切なサービスやサポートを受けることによって，住み慣れた家や地域でその人らしいこれまで通りの暮らしを送ることが可能になっている（藤原 2013）．

このようなスウェーデンの認知症ケアを地域で支えるために大きな役割を果たしているのが，認知症看護師（demenssjuksköterska）である．認知症看護師は認知症に関する専門教育を受けた専門看護師の総称であり，所属する組織によってその役割や求められる資格・経験は異なっている．しかしながら，認知症看護師を配置しているコミューンほど，認知症の診断や訪問活動，各種サービスの提供を熱心に行っていることが明らかになっており（認知症介護研究・研修東京センター 2008），認知症看護師は，スウェーデンの認知症ケアにおいて欠かせない存在と言うことができる．

そこで本章では，スウェーデンの認知症ケアにおいて認知症看護師の果たす役割について，スウェーデン南部のスモーランド地方（Småland）に位置するヴェクショー市（Växjö kommun）の事例を中心に整理するとともに，日本の認知症ケアへの示唆について考察する．

2　認知症看護師の歩みと役割

2.1　認知症看護師の登場と位置づけ

1990 年代，認知症ケアの在り方が見直されるなかで，認知症高齢者本人やその家族の声が埋もれていることや，認知症ケアに従事するスタッフへのサポートが十分でないことが指摘されるようになった．このような状況に対応するため，1990 年代後半にスウェーデン南部のロンネビィ（Ronneby）で開催された会議において議論が重ねられ，「認知症看護師（demenssjuksköterska）」が誕生することとなった．その後，地域単位での協力関係が広がり，2008年9月，マルメ（Malmö）において，認知症看護師の初めての全国的な会合が開催された．現在，認知症看護師全国ネットワーク（Nationellt nätverk för demenssjuksköterskor）には約550名の認知症看護師が所属しており，日常的な情報交換を行っているほか，2年に1度，全国セミナーが開催されており，最新のエビデンスに基づいた仕事をするために研鑽に努めている．

2003年10月，保健・社会政策省（Socialdepartementet）が認知症ケアの現状および今後改善すべき点を整理した報告書において，今後への具体的な提案の1つとして，認知症看護師の役割は，「訪問活動，認知症高齢者の診断のイニシアチブを取ること，介護ニーズ認定における援助，親族に対して広報などの援助，分野の専門知識を介護職員，親族および政治家に伝えること」であると説明されている（Socialdepartementet 2003）．さらに，「高齢者ケア国家戦略」においても，地域における認知症ケアのキーパーソンとして，認知症看護師の役割が強調されている（Socialdepartementet 2006）．

さらに，現在のスウェーデンの認知症ケアの基本的な指針となっている，「認知症の医療とケアの国家ガイドライン（Nationella riktlinjer för vård och omsorg vid demenssjukdom）」においては，多職種連携によるチームアプローチの重要性が強調されており，その中心的な役割を認知症看護師が担っている（Socialstyrelsen 2016）．2014年に実施されたガイドラインの評価においては，認知症看護師の数が2008年以降増加していない理由について，同じような役割を担う他の役職ができている可能性を指摘している（Socialstyrelsen 2014）．

このように，認知症看護師は，スウェーデンの国家的な認知症ケア戦略において，非常に重要な役割を果たしてきたのである．

2.2　コミューンにおける認知症看護師

現在，スウェーデンでは69％のコミューンにおいて，認知症看護師が配置されている．2002年から2008年にかけて，その割合が39％から71％まで上昇した後は，やや減少傾向にあるのが現状である（Socialstyrelsen 2014）．

コミューンの認知症看護師は，「巣の中のクモ（spindeln i nätet）」としばしば表現されるように（Hagman & Johansson 2004），認知症高齢者，家族，高齢者ケアや医療ケアのスタッフ，行政関係者，市民等をつなぎ合わせる役割を担っている．認知症高齢者本人や家族に対しては，認知症やサービスに関する情報提供をしたり，ケアや家族としての接し方についてアドバイスやサポートをしたりしている．また，高齢者介護に従事するスタッフに対しては，認知症ケアに関する研修を行ったり，ケア現場において特別な問題が生じたケースにおいては，アドバイスやスーパービジョンを行ったりしている．その働き方はコミューンによって大きく異なっており，フルタイムの認知症看護師もいれば，家族支援等の役割を兼務しているケースも多い．

ストックホルム・レーン[3)]（Stockholms län）内のコミューンの認知症看護師に対して実施された調査によると，彼らの多くは，認知症ケアの関係者や介護家族支援員（anhörigkonsulent）との効果的な協力関係を構築することができている．しかしその一方で，多くのコミューンの認知症看護師が，保健センターや家庭医と協力を進めていくことに課題を抱えていることが明らかになっている（Meinow 2009）．

2.3 広域自治体における認知症看護師

現在，スウェーデンの広域自治体である21のランスティング／レギオン[4)]のうち17カ所において，認知症看護師が採用されている（Socialstyrelsen 2014）．ランスティング／レギオンの認知症看護師は，配置される場所によってその役割が大きく異なることが特徴的である．

認知症の診断を行う専門家チームの一員としてメモリークリニックに雇用されている認知症看護師は，薬物治療期間にモニタリングを行ったり，医師や介護家族支援員，心理学者，作業療法士など，域内の他の専門職とのコンタクトを取ったりしている．また，介護サービス判定員（biståndshandläggare）やその他の地域の関係者と直接連絡を取り，名前や連絡先を伝達することも可能である．

一方，保健センターに配置される認知症看護師は，認知症高齢者本人やその家族と連絡を取り，基本的なサポートを提供したり，疑問に答えたりする役割を担っている．また，保健の専門職の方向付けを行ったり，認知症ケアに関する教育を行ったりしている．

カルマル県（Landstinget i Kalmar län）においては，数年前よりそれぞれの保健センターが認知症に責任のある地域看護師と協力しており，認知症看護師は認知症の診断の実施とフォローアップや家族の教育に責任を持っている（Sonde 2012）．

クロノベリィ県（Region Kronoberg），スコーネ県（Region Skåne），ヴェステルノルランド県（Landstinget Västernorrland），ヴェステルマンランド県（Landstinget Västmanland），ヴェストライェータランド県（Västra Götalands-regionen）においては，認知症看護師が域内の認知症ケアのコーディネート全般に責任を持っている．これらの地域の認知症看護師は，認知症ケアの質の改善者やメンター，モチベーターであり，認知症に責任を持つ地域看護師の教育も行っている．しかしながら，その他の多くのランスティングにおいては，このように効果的な働きがなされておらず，配置されたそれぞれの保健センターがイニシアチブをとっているのが現状である．

2.4　認知症看護師に期待される役割

以上のように，現在スウェーデンにおいて，認知症看護師の多くはコミューンおよびランスティング／レギオンに配置されている．同じ「認知症看護師」という名称を使いながらその役割が大きく異なることは，非常に興味深い点である．

Sonde（2012）は，認知症看護師に期待される役割を，以下の3点に整理している．

①アクションを起こすための「巣の中のクモ」．複数のケアサービスの提供者や専門職のコーディネート，スーパービジョン，教育を行う．

②認知症高齢者やその家族のための「巣の中のクモ」．疑問があるときに質問をするのに最適の人物であり，援助をしたり，連絡を取り合ったり，コミューンの家族支援と協働したり，その一部となったりする．
③効果的な役割として，認知症の初期の診断をすること．

また，認知症看護師が，関わっている人々のそれぞれの立場から期待される点を次の図のようにまとめている．

この図からもわかるように，認知症看護師は，それぞれの配置された場所において，認知症高齢者を支えるネットワークを構築する役割を果たしている．このネットワークが，スウェーデンにおいて，認知症になってもその人らしい暮らしを送ることを可能にしているのである．

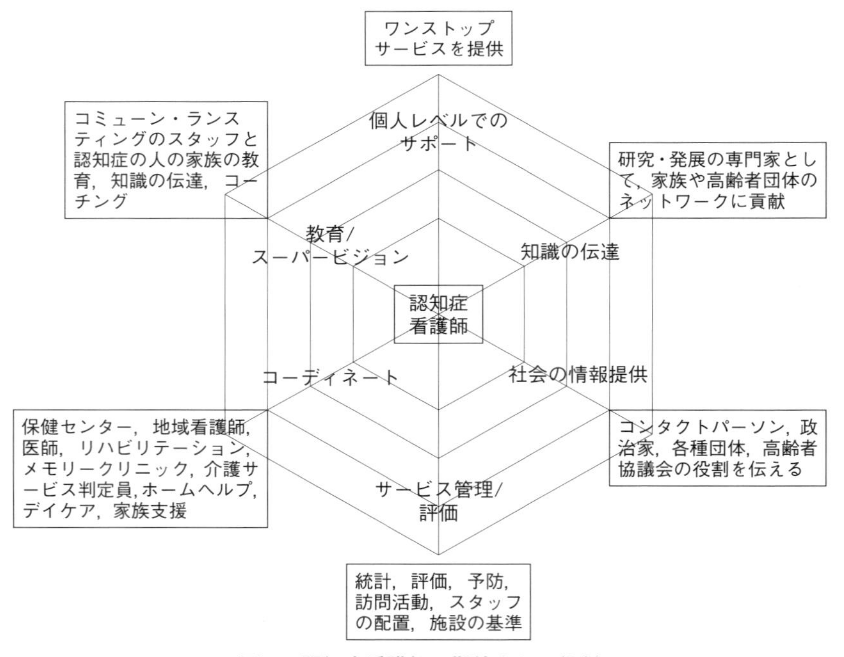

図 1．認知症看護師に期待される役割

出所：Sonde（2012：7）

3　認知症看護師の実際――ヴェクショー市の事例

3.1　フィールドの概要と調査方法

ヴェクショー市は，スウェーデン南部，スモーランド地方クロノベリィ県に位置する．2017年12月31日現在，総人口は9万1,060人，65歳以上の人口は1万6,969人（18.6%），80歳以上の人口は4,547人（5.0%）．スウェーデンに290あるコミューンのなかで，面積は53番目に広く，人口は23番目に多い．人口増加率はスウェーデンの他の都市と比較しても高く，2024年には9万9,000人を超えることが推測されている．また，総人口に占める移民の割合は18.1%に上る．

現在，ヴェクショー市には，Britt–Mari Strandberg氏が認知症看護師として配置されている．Strandberg氏は2002年より看護師としてヴェクショー市で勤務を始め，マルメ大学で専門の講座を受講した後，2013年に認知症看護師として着任した．本章は，Strandberg氏および同じクロノベリィ県に位置するウップヴィーディンゲ市（Uppvidinge kommun）の認知症看護師Eva Sjöblom–Johansson氏に対するインタビュー調査（2016年10月30日実施），およびヴェクショー・コミューンの介護家族支援員Ann–Christine Augustin氏に対するインタビュー調査（2016年11月2日実施）に基づく．

3.2　ヴェクショー市の認知症ケア

ヴェクショー市の「認知症の人のためのケアプログラム」（Program för omsorg och vård av personer med demens i Växjö kommun）において，コミューンの認知症ケアにおける目標は，「認知症の人とその家族が，よいケアと他職種による連携によって，安心して生活できるようにすること」とされている（Växjö kommun 2004）．ヴェクショー市の認知症ケアは，前述の国家ガイドラインおよびクロノベリィ県の認知症ケアプログラム（Vårdprogram för demenssjukdomar i Kronobergs län）に基づいて提供されている（Region Kronoberg 2011）.

病院で認知症の診断を受けた場合，あるいは本人や家族の申請によって，介護サービス判定が実施される．判定は介護サービス判定員のほか，必要に応じて看護師や作業療法士などの専門職が同行して実施される．特に認知症高齢者のケースにおいては，本人と家族の自律性と尊厳が重視され，理解と同意を得ながら決定がなされているか，慎重にチェックが行われている．

認知症高齢者が利用できるサービスのメニューは，豊富に用意されている．ホームヘルプは，コミューン直営のサービスが19グループに分かれて提供されているほか，8社の民間事業者もサービスを提供している．ケア付き住宅は，コミューン直営が13カ所（定員計531名），民間事業者に運営委託されているものが6カ所（定員計281名）あり，ショートステイやレスパイトケアなどに利用される，短期利用のための部屋は，コミューン直営で38名分（ニーズが多いときには44名まで利用可），民間事業者が22名分（同28名）となっている．

3.3 ヴェクショー市における認知症看護師

前述の「認知症の人のためのケアプログラム」において，ヴェクショー市における認知症看護師の役割は下記のように定められている（Växjö kommun 2004）.

- ・パンフレットや集会を使って市民に情報提供をする（高齢者団体など）
- ・電話や訪問，家族介護者会などを通じて，コンタクトやサポートを行う
- ・相談に乗ったり，アドバイスを与えたりする
- ・家庭を訪問したり，アセスメントをしたりする
- ・地域の医師，地域看護師，介護サービス判定員，高齢者施設の施設長に助言やアドバイスを与える

・介護サービス判定員を補佐し，アセスメントやケアプランニングを行う
・認知症のアセスメントを提案・実施する
・地域の保健センター，老年精神科医，急性老年学医と協働する
・在宅ケアや施設ケアのスタッフのスーパービジョン
・在宅ケアや施設ケアのスタッフの教育
・認知症の質的な問題の解決
・認知症ケアに関する最新の研究と進歩

病院や保健センターで認知症の診断を受けた人がいると，認知症の初期であっても，家族の同意のもと，その情報はただちにコミューンの認知症看護師および地域看護師，そして介護サービス判定員に伝えられる．この時点で，その認知症高齢者への対応は，コミューンが責任を持つことになる．

連絡を受けた認知症看護師は認知症の本人やその家族とコンタクトを取り，認知症や認知症ケアに関する情報を提供する．介護サービスが必要なケースは介護サービス判定員につなぎ，家族へのサポートが必要な場合は介護家族支援員と連携して支援を行う．認知症に関する理解を深めるために本や小説，映画などが使われるほか，家族に小さな子どもがいる場合には絵本なども活用されている．また，家族を対象とした集会が定期的に開催されており，そこに参加することによって，認知症について学んだり，家庭での介護の体験について意見交換をしたりすることができる．さらに，認知症の診断を受けていない人も気軽に相談ができるように，電話での相談受付時間が設定されており，最近は若年性の認知症の人からの相談が増えてきているという．

また，認知症ケアに携わるスタッフの教育も，認知症看護師の重要な役割である．ヴェクショー市で開催される勉強会には，各ケア付き住宅から 1-2 名のスタッフが参加し，認知症に関する知識や，認知症ケアの理論，そして具体的なケアの方法論について学んでいる．さらに，ケアが困難なケースにおいては，認知症看護師が実際にケアが行われている現場を訪問し，直接指

導をしている．また，認知症ケアに関するスーパービジョンが必要な場合，スタッフはいつでも連絡を取り，アドバイスを受けることが可能になっている．しかし，長年にわたる認知症ケア教育の成果として，認知症ケア現場でのスタッフのレベルは向上してきている．このため，ヴェクショー市において認知症看護師に求められる役割は，認知症ケア現場のサポートから家族支援の方にシフトしつつある．

現在，クロノベリィ県の8コミューンのうち6コミューンに認知症看護師が配置されており，年に4回ミーティングを開催し情報交換を行うほか，日常的にお互いの仕事のサポートも行っている．ひとりでコミューン全体の認知症ケアに対して大きな責任を担う認知症看護師にとって，コミューンを超えた連携も重要な要素である．

4 日本の認知症ケアへの示唆

2000年にスウェーデンを追い越し，世界一の高齢化国となった日本は，2017年現在，高齢化率が27.7%となり，過去最高を記録している．急激な高齢化に伴って認知症高齢者の数は増加を続け，2012年時点で462万人，2025年には700万人を超えると推計されている（内閣府 2018）．

このような状況に対応するために，日本の認知症ケアは近年，質・量ともに充実を図ってきた．しかしながら，それぞれの地域や介護の現場においては，認知症高齢者への対応について，困難を来しているケースも少なくない．

そのような課題を抱える日本の認知症ケアに対して，スウェーデンの認知症看護師の存在と取り組みは，課題を解決するためのヒントを示唆している．

4.1 認知症高齢者の家族への支援

大切な人が認知症になったとき，家族の生活は大きく変わる．多くの場合は，その事実を受け入れるための精神的・物理的な準備が十分にはなされておらず，家族に大きな混乱をもたらすことになる．

日本でも近年，認知症高齢者の家族に対する支援の重要性が注目されるようになり，「認知症の人と家族の会」などによる家族支援の取り組みが活発になっているほか，よりよい家族支援の在り方をテーマとした調査・研究も増加している．また，2025年を目標として構築が進む地域包括ケアシステムにおいては，認知症高齢者がこれまで通りの生活を送れるように，住み慣れた地域で支えていく仕組み作りに力が注がれている．

しかしながら，認知症高齢者を介護している家族の多くは，まだまだ大きな負担を感じていることが調査から明らかになっている（野村総合研究所 2015）．日本の場合，介護保険制度については浸透してきたが，家族に対する支援については情報の周知が不十分なため，活用できていないケースが多い．また，家族支援に関するメニューや窓口は充実しつつあるものの，運営主体の違いや行政における担当部署の違いによって，うまく連携を取ることができず，本来の力を発揮することができていないのが現状である．

一方，スウェーデンの場合は，認知症の診断を受けた場合，初期であってもすぐにコミューンの認知症看護師に連絡が行き，認知症看護師が家族にコンタクトを取るシステムが構築されている．フォーマルなサービスとしてコミューンが責任を持っているため，網の目から抜け落ちてしまうケースは少ない．認知症看護師は必要に応じて介護家族支援員などと連携を取り，それぞれの状況に応じたきめ細やかな支援を行うことが可能になっている．また，認知症高齢者や家族に対してコンタクトパーソンや政治家，各種団体，高齢者協議会などの存在とその役割について説明する機会も設けられている．スウェーデンの福祉において，当事者団体による活動や住民の参加が重視されていることが，ここからも垣間見える．

4.2　認知症ケアの質の向上と発展

1990年代，日本では，長年行われてきた旧来の大規模収容型のケアへのアンチテーゼとして，宅老所や小規模多機能ホームの取り組みが各地で盛んになった．スウェーデンの認知症ケアの取り組み，Kitwood（1997）の「パーソン・センタード・ケア」の理論などの影響を受けながら，現場を中心に認知症高齢者の「住み慣れた地域での普通の暮らし」を支えるケアが実践されるようになった．

このような潮流に呼応するように，認知症ケアを取り巻くシステムや制度も整備がなされていった．認知症介護に関する研修が体系化されたほか，認知症介護サービス提供のためには，開設者や管理者などに各種の研修の受講が義務づけられるようになった．

しかしながら，高齢者介護施設において，介護スタッフに関して資格要件は設定されていない．このため，介護の仕事をした経験のないスタッフに対し，どのような研修や教育を行った上で認知症ケアに携わらせるかは，事業者の裁量にゆだねられている．介護サービスが急増するなかで，多くの事業者が人材の確保に苦労をしている現在，認知症ケアに関する教育までは手が回っていないのが多くの介護現場における現状である．認知症介護研究・研修東京センター（2011）が実施した認知症介護従事者研修に関する調査においても，限られた研修定員のなかで介護スタッフの受講機会が制限されていることが明らかになっている．特に，ケアが困難な重度の認知症高齢者のケースにおいては，不十分な知識に基づき身体拘束や不適切なケアが行われた結果，認知症を悪化させたり身体機能を奪ったりしているケースも少なくはない．入所系施設において被虐待高齢者に重度の認知症がある場合，身体的虐待の発生率が有意に高くなっていることも指摘されている（厚生労働省 2016）．

一方，スウェーデンの認知症看護師は，コミューンで働く介護スタッフや看護師，理学療法士，作業療法士などに対して，定期的かつ計画的に認知症ケアに関する研修を実施している．これは，研修への参加がシステムとして組み込まれ，充分なサポート態勢が整っていることの表れでもある．また，認知症看護師は，介護現場におけるカンファレンスに参加したり，対応が困難なケースにおいては，自ら現場に出向いてスーパービジョンを行ったりもしている．認知症の症状や置かれる環境，提供されているケアは，それぞれのケースによって大きく異なる．一人ひとりの認知症高齢者に合わせたケアを提供するために，適切な教育や指導をするには，実際に現場を訪れて対応することが重要である．現場のスタッフがケアについて適切な知識を持つとともに，困ったときに相談できる窓口が確保されていることは，スタッフが孤立し，不適切なケアが行われることの防止に大いに役立つであろう．

さらに，認知症看護師は，大学や研究機関の認知症や認知症ケアに関する研究に対してデータの提供を行ったり，自治体のプロジェクトに専門家として参加したりしているケースも多い．認知症看護師がスウェーデンの認知症ケアの発展に関しても大きな役割を担っていると言うことができるであろう．

4.3　認知症ケアのネットワークの構築

急増する認知症高齢者への対策として，現在日本では，2025 年を目標とした地域包括ケアシステムの構築が進められている．認知症や重度の要介護状態になっても，住み慣れた地域で最期まで暮らし続けることができるよう，住まいや生活支援，介護・医療などが一体となって提供されるシステムである．また，認知症ケアにおける多職種の連携や協働の重要性も認識されるようになってきており，「地域包括支援センター認知症ケアガイドライン」においても，「認知症者の『生活を支える』共通目的の下で，多種の専門職が互いの専門性を十分理解したうえで，それぞれの独自性を生かし，協働するシステム」として取り上げられている（認知症介護研究・研修東京センター 2010）．さらに，市町村単位での認知症ケアに関するネットワーク作りも盛んになってきており，予防・相談・診断・治療・介護サービスなどを一体的に提供するための取り組みを進めている自治体も少なくはない．

しかしながら，2000 年 4 月の介護保険制度施行以降，サービス提供事業者に関してはさまざまな運営主体の参入を促進し，競争原理を働かせることによってサービスの質の向上が目指されてきた．その結果，同じ地域にあるサービス事業者であっても，運営上の競争相手となるため，ネットワークの構築が困難であるケースもある．

スウェーデンにおいては，日本と比較すると小規模なコミューン単位で認知症看護師が配置されており，まさに「巣の中のクモ」のようにネットワークを構築している．今後増え続ける認知症高齢者がその人らしく住み慣れた地域で暮らし続けるためには，日本においても，スウェーデンの認知症看護師のような存在が中心となってネットワークを構築し，多職種が連携してサポートをしていくことが求められるであろう．

5 おわりに

現在，日本における認知症高齢者を支えるためのシステムは，目覚ましい発展を遂げている．要介護度の認定や認知症カフェの取り組みなど，スウェーデンに影響を与えたものも少なくはない．しかしながら，日本での取り組みは，残念ながらまだ「点」の段階である．認知症高齢者たちの必要としていることや置かれる状況は，一人ひとり大きく異なっている．認知症高齢者の「その人らしい」暮らしを支えていくためには，この点を充実させていくだけでなく，点と点を結んで「線」にしていくことが必要である．スウェーデンにおける認知症看護師の役割は，正にこの点を線で結ぶ作業であると言うことができる．「巣の中のクモ」と表現される所以である．日本では，認知症高齢者に対するサービスは，社会福祉法人やNPO法人，株式会社などさまざまな運営主体によって提供されており，コミューンが大部分を担っているスウェーデンとは大きく状況が異なっている．しかし，認知症看護師のような存在を置くことにより，点と点を結んでネットワークを構築し，認知症高齢者の幅広いニーズに対応することは可能である．

日本でも，認知症になってもこれまで通りの暮らしを送ることができるように，認知症高齢者を地域で支えるネットワークが「クモの巣」のように広がっていくことを願い，本章の結びとする．

注

1）landsting．スウェーデンの広域自治体．県，県ランスティングと邦訳されることもある．日本の都道府県とは広域自治体という点で一致するが，機能は異なる．スウェーデンの広域自治体は全国に 20 存在し，ランスティング（landsting）とレギオン（region）がある．1997 年にマルメヒュース・ランスティング（Malmöhus länslandsting）とクリスチャンスタッド・ランスティング（Kristianstads länslandsting）が合併して，スコーネ・レギオン（Region skåne）が発足したのをはじめ，2018 年時点では 13 レギオンが存在する．従来のランスティングは主に医療を担当していたが，レギオンは地域開発において大きな権限が認められている．従来機能のままのランスティングは 7 つである（2018 年 3 月）．固有名詞では，県と訳す（例：クロノベリィ県）
2）kommun．スウェーデンの基礎自治体．市，市町村と邦訳されることもある．全国に 290 コミューンが存在する（2018 年 3 月）．固有名詞では，市と訳す（例：ヴェクショー市）．
3）län．スウェーデンの行政区画．エリアは広域自治体である landsting/region と同一であることが多い．
4）region．注 1 を参照．

参考文献

〈邦文文献〉

藤原瑠美．2013．『ニルスの国の認知症ケア──医療から暮らしに転換したスウェーデン』ドメス出版．
厚生労働省．2016．『平成 26 年度 高齢者虐待の防止，高齢者の養護者に対する支援等に関する法律に基づく対応状況等に関する調査結果』．
内閣府．2018．『平成 30 年度版 高齢社会白書』．
認知症介護研究・研修東京センター．2008．『スウェーデンの認知症ケア動向Ⅴ認知症ケア政策』．
認知症介護研究・研修東京センター．2010．『地域包括支援センターにおける認知症ケアガイドライン』．
認知症介護研究・研修東京センター．2011．『認知症介護従事者研修のあり方に関する研究事業報告書』．
西田淳志，高野洋輔．2013．「スウェーデンにおける国家戦略の概要報告」．『認知症国家戦略の国際動向とそれに基づくサービスモデルの国際比較研究報告書』．55-60．公益財団法人東京都医学総合研究所．
野村総合研究所．2015．『認知症の人の介護に対する効果的な支援の実施に関する調査研究事業』．

〈欧文文献〉

Hagman, Annie & Johansson, Ulrika. 2004. *Spindeln i Nätet–En litteraturstudie om att vårda en demenssjuk anhörig i hemmet.* Malmö högskola.
Kitwood, Tom. 1997. *Dementia Reconsidered.* Open University Press.
Meinow, Bettina. 2009. *Spindeln i Nätet–En Kartläggning av. Demenssjuksköterskor i Stockholms Län* Stockholms Läns Äldrecentrum.
Socialdepartementet. 2003. *På väg mot en god demensvård.*

Socialdepartementet. 2006. *Nationell utvecklingsplan för vård och omsorg om äldre.*
Socialstyrelsen. 2012. *Demenssjukdomarnas samhällskostnader i Sverige 2012.*
Socialstyrelsen. 2014. *Nationell utvärdering–Vård och omsorg vid demenssjukdom 2014.*
Socialstyrelsen. 2016. *Nationella riktlinjer för vård och omsorg vid demenssjukdom 2016.*
Socialstyrelsen. 2017. *Nationella riktlinjer för vård och omsorg vid demenssjukdom 2017.*
Sonde, Lars. 2012. *Demenssjuksköterska–inom landstingets primärvård.* Stockholms Läns Äldrecentrum.
Region Kronoberg. 2011. *Vårdprogram för demenssjukdomar i Kronobergs län.*
Region Kronoberg. 2015. *Befolkningsutvecklingen i Kronobergs län 2015.*
Växjö Kommun Omsorgsförvaltningen. 2004. *Program för omsorg och vård av personer med demens i Växjö kommun.*
Yamaguchi, Tsukasa. 2003. "The Present Status of and Issues in Dementia Care in Sweden", *Syn*, 4, 345–356. Department of Volunteer Studies, Graduate School of human sciences, Osaka University.

第Ⅱ部

北欧諸国の高齢者介護の今
——市場化動向とその多様性

第 6 章

北欧 4 カ国における高齢者介護の市場化とその特徴

Marta Szebehely, Gabrielle Meagher
（訳）斉藤 弥生（Yayoi Saito）

1 はじめに

本章では，北欧 4 カ国（スウェーデン，デンマーク，ノルウェー，フィンランド）[訳者注 1)] において税により運営される，質の高い高齢者介護サービスを供給してきた普遍主義の歴史と，そのサービス供給における自治体[訳者注 2)]の役割の歴史を共有する．北欧 4 カ国において自治体は歴史的に，法律の施行，高齢者介護の財源調達，広範にわたる介護サービス供給の基本的責任を有する．北欧 4 カ国において，ボランタリー組織は福祉事業の重要な創始者であり，長い間，非営利でサービスを供給してきた．近年では，北欧諸国すべてにおいて，市場の考え方と経済合理性を枠組みとして，高齢者介護セクターが形成され始めている．

北欧 4 カ国における市場の考え方と経済合理性の流れは，一連の組織改編をもたらし，市場化（marketisation）と呼ばれている．この組織改編には，1）さまざまな疑似市場の取り組みとプロセスを公的セクター制度に導入すること，たとえば，サービス購入と供給の分離，ベンチマーク，公的セクター運営の一部を「営利の拠点」として指定するなど，2）競争入札と介護サービスの民間事業者への外部委託，3）自治体と契約を結ぶ事業者のなかから高齢者が事業者を選択する「選択モデル」の導入，4）利用者による市場のサービス購入を支援するための税額控除など，さまざまな財政的インセンティブを含んでいる[1)].

国ごとに程度は異なるものの，北欧４カ国において公的な高齢者介護の供給には，伝統的に民間団体（主に非営利団体）が関わってきた．そのため，民間供給の増加それ自体は，北欧４カ国で進行する組織変容にみる新たな動きではない．むしろ，ニュー・パブリック・マネジメント[訳者注3)]の影響が浸透するなかでの新たな動きは，民間事業者による高齢者介護を導入することで公的な高齢者介護との「競争」を促すことであり，これは効率的な運営と質の向上を目指すものとされている．にもかかわらず，民間セクターで新たに伸びているのは「営利的な」供給であり，営利事業者によるサービス供給の増加は競争を強化するように設計された市場化手法と結びついている．

本章では，北欧４カ国にみる高齢者介護の市場化をさまざまな観点から比較する．営利的供給の範囲，市場化装置とその利用程度，市場化の影響，規制の形態についても論じる．

本書の第７章から第９章では，スウェーデン（第７章），デンマーク（第８章），ノルウェー（第９章）にみる高齢者介護の市場化の現状を国ごとに論じている．本章では，フィンランドを含めた北欧４カ国を横断的にみることで，それぞれの国の市場化プロセスが異なる時期に始まり，異なるペースで展開し，異なるメカニズムや装置が使われ，国ごとに異なる結果が出されていることを明らかにする．使用する基準によって，北欧４カ国の分類は変わるが，たとえば市場化の時期，市場化プロセスの徹底度や規模をベースにみていくと，北欧４カ国を分類することができる．

時期に焦点をあてると，北欧４カ国のなかで，市場化が最も早く進んだのはデンマークであった．自治体に対してホームヘルプ[訳者注4)]に事業者選択を導入することを義務付けた唯一の国であり（2003年以降），税財源で運営するサービス供給を営利事業者にも開放した．国による規制という点でみると，これは市場化に向けた急進的な第一歩であり，北欧４カ国における自立した自治体の長い歴史に大きな衝撃を与えた．

ただ，デンマークでは法的な義務があるものの，むしろフィンランドやスウェーデンの方が，デンマークやノルウェーより明らかに市場化の影響を強く受けている．特に北欧東部のこの2カ国，フィンランドとスウェーデンでは営利セクターがより拡大しており，その成長は早く，大企業が強力な位置にある．

このように北欧4カ国全体では市場化が確実に進んでいると言えるものの，市場化の程度と市場化の影響を国ごとに比較する作業は，ある国には存在するデータが他の国にはないというように，データ不足の壁に阻まれてきた．北欧4カ国は統計データが揃っている国と言われるが，この分野のデータ不足は，市場化が比較的新しく，政治的にも制度化が弱い事象であることを示している．

2　民間供給の範囲

2.1　高齢者介護の営利による供給と非営利による供給

北欧4カ国における民間供給の範囲について，すべてを明確に描くことは難しい．第一に，法人形態別の職員配置に関する情報があるにもかかわらず，利用者に関する公式統計は法人形態別で集計されていない．第二に，データは普通，公的事業者と民間事業者に分かれているが，民間事業者について営利事業者と非営利事業者による区別がなされていない．第三に，営利事業者と非営利事業者の区別がされていても，高齢者介護が他の社会サービス（訳者補足：たとえば障がい者サービス）との合計で報告されていたり，また高齢者介護の一部のサービスしか含まれていなかったりするため，高齢者介護全体の営利セクターのシェアを概観することはできない．

国レベルでの適当な統計はないものの，北欧4カ国における民間供給による高齢者介護の利用者，職員，支出についてのデータを比較可能な形に試算して，表1に示す．情報源と指標（支出，職員，利用者）が異なっているので，各国の比較は慎重にしなければならないという統計上の問題があるものの，

表1．北欧4カ国における高齢者介護の民間供給 2000-2012：営利事業者および非営利事業者の比率

	2000年頃 ➡	2005年頃 ➡	2012年頃
ノルウェー			
ホームヘルプと訪問看護（総支出のうちの%）	—	—	ホームヘルプ 3.1%（営利），0%（非営利） 訪問看護 0.2%（営利），0.1%（非営利）[1]
施設介護（総支出のうちの%）	—	—	3.5%（営利），5.9%（非営利）
（総ベッド数のうちの%）	10.7%（営利＋非営利）		9.6%（営利＋非営利）[2]
高齢者介護と障がい者支援サービス（合計）	—	—	（総労働時間のうち） 6.6%（営利＋非営利） （総支出のうち） 8.1%（営利＋非営利）
デンマーク			
ホームヘルプ（営利事業者によるサービス利用者の%）	全利用者の2.5%	家事援助 全利用者の15% 身体介護 全利用者の3%	家事援助のみ利用者の47% 両サービス利用者の31% 身体介護のみ利用者の6% 全在宅ケア利用者の37% 全在宅ケア供給時間数の13%
施設介護（全入居者のうちの%）	—	1%未満（営利事業者）	1%未満（営利事業者） ※非営利事業者のデータなし
高齢者介護全体（サービス提供時間数のうちの%）	—	—	5〜6%（営利事業者）[3] ※非営利事業者のデータなし

1）NHOサービス（2012）．これはノルウェーにある唯一の統計で，民間セクターのなかで営利事業者と非営利事業者を区別している．NHOサービス（サービス産業連合会 the Federation of Service Industries）は民間サービス事業者の利益団体であり，正式名称はノルウェー経営者連盟サービス産業連合会でノルウェー経営者連盟（NHO：the Confederation of Norwegian Enterprise）に所属する．

2）Statistics Norway（2012）．

3）デンマーク社会統合省（2013）による情報をもとに試算．2011年には施設介護の職員勤務時間は94万時間で（営利事業者の職員勤務時間は1%未満）で，ホームヘルプでは週に59万時間（営利事業者の供給は13%）．

表1．北欧4カ国における高齢者介護の民間供給 2000-2012：営利事業者および非営利事業者の比率(続き)

	2000年頃 ➡	2005年頃 ➡	2012年頃
スウェーデン ホームヘルプ （総供給時間のうちの%）	7%（営利＋非営利）	10%（営利＋非営利）	21%（営利），2%（非営利）[4]
施設介護 （入居者全体のうちの%）	12%（営利＋非営利）	14%（営利＋非営利）	18%（営利），3%（非営利）[5]
高齢者介護と障がい者支援サービスの合計 （職員全体のうちの%）	8%（営利）， 3%（非営利）	8%（営利）， 3%（非営利）	17%（営利），3%（非営利） （2010）
フィンランド ホームヘルプ （職員全体のうちの%）	4.9%（営利）， 4.6%（非営利）	—	13%（営利），2%（非営利） （2010）
施設介護 （職員全体のうちの%）	施設 1.2%（営利）， 14.1%（非営利） サービス住宅 16.4%（営利）， 42.6%（非営利）	—	施設(2010) 6.5%（営利），11.7%（非営利） サービス住宅（2010） 30.2%（営利），32%（非営利）
高齢者介護全体 （職員全体のうちの%）	6.7%（営利）， 19.2%（非営利）	—	17.5%（営利），16.1%（非営利）

4）筆者の試算による．スウェーデン社会庁（2013a）は公的財源によるホームヘルプの提供時間の23%は民間事業者による供給と報告している（2012年）．競争促進庁（2013）は民間のホームヘルプ事業者の93%が営利事業者であり，7%が非営利事業者であると報告している．そのため，ここではホームヘルプの総供給時間の営利事業者によるものは21%，非営利事業者によるものは2%と推計している．

5）筆者の試算による．社会庁（2013a）は介護施設のベッドの21%が民間事業者による供給であると報告している（2012年）．Arfwidsson and Westerberg（2012）は，民間事業者による介護施設のベッドのうち，86%は営利事業者による運営で，14%が非営利事業者による運営と報告している．そのため，ここでは，民間事業者が運営する介護施設のベッドのうち，18%が営利事業者，3%が非営利事業者による運営と試算する．

表1は北欧諸国の西側（デンマーク・ノルウェー）と東側（スウェーデン・フィンランド）では，公的財源による高齢者介護において，営利事業者が供給する介護サービスのシェアには明確な違いがあることを示している．

概して，他の3カ国と比べて，ノルウェーは高齢者介護と障がい者支援サービス[2)]における民間供給のシェアが小さく，そのシェアは拡大していない．営利供給と非営利供給を区別する唯一の統計（NHO Service 2012）によると，2011年時点で，ノルウェーでは施設介護の3.5%，ホームヘルプの3.1%，訪問看護の0.2%が営利企業による供給であった．施設介護の支出では，非営利事業者の方が営利事業者よりもシェアが大きいが，相対的に規模は小さく（5.9%），ホームヘルプのうち非営利事業者による供給が占めるシェアもごくわずかである（ホームヘルプにはほとんどなく，訪問看護では0.1%）[3)]．

民間供給シェアの経年変化に関するデータは施設介護のみに限られており（ベッド数），営利と非営利に区別されていない（Statistics Norway 2012）．ノルウェーでは施設介護において民間供給は増加していないこと（2001年が10.7%で，2011年は9.6%）が示唆されているが，この間に営利と非営利の間でシェアの変化があったかは示されていない．10年間で，営利供給が増加する傾向にあったと思われるが，いわゆる「アデッコ社スキャンダル」（第9章参照）によって，営利事業者による供給は減少している．

デンマークの高齢者介護の民間供給のレベルは，ノルウェーと同様で小規模である．デンマークの高齢者介護におけるサービス提供時間数のうち，約5〜6%を営利事業者が提供しており，営利事業者による施設介護（ベッド数）は全体の1%以下である．非営利事業者についての統計はないが，非営利事業者はホームヘルプをほとんど供給していないものの，施設介護では一定の役割を担っている．

デンマークにおいて，営利事業者はホームヘルプに集中しており，主に家事援助サービス（主に掃除）を提供している．2003年にホームヘルプ市場を営利事業者にも開放することが法的に義務づけられてから，営利事業者による家事援助サービスは，急速に伸びてきた．2012年には，家事援助サービスだけを利用する高齢者の約半数（47%）が営利事業者を利用しており，その一方で，身体介護だけを利用する高齢者のうち営利事業者を利用しているのは6%である．ホームヘルプ利用者全体のうち36%は営利事業者を利用しており，ホームヘルプの総時間数の13%が営利事業者によると推計されている（表1，第4章第6節参照）[4]．

デンマークでは，施設介護における営利事業者の供給シェアはホームヘルプに比べて少ないが，非営利事業者は営利事業者に比べ一定の役割を担っている．それでも相対的にはその規模は小さい．民間の施設介護事業者は異なる経路でシステムに参加しており，また，定期的な統計が存在しないため，全体像がみえない．施設介護の民間供給には，競争的入札による外部委託があるが，デンマークのコムーネではそれはほとんど採用されていない．2009年時点でこの方法で外部委託された介護施設はわずか4カ所であった（Rambøll 2009）．民間施設の第2のパターンは，「規制緩和型ナーシングホーム」（friplejebolig）である．2009年以降，営利と非営利を含む民間事業者は，「規制緩和型ナーシングホーム」を設立することが可能となった．このシステムでは，認可された事業者が国の設定する戸数のシェアをめぐって競い合う．2011年にはデンマークに「規制緩和型ナーシングホーム」はわずか14カ所しかなく，ほとんどが非営利の独立法人により運営され，その利用者数はデンマークの介護施設利用者数の1%であった（Rambøll 2012）．第三に，デンマークで最も一般的な民間介護施設の形態は，独立法人運営のナーシングホーム（selvejende plejeboliger）である．これは公的財源により非営利事業者が運営する施設介護である（Udbudsrådet 2011: 16）．この非営利事業者が運営する施設介護の現状について，新しい統計を見つけることはできなかった．Meijerら（2000）は，1990年代後半において，デンマークの伝統的な介護施設の26%が独立法人により運営され，74%がコムーネにより運営されていたと報告している（この情報については参考資料がない）．伝統的な介護施設が閉鎖され，より現代的な施設介護[5]の形態になってから，非営利事業者による施設介護は減少したようである（Hansen & Syberg Henriksen 2001）．

スウェーデンでは，ノルウェーやデンマークに比べ，施設介護においてもホームヘルプにおいても民間供給は高い比率となっている．ホームヘルプの総供給時間の 23%，施設介護の 21%が民間事業者により供給されている．さらに利用者に関する統計は，1990 年代初頭から民間供給は確実に増加してきたことを示しており，施設介護に始まった民間供給が，最近ではホームヘルプで急増している．

定期的な統計は営利事業者と非営利事業者を区別していないが，他のデータからそれぞれのシェアを推計できる（表 1 参照）．2012 年では，ホームヘルプ提供時間の 21%，介護施設ベッドの 18%は営利事業者による供給で，非営利事業者による供給はそれぞれわずか 2〜3%程度と推計できる．事業登録統計は営利事業者と非営利事業者の職員を区別しており，この統計からこの間の民間セクターの変化をたどることができる．これらのデータでは，非営利セクターの規模は 1990 年代初頭からほぼ変わることなく，民間セクターの成長は営利事業者による供給の大幅増加によることを示している．初めてこの統計が出された 1993 年は，営利事業者で雇用される介護職員は全体の 1%以下であったが，2010 年には 17%となった（Trydegård 2001, Szebehely 2011）．

フィンランドは，スウェーデンと同様に，デンマークやノルウェーに比べて民間セクターが比較的大きく，高齢者介護における営利事業者の供給シェアは，最近数十年間で大きく伸びてきた．しかし，他の 3 カ国と異なり，フィンランドでは非営利事業者が（減少しながらも）重要な役割を担い続けている．2010 年には営利事業者により雇用される高齢者介護職員の比率は全体の 17.5%であり，これに対し，非営利事業者に雇用される職員の比率は 16.1%であった．このように高齢者介護における営利セクターの規模はスウェーデンとフィンランドでは同レベルのようにみえる．その一方で，フィンランドの非営利セクターの規模は他の 3 カ国に比べてかなり大きい．フィンランドでは，営利セクターの規模は統計上で報告されている 3 種類の高齢者介護サービスの間で大きな違いがある．営利事業者のシェアが最も低いのは伝統的な施設であり（6.5%），この形態のサービスは減少している．現代的なサービス住宅は営利事業者のシェアが最も高く（30%），増加しているサービス形態である（そして今日では，公的セクター，市場セクター，非営利セクターの間でシェアはほぼ均等である.）.

フィンランドには，他の3カ国と同様に，営利事業者と非営利事業者に分けた利用者統計がないが，職員統計により，期間を通じて，民間セクターの規模と構造の足跡をたどることが可能である．最長の時系列データは，サービス部門全体の職員を扱っており（スウェーデンのように），1990年代には実質的にはほとんど営利事業者がなかった（全労働力の0.5%）ことを示している．フィンランドにおける営利事業者の増加はスウェーデンより遅く，2009年（報告の最終年）には社会サービス従事者の14.5%が営利事業者に雇用されていた．前述のように，フィンランドの非営利セクターは北欧4カ国のうち最も大きな規模のようであるが，（訳者補足：非営利セクターが小さい）スウェーデンとは対照的で，非営利セクターで働く職員は1990年には社会サービスの労働力の11.6%であったが，2009年には17.2%にまで増加している[6)].

<小括>

北欧4カ国では高齢者介護の大部分は今でも公的に供給されている．4カ国すべてにおいて，ホームヘルプの営利事業者による供給は増加しており，ノルウェーでは営利事業者による供給は3%（訳者補足：支出ベース），スウェーデンではサービス供給時間の21%，デンマークでは（訳者補足：家事援助のみ）利用者の47%までというように，営利事業者の供給シェアはそれぞれである．営利セクターによるホームヘルプは，利用者比率でみると，デンマークで最も規模が大きいが，ホームヘルプの供給時間の比率（そして支出割合，職員のサービス提供時間）でみると，ホームヘルプにおける営利セクターの規模が最も大きいのはスウェーデンである．施設介護（施設と介護付き住宅を含む）における営利事業者の供給シェアは，デンマークとノルウェーの両国では限定的であり，スウェーデンで相対的に高く，フィンランドで最も高いと考えられる（1%未満のデンマークから，サービス住宅の30%が営利事業者の供給となっているフィンランドまでの差がある）．4カ国のホームヘルプにおいて，非営利セクターの役割は限定的のようであるが，デンマーク，ノルウェー，フィンランドの施設介護では，非営利事業者の果たしている役割は比較的大きい．スウェーデンだけは，ホームヘルプでも施設介護でも，非営利事業者の役割は限られている．

2.2 民間セクターにみる地域による多様性と特徴

北欧4カ国の高齢者介護を比較する際には，全国の平均値だけでなく，その背後にある地域ごとの大きな多様性をみなくてはならず，それは特に自治体議会の与党と都市化のレベルによって異なる．たとえば，スウェーデンにおいて，コミューンの半数以上では，今でも高齢者介護はコミューン直営のみで行われている．その一方で，ストックホルムやその周辺のコミューンでは，施設介護とホームヘルプの大部分は営利事業者により供給されている．デンマークでは，ホームヘルプの営利事業者による供給はコペンハーゲン市とその周辺，そして所得層の高いコムーネに多い．ノルウェーでは，オスロ市とその近隣の裕福なコムーネであるバールム市が，介護施設に競争入札を導入し，ホームヘルプに「利用者選択モデル」を導入した．スウェーデンやノルウェーでも保守中道系与党の自治体は，社会民主系与党の自治体よりも高齢者介護の民間供給の比率が高い（第7章と第9章参照）．

介護サービス全体における民間セクターのシェアと，民間セクターのなかでの営利事業者と非営利事業者のサービス供給の比率は，市場化の程度をみる上で重要な要素となるが，民間セクターの構造をみる上でも重要である．表2は最も大きなアクターを挙げることにより，高齢者介護部門の民間部門（営利と非営利）の構造についての情報を提供している（第7，8，9章参照）．

第一に，表2はフィンランドとスウェーデンの最も大きなアクターが，ノルウェーとデンマークの最大のアクターより大きいことを示している．第二に，デンマークとノルウェーの最大のアクターは非営利団体（特にデンマークにはかなりの規模の非営利団体がある）が多いが，フィンランドとスウェーデンの最大のアクターはすべて営利企業である．フィンランドとスウェーデン

表2．北欧4カ国における大規模な民間介護事業者：営利事業者と非営利事業者

スウェーデン	フィンランド
アテンド・ケア社 Attendo（営利） 98 施設＋74 ホームヘルプ カレマ・ケア社 Carema（営利） 81 施設＋48 ホームヘルプ アレリス・ケア社 Aleris（営利） 19 施設＋18 ホームヘルプ	アテンド・ケア社 Attendo（営利） 80 ケアユニット マイニオ・ヴィーレ社 Mainio Vire（営利） ミケヴァ社 Mikeva（営利） エスプリ・ケア社 Espri Care（営利） カレマ・ケア社 Carema（営利）

デンマーク	ノルウェー
デンマーク・ディアコンイェム Danske Diakonhjem（非営利） 28 施設 オコ基金 OK–fonden（非営利） 13 施設 マリーイェメネ基金 Fonden Mariehjemmene（非営利） 6 施設 アレリス・ケア社 Aleris（営利） 4 施設	ノルウェー女性福祉ボランティア協会 Norwegian Female Volunteers（非営利） 7 施設 アレリス・ケア社 Aleris（営利） 6 施設 チャーチ・シティ・ミッション Church City Mission（非営利） 5 施設 アテンド・ケア社 Attendo（営利） 3 施設 ノランディア・ケア社 Norlandia Care（営利） 3 施設

の施設介護部門では，寡占化の傾向があり，それはスウェーデンにおいて最もその傾向が強く，民間運営の介護施設のほぼ半数を2大企業（アテンド・ケア社とカレマ・ケア社）が運営している．フィンランドでは10社の社会サービス企業が民間セクターの30％のシェアを占めている．3大企業（アテンド・ケア社，カレマ・ケア社，アレリス・ケア社）は北欧4カ国内の複数の国で高齢者介護を供給している．

ホームヘルプ部門は一般に，施設介護に比べて，よりばらつきがあり，大規模アクターの他に，多数の零細事業者があり，フィンランドの高齢者介護部門では1300事業者，スウェーデンのホームヘルプ部門では500社（900支部），デンマークでもホームヘルプ企業は500社ある．フィンランドでホームヘルプを供給する企業の94%は，職員が10人未満と小規模である．

3 市場化の手法

本節では北欧4カ国にみる市場化の手法について，市場化の程度の多様性を理解する上で有益な違いがあるかどうかをみていく．北欧4カ国が，どのように公共調達の法制化をしているかが，市場化の多様性を説明する上で決定的な要因の1つとなりうる．また法律が自治体に事業者選択の導入を義務付けているかどうかも要因の1つになりうる．

3.1 施設介護の競争入札

3.1.1 競争入札に関する法律

今日，北欧4カ国の自治体は，非営利事業者と同様に，営利事業者に対しても高齢者介護の外部委託が可能となっている．教育部門では，公立学校の営利事業者への事業委託が認められているのはスウェーデンだけであるが，高齢者介護では北欧4カ国は共通している（Morin 2012）．しかしながら，外部委託は必ずしも競争入札のプロセスを経て行われているわけではない．北欧4カ国の外部委託のレベルもさまざまであるが，北欧諸国の東側の2カ国，フィンランドとスウェーデンでは，競争入札をより重視している．

フィンランドは北欧4カ国のなかで最初に，自治体による社会サービスの外部委託を認める制度を採り入れた国である．1984年の社会福祉法により，営利法人を含む民間事業者によって供給される社会サービスに対して，国の補助金を使用することが認められた．1993年には自治体による外部委託の範囲が拡大され，使途が特定された国庫補助金や外部委託に関する厳格な規制も廃止された.

一方，スウェーデンのコミューンは1990年代初頭から，高齢者介護や他の社会サービスを外部委託することが可能となった．1992年の新地方自治法によって法的基盤が整備され，同年に社会サービス法改正も行われた．1992年からスウェーデンのコミューンは，すべてのサービスを直営で行うか，一部のサービスを民間事業者に外部委託するかを選べるようになった（第7章参照）.

フィンランドとスウェーデンの両国の展開にとって，公共調達法の施行は決定的なものであった．両国ともに1992年には公共調達に関する類似した法律を導入し，2007年にはEUによる公共調達に関する指令（2004/18/EC）に従い，同法を改正した．両国が，EU指令に必要以上に厳格に従ったことに留意しなければならない[7]．フィンランドとスウェーデンでは，公共調達の制度において，（高齢者介護などの）社会福祉サービスも他のサービスと同様に扱われている．たとえばスウェーデンでは，施設介護を外部委託する際には，差別なく，平等の扱いで，透明性と均衡の原則に基づく競争を経なくてはならない．契約は最低価格の入札者か，経済的な運営上で最も優れた入札者（事前に定められた基準の質と価格のバランスが優れている入札者）に与えられなくてはならない．競争のない直接的な随意契約は契約価格が小さいときにのみ認められる.

デンマークの高齢者介護関連法制のなかで，競争入札が可能になった時期は，一概に示すことができない．ホームヘルプにおける競争入札は，2003年施行の「家事援助と身体介護の供給主体の自由選択に関する法律（自由選択法）」の政策に続いて登場している（詳細は後述）．「選択の自由」を目指す政策のもとで，2012年には社会サービス法を改正し，コムーネには民間事業者をホームヘルプ「市場」に参入させるために公共調達のしくみをつくることが求められてきた．これらの公共調達は競争入札を認めるが，ホームヘルプにおいて競争入札が行われることは稀である．また，施設介護でもコムーネが競争入札を行うことができるが，後述のとおり，ほとんど行われていない．デンマークではEU指令に従って2004年に公共調達法も導入し，

50万クローネ（約850万円，1デンマーククローネ＝17円で換算）を超えるサービスの委託契約については，競争入札を実施しなければならなくなった．しかし，そのことはコムーネの行動にはなんら影響を与えず，スウェーデンやフィンランドのようにはならなかった．

ノルウェーでは，高齢者介護サービスの外部委託に対して何の規制もない．また，社会サービス政策のなかで，外部委託を奨励するための法改正も行われなかった．それにもかかわらず，他の国々と同様に，ノルウェーでもEU指令の影響が感じられるようになった．1992年に公共調達法が可決され，1999年に改正されたが，一部のコムーネではこれに基づき介護施設の契約委託が行われるようになった．

3.1.2　施設介護の競争入札の実際

施設介護の競争入札は，市場化の手法として，デンマーク，ノルウェーよりも，フィンランドとスウェーデンにおいて幅広く用いられているようである（ここでは，介護施設の業務全体の入札のみを扱っており，比較的よく行われている介護施設における一部の業務（掃除や調理など）の入札については扱っていない）[8]（Rambøll 2009: 27）．

2009年の統計によると，デンマークの98コムーネのうち，競争入札により介護施設を外部委託していたのは4コムーネのみ（合計6施設で，2カ所の介護施設は1つの営利企業による運営，4カ所はそれぞれ別の営利企業による運営）であった．ノルウェーでは全コムーネのうち施設介護の外部委託において競争入札の経験があったのは7％（2012年）であった[9]（Blåka et al. 2012）．ノルウェーでは過去15年間（1997年～2012年）に，合計29カ所の施設介護に対して47回の競争入札が行われた．2012年にはこの29カ所の施設介護のうち，15カ所が営利企業による運営であったが，13カ所はコムーネ直営となり，1カ所は閉鎖され，非営利事業者による委託運営はなかった（Herning 2012）．ノルウェーにおいては，非営利事業者が運営する施設介護は競争入札を経ていない．ノルウェーの非営利事業者による施設介護では，非営利事業者が施設を所有して「ベッド売り」をする形態をとっており，これについては規制がなく，コムーネとは非公式な協力関係のもとで行われている（Gautun et al. 2013）.

フィンランドとスウェーデンには，競争入札を通じて，施設介護を外部委託している自治体の数を示す情報はない．しかしながら，スウェーデンにおいて，競争入札がデンマークやノルウェーよりもかなり普及していることは明らかである．スウェーデンでは2011年から2012年の18カ月の間に施設介護の競争入札が70件あった（Almega et al. 2013）．スウェーデンの施設介護については年間で最高45件の競争入札が行われており，これに対して，ノルウェーでは年間3件である．しかしながら，スウェーデンにおいても，多くのコミューンでは施設介護を外部委託していない（2012年にはスウェーデン国内のコミューンの65%は民間事業者が供給する施設介護を持っていなかった（Socialstyrelsen 2013a））[10]．ノルウェーと同様に，スウェーデンの非営利事業者は競争入札で大きな成功をおさめていない（SOU 2001: 31; SOU 2007: 37）.

3.1.3　非営利セクターに対する積極的なひいきか？

本章ではEU指令（2004/18/EC）の深い分析はしないが，いわゆるBサービス（高齢者介護のような社会サービスを含む）と他のサービスの間の区別は重要である．これによって，外部委託のレベルにおける多様性と北欧4カ国における市場化の多様性を理解することができる．

EU指令（第21条）は，Bサービスについて，EU加盟国は全指令に従う必要はないと述べている．たとえば，国内の非営利団体が国際的な非営利団体よりも優遇されない限りにおいて，EU加盟国には高齢者介護のような福祉サービス供給から営利目的の企業を除外することが認められている．最も有名な事例に，欧州司法裁判所によるソーデマーレの事例（Sodemare case）と呼ばれる判決がある．イタリアのロンバルディア地方では，営利事業者が公的財源による社会サービスの供給への参加から除外された．欧州司法裁判所は，EU条約が「加盟国が，社会福祉制度の運営に非営利事業者のみが参加可能とすることを妨げるものではない」と判断した．国内の営利企業と国際的営利企業は同等に扱われるとするEU規則に沿ったものであるという見解を示した（Lex Europa 1997; Shekarabi 2012 and Almega 2012）.

フィンランドとスウェーデンは社会サービスについてのEUの規制に全面的に従うことを選択したため，公共調達の規則では非営利事業者に対する特別対応が可能であったにもかかわらず，それをしていない．たとえば，フィンランドのスロットマシン協会は，伝統的に，非営利団体による高齢者介護施設の運営財源において重要な役割を持っていた．しかし，2001年には競争上の中立を保障する公共調達について，EU指令に準拠して法律が改正されたため，スロットマシン協会はその役割に終止符を打った．

しかしながら，デンマークとノルウェーはそれぞれの方法で，非営利事業者に営利事業者とは異なる対応を選んできた．デンマークには，前述のように，非営利の独立法人運営のナーシングホームと呼ばれるものに対し，競争入札をせずに施設介護の委託契約を結ぶことができるという特別法がある．そのホームはその建物を所有する独立法人によってのみ運営が認められている．デンマーク競争管轄庁は，競争入札をせずにこのような非営利組織と長期の契約を結ぶというコムーネの権利がEU指令に反しないかどうかについて調査を行ってきたが，最終的には反しないという結論を出した．独立法人運営のナーシングホームは「組織内サービス生産」（in–house production）と見なされ，コムーネは通常，競争入札なしで委託契約を結ぶことができる（Konkurrencestyrelsen 2010）.

ノルウェーの例も類似している．前述の通り，ノルウェーでは長きにわたり，競争なしで民間事業者に高齢者介護を外部委託しており，競争入札なしの外部委託について法整備することもなかった．前述のとおり，ノルウェーはEU方式の公共調達の規則を導入し，公共調達は原則として競争を基盤とすべきということも強調した．しかしながら，非営利セクターと営利セクターでは，事業者と労働者間の年金に関する協定が異なっているため，非営利セクターと営利セクターの競争は困難であるとされた（Gautun et al. 2013）．ノルウェーのコムーネは，非営利セクターによる施設介護の質が高いことを実感しており，またノルウェー政府は非営利セクターが直面するだろう財政的困難について懸念した．ノルウェー政府は，2006年に公共調達の新たな法律を施行し（Regulation No. 402, Forskrift No. 402 om offentlige anskaffelser），コムーネは，競争入札を経ずに，非営利事業者と事業の委託契約を結ぶことが可能となった．この規則は公的な介護サービスにおいて非営利セクターの役割を守る上で重要と考えられている．ある営利企業は，この状況に対して，EFTA 監視機構に苦情申し立てを行ったが，2010 年に同機構はこの事例の審議を打ち切った．（ソーデマーレの事例で言及したが）「EEA 加盟国では公的な社会サービス，保育，福祉サービスの市場から商業的な事業者を除外することが認められている」という見解が示された．同機構は次のように締めくくった．

「現在の公共調達の手続きについて，他の加盟国の営利企業がノルウェーの営利企業に比べ，法律上，好ましくない状態や好ましくない立場にあるようには見えない．当局はノルウェー規則 402 号第 2 節 1 (3) とノルウェー政府によって解釈され適用される方法は，EEA 法のもとの設立の自由やサービス供給の自由を制限しないと結論づける」（ヨーロッパ自由貿易協定（EFTA）監視局 2010: 3）

スウェーデンでは，部分的に類似した規則（通称は「停止法」）により，広域自治体[訳者注5)]が救急病院を営利事業者に外部委託することを禁じた．この規則は 2001 年に社会民主党政権によって導入されたが，2006 年に保守中道政権が誕生し，この規則は 2007 年 6 月 1 日に廃止された．2001 年の「停止法」施行直後，公共調達に関する政府委員会（SOU 2001: 31）は，国会において，（訳者補足：救急医療だけでなく）医療保健と（高齢者介護を含む）社会サービスの供給への競争の導入においては，コミューンと広域自治体に対して，営利事業者を除外する権利を与えるべきである，という提案を行った．その委員会提案をもとに，政府が提出した法案は，介護サービス運営への競争の導入を営利事業者に開放するか，または非営利事業者に限定するか（または自治体直営にするか）について，自治体議員の決定に道を開くという点で，（訳者補足：法律として制定された）「停止法」とは対照的である．この議論はノルウェーの事例（Regulation 402）と類似していた（SOU 2001: 31: 327-333 参照）が，この法案は成立しなかった．

3.1.4 小括――施設介護にみる市場化の手法

表 3 は法律と競争入札の実際の運用について，北欧 4 カ国にみられる重要な違いをまとめている．西側 2 カ国（ノルウェーとデンマーク）では競争入札はあまり用いられず，非営利事業者が法的に有利に扱われており，表 1 にみるように，フィンランドやスウェーデンに比べて，施設介護部門での営利事業者の規模は小さい．一方，非営利セクターが最も小さいのはスウェーデンである．（筆者らが見る限り）スウェーデンでは過去数十年にわたり，非営利事業者は優遇されてこなかった．その一方で，フィンランドには非営利団体による施設介護を強力に支援してきた歴史があり，非営利セクターによる施設介護の規模は大きい（しかし減少している）．各国にみる事業者間競争に関する法律の違いが果たす役割を分析することは，研究を進める上で重要である．各国の高齢者介護における非営利事業者の役割を分析することは特に必要である．

表 3．北欧 4 カ国における施設介護の競争入札に関する法律と実施方法

スウェーデン	フィンランド
地方自治法 1992 年改正 社会サービス法 1992 年改正	社会サービス法（1984 年）しかし 1993 年まで補助金による国の管理が強い
公共調達法 1992／2007	公共調達法 1992／2007
非営利事業者は優遇されていない	非営利事業者は 2001 年まで優遇されていたが，それ以降は優遇されていない

デンマーク	ノルウェー
規制緩和型介護型住宅法（2007）	外部委託を可能とする特別な法律は存在しない
公共調達についての EU 指令の実施（2004）	公共調達法 1992／1999
介護施設については非営利事業者が優遇されている	非営利事業者は 2006 年から優遇されている

3.2　ホームヘルプにみる選択モデルとバウチャー制度

事業者多元化は，競争入札を経て外部委託を行うための理論的根拠の1つであるが，競争導入の主たる目標は，効率性を上げ，コストを削減することであった．（多様な）事業者から利用者自身が事業者を選択するという試み，すなわち多様な「消費者選択」モデルは，北欧4カ国の高齢者介護システムに導入された，もう1つの市場化の手法の理論的根拠となっている．これらのモデルでは通常，サービス利用者は一定の範囲で可能な事業者のなかから利用する事業者を選択する機会を持つ．事業者が選択システムへ参入するために，競争入札を求められる場合は，競争入札と選択モデルは重複するが，これは本節で述べるように，選択システムを実施する上で主要な方法ではない．

3.2.1　選択モデルについての法律

ホームヘルプでは，競争入札を通じて外部委託が可能となり，落札した事業者が該当する地区のサービス供給を担う．1990年代のスウェーデンでは，これが（訳者補足：ホームヘルプの）市場化の一般的な形態であった．しかしながら，その地区内では（訳者補足：競争入札で選ばれた1事業者だけがサービス事業者となるため），消費者は事業者を選択することはできなかった．近年になって，北欧4カ国は，それに代わるさまざまな形態の選択モデルを用いるようになり，ニーズ判定を受けてホームヘルプを利用する人は，自治体により認可された複数の事業者のなかから，事業者を選択できるようになった．各国の章でも紹介しているとおり，選択モデルは公共調達法に基づいて導入され，スウェーデンでは2009年に初めて法制化された．近年，ノルウェー以外のすべての国（デンマーク，スウェーデン，フィンランド）では，ホームヘルプにおける選択モデルのために特別な法制度を導入している[11]．特別な法律の有無にかかわらず，選択モデルに参入する事業者には，競争のプロセスの後で，一定数の「消費者」（訳者補足：利用者）の確保が保証されていない．ホームヘルプを利用する高齢者はそれぞれ，どの事業者のサービスを利用するかを選ぶが，利用者は希望に応じて事業者を変更できるため，事業者にとって競争はその後も継続されることとなる．

フィンランドとスウェーデンでは，ホームヘルプにおける選択モデルは，1990年代にすでにいくつかの自治体において，小規模ではあるが実施されていた．しかし自由選択法を最初に施行したのはデンマーク（2003年）で，それに続いたのが，フィンランドのバウチャー制度法（2004年），さらにスウェーデンの公的セクターにおけるサービス選択自由化法（2009年）である[12]．北欧4カ国において，選択モデルの導入は，消費者主権を行使し，それらを可能にすることで生じる利用者のエンパワメントの議論とともに正当化されてきた．たとえば，2009年サービス選択自由化法に向けて設置されたスウェーデンの政府委員会は，「利用者の選択と影響力を強化するために，そして事業者の多様化を進めるために，権限を政治家から市民に移譲する」（SOU 2008: 15, 28）ことを法律の目標として強調した．競争入札を通じた外部委託とは対照的に，選択モデルは価格競争を含まないので，公的支出の削減は期待されない．その代わり，利用者による自由な選択と，不満があれば事業者から退出できる権利が，サービスの質を向上させると期待されている．

フィンランド，スウェーデン，デンマークの3カ国において，それぞれの法律の目標は似ているにもかかわらず，その内容には重要な相違点もみられる．既に述べたとおり，デンマークのコムーネはホームヘルプ（家事援助と身体介護）において，2003年以降，営利事業者に門戸を開き，選択肢を提供することが義務となっている．しかしフィンランドとスウェーデンの自治体は，すべてのホームヘルプについて，直営で行うか否かを自治体が決めることができる．スウェーデンでは，サービス選択自由化法の施行後は法律を普及させるため，コミューンに対し，選択モデルの導入を奨励するための国庫補助金が毎年支給されていた（2012年末までにスウェーデン国内のコミューンの88%がこの補助金を受けたが，そのすべてが選択モデルの導入を決めたわけではなかった．第7章参照）．スウェーデン政府は，もしサービス選択自由化制度の導入があまりに進まない場合は，「導入を強制する法律を検討する」と告知した（Government Bill 2010/11: 1: 163）[13]．フィンランド，スウェーデン，デンマークの3カ国において，それぞれの選択法のもとでは，選択モデルの導入において自治体は，ニード判定を必要とするホームヘルプを提供する事業者数を制限することはできない．つまり自治体の定める条件を満たす事業者はすべて認可されなくてはならない[14]．

選択自由化制度はサービス利用者に対して，いくつかの（または多数の）事業者のなかから利用する事業者を選択する機会を提供するが，すべての利用者に選択させるのはおそらく不可能である．選択自由化制度を持つそれぞれの国は，自分で積極的に選択することを望まない利用者に対して，異なる方法で事業者の割り当てを行っている．フィンランドではバウチャーの選択肢を利用したくない人に対し，自治体は自治体直営事業または外部委託事業者のホームヘルプを提供しなければならない．スウェーデンのサービス選択自由化法は「選択をしない」という選択肢がなくてはならない，としている．スウェーデンでは選択自由化制度を導入するコミューンのほぼ半数において，その選択肢はコミューン直営事業であり，残りの半数のコミューンでは認可された事業者の間での順番制となっている．しかし，スウェーデンの法律はコミューンに対し，コミューン直営事業を必ずしも要求していないため，いくつかのコミューンにはホームヘルプの直営事業は存在しない．競争促進庁は，「選択をしない」という選択肢の場合は，認可された全事業者間での順番制にすべきとしている（Konkurrensverket 2013）．競争促進庁は民間事業者の利益を重視しており，コミューン直営事業をその選択肢とすることは，民間事業者の参入障壁だとして批判している．ノルウェーは対照的で，選択モデルを導入したコムーネにおいて，選択をしない人にはコムーネ直営サービスが提供されるべき，と提案されてきた（Kluge Advokatbyrå 2009）．この提案は，選択ができない人たちにとって，コムーネ直営サービスが，最も安全な選択肢であるという議論を基盤としており，事業者よりも利用者のニーズを強調している．筆者らの知るところでは，ノルウェーで選択モデルを導入する数少ないコムーネでは，すべてがコムーネ直営サービスを「選択をしない」場合の選択肢としている．またデンマークでも，利用者が積極的に民間事業者を選ばない場合，コムーネ直営サービスが提供されている

(Udbudsrådet 2012: 21).

北欧4カ国における選択自由化制度に関する法律には，さらに異なる点がある．デンマークでは，ホームヘルプはすべて無料であり，利用者は民間事業者かコムーネ直営サービスのどちらを選んでも，ニード判定を伴うホームヘルプに自己負担はない．ノルウェーでは，訪問看護（身体介護を含む）は無料であるが，ホームヘルプについてはスウェーデンと同様の方法で，利用者は利用料を支払う．ノルウェーも，スウェーデンも，ともに，民間事業者によるサービスと自治体直営サービスの利用料は同額で，利用料は事業者ではなく自治体に支払う．スウェーデンでは2002年から全国で統一された月額の支払上限額が設定されているが，コミューンはその最高額に達するまでの範囲で利用料金を設定する裁量権を持つ（利用者の支払上限額は月額1780クローナ（約23,140円，1スウェーデンクローナ=13円で換算）(2013年)）．結果として，利用料金はコミューン間でかなり違いがあり，特に必要なサービス量が少ない軽度者の間で利用料金の差が大きい．フィンランドは全国的な支払上限額はなく，他の3カ国に比べて，高齢者介護にかかるコストに占める自己負担の割合が大きい．ニード判定を伴うホームヘルプについて，バウチャーを選択した人は，自治体直営のホームヘルプを選んだ人より提供されるサービスへの支払いが多くなりうるし，その逆もある．場合によっては，バウチャーとホームヘルプの税額控除を組み合わせると，自治体直営のサービスを利用するよりも個人の支払いが安いこともある．特にフィンランドのバウチャー制度は，さまざまな算出方法と自己負担政策が混ざって複雑になっており，利用者が実際のコストを事前に計算することが難しい．この複雑さは最近，社会保健省も認識するようになった．

選択自由化制度の特筆すべき特徴は，民間事業者は利用者の自己負担により，「上乗せ」サービスを提供できる点である．ニード判定によるサービスに「上乗せ」サービスが利用できるしくみは，特に高所得者の間で，民間事業者（多くは営利事業者）への人気につながっている．「上乗せ」サービスは，民間事業者の収益にとって重要な機会であり，フィンランドとスウェーデンでは自治体直営事業にはそれが認められていないので，自治体直営事業は競争上不利となる．興味深いことに，デンマークとノルウェーの一部の自治体では，自治体直営事業にも上乗せサービスの提供が認められている（KS FoU 2013: 53）．

3.2.2　ホームヘルプにおける選択モデルの実際

デンマークでは95％のコムーネにおいて，少なくとも家事援助サービスに民間事業者が参入しており，3分の2のコムーネでは身体介護サービスの民間事業者が参入している．競合する企業の多くは人口密度が高く，比較的経済的に豊かな地域にみられる．デンマークでは，コムーネの半数以上で，少なくとも6社の家事援助サービスの民間事業者があるが，身体介護サービスの民間事業者も同程度にあるコムーネはわずかに数カ所である（Krevi 2011）．表1で示すように，身体介護サービスで民間事業者を選んでいる利用者はわずかである．このことはおそらく，身体介護サービスの提供に関心を持つ民間事業者が少ないこと，利用者が身体介護のようによりプライバシーにかかわるサービスについては，公的なホームヘルプを好む傾向にあることが影響している．より複雑なニーズの人にとっては事業者選択が難しいという点も指摘されてきた（Konkurrencestyrelsen 2009: 82）．

2012年12月時点で，スウェーデンでは，45％のコミューンがサービス選択自由化制度を採用しており，16％のコミューンが制度の採用を決定していた（Socialstyrelsen 2013b）．デンマークとは対照的に，スウェーデンのコミューンでは，選択モデルのなかにホームヘルプを包括的に含む（家事援助と身体介護の両方）のが一般的で，ほとんどのホームヘルプ事業者は両方のサービスを提供している．選択モデルはまず，人口が密集する都市部のコミューンで導入された（郊外都市のコミューンでは87％，過疎のコミューンでは15％という開きがある）（Konsumentverket 2012）[訳者注6]．

人口が密集する地域では多くの事業者が競合する一方で，スウェーデンでサービス選択自由化制度を採用した6コミューンのうち1カ所では民間事業者は参入していない（Konkurrensverket 2013: 89）．競争促進庁は民間事業者に関心を持ってもらうために，コミューンが選択自由化制度を導入する前に，まずはホームヘルプ地区全体の運営を外部委託することから始めるよう提案してきた（Konkurrensverket 2013: 130）．これらの地域の住民には特定のホームヘルプ事業者が割り当てられることになるが，高齢者介護サービスの質の観点からは継続性は重要であるため，選択自由化制度の導入後も利用者はその事業者をそのまま利用することが期待できる．デンマークとは対照的に，スウェーデンでは，競争入札によるホームヘルプ地区全体の外部委託が選択自由化制度の導入に先行しており，このことがスウェーデンにおいて，ホームヘルプの民間供給のシェアが大きい要因となっていると推測できる．

ストックホルム市は，1990年代に既に，ホームヘルプ地区全体の運営を外部委託していたコミューンの1つであり，現在では60%以上のホームヘルプは民間供給となっている．ストックホルム市に住むホームヘルプ利用者は100件近くの事業者のなかから事業者を選択できる．虚弱な高齢者にとって，事業者を選択することは困難であることも多く，特に，極端に多い数の事業者のなかからの選択はなおさらである．近年，スウェーデンの政府委員会は，サービス選択自由化法によりホームヘルプ事業者が自由に設立されていることが，利用者にとって問題となっており，コミューンにとっても多数の事業者のフォローアップをしなければならない点で問題となっていることを認識している（SOU 2013: 12）．

フィンランドでは半数の自治体が医療と社会サービスにバウチャー制度を導入している．バウチャー制度は高齢者介護に採用されていることが多いが，ホームヘルプまたは他の形態の高齢者介護にバウチャー制度を採用する自治体についての統計はない．2011年にはホームヘルプでバウチャー制度を利用する人は9,000人で，この数はホームヘルプ利用者全体の9%にあたる．

前述のように，ノルウェーにはサービス選択に関する法律が存在せず，ごく限られたコムーネだけが選択モデルを導入しており，家事援助サービスだけに採用されている例が一般的で，身体介護サービスには採用されていない．2つのコムーネ（オスロ市とベルゲン市）だけが訪問看護（身体介護を含む）にも選択モデルを採り入れている．民間事業者が参入する選択モデルを持つコムーネの正確な数も不明である．ある情報では8%のコムーネがホームヘルプにおいて何らかの方式の選択モデルを取り入れているが，そのすべてにおいて，民間事業者が参入しているわけではないといわれる．

3.2.3　小括──ホームヘルプにおける選択モデル

表4に示すとおり，北欧4カ国のなかのうち，デンマーク，スウェーデン，フィンランドの3カ国では，最近の10年間で選択モデルについての法律を施行している．明確にホームヘルプのみを対象とする国（デンマーク），実際には施設介護よりホームヘルプで運用されている国（フィンランドとスウェーデン）とがある．ノルウェーは例外であるが，北欧諸国ではホームヘルプに

表4．北欧4カ国における在宅介護サービスにおける選択モデルの法律と実際

スウェーデン	フィンランド
サービス選択自由化法（2000年，強制力はない）． 条件を満たした全事業者の参入が可能で，事業者数は制限されない．	バウチャー制度が2004年と2009年に法制化（強制力はない）． 条件を満たした全事業者の参入が可能で，事業者数は制限されない．
選択モデルは比較的広く導入されている（1990年代に実験的に始まり，今日では全コミューンの45%で導入．さらに16%が導入を決定．急速に伸びている（2012年））．	選択モデルは比較的広く導入されている（1990年代に実験的に始まり，今日では全自治体の半数で導入（高齢者介護だけが対象ではない））． ホームヘルプ利用者9,000人が利用し，この数は全利用者の9%にあたる．

デンマーク	ノルウェー
自由選択法（2003年，コムーネの導入義務）． 条件を満たした全事業者の参入が可能で，事業者数は制限されない（しかし1コムーネを除く）．	サービス選択に関する法律は特にない．入札プロセスに基づいており，事業者数は制限可能．
選択モデルは広く導入されている．家事援助に選択モデルを導入しているコムーネは全体の95%，身体介護では全体の3分の2（2010年）． バウチャー制度が2009年に導入されたが，導入したコムーネは1カ所のみ（2012年）．	選択モデルの導入は少ない（2012年で全コムーネの8%未満）．ほとんどがホームヘルプを対象としており，オスロ市とベルゲン市では訪問看護も対象としている．

おいて選択モデルは比較的幅広く導入されている．すべての国の共通点として，選択モデルの導入は，ホームヘルプ利用者を消費者としてみる，という考え方の変化を示している．消費者は情報に基づいた選択を行い，不満があれば事業者を変更する．

高齢者自身は概して選択の可能性について好意的であるが，すべての高齢者が積極的に事業者を選択できるわけではなく，選択したいと考えているわけでもない．そのため，すべての国に「選択しない」という選択肢が設けられている．しかし，「選択しない」人への対応策は国によってさまざまである．

弱い立場の利用者を保護するという趣旨で，デンマークとノルウェーでは，「選択しない」利用者の選択肢は，コミューン直営のホームヘルプとしている．しかしながら，スウェーデンでは「選択しない」利用者は，認可された全事業者間で順番に割り当てるコミューンの割合が増えている．近年，民間事業者の保護のために，競争促進庁はコミューンに対し，全事業者間で順番に割り当てる方法を義務付けるべきと提案した．

デンマークではコムーネによる選択モデルの導入が義務とされているが，他の国々では，選択モデルは自治体の裁量で導入されており，より裕福で人口密度が高い地域で導入されていることが多い．参入する事業者数もさまざまである．過疎地域でサービス提供に参入する民間企業はほとんどない．また，選択モデルを採用する自治体は事業者数を制限してはならず，いくつかの例では，特にストックホルム市やその周辺のコミューンでは，事業者数が非常に多くなり，事業者を選択する利用者にとっても，事業者のサービスの質を管理するコミューンにとっても，困難が生じている．

3.3　家事サービス購入への税額控除

3.3.1　税額控除に関する法律

本節では，市場化の手法として，第三の形態を議論する．それは家事サービス購入への税額控除である．これは前述の2つ，つまり競争入札と選択モデルとは，公式な高齢者介護システムに含まれるものではないという点で異なるが，高齢者介護サービス，特にニード判定を伴うホームヘルプの供給においては，いくつかの点で重なっている．

市場化の手法として，この形態はノルウェー以外の北欧3カ国で導入されてきた．デンマークは家事サービス購入に税額控除を導入した最初の国（1993年）であり，次にフィンランド（1997年），スウェーデン（2007年）と続く．デンマーク，フィンランド，スウェーデンの3カ国では，税額控除は家の修理代と家事サービスの購入を対象としており，このスキームは女性に対し，同時に男性に対し，その日常生活を支援するため，また小規模事業を支援するため，そして「グレーマーケット」（訳者補足：非合法な市場）の仕事を「白」（訳者補足：合法）にするために導入された．

デンマークでは家事サービス購入への税額控除は1993年に導入され，1997年には恒久的な制度となった．実際にかかる費用の50％が利用者に払い戻され，上限額もなく，すべての年齢層が利用できるというこのスキームは，すぐに人気となった．1999年では7世帯に1世帯の割合で，主に掃除と窓ふきに利用されていた．2000年には会計監査院は，コストがかかるこのスキームに対して，政府が費用対効果の分析を行っていない点を批判した（Rigsrevisionen 2000）．その結果，2002年には税額控除は40％に引き下げられ，窓ふきには使用できないことになった．2004年には，このスキームの対象は65歳以上高齢者と障がいのある人に限定され，利用額の上限が年間2万4,000クローネ（約40万8,000円）と定められた（Økonomi- og Erhvervsministeriet 2003）．2009年には税額控除はさらに30％にまで引き下げられた．2011年には制度改正が行われ，すべての年齢層に対象を広げ，家事サービスだけでなく，家の修理も適用範囲とされたが，税額控除の上限額が年間1万5,000クローネ（約25万5,000円）と定められた（Finansministeriet 2011）．2013年には，このスキームは家屋の省エネリフォームを対象とするスキームに切り替えられ，家事サービスは対象ではなくなったが，その2カ月後に，家事サービスのコストの3分の1，子どもの世話または家の修理については年間1万5,000クローネ（約25万5,000円）を上限に，かつてのスキームが再び導入された．

フィンランドの税額控除は，掃除，子どもと高齢者の世話，家の修理を対象としており，1人当たり年間2,000ユーロ（約26万円，1ユーロ＝130円で換算）までとされている（2012年の3,000ユーロ（約39万円）から減額）．税額控除はケアワーカーの直接雇用，または企業からのサービスの購入に適用される．企業からのサービス購入ではコストの45％が控除となる．2005年以降，税額控除は親の家で行うサービスの購入への適用も可能となった（Government Bill 2006/07: 94: 26）．

スウェーデンの家事サービス購入への税額控除は最も新しく，北欧3カ国のなかで最も寛大である．スウェーデンの税額控除は家事サービスや介護サービスの購入，家の修理費用を対象としており，コストの50％が控除され，年間上限5万クローナ（約65万円）まで控除の対象となる．このスキームが2007年[15]に導入された時，このスキームに高齢者介護が含まれることが政府提案で明確に示された．介護サービスを含める根拠として，1990年代のニード判定を伴う公的なホームヘルプの削減により，インフォーマルケアが増加しており，特に資源の少ない高齢の親を持つ女性（娘）の介護負担につながっているという調査結果が示された．税額控除の導入は介護サービス購入の費用負担を軽減し，女性の有給雇用を増加させるとして議論された（Government Bill 2006/07: 94: 31）．フィンランドと同様に，スウェーデンでは，親の家での家事サービスや介護サービスの購入にも税額控除を利用することができる．

3.3.2 家事サービスと介護サービスの購入における税額控除の実際

税額控除の利用者は，デンマーク，フィンランド，スウェーデン3カ国すべてにおいて増加している．1999年以降のデンマークの税額控除の統計はないが，前述のように，1999年時点ではデンマークの全世帯の約14％が家事サービス購入に税額控除を利用していた．フィンランドでも税額控除の人気は上昇しており，2011年にはフィンランドの全世帯の約10％が家の修理や家事サービスで税額控除を利用していた．家事サービスや介護サービスを対象とした税額控除の利用数の統計はないが，2009年の税額控除の内訳は家事サービス（16%），介護サービス（3%），家の修理（81%）となっている．利用者のなかでは，収入の多い高齢者が高い割合となっている．フィンランドの2自治体（タンペレ市とユヴァスキュラ市）で行われた調査では，75歳以上高齢者の15%近くが税額控除により家事サービス，主に掃除サービスを購入していた（Anttonen & Häikiö 2011）．

他方で，高齢者の家事サービスや介護サービスの税額控除の利用について，定期的に統計を出しているのはスウェーデンだけである．2011年には65歳以上高齢者の8%が家事サービスか介護サービスの購入で税額控除を利用しており，フィンランドと同様に，若い世代より高齢者，また低所得階層より高所得階層により多く利用されている．税額控除の上限額まで利用している人はほとんどなく，税額控除の高齢者による平均利用額は2011年で約350ユーロ（約45,500円）であり，これは年間に約20時間程度のサービスである．

3.3.3　小括――ホームヘルプにおける税額控除と選択モデルの相互作用

家事サービス購入に対する税額控除にはさまざまな形態があり，デンマークでは1993年から，フィンランドでは1997年から，スウェーデンでは2007年から利用されてきたが，ノルウェーではこのスキームは導入されていない．スウェーデンの税額控除は，控除の割合においても（フィンランド45%，デンマーク33%に対して，スウェーデンは50%），利用上限額においても，最も寛大である．詳細な統計が更新されているのはスウェーデンのみであるが，すべての国で税額控除の利用は増えている．フィンランドとスウェーデンについて筆者らが持つ情報では，税額控除は高齢者と高所得者層が代表的な利用者となっている．税額控除はいくつかの点で，公式なホームヘルプと影響し合っている．フィンランドでは，1990年初頭から税財源で行われる公的なホームヘルプの利用が急増し，家事援助のみを必要とする人はそれを市場で購入することが勧められた．一方，スウェーデンでも同様に，公的なホームヘルプが減少したことに伴い，家族による無償の介護が特に大きく増加し，また自費によるサービス購入も増えた（Szebehely & Trydegård 2007, Szebehely & Ulmanen 2012）.

フィンランドとスウェーデンの税額控除の仕組みでは，年金収入の中間層から高額収入の人，また少量のサービスを必要とする人にとっては，ニード判定を伴うホームヘルプよりも市場でサービス購入する方が費用負担は軽い．一方，デンマークではホームヘルプの利用者負担が無料であるため，市場でのサービス購入の動機がみられない．しかしながら，フィンランド，スウェーデン，デンマーク3カ国においては，どの国でもニード判定がより厳

表5．北欧4カ国における家事サービス購入への税額控除に関する法律と実際

スウェーデン	フィンランド
2007年に導入	1997年に導入
費用の50%をカバーし，1人あたり年額上限5万クローナ（約65万円）の還元額まで．対象は家事サービスと介護，および家の修理．	費用の45%をカバーし，1人あたり年額上限2,000ユーロ（約26万円）の還元額まで．対象は家事サービスと介護，および家の修理．
急激に増加．65歳以上高齢者の8%が税額控除を利用（2011年）．高所得者の利用が多い．	家の修理と家事サービスの税額控除利用者が合計された統計はあるが，家事サービスのみの統計はない． 急激に増加しており，全世帯の10%が利用（2011年）．利用のほとんどが家の修理．高所得者の利用が多い．

デンマーク	ノルウェー
1993年に導入． 2004年から2010年には高齢者と障がい者のみが対象であったが，現在ではすべての人が対象．	税額控除はない
費用の33%をカバーし，1人あたり年額上限1.5万クローナ（約25万5,000円）の還元額まで． 対象は家事サービス，育児サービス，および家の修理．	—
利用者について近年の統計はない． 1999年では全世帯の14%が税額控除を利用（1990年代に急速な利用拡大）．	—

格になっており，これによってホームヘルプの受給資格のない人や必要な量の介護を受けていない人たちが，市場でのサービス購入への動機を促されていることは確かである．このように3カ国すべてにおいて，ニード判定を伴うホームヘルプの代わりに，「上乗せ」サービスとして，税額控除により市場サービスを購入する高齢者の割合が，特に高収入の高齢者の間で増えている．

ホームヘルプのサービス選択制度に参入する民間企業にとって，おそらく税額控除は不可欠なものとなっている．税額控除のおかげで，民間企業はニード判定を伴うホームヘルプの他に，そのホームヘルプ利用者だけでなく，一般の人々に対しても家事サービスを，かなり低い価格で提供できる．コミューン直営事業は，民間事業者に認められている「上乗せ」サービスを提供できないので，自分でやりくりができる高齢者にとっては，選択モデルと税額控除の組合せは，民間事業者を選択する動機となる．ニード判定を伴うホームヘルプを民間事業者から利用すれば，税額控除により減額された価格で，同じ介護職員から，「上乗せ」サービスを購入できるからである．同じ社会階層でも，軽度の支援を必要とする高齢者にとっては，税額控除がニード判定を伴うホームヘルプを利用せずに民間サービスを購入する動機となっている．いずれにしても，このような人たちは税額控除を通じて，助成を受けていることになる．このことが高齢者介護の二層化を生み出し，資源の少ない高齢者が公的サービスの利用者の大半を占めるようになっていくのだろうか．

4　市場化のもとでのサービスの質に関する規制

4.1　質を保つための規制

一般に，脆弱な人々で構成される社会階層に対し，民間事業者が公的財源でサービスを提供する場合には，社会資源を無駄にしない公的財源の在り方，そして，サービスの質をどう確保するかが課題となる．北欧4カ国においても，異なる市場化の手法により社会サービスの効率性，効果，質の測定を試みるなかで，規制による一連の戦略がみられるようになった．ここでは北欧4カ国で，サービスの質を直接，管理する法律と制度を概観することから始め，新たに登場した「緩やかな」規制のツールや制度と市場化がどのように関わっているかを議論する．

筆者らが知る限りでは，サービスの質を扱う法律の枠組みにおいて，北欧4カ国で大きな違いはない．北欧4カ国は，普遍主義という共通理念をもち，公的セクターの専門職に対する信頼や，地域におけるサービスの民主的な運営や監視といった伝統を，長きにわたって守ってきた．それゆえに，質に関する法的な要件はこれまで，一般的に，ガイドラインという形式をとってきた．たとえばノルウェーの医療介護サービス法は，コムーネに対し，ニードがある市民に十分な質のサービスを提供することを保障しなければならないと定めており（第9章参照），スウェーデンの社会サービス法は，サービスの質は良くあるべきで，「定期的に監視される」べきと定めている（第7章参照）．質がどのように定義され，測定され，監視されるべきかについて，詳細かつ拘束力を持って定められた規則は全体的に少ない．

どの国にも国レベルでの指導助言の体制があり，質のガイドラインを開発し普及させ，そして，自治体がサービスの質を向上させ，自治体による質の監視を支援するという「緩やかな」規制の戦略を通じて，法律を運用している．

スウェーデンの国レベルでの指導助言機関は，社会庁であり，質を保証するシステムをどのように開発するかについて，総合的なガイドラインを示している．しかし保証されるべき品質の要素については示していない．また社会庁は医療介護を監視する責任を持っていたが，2013年6月1日からは新しく設置された医療福祉査察庁がその役割を担うようになった（第7章参照）．フィンランドでは，国レベルでの福祉医療指導局が6つの広域組織でそれぞれ，社会的ケアの指導助言を行っている．デンマーク社会庁はガイダンスや助言を行い，コムーネがサービスをどのように向上させるかについての「ヒント」を提供している[16]．ノルウェーでは，医療指導監督局が広域自治体の長官とともにサービスを監査し，コムーネにおける質の管理を支援している（Helsetilsynet 2013）．

このように，4カ国すべてに国レベルでの指導助言機関が存在するが，サービスの質を監視し，向上させることが法律で求められているのは自治体であり，どのようにして実施するかは自治体の決定に任されている．ノルウェーのコムーネは，法律により，質のマネジメントについて内部統制の手段を持つことが要求されているが，その形式や内容までは特定されていない．デンマークのコムーネには，施設介護については介護施設監査法のもとで，ホームヘルプについては社会サービス法のもとで，高齢者介護サービスの質のモニタリングが要求されている．介護施設は毎年，独立した査察官（民間事業者が行うこともある）による査察が行われなければならず，ホームヘルプもまた査察の対象であるが，法律はその査察が独立した機関によって行われるべきとは規定していない．同様に，スウェーデンの社会サービス法も，サービスの質は向上されるべきで，モニタリングは組織的かつ継続的に行われるべきとしているものの，その手段と方法は規定していない．フィンランドでも，自治体はサービス提供をモニタリングする責任を有している．サービスの質については，その定義や測定が自治体に任されているため，職員配置基準や職員の教育レベルのような質にかかわる重要項目に関する全国的な規定はほとんどない．ノルウェーで24時間対応のサービスを提供する介護施設では，医師と看護師の常駐が求められるが，職員配置に関しては，「十分な数の職員」と「専門的な職員」を配置しなければならないという規定があるのみである．フィンランドでは，広域レベルでの行政機関が推奨する介護施設の職員配置基準があるが，必ず満たさなければならない要件ではない．スウェーデンの社会サービス法でも職員配置基準は定められておらず，規定されているのは，職員は「適切な技術」を持つべきということのみである．

介護サービスの質とは何かを定義し，それをどのように測定するかは，自治体に大きく委ねられており，民間事業者により提供される介護サービスの質は，民間事業者が市場に参入する際の契約条件により規定されている．介護サービスを外部委託する場合，入札の募集にはサービス仕様が含まれており，それらは質の測定基準になりうる．選択モデルでは，許認可の条件が質の仕様を含んでいる．自治体は，契約を結んだ民間事業者のサービスが，合意した水準を満たしているかどうかについて責任を負う．ここでも自治体による多様な取り組みが考えられ，自治体がどのように質を測定する手段を確立し，それらをどうフォローアップしているかについて，全体像を説明するのは困難である．スウェーデンでは最近，コミューンによるフォローアップが不十分であることを複数の報告書が示している．フィンランドでは，24時間対応のサービスを提供している場合，その民間事業者は自治体か広域レベルの行政機関にその業務について報告することが要求されている．

基準を決める（たとえあいまいな基準だとしても），査察を要求する，契約内容をモニタリングする，というような公式の規制手段は，トップダウン方式である．一方，利用者からの苦情メカニズムや職員の報告義務といったボトムアップ方式の公式な質のモニタリングも存在する．これらのメカニズムの責任は自治体に任されていることが多いため，4カ国でどうなっているかについての全体像は把握できない．しかし，スウェーデンの取り組みはある程度知られており，スウェーデンでは患者助言委員会法が，医療における患者の苦情への特別対応を規定している．ただし，高齢者介護では利用者の苦情についての法律上の規定はない．最近の報告書から，コミューンによって多様な実践が行われていること，そして，それらが発展途上にあることがわかってきた．スウェーデンにはさらに，サーラ条項に基づく通報義務制度[訳者注7)]があり，これは介護職員が介護の不備を地域の事業者に通報することを求め，それを受けて事業者が医療福祉査察庁（2013年6月までは社会庁）に重大な違反を報告することを求めている．

筆者らが知る限り，北欧4カ国ではおおまかにみて，自治体直営事業と民間事業者は提供するサービスの質について，どちらも同じように公式な規制の対象となっている．例外は，スウェーデンにおける虐待通報義務と情報の自由に関する事項である．虐待に関する通報は，コミューン直営事業の場合，職員からコミューン議員で構成される担当委員会（訳者補足：介護委員会や高齢者委員会など）に直接通報されるが，民間事業者の場合は，職員の通報はまず事業者内部の責任者に送られ，その後にコミューン議員で構成される担当委員会に送られることになる．さらに民間事業者に雇用される介護職員は，告発しても公的に雇用される職員と同様の保護を受ける権利がない．また，一般市民は，情報の自由法により公的文書にアクセスする権利を有するが，民間事業者が所有する文書にはアクセスできない．このため，スウェーデンでは民間事業者の動きを監視することが難しくなっている．

4.2　質の管理における「緩やかな」手段

「トップダウン」による質の規制の大部分が自治体に任されているという事実や，自治体直営事業と民間事業者が同じレベルの質を求められるという事実は，北欧４カ国において，市場化が進む一方で質のモニタリングがあまり発展してこなかったことを示している．しかしながら，そのように結論づけるのは早急かもしれない．なぜなら市場化に結びつく，広範囲にわたる「緩やかな」手法，あるいは基本的に規制を基盤としない手法が，北欧４カ国の高齢者介護における質の管理と向上のために部分的に登場してきたからである．紙幅の都合や，関連情報をすべて把握していないという理由から，徹底した分析はできないが，ここでは３つの傾向を指摘する．

１つめは，ニュー・パブリック・マネジメントの影響が広まるなかで，実績やその他の情報が，社会サービスの運営において，ますます重要な役割を担うようになってきた．ここでは理想と目標が混在しているが，サービス供給の一貫性とアカウンタビリティがますます求められるなかで，同時に競争が促されなければならない．それぞれの国において，国の監督機関により情報がチェックされ，監督される．一貫性と比較測定の可能性が要求されるデータベースが構築され，それによって情報がサービスや組織の比較や標準化に用いられ，さまざまなアクターの意思決定に使われる．

スウェーデンでは，インターネットで使用できるデータベース「高齢者ガイド」(Äldreguiden) で，コミューンや特定の事業者の介護施設やホームヘルプを比較することができる．また2007年に開始された「開かれた比較──高齢者介護」(Öppna jämförelser) は，コミューン職員やコミューン議員を対象にした情報で，コミューンによる高齢者サービスのパフォーマンスを比較し，順位づけを行っている．

デンマークでは，1990年代に開発された「共通言語」(common language) から，説明責任と比較可能性を高めるためのツールの開発が始まった（第8章参照）．これはニードとサービスを標準化して分類したものである．このツールは自治体行政で用いることが可能な統計指標に対して，概念的基盤を提供するだけでなく，コムーネ間でベンチマークに使用できる．サービスの市場化が本格的に始まった2003年以降，「共通言語」は競争入札の時に，コムーネ直営事業と民間事業者のサービスを容易に比較できる，とても有用なツールとなった．2007年には，オンラインのデータベースである「公共サービス・ポータル」(Tilbudsportalen) が開設され，利用可能なサービスと価格についての情報が，事業者，専門職，コムーネ，広域自治体，中央政府に提供されることとなった[17)]．これと類似する情報を提供する利用者向けのデータベース「自由選択データベース」(Fritvalgsdatabasen) もある[18)]．

ノルウェーでは1990年代に「KOSTRA-IPLOS 情報システム」が開設され，コムーネ間のベンチマークの普及につながった．興味深いことに，ノルウェーでは，競争というよりはコムーネ間の共同学習が，ベンチマークの試みの重要な成果とみなされている（第9章参照）．フィンランドにこのようなシステムやデータベースがあるかについては情報がない．

2つめに，これらの情報システムは，市場化の重要な手法と密接に関連しており，競争を通じたサービスの質の向上を目指して導入された．それは，スウェーデンとデンマークで運用されている選択モデルである．選択モデルでは，異なる事業者を比較できるよう，一貫性があり信頼できる情報が重要である．たとえば，スウェーデンの「高齢者ガイド」は，高齢者がサービス事業者を選択する際に必要な情報を提供するために，そしてサービスの質を向上させるために開設された．これによって，（そのガイドに含まれた測定方法で評価された）高品質のサービスを提供する事業者が，より多くの利用者から選択され，質の低いサービスを提供する事業者は業務を改善するか，あるいは市場から退出することが期待され，それは，サービスの質の全体的な向上につながる．デンマークの「自由選択データベース」も同様の役割を果たすために設計されている．

スウェーデンとデンマークの両国では，「利用者満足度」測定が質の測定システムに統合され，利用者選択を通じて高齢者介護部門の構造に影響を与えている．このような方法で，市場の役割と言説が高齢者介護システムにさらに浸透している．たとえサービスが自治体直営による供給のままであっても，これらのマネジメントの情報技術を活用することで，サービスの質――サービスの「特質」と経験で得た知識や技術――を変えうることが研究で明らかになった（Dahl 2009, Lindgren 2012, Rostgaard 2012, Szebehely 2006, Vabø 2006, 2012, Trydegård 2011）．

3つめは，情報管理・開発や介護サービスの質の管理に関連した組織の増加である．特にスウェーデンにおいて顕著であり，またデンマークでもその傾向がある．スウェーデンの章（第7章），デンマークの章（第8章）でも述べているが，両国では，外部委託と競争，サービスの質を組織し，促進し，監視するために，国レベルにおいて昔から存在する組織に加え，新しい組織も設置されてきた．これらの展開は，筆者らが議論してきた「緩やかな」規制を広めるための，新たな規制のアプローチととらえることができる．

4.3　英語圏諸国からの教訓

英語圏の国々ではこのような規制がより発達している（Braithwaite et al. 2007）．過去数十年にみられるアメリカ，イギリス，オーストラリアのナーシングホームの規制に関する広範な実証的研究では，営利的供給が増えたため，「規制の数とそれを実施するために必要とされる資源が増加しており，この機能において国の規制関係部局への権限集中がもたらされる結果となっている」（Braithewaite et al. 2007: 219）ことが示されている．質の低い介護サービスによる不祥事への対応として，政治家が詳細な規則を定めて規制し，その結果，詳細な規制は増えているが，質の低下の問題は全く解決せずに，「規制の罠」（regulatory trap）という状況になっている．これらの規制システムは，それ自体が予測可能ですでに立証されている問題，つまりそれらの規制はそもそも実行力を持たないという問題に苦しめられている．

問題の 1 つは，この規制システムでは関係者からの回答がすべて形式的であることにある（Braithwaite et al. 2007: 219-259）．Braithwaite らは，いかに政治家たちが有権者に向かって，「形式的な慣習」のなかで，効果がありそうに見える規則を次々につくっていくかを指摘している．監査官といっても，その仕事を全うするために十分な資源を持たないため，不祥事と規制のサイクルから生まれたすべての詳細な規制を実行することができない．つまり規制の多くは，形骸化した査察のなかで見過ごされている．ナーシングホームの管理者は，介護プロセスよりも，事務処理を通じて，査察においてよい評価を得ることに長けている．

もう 1 つの問題として「事業者による占領」の問題がある．つまり，営利事業者は強力なロビー団体を形成し，少なくとも部分的には自分の利益になるような規制の枠組みをつくることに成功している（Braithwaite et al. 2007: 187-198）．職員配置基準のような，構造的で不可欠な質の規制に対して，この種の事業者は強力に抵抗し，その結果，オーストラリア，アメリカ，カナダでは職員配置基準が定められていない．

また，規制が増えることにより，意図しなかった悩ましい影響が数多く出ている（Braithwaite et al. 2007）．特に介護サービス産業の編成や組織のレベルにその影響がみられる．モニタリング・システムが複雑で，要求度が高く，集中的になればなるほど，大企業にとって有利になる．なぜなら，大企業の方が大量の文書作成や規制への対応コストを払うための資源を持っているからである．モニタリング・システムそのものが，モニタリング指標の数やわかりにくい特殊な指標により歪められ，測定結果は必ずしも実態を反映していない．現在のところ，規制がケアをルーティーン化させ，記録に時間がとられてケアの時間が短くなるため，ケアのプロセスはコンプライアンスの形式によって歪められている.

このような動向の中心にあるのは，専門職や公的セクターに対する信頼の欠如であり，市場と市場の外部性への規制に対する信頼の高まりである（Braithwaite et al. 2007: 260）．アメリカでは，最も市場志向が強い組織（つまり営利企業，特に企業チェーンで民間投資会社が所有する企業）による介護サービスの質が最も低い．このことは，市場化手法への信頼は間違いであり，公民の境界線を越える規制を増やすことは効果的でないことを示している.

英語圏諸国の事例は，市場化が何十年にもわたり，サービスの質と質の管理に与えてきたダイナミックな影響を示している．スウェーデンとフィンランドにおいては，Braithwaite らが示す状況の初期段階にあり，デンマークはそれより前のレベルにあるが，まだその様相は明らかではない.

5　市場化の帰結

5.1　市場化の理論と実際

北欧 4 カ国においても，世界各地と同様の理由で，高齢者介護の市場化が進められてきた．新古典派経済学者は，競争入札や選択モデルのような事業者間の競争は公共支出を削減し，サービスの質を向上させ，特に選択モデルは，利用者が異なる事業者から事業者を選択することを可能にするため，利用者をエンパワメントし，もしそのサービスが不満であれば退出できるとした（Le Grand 2011）．理論上，市場化がこのように機能するためには，特定の条件を満たさなければならない．複数の事業者が存在し，それらが市場に参入し，もし良質なサービスを十分に提供しなければ，その事業者は退出させられるという条件である．サービスを購入する利用者と公的機関は，各事業者が提供するサービスの質に関する情報にアクセスできなければならない．そして事業者を選択する際や事業者に満足できずに変更（退出）する際に，その情報が使えなければならない（Le Grand 2011: 85）.

自治体が事業者を選ぶ外部委託の場合でも，利用者が事業者を選ぶ選択モデルでも，市場化の成果は，前提条件がどれだけ整っているかで決まる．筆者らの論点は，選択モデルにおいてこれらの前提条件を満たすことができるかどうかにある．それは，北欧4カ国の高齢者介護における市場化の手法では，選択モデルが最もよく用いられているためであり，将来においても最も用いられる可能性があるためである．さらに，北欧4カ国に定着する普遍主義を考慮すると，市場化による分配効果についての調査もまた重要である．そして最後に，前節で述べたように，英語圏諸国にみる市場化と規制化の同時進行は，市場化する社会サービスにおいて極めて重大な課題を顕在化させている．

何人もの国際的研究者が，介護サービス市場において，期待される結果を得る上で必要な市場化の前提条件は満たせそうにないと論じている（Land & Himmelweit 2010; Brennan et al. 2012）．これらの研究者は，介護は人と人との関係性を重視するサービスであるため，事前にその質を測定し，評価することが困難であると論じている．この議論は，市場がうまく機能するために必要な情報の要件と，実践と関係性という介護の本質にあるギャップを示している．また別の理由として挙げられるのは，事業者を選択し，もし不満であれば事業者を変更するといったような，市場における消費者として期待される行為を，高齢者自身がどの程度行えるかという点である．人生において介護が必要となる段階で，十分な情報を踏まえた選択をすることは困難であることは，何人もの研究者が強調している（Meinow et al. 2011）．高齢者介護の選択を行う場面では，ほとんどの高齢者は虚弱であり，認知症であることも多い．たとえ，高齢者自身が事業者を選ぶ機会を肯定的にとらえているとしても，実際に選択をする際にはストレスを感じるかもしれない．さらに，高齢者介護のサービス利用者すべてが，事業者選択の可能性によりエンパワーされたと感じているわけでもない．むしろ「利用者は選択の機会より，信用，安全，信頼といった価値を重視している」（Barnes & Prior 1995: 58）のである．なぜ高齢者は事業者の選択にストレスを感じるかというと，間違った選択をすると深刻な状況が引き起こされ，仮に高齢者自身が極めて虚弱な状態であれば，「退出」は容易でないと考えるからである（Glendinning 2008）．この文脈で重要なことは，介護の継続性は介護サービスの質のなかで重要な視点であり，介護サービスの質が十分でないためにその関係から退出することは，介護を受ける高齢者には大きなダメージを与えるということである．このことは，介護サービスの質を確保するために機能するとされる市場メカニズムの有効性に疑問を呈している（Eika 2006; Brennan et al. 2012）．

本章の冒頭に示したが，市場化のレベルに関して，北欧諸国4カ国の情報は限られており，市場化の帰結についての実証研究を行うためにはあまりに知見が少なすぎる．最近，スウェーデンの政府委員会は次のように述べている．「公共調達や，それが個人，ビジネス，契約，契約を結ぶ公的機関に与える影響についての情報は驚くほど少ない」（SOU 2013: 12: 551）．

しかしながら，デンマーク（Petersen & Hjelmar 2012），ノルウェー（Gautun et al. 2013），スウェーデン（Szebehely 2011, SKL 2011, Socialstyrelsen 2012b）には，先行調査研究のレビューがある．フィンランドには類似のものが見当たらないが，フィンランドでは市場化が相対的に進んでいることを鑑みると，市場化の帰結について国レベルでの評価がないことに驚かざるをえない．本節では本調査で明らかにした内容を整理してまとめる．

5.2　まとめ――市場化の帰結

本節ではこれまでの検討に沿って，施設介護とホームヘルプについて，各国の市場化の帰結をそれぞれ2つの表に整理しまとめる（表6，表7）．実際には主に（必ずしもそうでない部分もあるが），競争入札と選択モデルの違いを反映している．特に断りがない限りは，表で使用する情報は本書で使用した各国調査に基づいている．

5.3　議論

表6，表7でまとめた市場化の帰結をどう解釈するかは難しい．

表6．北欧4カ国における市場化の帰結：施設介護

	スウェーデン	フィンランド
コスト	契約における初期段階での経費節約効果が実証されている． 近年の研究はなし．取引コストについての研究もなし．	エビデンスは限られているが，サービス住宅についての大規模な研究では，市場化によりコストが低くなった自治体，コスト増となった自治体，変化が無かった自治体があるという，混じり合った結論となっている．
利用者にとっての質	国レベルの大規模なデータによると，非営利事業者や公的事業者に比べて，営利事業者は職員配置の水準や職員の教育水準が低く，時間給職員の比率が高い．プロセス指標による質の測定では営利事業者が高い数値． 利用者満足度では差がない．	エビデンスが限られているが，（ニード判定でコントロールされていない）サービス住宅についての大規模な研究では，民間事業者においては職員配置が高いという混じり合った結論となっている．
雇用と労働環境	職員配置と時間給雇用については上述のとおり． 労働条件についての研究は少ないが，公民の大きな違いは報告されていない．	エビデンスは限られているが，上述の大規模研究がある． 職員配置については上述のとおり．公的事業者の職員にストレスが多く，民間事業者に運営に対する批判が多い．
その他の報告	民間事業者の職員は自治体議員とのつながりが少なく，民主的なコントロールの妥当性に影響しうる．	―

	デンマーク	ノルウェー
コスト	契約における初期段階で経費節約効果が実証されている．取引コストは含まれていない．	エビデンスは限られているが，オスロ市の研究では介護施設の外部委託が経費節減につながったことを示している． 取引コストは含まれていない[1)]．
利用者にとっての質	エビデンスが限られているが，公民で大きな違いはない．	実際のエビデンスはほとんどない． オスロ市では利用者満足度において公民の違いはなかった[2)]． 質の測定に対する批判がある[3)]．
雇用と労働環境	エビデンスは限られているが，公民の大きな違いはない．	エビデンスは限られているが，コスト節減の戦略は職員に影響を与えている． 営利事業者では年金の労使協定の条件がよくない．営利事業者に運営が替わった後で職員配置が少なくなったという事例調査がある．入札プロセスが不確実さをもたらし，職員の間でストレスとなっている．
その他の報告	市場化は民主的管理を減少させた．	―

1）Oslo Economics（2013）による研究で，Gautun（2013: 35）らが報告している．

2）Gautun ら（2013: 37）．

3）特に Slagsvold（1995）や Eika（2006）の博士論文による．ノルウェーの章を参照．

表7．北欧4カ国における市場化の帰結：ホームヘルプ

	スウェーデン	フィンランド
コスト	いくつかの研究がある．経費節減の効果は実証されていない．取引コスト（管理，ニード判定，利用者間の移動時間）の増加を示す検証結果がある．	研究は報告されていない．
利用者にとっての質	国レベルの大規模なデータによると，非営利事業者や公的事業者に比べて，営利事業者では職員の教育水準が低く，時間給職員の比率が高い． プロセス指標による質の測定では，営利事業者は高い数値．利用者満足度では差がない．選択モデルを導入しているコミューンと導入していないコミューンでの利用者満足度にも差はない．利用者は選択できる権利を評価しているが，特に多くの事業者が競合している場合には，実際の選択には困難を感じていることを示す小規模な研究がある．	研究は報告されていない．
雇用と労働環境	時間給職員の比率については上述の通り． 選択モデルに含まれる民間の零細事業者は労使協約を持たない傾向がある．研究は限られているが，その他については大きな違いはない．	研究は報告されていない．
その他の報告	質の問題により注意が払われるようになった．選択モデルにおいては，資源が少ない社会階層は不利益を受けている．	—

	デンマーク	ノルウェー
コスト	研究は少ない．経費削減の効果は実証されていない．選択モデルを導入した結果として，事務経費がよりかかるようになったというエビデンスがある．	研究は報告されていない．
利用者にとっての質	公民の事業者の利用者満足度調査がある．家事援助では民間事業者の利用者満足度が若干高く，身体介護では公的事業者の利用者満足度が若干高い．利用者は選択の権利を歓迎しているが，選択に困難を感じている．利用者の3分の1が選択の権利があることを知らない．民間事業者に比べて，公的事業者の職員の教育水準の方が高い．	研究は少ないが，利用者は選択する権利を歓迎している． 選択モデルがある自治体とない自治体での利用者満足度の違いについてはデータがない．
雇用と労働環境	研究は少なく，明確な検証結果はない．混合した状態の結果として，営利事業者の職員ではよりストレスを感じ，労働条件も悪いが，仕事の裁量は大きい．近年の調査では，営利事業者の職員のほうが介護の質に満足している度合が高いが，一方で労働負荷がより高い．	—
その他の報告	質の問題に注意がより払われるようになった．	—

実証的なデータは少ないが，それぞれの国で，それぞれの方法で研究が行われてきた．大規模な研究は主にスウェーデンで，「開かれた比較」の枠組みのなかで収集された国の統計をもとに報告されている．北欧諸国では，自治体直営サービスと民間サービスを比較する研究は限られており，特に民間サービスについては非営利と営利の区別がある研究は稀である．時間とともにどのように変化してきたかについての研究や，介護サービスが市場化の影響を受けている自治体と受けていない自治体を比較した研究はさらに少ない．公的支出や利用者視点からサービスの質に焦点をあてた研究が一般的である．介護職員の雇用や労働条件に関する研究も少なく，公的セクターにおける市場化について全般的に論じた研究や社会的財（social goods）の再分配（平等への影響）についての研究はさらに少ない．

しかしながら，いくつかの明らかな結論を導き出すことは可能である．第一に，さらに研究を重ねるべきという点では見解が一致する．第二に，先行研究や本書の調査結果を根拠にすると，北欧4カ国の高齢者介護への競争や選択モデルの導入が，高齢者介護のコスト節減やサービスの質の向上をもたらしたかどうかは立証されていない．

コスト節減を示す研究はいくつか存在する．これらの研究では，特に施設介護の公共調達が始まった初期の頃にはコスト節減がみられたが，取引コストが計算されていない．取引コストとは，たとえば，外部委託の際にかかるコストや選択モデルにおいて登場した多数の事業者に対して行われるモニタリングなどにかかるコストである．実際に，選択モデルの方がコストがかかることは実証されている．自治体直営サービスが民間事業者によるサービスよりも質が少し高いことを示す研究もあれば，またその反対を示す研究もある．雇用や労働条件については類似した結果が出ており，高齢者介護の自治体直営サービスと民間事業者によるサービスには，明確な違いは報告されていない．デンマークの入札委員会は Petersen & Hjelmar（2012）に先行研究レビューを委託したが，その研究の結論が代表的なものである．

先行研究では，効率化の手段，サービスの質，介護職員と利用者のおかれている状況や，その他の影響，たとえばイノベーションに与える影響に関して，肯定的な方向性も，否定的な方向性も，明確には見られなかった（Udbudsrådet 2012: 8）.

北欧4カ国の研究者間では，競争や選択モデルを支持する人たちが期待した結果が得られなかったことに広く合意しているものの，その分野におけるアクター間での合意は存在していない．なぜならば，調査結果はさまざまな方向性を示しており，議論の余地が大きいからである（これはノルウェーでみられ，スウェーデンでも同様である）.

スウェーデンの議論は好例である．たとえば，サービスの質について，スウェーデンの大規模調査は，営利事業者はコミューン直営事業者に比べて，職員配置が低く，職員の多くは時間給職員であり，公式に高齢者介護の訓練を受けた職員の比率が低いとした．営利セクターはこのような構造的な質の評価の面では弱いのとは対照的に，プロセス指向の質の評価指標，つまり，介護計画づくりへの利用者の参加やリスク・アセスメント（転倒リスク，褥瘡，栄養失調）の実施割合などにおいて，よりよい結果を出している．最後に，利用者満足度では，国レベルで比較すると，コミューン直営サービスと民間事業者によるサービスの間に違いはみられない．褥瘡や転倒の発生率といった，アウトカムのデータは報告されていない．スウェーデンのさまざまなアクターはこれらの調査の結果に対して異なる解釈を行っている．営利事業者は（プロセス指向の質の評価指標による測定に基づき）自分たちのサービスはより効率的であり，より少ない職員でより良い介護を行っていると結論づける傾向にある．社会庁は，コミューン直営事業者と民間事業者の間ではサービスの質の差は明確でないと結論づけた．そして，一部の研究者は，職員配置や雇用形態（無期雇用か時間給職員か）といった構造指向の指標は，プロセス指向の評価や利用者満足度よりも，介護の質を測る妥当な指標であると議論してきた．これらの研究者らは，介護に関する調査のなかで，介護サービス利用者と介護職員の間の相互関係に十分な時間をかけることの重要性と，介護サービス利用者にとっての介護の継続性の重要性を強調している．市場化の影響に関する研究が進むことで，この種の見解の相違が解決されるかはわからないが，この分野でのさらなる研究が必要なことは確かである．とりわけ介護サービスの質の測定指標の妥当性と有効性についての研究は必要である．

北欧 4 カ国の研究から導き出されるもう 1 つの結論は，次のようなものである．市場化の影響について負の構図を明確に示している国際的な研究に比べ，（数は限られているが）北欧 4 カ国における研究は，混じり合った構図を示している（Comondore and colleagues 2009）．この違いの理由は明らかではないが，北欧 4 カ国では労働市場規制がより強いからとも考えられる．

> さらに，国際的な論文ではデンマーク（やスウェーデン）の研究よりも，より明確に否定的であることは注目すべきである．外部委託に関しては，労働市場の協定や規制による要因によって，デンマークの職員は他国よりもよい条件を保障されていることを示しているのかもしれない（Petersen et al. 2011: 9）．

この点でノルウェーは，デンマークやスウェーデンと異なっており，営利セクターで働く職員の年金に関する一般的な労使協約は，公的セクターや非営利セクターに比べて条件があまりよくない（Gautun et al. 2013）．

民間事業者による介護サービスと，自治体直営の介護サービスに対して市場化が与えた「意図せざる結果」に焦点を当てた研究がある．たとえば，筆者らは第 4 節 2 において，介護サービスをコード化し，測定する情報を基盤にした「緩やかな規制」が，サービス供給や利用の在り方をどのように変化させてきたかについて論じてきた．Szebehely（2006), Vabø（2006; 2012), Dahl（2009), Rostgaard（2012）の研究は，主に，質的調査法を用いて調査を行っているが，時間測定や質の測定に焦点をあてることや厳格に仕事内容を取り決めることは，自治体直営事業と民間事業者の介護職員の双方の仕事に対して，負の影響を与えていることを明らかにした．

さらに，市場化における分配効果に触れて，より多くの資源を持つ人が最良のサービスを見つける機会をより多く持つようになり，そのことは介護サービスの質の差を拡大しうることを指摘する研究もある．この議論は主にスウェーデンにおいて，公的機関と研究者ら（Socialstyrelsen 2011; Szebehely 2011）によってなされているが，実証的研究はまだ実施されていない．

6　結論と今後の調査

本章では北欧4カ国の豊富な情報をまとめ，市場化の程度の違い，特に高齢者介護サービスの民間供給，営利供給の増加の形態について，その違いを明確に指摘してきた．北欧の東部にあるフィンランドとスウェーデンでは営利的供給が最も急速に増加し，特にスウェーデンでは大企業が営利供給を独占している．北欧の西部にあるデンマークとノルウェーでは営利部門が比較的小さい．（スウェーデンを除く）3つの国では施設介護において非営利セクターが強力な位置にある．公的セクター自身が民間の経営手法をどの程度とり入れているかを測定し，比較することは容易ではない．しかし，このようなアプローチは，北欧4カ国すべてにおいて，民間供給そのものよりも普及していることが実証されている．

筆者らは市場化に関する法制度の違いをいくつか示してきた．北欧4カ国において，社会サービスと自治体に関する法律は，自治体が競争入札を経て民間事業者（非営利事業者と同様，営利事業者に対しても）に介護サービスを委託することを認めているが，義務とはしていない．ノルウェー以外の，スウェーデン，フィンランド，デンマークでは，特別法により選択モデルと家事サービス購入への税額控除を導入してきた．また，4カ国すべてにおいて，EU指令に基づく公共調達法が制定されているが，高齢者介護を含むすべての社会サービスについて必ずしも同様のアプローチが見られるわけではない．スウェーデンとフィンランドでは，公共調達法とその実施は例外なくすべてのサービスに適用されており，これにより，非営利事業者による供給が，例外的に競争の中立という構造の適用外とされることはない．これに対して，ノルウェーとデンマークではより例外的なアプローチが行われており，施設介護について自治体が非営利組織と長期にわたる契約を結ぶことが認められている．これは市民団体や組織の伝統が強いことによる．

北欧４カ国すべてにおいて，高齢者介護の市場化は，競争とサービスの質に関する新たな形式の規制とともに進められてきた．測定，比較，標準化という形での「緩やかな」規制がもっともよく用いられる方法である．このような規制は，産業論理や市場論理と一緒になり，（規制によりサービスが標準化されるために）公平な供給を行えるという議論とともに広まってきた．サービスの質についての規制も，４カ国すべてにおいて，国による監督と自律した自治体への権限移譲を組み合わせて行ってきた．スウェーデンでは，サービス供給の混合経済を監視し，監督する規制機関が増えていることが実証されている．デンマークにおいても，新たな規制機関の登場が確認されている．

市場化が費用面での効率化とサービスの質に与えた影響については，前述のように，情報が限られているが，先行研究の結論は，市場化の支持者らが期待した成果は得られていないことを示している．しかしながら，英語圏諸国の経験と比較すると，市場化による負の影響は少ないように見える．

国による法律の違いと市場化の程度の関連を議論する前に，類似点を強調したい．北欧４カ国すべてにおいて，民間事業者による供給もあるものの，公的財源で運営される介護サービスが今でも主流である．そして国レベルでは，介護サービスの大部分は自治体直営で供給されている．ただ，スウェーデンやフィンランドには，公的財源によるサービスのほとんどが営利事業者により供給されている自治体も存在する．このように，自治体による多様性が存在することも北欧４カ国にみられる共通の特徴である．さらに，市場化の程度，市場化が利用者と介護職員，社会全体に与える影響について，知見が不足している点も共通している．北欧諸国には社会サービスに関する国レベルでの統計が充実しているという伝統があるにもかかわらず，営利的供給の規模や影響をモニタリングするための信頼できるデータベースが存在しない．北欧４カ国では，中央政府は一般的に，重要な改革の成果を事後評価することに力を入れているが，介護の市場化については，競争や選択の導入によってもたらされた意図した結果や意図せざる結果，また（4 カ国中 3 カ国における）営利的供給の急増について，真剣にモニタリングを検討しているようにはみえない．最後になるが，北欧 4 カ国すべてにおいて，市場化が高齢者介護の論点となっていることを述べておきたい．市場化に対しては賛成意見と反対意見の両方があり，また市場化には経済的，政治的な利益も大きく絡んでいる．さまざまなアクターが異なる方法で市場化を評価しているだけでなく，公的セクターと営利セクターのサービスの質の違いを巡る議論のように，市場化とその影響をどう測定すべきかについての議論もある．

本書で知見を集積したことが，さらなる研究への第一歩，そして，政治的議論に向けた情報蓄積への第一歩となることが筆者らの願いである．以下では将来の研究に向けていくつかの問いを提示する．

1 つは，北欧 4 カ国の法制度の違いと市場化の程度についてである．比較研究は，国による違いの理由を明らかにすることになる．とはいえ，それは主に政治的情勢の違いによるものだろうか．国レベルでの市場改革のほとんどは保守中道政権のもとで導入されてきたので，市場化の違いは，重要な時期の政治的与党の違いにより，説明が可能だろうか．あるいは社会民主主義政党の立ち位置と労働組合の立ち位置が違うのだろうか．市場化の拡大あるいは市場化への抵抗において，各国の自治体連合のような組織はどのような役割を持つのだろうか．

これに関連して，国の財政状況がどう関係するかも問いである．フィンランドとスウェーデンは 1990 年代初頭に深刻な財政危機に直面した．その時に，市場モデルが国際的にも注目されており，競争がコスト抑制につながるという期待が高まり，それによって左派系政党にとっても市場モデルが魅力的に感じられ，議論されてきた．それでは，ノルウェーにおいては，石油がもたらす豊かさによって支出抑制の圧力が緩和され，市場化改革への強い動機が抑えられたのだろうか．

これに関連した問いであるが，（訳者補足：介護サービスの市場化に対して）反対の動きはあったのか．どのようなアクターが，どのような立場をとったのか．抵抗の声には違いがみられるか．高齢者団体は市場化に賛成したのか，反対してきたのか，自分たちの意思表示をしてきたのか．デンマークのコムーネは中央政府に比べ，政治的与党に関係なく，介護施設への競争の導入に懐疑的であったようにみえるが，それはなぜか．ノルウェーでは労働組合とコムーネが，市場化をせずにイノベーションとエンパワメントの要求に応えるためのボトムアップ型の選択肢（「モデル自治体の実験」，第 9 章参照）を形成した．これらの経験から何を学ぶことができるだろうか．このような対応を他国に適用することが可能だろうか．

政策を他国に適用できるかという問いは，市場化の考え方の伝達プロセスについての問いにつながる．国レベルでは認識共同体（epistemic communities）についての研究が行われてきた．国際的に幅広いグループが統合された認識共同体は，市場化の考え方を海外から自国へ持ち帰って実施した（Ryner 2002, Meagher & Szebehely 2013）．調査では，国内において，左派系与党の自治体でさえも，保守中道系与党による市場化が進められている自治体に近接していれば，市場化思想の「伝染病」に感染しやすいことも明らかになっている（Stolt & Winblad 2009）．（訳者補足：市場化の比較研究を通じて，）どのようにして，そして，なぜ，市場化政策は伝達されるのか，どのアクターが関係しているのかがより理解されるだろう．

さらなる研究が必要とされるのは，市場化の影響に関連する研究である．そのような研究は自治体または国レベルで実施することができるだろう．しかしながら，北欧 4 カ国の相違点と類似点の比較研究も有用である．北欧 4 カ国に共通してきた伝統が，今日的な文脈において分岐する傾向にあるからである．

選択モデルの支持者は，選択の権利そのものに価値があり，このモデルがサービスの質を上げると主張する．これに対して，選択モデルに批判的な論者は，介護では人と人との関係性が重視されるため，介護サービスの質を測定し，その情報を提供することは困難であるとし，虚弱な高齢者が合理的消費者として行動するとは思えないと主張する．高齢者介護において，選択モデルに注目が集まることで，何が生じるだろうか．利用者は社会階層によりそれぞれ異なった影響を受けるのだろうか．市場の情報を利用するために必要とされる技術や能力は平等に分配されていないので，選択モデルに焦点が集まることが，より多くの資源を持つ高学歴の人たちの優遇につながることを懸念する研究者もいる．格差が拡大するリスクはあるだろうか．さらに，「利用者」を「消費者」に組み直すプロセスは，市民としての高齢者とその高齢者が住む地域コミュニティや国との関係にどう影響するか，またそのプロセスは福祉政策にどのような影響を与えるのか（Eriksen & Weigård 2000）．

これに関連して，高齢者介護システムの構造と発展に対して，市場化が与えた力学的な影響を理解することが重要である．一連の動きは前述のとおり，選択モデルによって始まった．北欧4カ国は伝統的に，普遍主義の理念を共有してきたが，その考え方は，公的財源で公的供給による同じサービスが，必要に応じて，個人の購買能力に左右されることなく，すべての社会階層を対象として提供されるというものである．この社会民主主義の伝統において，サービスは中流階層の人々も喜んで利用できる高品質のものであるべきとし，この考え方は，異なる社会階層の人が同じサービスを利用すれば，中流階層の強力な発言が，すべての人を対象とするサービスの質がよりよいものになるという考え方を前提としている．もし，選択モデルのもとで，より高学歴の人が質の高いサービスを見つける機会が多くなるとすれば，より少ない資源の人たちには質の低いサービスが残されるのだろうか．施設介護の例では，質が低い施設が淘汰されること（競争が質を向上させるという希望の背景にある議論）は想定できない．質の低い施設におけるサービスの質は，より資源のある入居者を失うことで，さらに低下するのだろうか．より資源のある人々が公的サービスから離れてしまうリスクはあるのだろうか．民間のナーシングホームやホームヘルプ事業者は「上乗せ」サービスを提供できるため，経済力のある高齢者にとって魅力的である．ノルウェーを除く3カ国において，このリスクは，選択モデルと家事サービス購入への税額控除との相互作用により高まっている．フィンランドとスウェーデンでは，税額控除の利用は，少量のサービスを必要とする人たちにとって，公的なホームヘルプより安上がりであることが多い．すべての国（デンマークの3つのコムーネ以外）においては，民間事業者だけに「上乗せ」サービスの提供が認められているために，重度の介護を必要とする人には，ニード判定を伴う介護サービスについても民間事業者に変更するインセンティブがある．「上乗せ」サービスとは利用者が自費で購入するサービスのことで，（ノルウェー以外の国では）税額控除の対象となる．選択モデルと家事サービス購入への税額控除の間の相互作用は，高齢者介護サービスの二層化につながり，異なる社会階層の間で，よい質のサービスへのアクセスという点での格差が広がるのだろうか．北欧諸国の普遍主義モデルは市場化の挑戦を受けているのだろうか．

別の力学は，公的財源による高齢者介護システムに営利事業者が大規模に参入したことによって始まった．このことは福祉政治における新たな利益団体を生み出し，政策の方向性に影響を与える可能性がある．英語圏諸国の経験は，業界の集中と「規制の捕虜」（regulatory capture）（訳者補足：規制機関（行政など）が規制対象グループ（事業者など）の勢力に実質的に支配されてしまう状況）を含み，幅広く影響が及びうることを指摘している．北欧諸国の高齢者介護の政治において，民間事業者はどのような役割を演じているのか．

民間セクターの展開の軌跡も，また研究の関心事となる．供給多元化は民間事業者に門戸をより開く根拠となる主要な議論であった．民間事業者とはどのようなものか．供給多元化の支持者たちの期待は達成されたのだろうか．そうでないとすれば，それはどのように達成できるのか．筆者らは，スウェーデンの高齢者介護にみられる複雑な分裂と集中について，またそれがサービスの質に与えるリスクについて論じてきた．それぞれの国の高齢者介護部門における民間セクターの構造は，どれだけ安定し，持続が可能なのであろうか．

これらの問いに対する答えを見つけるためには，幅広い分野の研究者が研究を進めなければならない．これらの問いに対する答えは，北欧諸国の高齢者介護政策の未来についての政治的議論に貢献し，より多くの情報を与えることになるだろう．民間供給のレベルと政治的多数派との関係性において，北欧 4 カ国にみる多様性（そしてさらにはそれぞれの国の自治体間に広がる多様性）は市場化が政治的コントロールのもとにあることを示す強力な証拠となっている．このことは，市場化を避けられないプロセスとして理解し，論じることに慎重であるべきことを示唆している．介護サービスの質の向上，サービス革新，利用者のエンパワメントは，（訳者補足：市場化以外の）他の手段によって達成できることを認識しなければならない．

注

1）北欧諸国の各国の章（第7章，第8章，第9章）で，4つの市場化の形態が議論されている．本章では，3つの市場化の手法（訳者補足：競争入札による外部委託，選択自由化モデル，サービス購入への税額控除）に焦点をあてる．
2）これらはノルウェーにおいて通常，合算して報告されている．
3）2011年には施設介護支出のうち，3.5%が営利事業者，5.9%が非営利事業者に支払われている（表1，NHO Service 2012による統計）．2012年では，ナーシングホームの2%が営利事業者による運営で，8%が非営利事業者による運営であった（NHO Service 2013）．2つの情報源で異なる比率が報告されているが，営利事業者のナーシングホームは非営利事業者が運営するナーシングホームより規模が大きいためだと思われる．
4）利用者の36%と時間の13%の間の「ギャップ」は一見，理解しにくい．おそらく，平均では，利用者は身体介護を週に5.6時間，家事援助を週に0.8時間利用している．さらに民間事業者によるホームヘルプ利用者の3分の1は公的事業者の介護も受けており，おそらく家事援助を民間事業者から少し利用し，多くの時間をコムーネ直営事業から身体介護として利用している（Statistics Denmark 2012）．
5）1995年には，デンマークには伝統的な施設タイプのナーシングホームが3万6,000人分あったが，2011年には7,500人分になった．その多くは現代的な施設に代わり，独立した自己完結型の住居となった（Statistics Denmark 2012, Table 1）．
6）しかし，表1に示すように，もし高齢者介護だけに焦点をあてると，非営利事業者により雇用される職員の割合は2000年より2010年の方が少なくなっている．
7）第3節1.3を参照．
8）たとえば，1993年にスウェーデンでは，全コミューンの44%が高齢者介護サービスの一部，たとえば掃除や配食をすでに外部委託していた（施設介護の22%，ホームヘルプ地区の5%が外部委託されていた）（Socialstyrelsen 1994）．フィンランドでは，2010年に，全自治体の86%が少なくとも社会サービスの1つを民間事業者に委託していた（Väyrynen 2011: 3）．
9）NHO Service 2013はノルウェーの競争入札において実施件数がさらに少ないことを報告している．これによれば，2012年では429コムーネのうちの国内のコムーネの2%にあたる10未満のコムーネしか競争入札によりナーシングホームの運営を外部委託していない．
10）民間事業者が運営する施設介護を持つ，35%のスウェーデンのコミューンが，実際に競争入札を経て外部委託をしているかどうかについての情報はない．しかしスウェーデンの公共調達法では，直接の随意契約は認められていないので，これらのコミューンのほとんどでは競争入札が行われているものと考えられる．
11）フィンランドやスウェーデンでは選択モデルの法律が施設介護にも適用されるのに対し，デンマークの法律はホームヘルプのみを対象にしている．しかし，フィンランドとスウェーデンの両国においても，この方法が導入されているのは主にホームヘルプである（スウェーデンでは選択自由化法が施設介護に適用されているのはコミューン全体のわずか 2％である（Konkurrensverket 2012：69））．しかし選択自由化法が適用されなくても，実際には施設の不足が選択の自由の可能性を制限していたとしても，高齢者が施設を選ぶのが普通である．介護施設を選択できる権利は，デンマークで最も公式化しているようにみえる．デンマークでは介護施設を移動した高齢者の 71％が，申請から 2 カ月以内に施設に入所する権利を放棄しており，その代わり，2 カ月以内に入所の保証なしで特定の施設を積極的に選んでいる（Statistics Denmark 2012）．

12）バウチャーモデルはデンマークでも 2009 年に導入された．（訳者補足：ここで言うバウチャーモデルと）デンマークの自由選択法との違いは利用者が雇用主になりうることである．また家族の構成員も雇用されることが可能であり，事業者が利用される場合は認可を必要としない．2012 年にバウチャー制度が実際に利用されたのは 1 つのコムーネのみで買い物の例だけであった（Socialstyrelsen 2012a）．

13）2010 年以降，スウェーデンの広域自治体は初期医療において，選択システムの導入が義務付けられている．

14）デンマークの法律は，コムーネが事業者数を制限することができる競争入札モデルを認めている．しかしもしコムーネ直営事業者が落札できなければ，直営事業者は選択モデルには参加できない．2012 年には，デンマークの 98 コムーネのうち 97 コムーネがいわゆる認可モデルを採用し，事業者数は制限しなかった．2013 年にはデンマークの法律は改正され，コムーネがどのように選択モデルを導入するかについて，コムーネに大きな裁量が与えられるようになった．

15）1993 年には，期間限定で家の修理に対する税額控除が導入され，不況対策として家主に対して家の修理が奨励された．この手法は一定のビジネスサイクルで用いられたが，2007 年法の導入の前は家事サービスと介護サービスは対象ではなかった（政府提案 2006/07：94）．

16）http://www.socialstyrelsen.dk/om-os/about-us 参照（デンマーク語）．

17）http://www.tilbudsportalen.dk/om-os 参照（デンマーク語）．

18）http://www.fritvalgsdatabasen.dk/indhold?system=databasen&id=databasen.formaal 参照（デンマーク語）．

（訳者注）

1）原著では，これら 4 カ国それぞれの高齢者介護市場化について述べた章が収録されているが，本書ではこのうち，スウェーデン，デンマーク，ノルウェーの章のみ翻訳している．

2）本章では，各国の基礎自治体について，スウェーデンはコミューン，デンマークはコムーネ，ノルウェーはコムーネ，フィンランドおよび総称については自治体と記す．

3）公共政策において，民間の経営手法の考え方を取り入れようとする概念．

4）原著では home care services とあるが，サービスの内容はほとんどがホームヘルプである．日本の在宅介護サービスとの混同を避けるため，本章ではホームヘルプと訳す．

5）スウェーデンにおいて医療は主に広域自治体（ランスティング・レギオン）により運営されており，全国に 20 広域自治体が存在する（2018 年）．

6）原著に文献名が記載されていない．

7）スウェーデンの社会サービス法にある虐待通報義務規定（通称：サーラ条項）により，介護職員は介護サービス利用者に対する虐待を発見した際には当局に通報する義務を持つ．サーラ条項は1990年代末にストックホルム近郊のソルナ市で民間事業者に委託した介護付き住宅で発生した高齢者虐待を通報した准看護師サーラ・ヴェグナットの勇気をたたえ，その名前がつけられた（第7章参照）.

参考文献

〈欧文文献〉

Almega. 2012. *Är det möjligt att ställa krav på driftsform i offentlig upphandling?* [Is it possible to make demands on management forms in public procurement?] Stockholm: Almega (Employer and trade organisation for the Swedish service sector).

Anttonen, A. & Häikiö, L. 2011. Care 'going market': Finnish elderly-care policies in transition. *Nordic Journal of Social Research*, Vol 2, 1-21.

Arfwidsson, J. & Westerberg J. 2012. *Profit Seeking and the quality of eldercare. Master thesis*, Stockholm School of Economics.

Barnes, M. & D. Prior. 1995. Spoilt for choice? How consumerism can disempower public service users. *Public Money and Management* (July-Sept.), 53-59.

Blåka, S. Tjerbo, T. & Zeiner, H. 2012. *Kommunal organisering 2012. Redegjørelse for kommunal og regionaldepartmentets organisasjonsdatabase*, [On Municipal organization 2012. Descriptions based on the organization database of the Ministry of Local Government and Regional Development] NIBR Rapport 2012: 21.

Braithwaite, J., Makkai, T. & Braithwaite, V. A. 2007. *Regulating aged care: Ritualism and the new pyramid*, Edward Elgar Publishing.

Brennan, D., Cass, B., Himmelweit, S. & Szebehely, M. 2012. The marketisation of care: Rationales and consequences in Nordic and liberal care regimes. *Journal of European Social Policy*, 22(4) 377-391.

Comondore, V. R., Devereaux, P. J., Zhou, Q., Stone, S. B., Busse, J.W., et al. 2009. Quality of care in for-profit and not-for-profit nursing homes: systematic review and metaanalysis. *British Medical Journal*, 339: b2732.

Dahl, H. M. 2009. New Public Management, care and struggles about recognition. *Critical Social Policy*, 29 (4), 634-654.

Danish Ministry of Social Affairs and Integration. 2013. *Nøgletal äldreomsorg*.
www.sm.dk/noegletal/sociale-omraader/aldreomsorg/Sider/Start.aspx.

EFTA. 2010. EFTA surveillance authority decision of 21 June 2010.
http://www.regjeringen.no/upload/FAD/Vedlegg/Konkurransepolitikk/Anskaffelser/ESA_248_10.pdf.

Eika, K. 2006. *The difficult quality. Essays on human services with limited consumer sovereignty*. PhD thesis. Department of Economics, University of Oslo.

Eriksen, E. O. & Weigård, J. 2000. The end of citizenship? New roles challenging the political order. In I. Hampsher-Monk & C. McKinnon (eds) *The demands of citizenship*. New York: Continuum.

EU DIRECTIVE 2004/18/EC.
http://eur-lex.europa.eu/LexUriServ/LexUriServ.do?uri=OJ:L:2004:134:0114:0240:EN:PDF.

Finansministeriet. 2011. *BoligJobplan-fradrag for hjælp og istandsættelse i hjemmet.*

http://www.fm.dk/Nyheder/Pressemeddelelser/2011/05/~/media/Files/Nyheder/Pressemeddelelser/2011/05/BoligJobplan/Faktaark_BoligJobplan.ashx.

Gautun, H., Bogen, H. & Skevik, G. A. 2013. *Konsekvenser av konkurranseutsetting. Kvalitet, effektivitet og arbeidsvilkår i sykehjem of hjemmetjenester*. Fafo-rapport 2013: 24. Oslo: Fafo.

Glendinning, C. 2008. Increasing choice and control for older and disabled people: a critical review of new developments in England. *Social Policy & Administration*, 42(5) 451-469.

Government Bill 2006/07: 94 *Skattelättnader för hushållstjänster, m. m.* [Tax deductions on household services etc.]. Stockholm.

Government Bill 2010/11: 1 *Förslag till statsbudget för 2011. Hälsovård, sjukvård och social omsorg* [Draft state budget for 2011. Health and social care]. Stockholm.

Hansen, H. & Syberg, H. C. 2001. *Selvejende institutioner på det sociale område: Aktuelle problemstillinger*. [Independent institutions in social services: current issues]. CASA (Centre for Alternative Social Analysis).
http://casa-analyse.dk/files/selvejende_institutioner.pdf.

Helsetilsynet. 2013. *"Vi får satt fokus, blir bevisstgjort og må skjerpe faget vårt ekstra...": En deskriptiv undersøkelse av tilsyn med kommunale helse-og omsorgstjenester til erdre*. Oslo.
http://www.helsetilsynet.no/upload/Publikasjoner/rapporter2013/helsetilsynetrapport6_2013.pdf.

Herning, L. 2012. *Konkurranseutsatte sykehjem i Norge*. [Outsourced nursing homes in Norway] Oslo: For velferdsstaten. Notat 1/2012.

Kluge Advokatbyrå. 2009. *Fritt brukervalg for pleie- og omsorgstjenester*. Utredning på oppdrag fra Kommunenes sentralforbund (KS).
http://www.ks.no/PageFiles/5950/094004_Utredning_Autorisasjonsordningene.pdf.

Konkurrencestyrelsen. 2009. *Konkurrenceredegørelse 2009*. København: The Competition Authority.

Konkurrencestyrelsen. 2010. *In-house begrebets betydning for kommunal aftaleindgålse med selvejende institutioner*. [The meaning of the concept 'in-house' for local authority contracts with independent institutions]. København: The Competition Authority.

Konkurrensverket. 2012. *Siffror och fakta om offentlig upphandling*. Stockholm: The Competition Authority.

Konkurrensverket. 2013. *Kommunernas valfrihetssystem* [The municipal free choice system] Stockholm: The Competition Authority.

Krevi. 2011. KREVI. 2011. *Frit valg i ældreplejen*. [Free choice in elder care]. Aarhus: KREVI.
http://krevi.dk/files/RAPPORT_Frit_valg_i_aeldreplejen.pdf.

KS FoU. 2013. *Friere brukervalg i hjemmetjenesten* [Freer user choice in home care].
http://www.ks.no/Documents/FriereBrukervalg.pdf.

Land, H. & Himmelweit, S. 2010. *Who cares, who pays: A report on personalisation in social care prepared for UNISON*. London: Unison.

Le Grand, J. 2011. Quasi-market versus state provisions of public services: some ethical considerations. *Public Reason*, 3(2) 80-89.

Lex Europa. 1997. *Judgment of the Court of 17 June 1997*.
http://eur-lex.europa.eu/smartapi/cgi/sga_doc?smartapi!celexplus!prod!CELEXnumdoc&lg=en&numdoc=61995J0070.

Lindgren, L. together with Ottosson, M. & Salas, O. 2012. *Öppna jämförelser. Ett styrmedel i tiden eller 'Hur kunde det bli så här?'* Göteborg: FoU i Väst.

Meagher, G. & Szebehely, M. 2013. Long-term care in Sweden: Trends, actors and consequences. In Ranci, C. & Pavolini, E. eds. *Reforms in long term care policies in Europe: Investigating institutional change and social impacts*, New York: Springer.

Meijer A., Van Campen C. & Kerkstra A. 2000. A comparative study of the financing, provision and quality of care in nursing homes: the approach of four European countries: Belgium, Denmark, Germany and the Netherlands. *Journal of Advanced Nursing*: 32, 2000, nr. 3, p.p. 554-561. Meagher, G. & Szebehely, M. 2013. Long-term care in Sweden: Trends, actors and consequences. In Ranci, C. & Pavolini, E. eds. *Reforms in long term care policies in Europe: Investigating institutional change and social impacts*, New York: Springer.

Meinow, B., Parker, M. & Thorslund, M. 2011. Consumers of eldercare in Sweden: The semblance of choice. *Social Science and Medicine*, 73, 1285-1289.

Morin, A. 2012. *Privata företag inom skola, vård och omsorg i de nordiska länderna- en översikt*. Stockholm: Vårdföretagarna.

NHO Service. 2012. *Omsorgstjenester. Bransjestatistikk 2012*. NHO Service October.
http://www.nhoservice.no/getfile.php/Filer/Statistikk/Omsorg%202012.pdf.

NHO Service. 2013. *Myter og Fakta om Konkurranse*. NHO Service.
http://www.nhoservice.no/article.php?articleID=4157&categoryID=156.

Økonomi-og Erhvervsministeriet. 2003. *Forslag til Lov om ændring af lov om hjemmeservice*.
https://www.retsinformation.dk/Forms/R0710.aspx?id=91472.

Petersen, O.H. & Hjelmar, U. 2012. *Effekter af konkurrence om offentlige opgaver i Danmark og Sverige på ældre-og daginstitutionsområdet*. [The effects of competition on public tasks in Denmark and Sweden in older adult-and daycare]. København: AKF, Anvendt Kommunal Forskning.

Petersen, O.H., Hjelmar, U., Vrangbaek, K. & la Cour, L. 2011. *Effect of contracting out public sector tasks-A research-based review of Danish and international studies from 2000-2011*. Copenhagen, AKF. http://www.akf.dk/udgivelser/2012/pdf/5111_udliciteringsrapport_en.pdf.

Rambøll. 2009. *Effektanalyse af konkurrenceudsættelse af pleje-og omsorgsopgaver i kommuner*. [Analysis of the impact of competition exposure on care and caring tasks in municipalities]. København: Udbudsrådet.
http://www.konkurrencestyrelsen.dk/index.php?id=28869.

Rambøll. 2012. Rambøll. 2012. *Evaluering of lov om Friplejeboliger*, udarbejdet for Ministeriet for By, Bolig og Landdistrikter. København: Rambøll.

Rigsrevisionen. 2000. *Beretning til statsrevisorerne om kontrollen med Hjemmeserviceordningen*.
http://www.rigsrevisionen.dk/media/1875991/16-99.pdf.

Rostgaard, T. 2012. Quality reforms in Danish home care- balancing between standardisation and individualisation. *Health & Social Care in the Community*, 20(3), 247-254.

Ryner, J.M. 2002. *Capitalist restructuring globalization and the third way: Lessons from the Swedish model*. London: Routledge. Shekarabi, A. 2012. *Vinst och den offentliga tjänstemarknaden. En rättslig analys*. Ny Tid rapport 15. Arenaidé.

Slagsvold, B. 1995. *Mål eller mening. Om å måle kvalitet i aldersinstitusjoner* (PhD thesis). Oslo: Norsk Gerontologisk Institutt.

SKL. 2011. *Erfarenheter av konkurrensutsättning. En forskningsöversikt*. Stockholm: Swedish Association for Local Authorities and Regions.

Socialstyrelsen. 1994. *Alternativa styr- och driftsformer i äldreomsorgen. En kartläggning* [Alternative management forms in eldercare: an overview] Stockholm: National Board of Health and Welfare.

Socialstyrelsen. 2011. *Valfrihetssystem ur ett befolkningsperspektiv*. [Choice models from a population perspective]. Stockholm: National Board of Health and Welfare.

Socialstyrelsen. 2012a. *Evaluering of servicebevisordningen*. Odense: National Board of Social Services.

Socialstyrelsen. 2012b. *Kommunal eller enskild regi, spelar det någon roll?* [Public or private provision, does it matter?] Stockholm: National Board of Health and Welfare.

Socialstyrelsen. 2013a. *Äldre och personer med funktionsnedsättning-regiform år 2012* [Older and disabled persons-management forms, 2012]. Stockholm: National Board of Health and Welfare.

Socialstyrelsen. 2013b. *Stimulansbidrag LOV. Delrapport 2013*. Stockholm: National Board of Health and Welfare.

SOU 2001: 31 *Mera värde för pengarna*. [More value for money] Slutbetänkande av Upphandlingskommittén [Final report from the Procurement Commission]. Stockholm: Fritzes.

SOU 2007: 37 *Vård med omsong-möjligheter och hinder*. [Caring with care-possibilities and obstacles]. Betänkande från Delegationen för mångfald inom vård och omsorg [Report from the Commission on Diversity in Health and Social Care]. Stockholm: Fritzes.

SOU 2008: 15. *LOV att välja-Lag om valfrihetssystem*. (LOV-[Legislation on choice] Betänkande av Frittvalutredningen [Report from the Choice Commission]). Stockholm: Fritzes.

SOU 2013: 12 *Goda affärer en strategj för hållbar offentlig upphandling. Slutbetänkande av Upphandlingsutredningen*. [Final report from the Commission on Procurement]. Stockholm: Fritzes.

Statistics Denmark. 2012. *Den sociale ressourceopgørelse for ældreområdet april 2011*. Sociale forhold, sundhed og retsvæsen 2012: 7.

Statistics Norway. 2012. *Institutions for the aged and disabled. 1996-2011* Nursing and social care services, table 1.
http://www.ssb.no/a/english/kortnavn/pleie_en/tab-2012-07-04-01-en.html.

Stolt, R. & Winblad, U. 2009. Mechanisms behind privatization: A case study of private growth in Swedish elderly care. *Social Science and Medicine*, 68(5), 903-911.

Szebehely M. 2006. Omsorgsvardag under skiftande organisatoriska villkor-en jämförande studie av den nordiska hemtjänsten [The everyday life of care under changing organisational conditions], *Tidskrift for Arbejdsliv*, 8(1), 49-66.

Szebehely, M. 2011. Insatser för äldre och funktionshindrade i privat regi [Care of elderly and disabled persons under private management]. In: Hartman L, ed. *Konkurrensens konsekvenser. Vad händer med svensk välfärd?* [Consequences of competition. What happens to Swedish Welfare] Stockholm: SNS förlag.

Szebehely M. & Trydegård G.B. 2007. Omsorgstjänster för äldre och funktionshindrade: skilda villkor, skilda trender? [Services for older and disabled persons: different trends, different conditions?]. *Socialvetenskapling Tidskrift*, 14(2-3), 197-219.

Trydegård, G.B. 2001. Välfärdstjänster till salu. Privatisering och alternativa driftformer under 1990-talet [Welfare services for sale. Privatisation and alternative management forms in the 1990s]. In Szebehely, M. ed. Välfärdstjänster i omvandling [Welfare Services in Transition]. SOU 2001: 52.

Trydegård, G.B. 2012. Care work in changing welfare states: Nordic care workers' experiences, *European Journal of Ageing*, 9(2), 119-129.

Udbudsrådet. 2011. *Barrierer for privat virksomhed på det sociale områd- plejeboliger, botilbud og opholdssteder*. København: The Tendering Council.

Udbudsrådet. 2012. *Analyse af offentlig–private samarbejde i Danmark og Sverige*. Valby: Udbudsrådet. [Analysis of public–private cooperation i Denmark and Sweden]. København: The Tendering Council.

Vabø M. 2006. Caring for people or caring for proxy consumers?, *European Societies*, 8(3), 403–422.

Vabø, M. 2012. Norwegian home care in transition–heading for accountability, off–loading responsibilities. *Health & Social Care in the Community*, 20(3), 283–291 Väyrynen, R. 2011. *Yksityiset sosiaalipalvelut 2010* [Private Social Services]. THL Statistical Report 25/2011. Helsinki: THL.

第 7 章

スウェーデンにおける高齢者介護の市場化 ――競争，選択，より厳格な規制の要請

Sara Erlandsson, Palle Strom, Anneli Stranz
Marta Szebehely, Gun–Britt Trydegård
（訳）斉藤 弥生（Yayoi Saito）

1 はじめに

公的な財源調達が特徴であったスウェーデンの社会サービスに，近年，市場化が強く押し進められる傾向がみられる．高齢者と障がいのある人々を対象とした公的財源調達による介護サービスのなかで民間供給の割合（民間事業者による介護サービスで働く職員の比率）は，1990年代の間に3%から13%に増加した（Palme et al. 2002）．2000年代に入ってからも，高齢者介護の民間供給は増加を続け，2012年には介護施設の総ベッド数の21%，ホームヘルプの総供給時間の23%が民間事業者による供給となった．民間供給の増加は，非営利事業ではなく，営利事業が成長した結果である．

本章の目的は，スウェーデンで生じている市場化の概要を示すことである．特に，コミューン，営利事業者，非営利事業者により提供される，ニード判定を伴う，公的財源による高齢者介護について説明する．第1節では，スウェーデンの高齢者介護制度の一般的な特徴を簡単に紹介する．第2節では，介護サービスの市場化に関連する法律や，市場化を進めた多様な形態の手法について紹介する．第3節では高齢者介護サービス事業者に関する規制と管理を扱い，第4節では1990年以降の市場化の程度と影響について示す．第5節では，コミューン，介護サービス利用者，介護従事者に対して市場化

がもたらした影響は何かを描き，第6節はまとめと考察でしめくくる．

1.1 スウェーデンの高齢者介護——一般的な特徴

スウェーデンの高齢者介護の特徴は，他の北欧諸国と同様に，普遍的給付にある．言い換えれば，公的財源による，包括的で高品質のサービスが，支払い能力ではなくニードに応じて，すべての市民を対象に提供されている．また，普遍型福祉モデルの特徴として，同一のサービスがすべての社会階層を対象とし，すべての社会階層において利用されている（Sipilä 1997, Vabø & Szebehely 2012）．

高齢者介護サービスも，障がいのある人々を対象とする福祉サービスと同様に，国，広域自治体[訳者注1]，基礎自治体コミューン（kommun）[訳者注2]の3層構造で運営されている．国の統治手段は，立法，政策提示，国庫補助金である．また国は社会庁（Socialstyrelsen）や他の機関を通じて監督助言を行う．広域自治体レベルとして，ランスティング（landsting）またはレギオン（region）（両者を合わせて全国に20団体）[訳者注3]が保健医療のほとんどすべての領域について運営責任を持ち，それは保健医療法（1982: 763）で規定されている．規模や特徴が異なる全国290のコミューンには，年齢にかかわらず，介護を必要とするすべての人に対して，施設介護と在宅介護サービスを提供することが，法律で義務づけられている．コミューンの自律性は極めて高く，（自治体の課税権も含め）中央政府とも対等である．法律で規定される範囲内で，各コミューンで選出された政治家が税率を決定し，コミューンの目標や指針を定め，予算を設定する．そのため，高齢者介護では，サービスの提供レベルと市場化の程度について，コミューン間に違いがみられる．

スウェーデンの高齢者介護サービスは，社会サービス法（1980: 620，1982年施行）により規定されている[1]．

社会サービス法は目標を設定する枠組み法であり，「他の方法でも満たすことができない」ニードがある場合の支援について，市民はその利用において普遍的な権利を有することを示している．社会サービス法には詳細な規則は含まれず，また特別なサービスについての権利も言及していない．人生のあらゆる段階で，誰もがサービスや支援を求める権利を持ち，コミューンはこれらのニーズが満たされているかを確認する責任義務を有する．その支援は「合理的な生活水準」を保証する方法で提供される．

他の多くの国と異なり，スウェーデンの高齢者介護システムは（ホームヘルプからナーシングホームに至るまで）高齢者介護のすべてが，社会サービス法という1つの法律でカバーされている．それは1992年の「エーデル改革」[訳者注4)]（Ädel reform）から続いており，この改革ではナーシングホームの運営責任が，広域行政体であるランスティング担当の保健医療分野から基礎自治体であるコミューンが担当する社会サービスに移行し，その結果，ナーシングホームの運営も医療モデルから社会モデルに移行した．多様な形態の施設（たとえば，ナーシングホーム，認知症対応グループホーム，介護付き住宅）については，法律や公式統計において区別がなく，職員の配置基準も定められていない．社会サービス法で規定されているのは，職員が「十分な技術」を持たなければならないことと，社会サービスの質は良好でなければならず，「定期的なモニタリング」がされなくてはならないことのみである．

高齢者は介護サービスの利用を始める前に，介護サービス判定員[訳者注5)]によるニード判定を受ける．介護サービス判定員は，地方自治法（第6章33条）に基づき，コミューンの政治職により権限を委任された行政当局のもと，「ニード判定員」としてコミューンに雇用されている．介護サービス判定員はソーシャルワーカー（社会福祉士）であることが多いが，ニード判定の権限を委任されており，支援を必要とする人に対して，どのようなサービスがどの程度必要かを決めることを任されている．介護サービス判定員は多様な形態の在宅介護サービスや施設介護のなかから利用するサービスを決定することができるが，介護サービスの利用は必ず介護サービス判定員を通すことになっている．介護サービス判定員の決定に不服がある場合には，利用者は行政裁判所に申し立てを行うことができる．

2012年には，65歳以上高齢者の9%がニード判定を伴うホームヘルプ[訳者注6)]を利用し，5%が施設介護を利用した（Socialstyrelsen 2013a）．ホームヘルプと施設介護の利用率は近年，急激に減少している．この傾向は後期高齢者においても同様で，スウェーデンにおける介護サービス利用率は，デンマークやノルウェーよりもかなり低く，フィンランドと同程度である（Nososco 2011）．しかしながら，OECDの統計では，スウェーデンの介護サービス利用のレベル（施設介護での職員配置と，ホームヘルプ利用者一人当たりの平均利用時間）は相対的に高く，世界のなかでスウェーデンは高齢者介護に力を入れている国の1つである．高齢者介護の財源の約85%はコミューン税，10%は国税で賄われており，利用者負担は総費用のほんの一部（5～6%）である（Szebehely & Trydegård 2012）．

民間事業者かコミューン直営かにかかわらず，利用者は高齢者介護サービスの提供を受ける際に同じ金額の料金を支払うが，料金は事業者ではなくコミューンに支払われる．料金は利用者の所得と利用するサービスの量により決定され，施設介護の利用者は介護費用以外に，家賃と食費を別に支払う．いずれの介護サービスも資力調査を必要としないが，低所得者や年金受給額の低い人に対しては介護サービス費用の支払い免除があり，施設介護でも，一般住宅でも，家賃を部分的に補うための住宅手当を受けることができる（Szebehely & Trydegård 2012）．

2002年には，利用料金の最高支払額が国レベルで決められることとなり，施設介護と在宅介護に適用された（2013年現在，利用者料金の最高額は月額1,780クローナ（約23,140円））．それでもコミューンは，国が決めた最高支払額までは利用料金を自由に設定できる裁量権を持っている．軽度の介護を必要とする人のサービス利用料金は，スウェーデン国内のコミューン間ではばらつきがあり，2010年時点では，1時間あたり77クローナ（約1,000円）から435クローナ（約5,655円）までの開きがあった（Molin & Karlsson 2010）．

2 法律と市場化の手法

スウェーデンの高齢者介護や他の福祉サービスの市場化にとって，4つの法律が特に重要な意味を持ってきた．1991年施行の「新地方自治法」では規制緩和が行われ，コミューンが，購入者－供給者分離モデルを導入し，コミューン直営サービスを民間事業者に外部委託できるようになった．「公共調達法」（LOU）は1992年に施行され，2007年に新法となったが，これはEU規定のもとで，外部委託の手順を規定した．「サービス選択自由化法」（LOV）は2009年に施行されたが，これは競争入札や公共調達のプロセスを省いて，消費者選択モデルの導入を促すものである．最後に「家事労賃控除」（RUT）であるが，この法律は2007年に施行された．これはニード判定を要する高齢者介護サービスを規定するものではないが，サービス選択自由化法と相互作用がある．この法律については後節で詳細を述べる．

2.1　1992年の新地方自治法

1980年代終盤までは，スウェーデンの高齢者介護部門では，すべての高齢者介護サービスが公的セクターにより供給されていたが，その後，公的セクターに民間市場のしくみや考え方を採り入れるというニュー・パブリック・マネジメント（NPM）改革のグローバルな潮流に大きな影響を受けてきた（Blomqvist 2004）．

1980年代におけるスウェーデンの自治体セクターに関する公の議論では，分権化，官僚主義の打開，市民参加，資源の効率的利用といった考え方が支配的であった．新地方自治法の政府案（1990/91: 117）には，国内で進行していたコミューンの政治行政組織の改編についての議論が記載されており，購入者－供給者分離モデルを導入し，ニュー・パブリック・マネジメントの考え方を採り入れることは，コミューンにとって次第に当たり前になりつつあった（Montin & Elander 1995）．

1992 年施行の新地方自治法（1991: 900）では，コミューンにはコミューン内組織を決定する自由が与えられ，コミューン理事会（Municipal Council）には多くの自由裁量が認められ，多様な委員会に事業を任せることができるようになった．さらに，旧法とは異なり，サービス供給は民間事業者による運営が可能となった．具体的には，コミューンには情報公開を確実に行い，公共調達の業務を点検し，管理するための法的権利が与えられた（Government Bill 1990/91: 117）．

実際，1980 年代中盤以降には，すでに高齢者介護サービスの外部委託は始まっており，新地方自治法はいくつかのコミューンで実際に使用されてきた規範や規則を成文化したものであった（Montin & Elander 1995: 33, Government Bill 1992/93: 43: 5）．新法の第 3 章 16 条，17 条は，株式会社，商社，協同組合，非営利団体にサービス供給の責任を委ねる際に，コミューン議会がすべきことを規定している．

新地方自治法は 1991 年春に社会民主党政権によって導入された法律であったが，同年末の政権交代で誕生した保守中道系政権はすぐに「選択の自由による革命」を宣言し，数カ月後に「コミューン運営における競争の強化」（Government Bill 1992/93: 43）という政府法案を示した．この政府法案は，サービスを外部委託するコミューンの権利を更に明確化することを提案し，社会サービス法，保健医療法の改正を提案した．社会サービス法の改正では，高齢者介護のニード判定を含む，公的権限の行使の部分を除き，コミューンは非営利団体だけでなく，営利企業にもサービスの外部委託ができることが明示された（§4 of the Social Services Act 1980: 620）．この法律改正では，高齢者介護は特に政治論争にはならなかった[2]．Montin & Elander（1995: 38）が記すように，社会民主党政権はすでにさらなる民営化の道を開いていた（Meagher & Szebehely 2013: 67-70）．

これらの制度変更は，スウェーデンにおける高齢者介護部門の再編をもたらし，現在では，コミューンはサービス供給とニード判定（行政権限で行う実作業）を切り離している．以前は，コミューン職員がニード判定とホームヘルパーの管理を共に行うのが普通であった（Blomberg 2008）．コミューンの運営において，この両者の分離は，非営利団体であれ，営利団体であれ，民間事業者に介護サービスを外部委託して，競争を促すための前提条件であった（Blomqvist 2004; Szebehely & Trydegård 2012）．スウェーデンは北欧諸国のなかで最も早く，購入者－供給者分離モデルの形式として，ニード判定とサービス供給の分離を導入した．1993年には，全国のコミューンの10%がこのモデルを採用していた．2003年までには，80%以上の自治体がこの新しい組織モデルを導入していたが，そのすべてのコミューンが民間事業者への外部委託を選択したわけではなかった（Socialstyrelsen 2003; Gustafsson & Szebehely 2009）．

2.2　公共調達法（LOU）

スウェーデン基本法は，私法のもとで規定された組織（非営利団体と営利団体の双方を含む）が，公的財源による福祉サービスを供給することを認めている（基本法（Regeringsformen）（RF 1974: 152; 2010年改正，SFS 2010: 1408，第12章4条を参照）．民間団体との関係におけるコミューンの権利と義務は，地方自治法に規定されている（前述）．また，事業を民間組織に外部委託する際に，コミューンや広域行政体が行う公共調達の手続きを規定しているのが，公共調達法（LOU）とサービス選択自由化法（LOV）という2つの法律である．この2つの法律は，公的契約に関するEUの法的枠組みをふまえている．つまり，スウェーデン基本法が民間供給を可能にしている一方で，ニュー・パブリック・マネジメントの考え方，公共調達法，サービス選択自由化法は，外部委託の古い形態（たとえば，非営利団体への委託）といったコミュニタリアンの論理を競争の原理に変更させたことを意味する．

既述のとおり，スウェーデンでは，1980年代終盤から1990年代初頭にはすでに，高齢者介護サービスの運営を部分的に民間事業者に開放し始めていた．公共調達法（LOU）は1992年に始まり（1992: 1528），2007年に改正された（LOU 2007: 1091）[3]が，この間のプロセスは重要であった．他の多くのEU加盟国とは対照的に，スウェーデンでは公共調達に，EU指令

(2004/18/EG）が要求する以上の詳細な規則を採用した．EU 指令自体が競争条件に「公共に利益が及ぶサービス」を含めることを要求していないにもかかわらず，スウェーデンではこの競争条件の要請に福祉サービスも含めることとした．スウェーデンの規則は，公共調達法（2007: 1091）第 15 章に記されており，零細ビジネスや非営利団体の優遇は認めないとしている（Shekarabi 2012）．

コミューンが民間事業者に介護サービスの運営を外部委託するときは，公共調達法が適用され，非公開の入札プロセスによる競争入札の実施が求められる．公共調達の目的は，1 つの事業者に契約の機会を与えること，または 1 つあるいは複数の事業者と枠組みについての協約を結ぶことにある．後者については，与えられた期間に契約を結ぶための条件を定めることを目的としており，この場合，事業者はどれだけの顧客が得られるかという，事業の規模についての保証はない（Swedish Competition Authority 2012）．どちらの場合もコミューンにより指定された価格と品質基準の組合せが落札の条件となる．サービスの財源確保と規制はコミューンの責任で行われ，実際のサービス供給のみが外部委託される．このプロセスはコミューンによる入札文書のなかで示され，その文書には入札対象となるサービスと事業者間の競争条件が示されている．

公共調達法は，サービス供給の上で満たさなければならない要件は指定せず，要件の決定はコミューンに任されている．たとえば，コミューンにより，入札の要件として，介護職員の公式な教育水準を求める場合もある．また入札文書では，入札でどの点を評価するかが指定されていなければならない．公共調達では，最もよい入札条件を持った事業者がコミューンと契約を結ぶことができる．コミューンが価格を固定し，事業者が提供するサービスの質を評価の対象として競争入札を行うケースがある一方，特定の質が基準となり，価格競争だけが行われるケースもあり，また価格と質の基準を合わせて競争入札を行うケースも一般的である（Kammarkollegiet 2011a, Stolt et al. 2011, Almega et al. 2013）．特に 1990 年代初頭の競争入札では，質の競争というよりは価格競争の色合いが強かった（Edebalk & Svensson 2005, Szebehely 2011）．また，2011年1月から2012年6月にかけて，スウェーデンで行われた介護付き住宅の競争入札70ケースのうち，その55%が価格と質の基準を組み合わせた競争入札であったが，競争入札に両方の基準が盛り込まれたとしても，実際には，質より価格が優先されるのが通例であった（Almega et al. 2013）．

公共調達の手続きが完了すると，コミューンは落札した事業者と契約を結び，サービスの運営をその契約者に引き継ぐこととなる．施設介護の場合は，施設自体は公的な所有のままとなるが，（非営利または営利の）民間事業者は独自の施設を所有し，契約の枠組みに従って，コミューンに対して「ベッド売り」をすることが可能である[4)]．事業者とコミューン間の契約は最長4年である（LOU 2007: 1091, Chapter 5, §3）[5)]．地方自治法（18条および19条）では，サービスの質についてのモニタリングとフォローアップは，事業の委託後も引き続きコミューンの責任としている（Kammarkollegiet 2012a）．高齢者介護サービスの外部委託の1つの特徴として，「新たな」事業者は，雇用保護法（LAS 1982: 80, §6b）の規定により，その時点にその施設で働いている職員の継続雇用を申し出なければならない．しかし，もとの雇用主が他の職場で新たな雇用を提供しうる場合は，その職員はその雇用主のもとに留まることもできる．実際には，ほとんどの職員は雇用主が変わっても，その職場に留まることが多い．また利用者も，新たな事業者のもとに留まる傾向にある．このように新たな事業者は，通常，ホームヘルプ地区あるいは施設において，ホームヘルプ利用者あるいは入居者と職員をそのままを引き継いでいる．つまり，事業者は利用者や職員を新たに募る必要はない．

高齢者介護部門にみる外部委託は，大企業に利益をもたらす傾向にある．それは大きな単位の入札や公共調達では包括的な資源が求められ，零細事業者や非営利組織はそうした資源を揃えられないからである（Svensson & Edebalk 2010, Meagher & Szebehely 2013）．

つい最近まで，コミューンが高齢者介護サービスを民間事業者に委託する際には，公共調達法によるものが最も一般的であった．この法律には，競争状態を確立するための手法について，特別な規定は含まれていない．この法律はまた，コミューンが消費者選択モデルを導入する際にも適用され，そこではコミューンはいくつかの事業者との間で，利用者が選びうる複数の事業者（これは普通，在宅サービス事業者であるが，施設事業者の場合もある）と枠組的な協定を結ぶ．消費者選択モデルは，コミューンが入札で選ぶ 1 事業者に事業を委託する手法とは別に，15 年前から導入されてきた．公共調達法は外部委託の方法として時間がかかりすぎるとされ，このことがサービス選択自由化法を導入する要因の 1 つであった．

2.3　サービス選択自由化法

2006 年に誕生した保守中道政権により，サービス選択自由化法（LOV 2008: 962）が 2009 年に施行された．この法律は，選択自由化制度において，認可された事業者リストから個人がサービス事業者を選ぶとき，公共調達の実施機関がどのような条件を適用するかを規定している．この法律は，コミューンが消費者選択（バウチャー）制度を導入しやすくするために施行された．サービス選択自由化法の導入にあたって，消費者選択モデルの編成や，コミューン間の差異をいかに解消するかについて議論が続いた（Government Bill 2008/09: 29）．2008 年から政府はコミューンに対し，財政的インセンティブを与え，消費者選択モデルの導入を奨励した．

サービス選択自由化法は基本的にはすべての社会サービス，施設介護と同様に在宅介護サービスにも適用可能で，社会サービス法，機能障がい者法（LSS），保健医療法（HSL）に基づいて提供されるサービスに適用可能である．コミューンは，高齢者介護に選択自由化制度を採用するかどうかを決めることができる．2010 年 1 月 1 日からは，サービス選択自由化法のもとで，すべての広域行政体がプライマリケアシステムにおいて選択自由化制度を導入することが義務づけられた．サービス選択自由化法には，コミューンがこの制度を設計する上での要件は記されていないが，公共調達に関する EU 指令で既に述べられている情報公開，相互承認，比例性という原則とともに，事業者間の平等な取扱いという基本原則に従い，要件を定める必要があるとされている．この制度における消費者選択とは，行政当局によるニード判定に従い，利用者が介護サービスを享受するにあたっては，認可された事業者のなかから利用したい事業者を選べることを意味する．この改革の背景にある基本的な考え方は，もしサービスに満足できなければ事業者を変更できるというもので，利用するサービスに利用者自身が影響を与えられるようにすることにある．またこのことが事業者間の競争を促すと想定されている．コミューンは，すべての事業者に対して固定額の報酬を支払い，（訳者補足：価格ではなく）質の競争を生み出すことを目指している．この制度では，事業者が自社のサービスの質をどう説明するかが焦点となる．選択自由化制度は，主にホームヘルプ，付添サービス，家族介護者のレスパイト，知的障がい者向けデイサービスで採用されている（Konkurrensverket 2012, Socialstyrelsen 2012a）．

この制度は事業者間の価格競争を転換させた．外部委託モデルに比べ，サービス選択自由化法に基づき設立された事業者には，利用者の獲得が全く保証されていない．さらに民間事業者はさまざまな形態の上乗せサービスを提供することができ，利用者はニード判定の枠内の高齢者介護サービスに加え，その「上乗せ」分を市場価格で，私費で購入できる．地方自治法（1991:900）では，コミューン直営事業に対して，市場において民間事業者と競合するこれらの上乗せサービスの提供を認めていない．

選択自由化制度では，営利企業と非営利団体を含め，法的に登録された団体はすべて，認可事業者になるための申請を行うことができる．入札文書はホームページ上（the Choice Web: www.valfrihetswebben.se）で常に公開されており，（訳者補足：申請する）事業者に対して，随時，認可が行われる．公共調達を行うか，またサービス選択自由化法に基づくサービス選択制度を実施するかにかかわらず，コミューンは事業者に対する申請条件を入札文書に示さなければならない（Konkurrensverket 2012）．

公共調達法とは対照的に，サービス選択自由化法ではコミューンは契約期間の制限を受けない（Kammarkollegiet 2011b: 21）．入札文書の諸条件を満たしている事業者，サービス選択自由化法第7章第1節により除外されない事業者はすべて認可される[6]．このように，サービス選択自由化制度では，コミューンは認可事業者の数を制限できない．また，均整の原則により，事業者に対する要求を過度に高くしてはならない．同法を導入した政府法案には，「要求を高くすると，その要求を満たして参入しようとする事業者が少なくなる」（Government Bill 2008/09: 29: 73）とあり，高いレベルの要求は競争に負の影響を与えうることも強調している．

サービス選択自由化法では，事業者を選択するのは利用者であり，事業者を選択しない利用者には代案が与えられる．その場合，代案として示される事業者はコミューン直営サービスでもよいし，競争的な公共調達で選ばれた特定の民間事業者，（事業者間で平等に割り振られるために）すべての事業者の順番制にしてもよい．コミューンには，利用者に対して，選択可能な事業者を知らせることが義務づけられている．その情報は客観的で，適切で，比較可能で，理解しやすく，受け入れやすいものでなくてはならない．

2.4. 介護サービスに関する他の法律

近年，他の法律により，ニード判定に基づく受給についての決定とは別の方法で，サービス利用が可能となってきた．サービス選択自由化法は，コミューン直営事業に対して，上乗せサービスやニード判定を必要としないサービスを提供することを認めていないが，1つだけ提供が認められているサービスがある．それは自治体権限法（Lagen om vissa kommunala befogenheter, 2009: 47, §7）により提供されるサービスで，コミューンは67歳以上の高齢者の事故を防ぐため，ニード判定をせずに，（身体介護を除く）サービスを提供することができる．コミューンは，利用者に対して無料で，もしくは，妥当な料金を徴収してサービスを提供できる．利用者に料金を課す場合，その価格はコミューンが行うサービスにかかる実費を超えてはならない．多くのコミューンは高齢者に対し，たとえば電球の交換やカーテンの取り付けなど，高齢者には危険と思われる作業の援助を年間に数時間，無料で提供している．しかし，窓ふきのように，民間の家事サービスと競合するようなサービスは含まれないのが普通である．

2007年に保守中道政権は，家事労賃控除（Lag 2007: 346 om skattereduktion för hushållsarbete）という新しい規則を導入し，この規則はスウェーデン語で「ルット」（RUT）と呼ばれている．この改革のもとで，納税者は，事業認可を受け，事業税を納税しているサービス事業者から，納税者一人当たり年間10万クローナ（約130万円）までの家事サービスを50%の税額控除で利用できる．この規則でカバーされるサービス利用には，コミューンによるニード判定は必要ない．つまりこの税額控除はすべての納税者を対象にしており，サービスはコミューンや国により規制されていない．このサービスは購入者自身の家でも，親の家でも利用できる．税額控除は身体介護サービスにも，家事サービスにも利用できる（Government Bill 2006/07: 94）．

この改革は高齢者介護サービスに影響を与えている．なぜなら，高所得の高齢者の場合，（多くのコミューンでは）税額控除を利用して，民間市場でサービスを購入する方が，ニード判定を伴うホームヘルプを利用するより費用が安い．少なくともサービス利用時間が短い場合は，税額控除によるサービス購入の方が確実に安い．サービス選択自由化制度を実施するコミューンでは，（コミューン直営事業ではなく）民間事業者がニード判定を伴うホームヘルプに加え，「上乗せ」サービスを提供する場合，上乗せ分のサービスの個人負担分はこの税額控除により半額となる（Meagher & Szebehely 2013: 72と第3節2参照）．

3　規制と事業者対象の監査

市場化が進んだ結果，高齢者介護サービスではガバナンス，管理，モニタリング，質といった概念が，部分的に少しずつ重要性を増してきた．高齢者介護サービスの規則と管理の責任は，異なる複数の行政官庁で分割され担われている．市場化と競争促進により，旧組織にも新たな任務が与えられ，さらに新たな行政機関も作られてきた．これらの行政機関は主に2つのグループに分けられる．1つは競争の導入に関する公共調達に関わる行政機関であり，もう1つは介護の質と実際の介護そのものに関わる行政機関である．本節ではまず，競争の規制に関係する制度と手法を議論する．その後に高齢者介護の質を規制し管理する制度としくみについて議論する．

3.1. 競争を規制する制度

公共調達法（LOU）やサービス選択自由化法（LOV）は，個々のコミューンが，競争や自由選択モデルをどのように採用するかについての詳細を規定していない．法律施行のために，多くの行政機関が，競争機能を確実にするためのモニタリングや助言の役割を与えられているだけでなく，介護分野での起業を奨励する役割も与えられている．

法律・財政・行政サービス庁（Kammarkollegiet）は，1539年に設立されたスウェーデンの最も古い行政機関であり，当時，グスタフ・ヴァーサ王が徴税と公的会計の監査機関としての「執務機関」を設立したものである．今日では，法律・財政・行政サービス庁は幅広い責務を持ち，たとえば，通訳者や翻訳者の認可，宗派の登録や他の公共の利益に関する事柄の登録を行っている（www.kammarkollegiet.se）．法律・財政・行政サービス庁は2009年に政府からの委任を受け，全行政機関を対象とした公共調達の手続きに関係する，国レベルでの公共調達を支援する制度をつくること，また公共調達法とサービス選択自由化法に基づき，介護サービスの公共調達についてコミューンへの指導を行うこととなった（www.upphandlingsstod.se参照）．法律・財政・行政サービス庁による指導は，入札する事業者と同様に，コミューンや広域行政体にとっても，公共調達をよりわかりやすくすることを目指し，契約のモニタリング制度の構築を支援することが目指された（Kammarkollegiet 2012a, 2012b）．2009年にサービス選択自由化法が施行された時，法律・財政・行政サービス庁は，選択自由化制度を啓発するために，国レベルでのホームページの作成とその運営が委任された（Government Bill. 2008/09: 29: 68）．コミューンと広域行政体は，サービス選択自由化法に基づいて運営される，それぞれの選択自由化制度について，国が運営するホームページ「選択の自由」

(Valfrihetswebben) に公示しなければならない (www.valfrihetswebben.se). すべてのコミューンと広域行政体が作成する入札文書はすべてこのホームページで閲覧できる.

法律・財政・行政サービス庁は, 2011年に11分冊のガイダンスを刊行した. 内容は協定の枠組み, 契約のモニタリング, 入札文書の書き方などである. 2011年には公共調達に関する問い合わせに対応する支援窓口が設置された. 法律・財政・行政サービス庁の公共サービスへの競争導入に関する活動は小さいものであったが, 問い合わせの増加に伴い, この公共調達支援システムのための予算は2009年から2011年までに, 700万クローナ (約9,100万円) から1,700万クローナ (約2億2,100万円) に増額された (Kammarkollegiet 2012c).

競争促進庁 (Konkurrensverket) は1992年設立の新しい行政機関である. 競争促進庁は公共調達法とサービス選択自由化法に関する助言機関であり, コミューンが競争のための規則に従わずに契約を行った場合, 裁判に持ち込む権限を持つ. 競争促進庁は, 政府から特別に委任を受け, サービス選択自由化法に基づく選択自由化制度における競争条件を評価している (Konkurrensverket 2012, 2013). その目的は, コミューン内のすべての事業者に対して同じ条件での申請を保証することである. コミューンには自ら事業を行うことが認められているが, コミューンはサービス購入者とサービス供給者の双方として活動できるようになったため, 政府は競争促進庁に対し, コミューンが持つ2つの役割がもたらす影響を分析するよう指示した (Konkurrensverket 2013).

経済地域振興庁 (Tillväxtverket) と成長政策分析庁 (Tillväxtanalys) は2009年に設立された[7]. 高齢者介護サービスにおける競争という文脈において, この2つの行政機関は, 2009年から2012年の間に介護部門の調査をし, 事業者の多様化を奨励するよう, 政府から委任を受けた. この委任業務の一環として全22巻の報告書が刊行された (Tillväxtverket & Tillväxtanalys 2012).

行政管理庁 (Statskontoret) は, 政府や省庁が意思決定を行う上で, 実用的で有益な関連資料を入手できるようにする任務を担っている. 行政管理庁は公的セクターの情勢をチェックするための広範な任務を担っている．2012年には行政管理庁にも，高齢者介護サービスの市場化に関する特別な任務が与えられ，それはコミューンにおけるサービス選択自由化法の影響をコストと効率から調査することであった（Statskontoret 2012 参照）．

社会庁（Socialstyrelsen）の任務は，高齢者介護関連では，主にサービス運営の質についての助言やモニタリングを行うことであり，第3節3でより詳細に紹介する．サービス選択自由化法が施行された時，社会庁は政府から委任を受け，コミューンが選択自由化制度や競争を促す機能を開発するための国庫助成金を配分する役割を担った．2008年から2010年にかけて3億750万クローナ（約39億9,750万円）が配分され，2011年から2012年にはさらに2,150万クローナ（約2億7,950万円），2012年には2,000万クローナ（約2億6,000万円）が配分された（Socialstyrelsen 2012b）．そして2013年にはさらに1,550万クローナ（約21億150万円）が同じ目的で配分された（Socialdepartementet 2013b）．2012年の終わりまでに，スウェーデン国内のコミューンのうち88%が助成金を受け取った（Socialstyrelsen 2013b）が，助成金を受けたコミューンのすべてが選択自由化制度の導入を決定したわけではなかった（第4節2参照）．

前述の組織とは対照的に，スウェーデン自治体連合会（SKL）は公的機関ではないが，政治的に（訳者補足：自治体選挙による各政党の議席数を反映した組織という意味）運営されており，スウェーデン国内のコミューン，広域行政体の雇用主としての機関であり，自治体で構成される利益団体である．スウェーデンの高齢者介護サービスの市場化において，スウェーデン自治体連合会は重要な役割を持つ．自治体連合会は選択自由化制度の導入を検討しているコミューンのために，法的助言，プロセスの支援，ネットワークや会議をとりまとめを担い，「選択自由化制度の先駆者」の経験をまとめた複数の報告書を刊行している（SKL 2009a; b and SKL 2010a; b）．さらに競争と選択自由化制度に関するニュースレター「競争と選択の自由の現状」（Aktuellt om konkurrens och valfrihet）を隔週で発行している（www. skl. se/vi_arbetar_med/valfrihet）．また「開かれた比較」を通じて，質の規制では中心的な役割を担っている（第3節4参照）.

3.2　コミューン直営事業と民間事業者で，選択や競争の条件は対等か？

スウェーデンでは，コミューン直営事業と民間事業者が対等な条件で競争しているかについては多くの議論がある．選択の自由の導入と同時期に登場した論点の1つは，利用者が事業者を選ぶ際，介護サービス判定員が利用者に対して中立かという点であり，特に（コミューン職員である）介護サービス判定員が民間事業者よりもコミューン直営事業を優遇していないかという点である（Charpentier 2004, Edebalk & Svensson 2005）．選択自由化制度における介護サービス判定員の役割についての研究や，行政機関による報告書はいくつかある（Hjalmarson & Norman 2004, Norman & Schön 2005, Hjalmarson & Wånell 2013, Konkurrensverket 2013）．これらの研究は，利用者が事業者を選択する時，介護サービス判定員が経験する課題として議論している．特に高齢者が虚弱で緊急の支援を必要とする場合のサービス情報の提供の仕方，事業者選択を困難と感じている利用者を支援する方法について扱っている（第5節1.1参照）．これらの調査では，介護サービス判定員が民間事業者よりコミューン直営事業を勧めているという事実は明らかになっていない．社会庁（Socialstyrelsen 2010a）と競争促進庁（Konkurrensverket 2013）も，介護サービス判定員には，競争において，中立的な立場で利用者に情報を提供する助言者としての役割についてのガイドラインと訓練が必要であると論じている．

サービス選択自由化法は，積極的に選択をしない利用者に対して，コミューンがサービス事業者を指定するしくみを持たなくてはならないと規定しているが，その運営方法までは規定していない．サービス選択自由化制度に基づき，2012年12月までに高齢者介護サービスに選択自由化制度を導入したコミューンのうち，49%のコミューンでは利用者が事業者を選択しない場合の独自の方法を持ち，45%のコミューンは認可事業者のなかで順番に割り振るしくみを持ち，6%のコミューンは近隣事業者の利用あるいは別のモデルを持っていた（Socialstyrelsen 2013b）．ホームヘルプにおける選択自由化制度の評価報告書の結論（Konkurrensverket 2013）において，競争促進庁は，利用者が事業者を選択しない場合の選択肢として，コミューン直営サービスを代替の事業者と設定することは，民間事業者の参入障壁となるため，そのようなコミューンは競争上の中立を確保するために，すべての事業者を含めたローテーションを用いるべきであると論じている．また競争促進庁はコミューンにおける購入者と供給者の役割をより明確に分けるべきであることも強調している．入札文書には細かく記載していないが，競争の中立性を高め，民間事業者の参入を促すために，コミューン直営事業と民間事業者への介護報酬はより透明でなくてはならないとしている．類似した議論が民間事業者連合会 ―民間介護事業者の利益団体及び雇用主団体― からも出されており（Vårdföretagarna 2011; 2012a），コミューン直営事業の申請と比較して，民間事業者にはより厳格な要求が行われており，競争がゆがめられていると民間事業者連合会は主張している．

民間事業者との競争でコミューン直営事業は不利とする議論も存在する．民間事業者には上乗せサービスを提供する機会が与えられているが，コミューン直営事業には認められていない．「上乗せ」サービスとはニード判定で保証される介護サービスに含まれていないサービスのことで，家事労賃控除を利用して，自己負担で購入するサービスを指す（Socialstyrelsen 2007; Meagher & Szebehely 2010）．ニード判定に基づくホームヘルプに民間事業者を選択する利用者は，（たとえば掃除の回数を増やすなどの）「上乗せ」サービスを同じ事業者，同じホームヘルパーのもとで購入できる．地方自治法では，コミューンは民間セクターと競合するサービスを提供することは認められず（第 2 節 3 と第 2 節 4 を参照），その結果，コミューン直営によるホームヘルプの利用者は，ニード判定の枠内のサービスと同じ事業者，同じ職員による「上乗せ」サービスの機会を持たないことになる．

サービス選択自由化法の政府法案では，このことがコミューン直営事業に不利かどうかが議論されていた．しかし政府法案では，コミューン直営事業に上乗せサービスの提供を認めると，サービス選択自由化法，家事労賃控除の両方で奨励されるはずのビジネスに負の影響がでることが強調された．選択自由化モデルで重要な点は，民間事業者は「さらにサービスを提供できる可能性を与えることで，さらに利益を得ようと経営努力を行う」と政府は考えていた（Government Bill 2009/09: 29: 123）.

概して，コミューン直営事業は民間事業者と同じ手法では，利用者獲得競争に臨めない.「上乗せ」サービスの提供を可能にすることは，事業者間競争を活発にするために重要であることが証明されてきた（SKL 2011a）．サービス選択自由化制度では，ホームヘルプ事業者の多数（70%）が「上乗せ」サービスを提供している（Konkurrensverket 2013, p. 88; Tilllväxtverket & Tillväxtanalys 2012: 40）．多くの民間ホームヘルプ事業者は，ホームヘルプ利用者だけでなく，一般の人々に対しても家事サービスを販売している．しかしながら，ホームヘルプ利用者の「上乗せ」サービスの利用状況については明らかになっていない．あるインタビュー調査で，競争促進庁は，ホームヘルプ利用者の8%しか，そのような上乗せサービスを利用しておらず，その「上乗せ」サービスの売り上げは，事業者の総売上高の6%程度にすぎないとしている（Konkurrensverket 2013: 87–88）．一方で，経済地域振興庁と成長政策分析庁による報告書（2012: 40）では，「上乗せ」サービスの利用は増加しており，調査対象となった事業者の半数において，その事業者の顧客に対する「上乗せ」サービスが売上全体の「かなりの割合」を占めているとされた.

3.3　質の規制を行うコミューンと国の機関

コミューンと国は共に，高齢者介護サービスのモニタリングを行う責任を持つ．社会サービス法が示す目標に到達するために，高齢者介護サービスを編成，供給することについての包括的な責任は，コミューン直営事業でも民間事業者による運営でも，コミューンの政治職（訳者補足：コミューン議員で構成される介護サービス委員会など）に委ねられている.

本章第1節1で述べたように，社会サービス法では，高齢者介護サービスは良質でなければならず，その質は制度的に継続的な基盤のもとで改善し保証されるべきとされているが，社会サービス法は質の管理をどのように行うかを規定していない．そのため，コミューンは，どのような質の管理の手法を採用するかを自分たちで決めなくてはならない．高齢者介護サービスを直営で供給する場合，コミューンはその運営に直接かかわることになる．介護サービスが民間事業者により供給される場合，コミューンが求める必要要件は，コミューンと事業者間で結ばれる協定に含まれる．調査報告や公的調査をみると，コミューン直営による供給でも民間供給でも，コミューンが行う高齢者介護サービスのモニタリングは不十分とされている（Riksrevisionen 2008; Winblad et al. 2009; Svensson & Edebalk 2010 参照）．このことは，2011 年秋に民間介護企業が起こした悪質な介護スキャンダルに対して，メディアや世論の抗議を受けて，政府も指摘してきたことであり，社会省は社会庁に対して，コミューンを対象とした公共調達と高齢者介護の質のモニタリングに関するガイドラインの作成を委任した．社会庁は報告書のなかで多数の入札文書を分析し（Socialstyrelsen 2013c），最終報告書でガイドラインを示した．このガイドラインでは，コミューンは介護サービスの質を体系的に再調査し，入札文書において事業の必要要件を示すことはコミューンの責任であることが強調された．また，コミューンは，必要要件を満たせない事業者との契約を解除しなければならないとした（Socialstyrelsen 2013d）．

このようなガイドラインづくりを通じた指導は，高齢者介護サービスについての国の指導として，社会庁の責任で行われていたが，2013 年 6 月 1 日からは新たな行政庁として，医療福祉査察庁（Inspektionen för vård och omsorg, IVO）が助言指導の役割を担うようになった（www.ivo.se 参照）．社会庁と新設の医療福祉査察庁は，社会省のもとにある行政官庁であるが，社会福祉サービスと保健医療サービスにおいて幅広い活動を担い，さまざまな義務を負っている．この 2 つの行政機関はサービスのモニタリングと評価，専門知識や情報のとりまとめと決定，法律や収集した情報に基づく基準の開発，法令を遵守するための助言を行う任務を持つ．また医療福祉査察庁は民間所有の施設介護に対する許認可権を持つ（Socialstyrelsen 2011a; www.ivo.se）．

民間事業者（営利または非営利）が競争入札により，ナーシングホームや他の介護施設の運営を落札した場合には，医療福祉査察庁の許認可は必要でない．しかし自前の施設を所有し，コミューンとの枠組み契約を結ぶ組織の場合は，許認可プロセスを経なければならない．選択自由化モデルにおいて，コミューンとの間に同様の枠組み契約を結んでいるホームヘルプ事業者は，医療福祉査察庁による許認可を必要としない．競争入札の後で外部委託された施設介護と在宅介護サービスの場合は，質の基準を保障する責任はコミューンにあり，質の基準は入札文書の必要要件に定められている（Socialstyrelsen 2013d）．

医療福祉査察庁は，その指導助言の役割のなかで，事前告知ありの査察と，事前告知なしの査察の両方を実施する．これらの査察は，利用者からの苦情申し立てへの対応として行う場合もあり，医療福祉査察庁が査察か，指導助言のいずれかを決定する．また医療福祉査察庁は医療過誤，またサーラ条項（第３節５）による高齢者介護の違法行為に対する判定も行っている．

3.4 「開かれた比較」（訳者補足：高齢者介護サービスの質の評価システム）

すでに記してきたように，過去数十年にわたり，ニュー・パブリック・マネジメントというタームのもとに分類される市場指向の運営手法が，世界のなかでも特に先進諸国の公的セクターに大きな影響を与えてきた．ニュー・パブリック・マネジメントの考え方では，結果の測定と効率性に焦点をあてることが重要とされる．市場が形成され，そこで福祉サービスが売買されるようになると，情報や「競争の中立性」に対する要求が現れる．このように，福祉サービスの市場化が進行した結果，公的財源によるサービスの質や効率性についての継続的なモニタリングのために，標準化システムの開発と実施がますます注目されるようになった（Lindgren et al. 2012）．スウェーデンの動向もこの傾向と一致している．

新たに登場した保守中道政権は，自治体連合会とともに，2007 年に社会庁に対し，国レベルでのモニタリング制度として，高齢者介護サービスの「開かれた比較」を開発することを委任した．その目的は，介護サービスの管理と開発にとって，よりよい前提条件をつくることと，サービスの質を時系列または事業者間で比較できるようにすることであった（Socialstyrelsen 2010c）.

さらに，政府からの委任により5つの補完的プロジェクトが構成された．それらはコミューンと広域行政体の調査，個人番号を基盤とした統計の開発，ニード判定とサービスの水準を示す国レベルの枠組みの開発，国レベルでの質の指標と財政指標の開発であった．さらに社会庁には，高齢者介護の質と利用可能性をフォローアップするために，国レベルでの利用者調査を毎年実施することが委任された（Socialstyrelsen 2010c）.「開かれた比較」の調整委員会は社会庁，自治体連合会，民間事業者連合会（Vårdföretagarna），非営利事業者連合会（Famna）の代表者で構成されている（Socialstyrelsen 2011b）.「開かれた比較」で可能となる比較情報は，国レベルの登録，公式統計と調査データを基盤にしている．データ源は処方箋登録，患者登録，コミューン社会サービス登録，そして人口統計と財政統計，脳卒中・脳梗塞登録（Riks-Stroke，脳卒中や脳梗塞の患者に関する情報を保持する国レベルでの登録（www.riks-stroke.org）），終末期の情報を登録するスウェーデン終末期ケア登録（palliativ.se），転倒防止，栄養失調，褥瘡（じょくそう），経口疾患を登録するシニア・アラート（Senior Alert）（www.senioralert.se）である（Socialstyrelsen & SKL 2013）.

「開かれた比較」は，これらの登録情報以外に，社会庁が毎年実施している2つの調査も基盤としている．1つはコミューン直営事業，民間の高齢者介護サービス事業者対象調査（Socialstyrelsen 2012d）で，もう1つは高齢者介護の質に関する全国利用者意識調査（Socialstyrelsen 2012e）である[8].

高齢者介護サービスの「開かれた比較」は2つの方法で公開されている．1つはホームページ上の「高齢者ガイド」（Äldreguiden）とその出版物，もう1つはホームページ上の「開かれた比較：医療と介護と高齢者」（Öppna jämförelser–Vård och omsorg och äldre）である[9].

「高齢者ガイド」はコミューン直営事業と民間事業者が運営する施設介護，ホームヘルプ，デイサービスについての情報を掲載している．このガイドは（たくさんの指標のもとで）コミューンやコミューンの特定のサービス運営を比較するために用いることができ，たとえば（指標の数は少ないが）施設介護やホームヘルプを比較することができる（www.socialstyrelsen.se/aldreguiden）．また特定の事業運営についての情報は，コミューン直営と民間の高齢者介護の比較に用いることができる（第5節2.1参照）．当初，「高齢者ガイド」は政策決定者と要介護高齢者とその家族に向けたものであったが，2013年からは要介護高齢者とその家族が，ホームヘルプや施設介護を選びやすくするためのものとなった（Dir. 2012: 91）．コミューン直営の介護施設を比較する場合，10の指標について情報を得ることができる．(1) 介護計画の更新をした人の数，(2) 介護計画の作成に参加した人の数，(3) 正規雇用の介護職員で正式な専門教育を受けている人の水準，(4) 職員の離職率，(5) 居住水準，(6) 食事（夜の食事），そして次のことについてのリスク評価，(7) 転倒，(8) 褥瘡（じょくそう），(9) 栄養不足，(10) 投薬の評価である（Socialstyrelsen 2012d）[10]．2011年と2012年には，職員の配置比率，時間給職員の比率の統計を含む，いくつかの指標が削除された（Socialstyrelsen 2012a）．

「開かれた比較」はコミューン議員とコミューン職員を対象に，2007年から刊行されている（初めはスウェーデン自治体連合会が単独で刊行していたが，2010年からは社会庁と合同で刊行している）．この報告書はコミューン単位で，高齢者介護サービスを指標ごとに，最上位から最下位に点数化している．2012年には高齢者介護サービスの質について35の指標が用いられ，そのいくつかは「高齢者ガイド」でも示されているが，利用者満足度調査，コストとサービスの指標，住民の健康状態の結果が報告されている．「高齢者ガイド」と同様に，職員配置比率と雇用形態（正規雇用か時間給職員か）については報告されていない（Socialstyrelsen & SKL 2013）．

3.4.1 「開かれた比較」が意図しなかった帰結

「開かれた比較」の最も重要な目的は，競争や運営形態の変化を促すために，コミューンや個々のサービス利用者に情報を提供し，サービスの質を向上させることである．しかしながら，質の評価システムに関する国際的研究のレビューは，（平均レベルに適用させようとする）平準化という負の副作用のリスクがあること，また事業者が質の指標を気にし過ぎて，そのこと自体が事業目的となってしまうことを指摘している（Lindgren et al. 2012）.

スウェーデンにおいても，質の評価システムに負の副作用が存在するという指摘がある.「開かれた比較」では，さまざまな指標に対して，何が十分なスコアかという基準の定義がない．それにもかかわらず，上位25%に入るコミューンは緑色にマークされ，下位25%に入るコミューンは赤色でマークされる．中間の50%に入るコミューンは黄色でマークされる．このように「開かれた比較」は相対的な比較にすぎず，実際の質に関わる情報は明らかでない．実際のサービスの質が25%低下したコミューンでも，「緑」として上位25%のコミューンとして報告されている（Lindgren et al. 2012）.

3つのコミューンを対象とした研究では，そのうちの2つのコミューンがデータを比較可能とするために，「開かれた比較」の指標に合わせて，高齢者介護の目標を変更していた．さらにそのコミューンでは，介護サービスの運営目標を決める際に，質に関する指標の平均スコアを使用することとした．つまり職員の配置基準を国の平均レベルに合わせたり，コミューンが目指す質の水準目標を「開かれた比較」にみる国の平均レベルに合わせたりするケースがみられる．この2つのコミューンの場合，関連指標が平均を超えていたため，下方修正することとなり，この操作は高齢者介護の質を低下させることになった．この2つのコミューンにとっては，実際にサービスの質を向上させることよりも，スコアが「赤」にならないことがより重要であるようにみえる．この3つのコミューンでは，このような形で「開かれた比較」が質の測定に適用されているにもかかわらず，各コミューンの回答者らは質の指標のスコアについて懐疑的であった．彼らは測定の妥当性に疑問を持ち，質問票に正しく回答しても，他のコミューンが意図的に間違った情報を提出することで，そのコミューンの方がより高い得点を得る可能性があるという懸念を示した．保健医療の評価においても，同様の傾向が見られる．「開かれた比較」は介護サービスの運営管理に重要なパーツとなってきているが，その一方で，質の指標との関連では懐疑性も広まっている（Lindgren et al. 2012）.

「開かれた比較」は要求する文書を定型化するため，介護事業の運営にも影響を与える可能性がある．介護サービス判定員と介護事業者は，すべて同じ様式と同じ方法で，利用者のニードと提供されるサービスを登録しなければならず，比較を可能にするために文書の様式の統一が求められる．「開かれた比較」の枠組みでは，構造的な書式モデルの開発に特化したプロジェクトも行われている（Socialstyrelsen 2009）．医療分野では，質の評価システムの経験がより豊富であるが，標準化された形式のなかに存在する，より詳細で複雑な現実の課題が指摘されている（Lindgren et al. 2012）．

「開かれた比較」の利用についての認識が乏しいにもかかわらず，何が測定可能であり，何が実際に測定されるのかにより多くの焦点をあてることにはリスクがある．サービス提供者と受け手の関係性や他の社会的視点など，重要でありながら，測定しにくい介護の視点が質の指標に含まれず，評価の外に追いやられる傾向にある．この質の評価手法に対しては，行政担当者や事業者の間でも懐疑的な声がありながらも，事業者とコミューンは測定されたアウトカムによりランク付けされる．この質の評価システムから逃れることは不可能な状況である．

社会省は「開かれた比較」に期待しており，「開かれた比較」は「世界レベルで品質と効率性に貢献する」と信じている．事業者選択において，利用者を支援する1つの形としての「高齢者ガイド」に対する社会省の自信は，ビジョン宣言として表現されている．基礎情報としての「開かれた比較」は十分に情報提供を行っており，その結果，市民，患者，利用者は最良の介護事業者を自由に選択することができる」（Socialdepartementet et al. 2009: 3）．しかしながら，その情報が実際にどう利用されているかについては知られておらず（Lindgren et al. 2012），現実に，国際的な研究は社会庁が思うようにはなっていないことを指摘している（Glendinning 2008）．Pollitt（2006: 48, Lindgren et al. 2012: 26からの引用）は次のように主張する．「一般に，サービスのパフォーマンスに関する情報が重要であると言われるものの，大臣や国会議員，市民は大量の事業情報をほとんど利用していないことが，幅広く示されている」．

3.5　質の管理における利用者と職員の役割
――コミューン直営事業と民間事業者の違い

介護サービス利用者（またはその家族）と介護職員は，介護サービスの質を維持し向上させるプロセスにおいて，重要な役割を果たすと考えられるようになった（Kjellberg 2012）．コミューン直営事業と民間事業者が提供する高齢者介護サービスでは，利用者と職員の参加がどのように包摂されているかで明らかに違いがあり，本節ではこれらの違いを議論する．

社会庁は，高齢者介護の質を守る上で，利用者の役割が重要であることを強調している．利用者がサービスの欠陥や問題点を指摘するために苦情を申し立てる場において，コミューンによる正式な手続きが必要であると社会庁は指摘している（Socialstyrelsen 2013d）．介護サービスへの苦情は，介護職員や介護サービスの運営に対して行われる．コミューン直営の介護サービス事業では，その苦情はコミューン内の議員による委員会（訳者補足：介護委員会，社会福祉委員会など）に直接申し立てることも可能である．民間事業者による介護施設では，利用者の苦情は，指導や管理の立場を代表する人に向けられる．どちらの運営形態による介護サービスでも，国レベルの指導主体である医療福祉査察庁に直接，苦情申し立てを行うことも可能である（2013年6月以前は社会庁）．介護サービス事業者が質の管理システムの開発をする上で必要なツールを提供するため，社会庁は拘束力のあるガイドラインの最新版を刊行し，体系的な質の管理システムに対して一般的なアドバイスを行うこととなった（SOSFS 2011: 9）．そのシステムが社会サービスにおいて体系的に使用され，その事業の質を継続的に保証することがガイドラインの目的である．

苦情とは何かについて定まった定義はない．高齢者介護サービスでは，苦情の申し立てを行うのは，高齢者本人，またその家族であることが多いが，この点は医療サービスと異なる．患者助言委員会法（1998: 1656）によると，医療サービスでは，どの広域自治体も個人の苦情申し立てを支援する委員会を設置しなければならない．高齢者介護では，コミューンにより苦情申し立てへの対応はさまざまで，異なる専門職の間で機能が分かれていることが多い．いくつかのコミューンでは，高齢者オンブズマンが苦情申し立てのプロセスで市民を助け，支援しているが，このようなオンブズマンを導入するコミューンの数についての統計はない．

苦情対応のしくみを開発する必要性は，これまでにも指摘されてきた．会計監査院（Riksrevisionen 2008: 81）は，コミューンには通常，苦情に対応する場が想定されていないとする．このことは，苦情を申し立てるのも，それに対応するのも，多くは利用者，家族，介護職員次第であることを意味する（Kjellberg 2012）．また，社会庁（Socialstyrelsen 2010b）は，サービスの質の管理システムが存在しない地域を明らかにした．スウェーデン国内の100のコミューンを対象とした調査で，Harnett（2010）は，90％のコミューンで苦情申し立てへの対応策を持っておらず，また苦情申し立て者に対し，組織内と同様に，何らかのフィードバックを行えるコミューンは40％にすぎないことを明らかにした．さらに，その苦情の内容が異なる専門職間にまたがっていた場合，そのような苦情を受け入れるための体系的な制度は存在しないことが多いことが指摘されている．

一方，介護の質を守り，問題を報告するという職員の役割は，利用者の苦情に対応するプロセスより明確に規定されている．しかし医療と福祉では違いがあり，またコミューン直営事業と民間事業者の職員で内容が異なる．もし不具合が発生した場合，あるいは不具合が起きるリスクがある場合，福祉サービスで働く職員はその職場で起きた事柄を報告する義務を持つ．日常的な介護でも，医療保健サービスで起きたことでも，同様の義務が生じる．この義務は患者安全法（PSL, 2010: 659）と社会サービス法（SoL 2001: 453）で規定されている．

高齢者介護の利用者や患者が，ケアや処置，その他の診療で医療過誤を受けた場合，職員には報告と調査が義務付けられている（患者安全法第3章第5条）．この規定はマリア条項（lex Maria）を呼ばれ，すべての保健医療職員を対象としている．このことは，登録された医療職員と保健医療の作業を委託された職員（たとえば高齢者介護の介護職員）の双方を意味する（Socialstyrelsen

2010d; SOSFS 2005: 28).

福祉サービスの分野で不具合が生じた場合，サーラ条項（lex Sarah）に基づき，それは報告されなければならない．サーラ条項は社会サービス法第14章第3条の通称である．この規定は社会福祉サービスで働くすべての人に対し，職場で生じている不具合やそれが生じるリスクについて通報する義務を課している．そして，事業者はその状況を解決するためにすぐに行動しなければならない．1999年に施行されたこの規定には，副看護師であったサーラ・ウェグナット（Sarah Wägnert）の名前が付けられた．彼女は民間委託されたナーシングホームで起きた，不適切な介護と職員不足をメディアに告発した．ナーシングホーム経営者が彼女の訴えを聞き入れなかったので，彼女は自ら行動を起こした（Socialstyrelsen 2010d）．Fransson（2012）は，サーラ条項は福祉事業に携わる職員の発言の自由を保障するものとしている．

サーラ条項は1999年に導入された後，数回にわたり改正があったが，一番最近の改正条項は2011年6月1日に施行された．現在，サーラ条項は高齢者と障がい者福祉だけでなく，すべての社会福祉部門を対象としている．さらに法案では，サーラ条項は質の管理に体系的に統合されるべきで，そのため，介護職員は「すべて」の不具合を報告しなければならず，すべての「深刻な」不具合については，国レベルの指導助言担当の行政官庁である医療保健福祉査察庁（かつては社会庁）に報告しなければならないと強調された（Government Bill 2009/10: 131）[11]．

サーラ条項では，コミューン直営事業と民間事業者に雇用される介護職員は異なる扱いを受ける．コミューンに雇用されている高齢者介護職員には，コミューン内の高齢者介護の責任を持つ議員による委員会（訳者補足：社会福祉委員会，介護委員会など）へ不具合の報告が要求される．その一方で，民間事業者に雇用される介護職員は，その不具合をまずは組織内部の担当者に報告し，その担当者がコミューンの議員による委員会に報告する．深刻な不具合の場合，コミューン直営の高齢者介護では，コミューンの議員による委員会が医療保健福祉査察庁に報告する．一方，民間事業者の場合は民間事業者が自ら医療保健福祉査察庁に報告する責任を持つ（Socialstyrelsen 2013e）．

民間事業者とコミューン直営事業による高齢者介護サービスで，サーラ条項が適用されたケースにどの程度の差があるかは明らかでないが，実際には事業運営形態による違いは小さいと思われる．コミューン直営の高齢者介護では，多くの場合，不具合の調査に対する責任は，議員による委員会から介護ユニットの責任者に委任される．また問題を通報する職員を妨害する可能性が高い直属の上司に調査が委任されることさえある．新たなサーラ条項についての政府法案では，運営形態に関係なく，調査の実施は直属の上司であってはならないことを強調しているが，実際どう運用されているかはわからない．この政府法案に先行する公式調査の議論では，（コミューン直営事業か民間事業者にかかわらず）サーラ条項によるすべての報告は，議員による委員会に直接提出されるべきという議論がみられたが，そのようにならなかった（Government Bill 2009/10: 131）.

競争が激しくなるなかで，不具合の多くは報告されず，また報告が不十分であることが増えている．それはサーラ条項による報告がサービスの質の管理の効果としてではなく，（たとえばマスメディアによる）ナーシングホームやホームヘルプへの批判としてみなされることが多いためだといわれている（Kjellberg 2012）.

告発者として活動する権利と情報提供者の保護の面で，コミューン直営事業と民間事業者に雇用される介護職員の間には大きな違いがある．告発者としての権利は表現の自由に関する基本法の規定で言及されており，すべての市民は自分の思想，見解．感情を表現する権利を有する．このことはまた，一定の程度まで，守秘義務のある情報についても開示が可能であることも意味する（Riksrevisonen 2008）．情報提供者の保護は，情報を開示した人の匿名性が守られる権利に言及しており，この保護のもとで，行政当局（そしてそのようなコミューン直営事業の高齢者介護職員）が情報を提供した人を探すことを禁じている．このことは行政当局が，たとえば解雇通告により，告発者に報復することが禁じられていることをも意味する（Riksrevisonen 2008）.

情報提供者の保護は公務員のみを対象としており，告発者としての行動について，民間で雇用される職員には公務員と同様の権利は保障されていない．また雇用主による報復であっても，民間で雇用される職員には公務員と同様の保護はない．コミューンが仮に，民間で雇用される職員に対しても告発者として行動できる権利を認めようとする場合，このことはコミューンとその事業者と間の契約に含まれていなければならない．告発者の権利が契約に含まれていなければ，民間事業者の雇用主が，情報開示をした人物を探したり，情報提供者に対して懲罰を課したりすることを妨げることはできない（Riksrevisionen 2008）．

民間事業者の職員が告発者として動く場合，雇用主による報復からほとんど保護されていない現状については，公式調査の対象にもなっており，たとえば，サービス選択自由化法の基本を示した政府法案でも意見が述べられている．政府法案は，民間事業者の職員に対する保護が不十分であることは「透明性において負の影響を与える」かもしれないが，民間事業者の職員が告発者として活動する権利を規定によって強化することは，企業の競争力を弱め，契約の基本原則（たとえば非開示の契約）に反する，と指摘している（Government Bill 2008/09: 29, 79–80）．現在でもこの議論は続いており，法務省は最近，公的財源で運営される福祉部門において，民間雇用にある情報提供者の保護を強化することについて公式に調査する委員会を設置した．この委員会の出発点は，情報提供者の保護は，できるかぎり，公務員に与えられる保護と等しくすべきという点にある（Dir. 2012: 76）．一般市民に対する透明性という点では，コミューン直営事業による介護と民間事業者による介護には違いがある．情報公開は，長きにわたるスウェーデンの行政の特徴である（Strömberg 2002）．基本的な考え方は，一般の人々が文書や情報にアクセスすることを可能にするとともに，行政権力がその力を誤用しないように，一定レベルで透明性を保証することである（Riksrevisionen 2008）．公的文書にアクセスする権利とその権利の制限については，表現の自由法（1949: 105）により詳しく規定されている．

しかしながら，民間事業による文書は公的文書とみなされないため，市民には文書の開示を請求する権利がない（Riksrevisionen 2008）．このことは，たとえば，社会民主党政権の政府法案「新世紀の民主主義」（Government Bill

2001/02: 80）では，民間企業が提供する公的財源によるサービスの一部について，市民に対して，基本法上の透明性に対する権利を認めない場合には，民主主義の危機が発生しうることを強く指摘している．このことは2002年の地方自治法改正につながり，事業委託を行う契約の際に，コミューンは，契約先の企業に対して十分な管理とモニタリングが行えるようにすべきとした（地方自治法第3章第19条）．そして委託契約では，コミューンや広域自治体がその企業の運営情報に確実にアクセスできることが保障されていなければならないとした（地方自治法第3章第19条）．それでも曖昧な表現にとどまっており，民間企業による高齢者介護の透明性はかなり制限されていることが示唆される．

4　スウェーデンにおける市場化の程度

4.1　傾向

表1に示すように，過去20年にわたり，高齢者介護の主たる2つのサービス，ホームヘルプと施設介護においては，民間事業者による供給が著しく増加してきた．当初は，施設介護でその展開が速く，それはおそらくコミューン直営施設の運営を外部に委託するというプロセスの初期にみられた市場化の動向による．施設介護の運営委託に競争入札を導入することは比較的容易であった．一方，ホームヘルプの市場化は，2000年代初頭に，いく

表1．スウェーデンにおける公的財源による高齢者介護サービスにおける民間供給の割合（1990–2011）（%）

	1993	2000	2005	2012
ホームヘルプ（時間）	4	7	10	23
施設介護（入居者数）	5	12	14	21

出所：Konkurrensverket（2007: 45）(for years 1993–2005), Socialstyrelsen（2013f）(for year 2012).

つかのコミューンで消費者選択モデルが導入されてから加速した．今日では両サービスの市場化はほぼ同じレベルに達しており，社会庁の公式統計ではホームヘルプの総供給時間数の23%，施設介護の総部屋数の21%が民間部門により供給されている（Socialstyrelsen 2013f）．

社会庁による統計では，営利事業者と非営利事業者の区別はないが，産業統計では区別することができる．図1は，高齢者および障がい者を対象とする介護サービスに従事する職員のうち，非営利事業者と営利事業者に雇用されている職員の比率が1993年から2010年までにどう推移したかを示している（コミューンで雇用される介護職員は示されていない）．

この期間に，非営利事業者に雇用されている職員は2～3%である一方で，

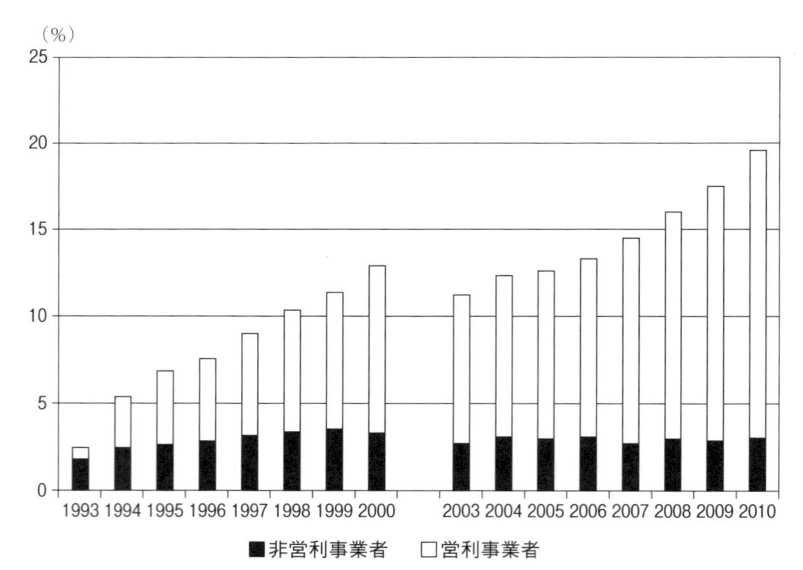

図1．高齢者介護と障がい者支援における営利・非営利事業者別の職員の割合（1993−2010）

出所：1993-2000（Trydegård 2001: 116）; 2003-2010（Szebehely 2011: 225）．
両期間のデータの出所はスウェーデン事業者登録である．おそらく2000年と2003年の間の減少を説明しうる産業統計において，コード変更がなされており，この両期間を完全には比較できない．

表2．多様な介護事業者からの高齢者介護の購入額（2011年）

	営利事業者	非営利事業者	他の公的事業者（自治体・県）	計
単位：100万クローナ（約1,300万円）	13,091	1,557	443	15,091
介護サービスの全購入額における比率（%）	87%	10%	3%	100%

出所：SCB（2012a）Table 5.

営利事業者に雇用される職員の割合はゼロから17%にまで増加した．前述のとおり，（訳者補足：北欧諸国のなかで）スウェーデンの高齢者介護にみる営利事業者が相対的に強い立場にあるのは，競争入札のプロセスを経て民間事業者に外部委託が行われるようになったためである．特に1990年代の緊縮財政の間は，質よりも価格面での競争であった．第2節2で示したように，緊縮財政下において競争入札は大企業を優遇していた．なぜならば，非営利事業者や零細事業者に比べて，大企業は入札手続きに関する事務作業をこなす能力が高く，市場参入のために必要に応じて安値をつけることができたからである（SOU 2007: 37）．さらに，公共調達法（LOU）による競争入札のもとで，事業を落札した事業者は，サービス利用者と，介護職員をそのまま引き継ぐことができた．このことは，その後にサービス選択自由化法（LOV）のもとで選択自由化制度が施行された時にも，事業者にとってのリスクを大幅に減少させ（第2節2参照），市場参入への足がかりと，成長率を上げるためのよい条件となった．

高齢者介護の市場化の程度を示す別の方法として，公的財源がどれだけ民間による高齢者介護供給に流れているかを示す（表2参照）．最近の統計では，スウェーデンのコミューンは高齢者介護について民間事業者に対し150億クローナ（約1,950億円）分の支出を行っており，この額は2011年の高齢者介護総コストの15%にあたる．そのうちの87%が営利事業者からのサービス購入であった（SCB 2012a）．

ニード判定を伴う高齢者介護サービスの充足は，社会全体の高齢化の速度に追いついていない．その結果，家族による介護は増加し，同様に民間から

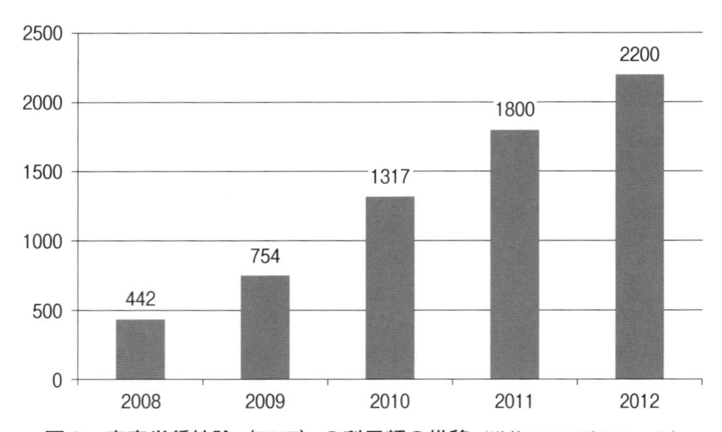

図 2．家事労賃控除（RUT）の利用額の推移（単位：100 万クローナ）
出所：Håkansson（2012: 6）and Skatteverket（2013）.

介護サービスを購入することも増加している．この 2 つの傾向には社会階層に関係したパターンがみられる．つまり学歴の低い高齢者では家族介護を受けているケース，学歴が高い高齢者では私費で介護サービスを購入しているケースが多い（Szebehely & Trydegård 2012; Szebehely & Ulmanen 2012）.

家族介護の増加に対する公的支援はないが，第 2 節 4 で示したように，私費でサービスを購入することは，家事労賃控除（RUT）の導入によって奨励されてきた．高齢者はホームヘルプの代わりに，または補助的に，家事労賃控除による介護サービスを購入できるので，家事労賃控除は公的財源で運営されるホームヘルプと影響し合っている（Szebehely & Trydegård 2012）．家事労賃控除の利用は 5 年間で 5 倍に増えており，2008 年には 4.5 億クローナ（約 58 億 5,000 万円）から 2012 年には 22 億クローナ（約 286 億円）に増加した（図 2 参照）.

家事労賃控除では，所得による利用の違いが明らかで，高所得の家庭による利用が多い．2011 年には年間所得が 40 万クローナ（約 520 万円）を超える人の 13%が家事労賃控除を利用しており，一方，低所得の人の利用は 4%であった（SCB 2013a）.

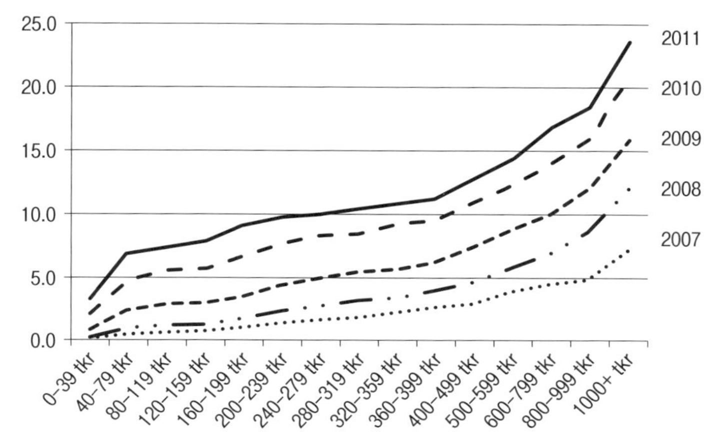

図3．年収別による65歳以上高齢者の家事労賃控除利用比率（2008－2011）

（単位：1,000クローナ）

出所：SCB（2013b）により筆者作成.

家事労賃控除は高齢者によく利用されている．65歳以上高齢者の利用が8%であるのに対して，20～64歳では4.6%である（SCB 2013b）．家事労賃控除の利用は，すべての収入別グループで増加がみられるが，高齢者間でも所得による利用格差がある（図3参照）．2011年の高齢者の家事労賃控除の利用平均は年間3,000クローナ（約3万9,000円）であり，換算すると，年間で20時間程度のサービスである（SCB 2013b）．65歳以上高齢者の9%が利用するニード判定を伴うホームヘルプに比べ，私費で購入するサービスの利用時間数ははるかに少ない．（訳者補足：公的財源による）ホームヘルプ利用者の平均利用時間数は週7時間であり，1年分に換算すると，年350時間となる（Socialstyrelsen 2013a）．このように，2つのタイプのサービスについて，高齢者による利用率は同じレベルであるが，利用量を比べると，私費で購入する家事援助サービスは公的財源によるホームヘルプに比べてまだ少ない．

4.2　高齢者介護の民間委託にみる地域やコミューン間の多様性

スウェーデンのコミューンは，国との関係において，自律性が高く，民間事業者が提供する高齢者介護の広がりでも地域やコミューン間では差がある．2012年では，290コミューンのうち60％のコミューンにおいて，ホームヘルプは完全にコミューン直営のみで行われていた．その一方，ストックホルム周辺と（訳者補足：スウェーデン南部の）スコーネ地方のいくつかのコミューンではホームヘルプの半分以上が民間事業者により供給されていた．施設介護では，65％のコミューンで民間供給がなく，その一方で，約20のコミューンでは，施設介護の半数以上が民間供給となっていた（Socialstyrelsen 2013f）．一般に，大都市や地域の中心部では高齢者介護サービスの多くが外部委託され，特にホームヘルプはその傾向にある．対照的に，スウェーデン北部の過疎地域では，高齢者介護サービスに市場化の導入を決めたコミューンはほとんどない（Socialstyrelsen 2013f）．地方の過疎地域に比べ，人口が密集する都市部では利用者間の移動距離が短いため，ホームヘルプは民間事業者により魅力的なビジネスとなることが理由の1つと考えられる（Stolt & Winblad 2009）．

1990年代の高齢者介護サービスの市場化の進展に関する研究（Trydegård 2001）は，最近の研究（Stolt & Winblad 2009; Hartman 2011）と同様に，コミューンによる違いは都市化のレベルと政治情勢の両者に関連することを示してきた．つまり人口が多いコミューン，右派系与党のコミューン，学歴の高い住民の割合が多いコミューンでは，民間事業者による高齢者介護サービスの供給比率がより高い．

しかしながら，社会民主系与党のコミューンでも，高齢者介護サービスを民間事業者に外部委託しているところがある．スウェーデンの高齢者介護サービスの民営化プロセスに関する詳細な研究で，Stolt and Winblad（2009）は，民営化傾向は首都圏と大都市で始まり，徐々にその近隣の郊外，より小さなコミューンに広がったと説明している．Stolt and Winblad（2009）は，左派系与党のコミューンが民間事業者を導入するかどうかには，人口密度，緊縮財政だけでなく，近隣のコミューンの状況も影響を与えていることを見出した．近隣のコミューンが，すでに高齢者介護に民間事業者を導入していた場合，その政治色にかかわらず，左派系与党のコミューンでも民間事業者を選択肢として選ぶ傾向にあった．「民営化という新自由主義プロセスにおける誘惑効果」があったようである（Stolt & Winblad 2009: 910）．

スウェーデンで消費者選択モデルが最初に導入されたのは1990年代で，何年もの間，そのモデルは，いくつかのコミューン，主に首都圏と右派系与党のコミューンでの採用にとどまっていた．2009年にサービス選択自由化法（LOV）が施行され，その後導入された国庫補助金によって選択自由化モデルの採用が広がった．2012年12月には，スウェーデン国内の290コミューンのうち133コミューンがサービス選択自由化法を具体的に実施し，45％のコミューンがホームヘルプにこれを導入し，全国でサービス選択制度が利用できるホームヘルプ利用者数では利用者全体の60％にあたる．さらに42コミューンが同法の具体的な実施を決定している（Socialstyrelsen 2013b）．競争入札の場合と同様に，消費者選択モデルの採用については，政治的，地理的な条件によるパターンがみられる．消費者選択モデルは，基本的には住民が多い都市部にある，右派系与党のコミューンで主に採用されている（Socialstyrelsen 2010a）．2012年には，郊外型コミューン[訳者注7)]の87％，都市型[訳者注7)]の74％がホームヘルプにサービス選択自由化法を既に採用しているか，今後に採用することを決定していたのに対し，過疎地域では15％にすぎず，そのほとんどはスウェーデン北部のコミューンであった（Konkurrensverket 2013: 43）．

しかしスウェーデンの三大都市はそれぞれ異なる選択をしてきた．ヨーテボリ市とマルメ市はスウェーデンの第二，第三の都市であるが，両コミューンはともに社会民主系連立与党で，サービス選択自由化法を採用していない．一方で，最大都市であるストックホルム市は保守系政党による連立与党で，サービス選択自由化法が施行されるかなり前，2002年にはすでにホームヘルプにおいて選択自由化モデルを導入していた．今日，ストックホルム市ではホームヘルプ供給時間の3分の2は民間事業者による供給であるのに対し，マルメ市とヨーテボリ市では，コミューン直営のホームヘルプのみである（Socialstyrelsen 2013f）．ストックホルム市とヨーテボリ市の比較では，それぞれのコミューン議員が，ホームヘルプ利用者が選択の機会を持つことについて異なる立場を示している．ストックホルム市のコミューン議員は，高齢者自身がホームヘルプ事業者を選択する機会を確保することを重要視している．ストックホルム市では，2013 年 4 月に，枠組み契約を中央で一本化し，異なる 148 事業者をリスト化し，ストックホルム市内のさまざまな地域に住むホームヘルプ利用者が，地域ごとに 84〜106 の異なる事業者から好みの事業者を選べるようにした（Stockholms stad 2013a）[12]．ヨーテボリ市では，コミューンが唯一の介護事業者であり，高齢者はニード判定により示されたサービス提供時間内で，本人がサービスを選べるようにした（Karlsson 2012）．

4.3　高齢者介護サービスの民間市場——構造とプレイヤー

1990 年代初頭に，スウェーデンの高齢者介護分野に競争が導入されるようになったが，その頃からコミューンは主に高齢者の施設介護について，部分的な外部委託を始めた．コミューンは自らの高齢者介護部門を競争にさらし，その競争入札に民間事業者を参入させた．前述のとおり，このプロセスでは大企業が優遇され，そのことはスウェーデンの介護サービス市場における事業者の構図に影響を与えてきた．大企業は入札に次々と成功し，また小規模事業者を合併し買収することで成長してきた．その結果，特に施設介護の運営委託を受ける民間セクターでは，大企業が支配的になった（Szebehely 2011, Grant Thornton 2012）．2012 年には民間事業者が委託運営する介護施設全体の 86％が営利企業によるものとなり，その約半数（46％）が 2 大企業であるアテンド・ケア社（Attendo Care）とカレマ・ケア社（Carema Care）[13] による経営であった．3 番目の大規模事業者はアレリス・ケア社（Aleris）である．この 3 社は 2005 年に民間投資会社に買収され，（訳者補足：民間投資会社の所有により，）事業を続けている（Arfwidsson & Westerberg 2012）．

今日，アテンド・ケア社はヨーロッパの民間投資会社である IK 投資パートナー社（IK Investment Partners）に所有されている．IK 投資パートナー社は2006年に民間投資会社であるブリッジポイント社（Bridgepoint）からアテンド・ケア社を買収した．2011年時点で，アテンド・ケア社は北欧諸国で1万4,400人（常勤換算）を雇用しており．その多数がスウェーデンでの雇用である．またアテンド・ケア社はフィンランドの半数の自治体において公的財源による介護を提供しており，ノルウェーとデンマークでの事業展開は限られている（Attendo 2012）．アテンド・ケア社はスウェーデン国内のコミューンにおいて172件の高齢者介護事業（施設介護98カ所，ホームヘルプ74カ所）を運営している．またアテンド・ケア社は障がい者支援サービス（たとえば80カ所の障がい者向け住宅），家族や子どものための社会的支援施設をも運営しており，そのうち17カ所は難民としてスウェーデンに入国した子どもたちの住宅である（Attendo 2013）．

もう1つの大企業であるカレマ・ケア社は，民間投資会社トリトン社（Toriton）とKKR社（KKR）に所有されており，両者は2010年に民間投資会社3i社（3i）からカレマ・ケア社を買収した．スウェーデンでは，カレマ・ケア社は高齢者介護を129件（介護施設81カ所，ホームヘルプ48カ所）で提供しており，精神障がいや学習障がいのある人たちの支援をする施設200カ所以上を運営している（Carema 2013）．カレマ・ケア社の親会社であるアムベア社は，スウェーデンとフィンランドの医療および福祉サービス合わせて合計1万5,000人の職員を持つ（Carema 2012）．高齢者介護サービスで3番目に大きな事業者はアレリス・ケア社で，ケア・パートナー社とアイ・エス・エス・ヘルス・ケア社との合併により2005年に設立された．その年に同社は民間投資会社EQT社に買収され，2010年にはアレリス・ケア社はスウェーデンのファイナンシャル・ホールディング会社であるインベストール社に売却された．アレリス・ケア社は2011年時点で約7,000人を雇用し，スウェーデン，ノルウェー，デンマークで，医療保健サービス，高齢者介護サービス，精神障がい者ケアを提供していた（スウェーデン4,700人，ノルウェー900人，デンマーク900人）．この3カ国において，高齢者介護の売り上げは小さい（17%～22%）（Aleris 2011）．スウェーデンでは19カ所の介護付き住宅と18カ所のホームヘルプ事業を運営している（Aleris 2013）.

これらの大規模事業者は競争入札で介護施設の運営の委託契約を結ぶのが典型的で，その場合，施設自体はコミューンが所有している．しかしながら，民間企業が独自の施設を建設し，1つまたは複数のコミューンとの間での枠組み契約を行う事例も増えている．たとえば，アテンド・ケア社が経営する98カ所の介護施設のうち，30カ所はアテンド・ケア社の所有である（Attendo 2013）．コミューン直営施設でも，民間事業者が運営する施設でも，利用者は介護にかかる料金として同額の利用料を支払うのが基本であるが，民間事業者が運営する施設は，多く支払えばよいサービスを受けることを可能とする利用者向けのサービスを上乗せして「ホテルのような」施設を提供する，として宣伝されている（Entreprenör 2012）.

2000年代の10年間にみるスウェーデンの介護企業とその展開の研究のなかで，経済地域振興庁（2012）は，業界全体の競争状態は良好と結論づけている．企業に対する付加価値が4年間で71%も増加した．なかでも高齢者対象のホームヘルプでの成長が最も顕著で，2005年から2009年の間に，企業価値は268%増加，従業員数は163%増加，企業数は98%増加した．高齢者の施設介護ではそれぞれ93%，98%，26%の増加であった.

統計局（2012b）は，介護部門で事業を行う企業は他のスウェーデン企業に比べて，よりよい経営状況であるとしている．2010年には，介護企業の利益還元率は13%で，他の民間企業が8%であるのに比べて高い．介護企業に見る流動性や支払い力は全企業の平均値よりも高かった．しかし経営状況に関する統計局の報告の手法は，民間介護事業者連合会の間で議論となってきた（Vårdföretagarna 2012a）．その議論は，企業利益をより正確に見るには運用収益をみる必要があるというものであった[14)]．この方法でみると，産業全体の運用収益が7.3%であるのに対し，介護企業は7.5%である．有名な財務コンサルタント企業であるグラント・ソーントン社（2012: 15）もまた，介護市場についての独自の分析で類似した収益性の図式を見出し，2011年には介護部門では収益率が若干減少したことを議論した.

先行研究を見ると，Szebehely（2011）は「公的財源で運営される高齢者介護や障がい者支援は，国際的な投資家にとって魅力的な市場となってきた．国際的な民間投資会社が，2005年以降，大きなスケールでこの分野に参入してきたという事実がそのことを示している」と結論付けている．スウェーデンの高齢者介護サービスにおいて，営利事業者のシェアが着実に伸びていることは，スウェーデン企業や国際企業がまだこの市場は魅力的と考えていることを表しているが，収益には減少の兆候もある（Grant Thornton 2012）．民間投資会社が税財源で運営される事業に関心を持つ背景には，世界的にみると，スウェーデンの福祉部門における規制は非常に弱いという事実があると，国税庁は述べている（Skatteverket 2012）．

4.3.1　ホームヘルプ部門にみる小規模事業者

サービス選択自由化法は，前述のような市場の寡占化を打破する方法として，2009年に導入された．ストックホルム市にみる民間サービス市場の展開では，消費者選択制度が2002年に導入され，多くの小規模事業者の市場参入を促し，介護サービス利用者にとって競争状態をつくりだしたことを示している．

スウェーデンにおいて，コミューンによるサービス選択自由化制度では，2011年時点で約500件の民間ホームヘルプ事業者が存在した．アテンド・ケア社，カレマ・ケア社のような大企業もあるが，ほとんどの事業者は小規模か，中規模であり，半数以上の企業では従業員が10人以下であった．これらの小規模事業者のうち，3分の2は女性によって所有または運営されていた（Konkurrensverket 2013）．より多様な領域を対象とするサービスを開発することが，選択自由化制度の目的であったが，特定グループの利用者（たとえば，特定の人種や言語グループ）に焦点を当てたサービスを行う事業者は少ない（Konkurrensverket 2012）．

小規模事業者は，たとえば入院，死亡，その他の理由で，顧客を失うことに対し，（訳者補足：経営を安定させる）基盤が弱く，脆弱である（Sundin & Tillmar 2010）．2013年2月，ストックホルム市では，148事業者がニード判定を伴うホームヘルプを提供しており，2006年の58事業者からみて，事業者数は増加している．2013 年には，ストックホルム市のホームヘルプ事業者のうち，4 分の 1 の事業者では，15 人未満の利用者に対し，3 人以下の介護職員（常勤換算）が対応していた（Hjalmarson & Wånell 2013; Stockholms stad 2013b）．企業倒産に関する統計は国レベルにも，コミューンレベルにも存在しないが，ストックホルム市の 1 つの自治体区[訳者注8)]（オステルマルム区）の統計をみると，2011 年 2 月時点で，81 事業者がホームヘルプを営業していたが，2 年後の 2013 年 2 月には，その 3 分の 1 に当たる 27 事業者が姿を消し，新たな 40 事業者が営業を始めていた．事業者はすべて民間事業者（ほとんどが営利事業者）で，2011 年も 2013 年もコミューン直営事業は 1 カ所であった（Östermalms stadsdelsförvaltning 2011; Stockholms stad 2013b）．

スウェーデンの福祉関連の調査では，小規模事業者に関する研究はほとんどない．地方での研究の 1 つに，スウェーデンの一都市である，リンショッピング市における選択自由化モデルの実施についての研究がある．Sundin and Tillmar（2010）は，介護サービス市場における小規模事業者にとっての不利な点と優位な点を示した．コミューン議員は，小規模事業者が市場のなかでうまくやっていくことを願っていたが，実際には小規模事業者が市場で持ちこたえることは困難であった．小規模事業者は大企業のように営業や広告をするための資源を持っていない．また，小規模事業者の事務能力は入札文書でコミューンが求める必要要件を満たさない場合も多く，これに対し，大企業は事務的なペーパーワークを掌握する特別な部署を持っている．「ペーパーワークが多すぎる」と述べる小規模事業者もあった．小規模事業者が競争で優位な点は，経営者自身が必要に応じてサービス提供に関わり，ひとりひとりの利用者にとって「ぴったりの人」を選び，職員の継続性を確保している点であった．

4.3.2　非営利セクターの役割は限定的

民間による高齢者介護には非営利事業者も存在するが，図 1（訳者補足：206 頁）に示すように，スウェーデン国内の高齢者介護サービス供給，特にホームヘルプの供給では，非営利セクターの役割は小さい（Konkurrensverket

2013）．高齢者介護サービスで働く職員全体をみると，非営利セクターに雇用されている職員は約1万1,000人で，全体の3%である（Johansson, O. 2011: 18, 19）．非営利セクターの主な事業者は，赤十字，エーシュタ・ディアコニー（Ersta diakoni）のような博愛主義的組織や「市民参加の高齢者の家」（Borgerskapets enkehus）のような財団で，数は少ないが，職員や利用者による協同組合もある（Hjukström & Perkiö 2011）．

他のヨーロッパ諸国に比べて，スウェーデンの高齢者介護の供給では，非営利セクターが相対的に小さい理由はこれまでにも注目されてきた．競争促進庁はこの状況は伝統と歴史の相違により説明できるとする．つまりスウェーデンでは公的セクターの力が強く，非営利組織の活動は，たとえばボランティア活動など，他の方法で行われ，組織化されてきた伝統と歴史がある（Konkurrensverket 2013）．市民社会や社会契約における市民社会の関わりについての著述のなかで，筆者らは，ニュー・パブリック・マネジメント改革を通じてコミューンが導入した市場化ルールと規制は，非営利組織より営利組織の論理に合っているとして論じている．非営利組織は一定の政治的，または社会的価値に基づいて運営され，その組織の構成員や弱い立場の人々の福利を向上させる目的を持ち，ビジネスを展開せずに運営されている（Lundström & Wijkström 2012）．

5　市場化が与えた影響

5.1　コミューンへの影響

5.1.1　新たな役割と新たな活動

これまで述べてきたように，スウェーデンのコミューンは，民間事業者による高齢者介護サービスの供給においても，高齢者介護についての最終的な責任を持つ．現在では，高齢者介護サービス全体の5分の1以上が民間組織による供給であり，高齢者介護における民間サービスの割合は急速に増加している．この新しい状況に対処するため，コミューンは組織と事業を調整し，高齢者介護サービスの供給体の1つであり続けながら，同時に，サービス購入者という新たな役割において，新しい技術を身につけなければならない（SKL 2011b）．多くのコミューンでは，専門知識を持つ公共調達の特別な部署を設置し，明確な文言を入れた入札文書を開発し，関連する法律，規制，原則が含まれた公共調達プロセスを運営してきた．コミューンはまた，介護サービス事業者への報酬や，介護サービスの提供における簡素で信頼できる時間の計算システムづくりに多くの時間を費やしており，この点で政府はさまざまな行政機関に対し，コミューンを支援するための任務を与えてきた（Statskontoret 2012）．介護サービスを外部委託するための決定や選択自由化制度の導入には，モニタリングと質の管理が必要であり，コミューンによる入札文書には，購入されるサービスについて求められる質の基準を示す必要があり，委託したサービスをどのようにモニタリングし，評価するかを計画しなければならない．コミューンは，直営事業と同様に，外部の事業者に対して，定期的に審査を行うプロセスとシステムをつくる必要があり，そのために日々の介護サービスの仕事において広範な記録を残す必要も生じている．またコミューンは事業者がルールに従わない場合の対応を規定し，それに対する制裁を示さなくてはならない（SKL 2011b; Socialstyrelsen 2013d）．さらにコミューンは高齢者介護への不満や不十分な対応を記録するしくみをつくり，透明性を確保する必要がある．この点において最近の報告は，スウェーデンのコミューンでは取組みの進捗状況が多様であることを指摘している（Konkurrensverket 2012）．

選択自由化モデルに関する政策文書が強調するのは，消費者が積極的に選択できるよう，さまざまな事業者とその実践について，比較可能で入手しやすい「情報」を提供する上で，コミューンが重要な役割を持つということである．パンフレットを作成したり，ホームページに情報を掲載したり，口頭で説明したりすることで情報提供ができる．この場面では，選択可能な事業者についての中立的な情報を提供すること，利用者が選択できるようにサポートすること，という2つの点で，介護サービス判定員が重要な役割を演じることとなる．介護サービス判定員は利用者に対して，サービスに満足しない場合は事業者を変更できることを伝えなくてはならず，変更したいと思った場合，どのように事業者を変更できるかについても利用者に説明しなければならない（Konkurrensverket 2012）.

選択自由化モデルの導入が，介護サービス判定員の仕事をより複雑にし，多くの時間がかかるようにしてきたことを実証研究は示している（Winblad et al. 2009）．ストックホルム市で選択自由化モデルが導入されてまもなく行われた質的調査は，（訳者補足：介護サービス判定員が）事務的作業や，利用者とともに実際に事業者を選択する作業に，より多くの時間をかけなければならなくなったことを示している．また介護サービス判定員にはいかなる助言も与えることが認められないので，事業者を選ぶ際に，援助を求める利用者がいらだつことへの対処が困難であることも明らかとなった（Hjalmarson 2003）.

この研究は，ストックホルム市における選択自由化モデルにおいて，事業者数がまだはるかに少なかった時に実施されたものであるが，ストックホルム市に勤める 103 人の介護サービス判定員対象の「対話セミナー」をベースにした最近の研究は，事業者数の増加に伴い，この問題が増加していることを示している．介護サービス判定員は（訳者補足：事業者を）選択できることを肯定的にとらえているが，ホームヘルプ事業者の多さ（この研究が行われた時点では，各自治体区で平均 79 事業者）は問題と考えていた．介護サービス判定員にとって，それぞれの事業者の情報をアップデートすることは実際には不可能であり，事業者について入手可能な文書情報はあいまいで水準が低かった．さらに，高齢者は自分が弱い立場であると感じていることが多く，緊張した状況で，適切な選択ができないのではという不安を感じていることを介護サービス判定員は報告している（Norman 2010）．競争促進庁による最近の報告書と Lundvall（2012）の論文は同じ結論を示しており，事業者を選択する状況は高齢者にとってよりストレスが多い状態であり，同様に，介護サービス判定員は高齢者が事業者を選ぶのをサポートする時に，特定の事業者をひいきしていると非難されることを避けようとして，慎重になりすぎている傾向を指摘している．それぞれの利用者が適切な介護サービスを受けられるようにするという，介護サービス判定員の専門職としての役割と，競争において中立を保つという制度上の要求の間には明確なジレンマが存在するが，この点についての実証的研究はほとんど見られない（Kastberg 2010; Hjalmarson & Wånell 2013）.

5.1.2 コスト

当初から，高齢者介護における競争と民間事業者という選択肢は，コストを削減し，サービスの質を向上させると期待されていた．1990年代初頭の研究は，コストは削減されたが質が犠牲となったことを示している．2000年代初頭，社会庁は高齢者介護における事業者間競争はコストを下げていない，と結論づけた．現在，コミューンの高齢者介護支出にみる民営化の成果についての情報は限られている．それは多くのコミューンが競争による財政的効果について検証していないからでもある（Szebehely 2011）.

行政管理庁（2012）は，高齢者介護のコストと生産性について，サービス選択自由化法（LOV）の成果を調査した．法律を施行しているコミューンにおいて，コスト削減は実証できず，選択自由化制度導入の初期段階ではコストが増加したことが，エビデンスが弱いながらも明らかとなった．サービス選択自由化法により，契約に関する事務処理，情報のとりまとめ，質の保証についての対策強化，多くの請求書処理，事業者管理といった，コストを増加させる業務が必要となっている．

ホームヘルプに選択自由化モデルを導入したコミューンでは，（比較的広い）地理的な区域のなかで事業者間の利用者獲得競争が発生し，（訳者補足：事業者ごとに）特定の小地域を割り当てるモデルよりも，ホームヘルパーの移動に費やす時間が増加している．選択自由化モデルにおいて，競争によりコストが増加する可能性を評価する国レベルの研究はないが，交通局（2011）はシミュレーションをもとに，コミューン直営のホームヘルプしかないコミューンのホームヘルパーが移動に要した時間を計算し，コミューン直営事業に加えて1カ所の民間のホームヘルプ事業者を持つコミューンと比較した．コミューン直営によるホームヘルプだけのコミューンに比べて，民間事業者を1カ所導入すると移動距離は30%増加し，ホームヘルパーの労働時間は20%～85%の間で増加することをそのシミュレーションは示している．

5.2　コミューン直営と民間事業者によるサービスの質の違い

5.2.1　「開かれた比較」に基づく比較

第3節4で示したように，社会庁は，ホームページで掲載する「高齢者ガイド」にある，特定の指標レベルについて公表する「開かれた比較」の枠組み内で，事業者からのさまざまな情報を集めている．これにより，公的領域と民間領域のそれぞれで供給された高齢者介護サービスを比較できる．現在までにこの資料は科学論文の比較データとして用いられている．ある論文（Stolt et al. 2011）では2007年からのデータが用いられており，政府による指示で社会庁が行った調査（Socialstyrelsen 2012a）では2011年のデータが，そして経済学のある修士論文（Arfwidsson & Westerberg 2012）では2010年のデータが用いられている．これらの3つの研究は，異なる方法で民間事業者を区別している．Stoltらの研究は，コミューン直営事業者と民間事業者を区別するのみであるが，社会庁の研究は民間事業者をさらに非営利事業者と営利事業者を区別しており，最も細分化した比較はArfwidsson and Westerbergによるもので，非営利組織とコミューン直営の介護サービスと同様に，民間投資会社と他の営利企業を比較している．この3つの研究は比較対象とするサービスも異なっており，Stoltら，Arfwidsson and Westerbergは施設介護のみを分析しており，社会庁は施設介護と在宅介護サービスの両方を分析している．

介護の質については，Donabedian（1966）に依拠し，構造的視点，プロセス視点，アウトカム視点を区別して議論されることが多い．構造的視点による質は「事業者は何を持っているか」（質の高い運営を実現するための前提条件としての要因）であり，プロセス視点による質は「事業者は何をするか」（介護が実際にどのように提供されているか）であり，アウトカム視点による質は実際の結果である．「高齢者ガイド」は，主にプロセス視点による質の指標（利用者がどう扱われているか，リスク評価など）を含んでおり，構造的視点による質の指標（職員の技術，職員の継続性）も一定程度含まれている．アウトカム視点による質の評価はほとんど扱われていない．

コミューン直営の施設介護と民間事業者が運営する施設介護の比較

Stolt らの研究（2011）は，2007 年のデータを用いており，民間事業者が運営する施設介護ではコミューン直営に比べて，職員配置の水準が 9% 低く，フルタイム職員の比率が 11% 低いことを示していた．社会庁による分析も似たような傾向を示している．職員配置が最も低いのは営利事業者が運営する施設で，入居者 1 人当たりの職員配置はコミューン直営と非営利事業者による施設では常勤換算で 0.9 人であるのに対し，営利事業者による施設では 0.8 人であった．さらにコミューン直営の施設では時間給職員の比率は 13% と比較的少なく，営利事業者と非営利事業者の運営する施設では時間給職員の比率は 17% であった（Socialstyrelsen 2012a: 20, 24）．職員配置が最も少ないのは，営利事業者による施設であるが，国際的な研究でもこのような違いが見出されている（Comondore et al. 2009）．

Arfwidsson and Westerberg（2012）による，より詳細な分析では，民間投資会社の施設では職員配置がより少なく，時間給職員の比率がより高く，公式な職業訓練のレベルがより低い．民間投資会社の状況はコミューン直営だけでなく，他の営利事業者による施設介護と比較しても質の指標が低い（表 3 参照）．また，この研究では，民間投資会社に買収された後に職員配置が少なくなることも示しており，「入居者あたりの職員数の違いはセクター別の比較で示されているが，公立が民間かによって違うというより，民間投資会社の所有であるかどうかと因果関係にある」と著者は結論付けている（Arfwidsson & Westerberg 2012: 31）．この知見は近年のナーシングホームの質に関するアメリカでの研究と同一線上にあり，民間投資会社の所有を含む，国内最大のナーシングホーム・チェーン 10 社の職員配置は最低レベルであることが明らかとなった（Harrington et al. 2011）．

職員配置と専門教育レベルに関する一貫した知見とは対照的に，スウェーデンの研究では，他の所有形態よりもコミューン直営の施設において，管理職1人あたりの職員数が多いことが明らかとなった（表3）．プロセス視点に基づき質を評価すると，民間投資会社による施設は質の高い介護を提供していることになる．それは，「介護計画づくりへの参加」，「介護計画の更新の機会」，「夕食から翌朝の朝食までが11時間未満であること」，「転倒リスク評価」，「褥瘡リスク評価」，「栄養不良リスク評価」，「投薬確認」の数値が高いためである（同様の結果はSocialstyrelsen 2012a: 27, Stolt et al. 2011: 565）．

表3．民間投資会社と他の事業者が運営する介護施設の質の比較（スウェーデン2010年）

	公的事業者	非営利事業者	営利事業者（民間投資会社以外）	営利事業者（民間投資会社）
構造的視点による質：				
入居者に対する職員の比率（常勤換算）	0.88**	0.84	0.83	0.79
時間給職員の比率	12.8**	16.9	14.6	18.7
専門教育を受けた常勤職員の比率	81.9**	82.5*	81.9**	76.2
管理職あたりの職員数	32.6**	28.5	26.2*	28.9
プロセス視点による質：				
介護計画づくりへの参加	85.4**	90.4	90.1	93.2
介護計画の更新の機会	65.1**	73.8*	79.6	85.8
夕食から翌朝の朝食までが11時間未満であること	74.7**	82.9**	95.8	93.7
転倒に関するリスク評価	51.2**	76.9	69.5*	78.2
褥瘡リスク評価	42.0**	67.2	64.1	69.6
栄養不良リスク評価	50.8**	76.1	68.2	75.7
投薬確認	65.9**	89.7	80.1	77.6

＊$p < 0.05$；＊＊$p < 0.01$

出所：Arfwidsson & Westerberg（2012: 27）

コミューン直営ホームヘルプと民間ホームヘルプの比較

一般的に，コミューン直営のホームヘルプは，民間ホームヘルプと比較すると，構造的視点による質の評価は高く，プロセス視点による質の評価は低いといわれている（表4参照）が，社会庁による研究（Socialstyrelsen 2012a）も類似する傾向を示している．

表4から，時間給職員はホームヘルプの営利事業者に多いことは明らかで，（小規模）非営利事業者では時間給職員は全体の4分の1，コミューン直営事業では全体の6分の1であるのに比べて，営利事業者では全体の3分の1が時間給職員である．職員の公式な専門教育のレベルが最も低いのは営利事業者である．専門教育のレベルのデータについては正規職員しか含まれていないため，時間給職員の場合，公式な専門教育を受けている人がさらに少ないことを考慮すると，事業者間の差はさらに大きいと思われる（Socialstyrelsen 2013g: 148）．2011年から2012年の間に，ホームヘルプのコミューン直営事業と民間事業者の間で，公式な専門教育を受けている職員の比率の差が拡大した．このことはおそらく，ホームヘルプにおいて選択自由化モデルの影響が大きくなり，小規模事業者は一般の家事サービスとニード判定を伴うホームヘルプの両方を提供するようになったことが影響している

表4．ホームヘルプにおけるコミューン直営事業と民間事業者の違い（スウェーデン2011年）

	コミューン直営事業	非営利事業者	営利事業者
構造的視点による質： 時間給職員の比率（%）	15	26	33
専門教育を受けた常勤職員の比率（%）	75	74	66
管理職あたりの職員数	30	21	16
プロセス視点による質： 介護計画への参加率（%）	70	88	92
介護計画の更新率（%）	40	49	63

出所：Socialstyrelsen（2012a: 22，25）

ものと思われる．小規模事業者には，公式な専門教育を受けた職員をほとんど持たない事業者も存在しうる（Socialstyrelsen 2013g: 148）.

施設介護と同様，ホームヘルプにおいても，民間事業者の管理職1人あたりの職員数はコミューン直営と比べると少ない．また民間ホームヘルプの利用者は介護計画の作成により多く参加しており，介護計画がより頻繁に更新されていることが報告された．

高齢者介護の質に対する利用者の認識

高齢者介護の質に対する利用者の認識について，コミューン直営事業と民間事業者によるサービス利用者を比較する研究はわずかながらも存在し，その結果は異なる方向を示している．社会庁による利用者満足度調査は「開かれた比較」の一部として実施されているが，その結果は，事業者単位ではなく，コミューン単位で示される（Socialstyrelsen 2012e, Socialstyrelsen & SKL 2013参照）．しかしながら，国の調査票を用いて行われた2011年の調査では，17コミューンにおける高齢者介護サービス全利用者を対象にしており，公的セクターと民間セクターの比較が可能である．それ以外のコミューンでは標本調査が行われたが，この17コミューンに対する調査では全数調査が行われた[15)]．社会庁はコミューン直営と民間事業者による高齢者介護の質についての報告書で，このデータを分析したが，コミューン直営事業と民間事業者のサービス利用者の間では，利用者満足度に大きな差はみられず，それはホームヘルプでも施設介護でも同様であった（Socialstyrelsen 2012a）.

5.2.2 「開かれた比較」にみる手法の現実性と信頼性

良い質の介護とは何か，について明確な定義はない．しかしながら，質の評価を意味のある取り組みにしようとするならば，その指標には，介護の受け手にとって何が重要であるかを反映することが必要であり，質の尺度は実際の状況を把握できることが必要である．評価には妥当性と信頼性が必要である（Socialstyrelsen 2012e）．「開かれた比較」に含まれる指標は，あまりにも医療的であり，高齢者介護の外部の条件に焦点があたりすぎており，介護にみる相互作用についての視点，たとえば，介護研究で重要とされる介護の受け手と職員の関係性について把握することができないと批判されてきた（Johansson, S. 2011）．同時に，特定の外部条件によってこの関係性を充実できるようにしなければならず，そのためにも構造的視点による評価に焦点をあてるべきである．スウェーデンおよび北欧諸国の高齢者介護に関する包括的調査は，介護の受け手がよい質の介護を受けていると実感するには，時間，継続性，柔軟性が重要であることを示してきた．つまり，職員配置の水準と時間給職員数は，構造的視点による質を評価する上で重要な項目であり，それらは介護職員とサービスを利用する高齢者の間に与えられる時間と同様に，介護の継続性にも影響する（Szebehely 2011）．国際的な調査研究でも，職員配置は介護の質を評価する上で，最も重要な指標の 1 つとして焦点があてられてきた（Harrington et al. 2000 : 2011）．

それにもかかわらず，職員の配置水準と時間給職員数の情報がもはや収集されておらず，報告されていないことに留意することが重要である．社会庁は，これらの情報の収集をしない理由として，事業者にとってこの情報を出すことが困難であるからとしている．2013 年に向けて，職員の配置水準に新たな尺度を含めるという計画がある（Socialstyrelsen 2012d）．しかし政府は近年，社会庁に対し，介護の質については，構造的視点よりもプロセス視点に焦点を当てた新たな質の指標を開発することを要請した（Government Bill 2012/13 : 1 : 199）．このように，質の評価における構造的視点はさらに軽視されるようになっていることが先行研究によって示されているが，たとえば，選択，影響力，安心感のような指標は，ほとんどの人にとって重要である．人によって異なる意味を持ちうるということが，質の尺度をめぐるもう 1 つの問題である（Slagsvold 1995, Norman 1999）．たとえば，「介護計画の作成に関わること」という項目は「高齢者ガイド」において，利用者の影響力を示す指標であるが，どのようにサービスが提供されるかに自分の意見が言えるかどうかに対する利用者の認識との相関関係はみられない（Socialstyrelsen 2011c）．実際に介護計画がその通りに行われているか，リスク評価を持つ介護計画が実際に転倒や褥瘡（じょくそう）を減少させているかについても明らかではない．

コミューンと事業者，そして高齢者介護サービス利用者を対象とする2つの主要な調査（「開かれた比較」の一部）は，前節で紹介した介護の質の違いに関する比較の基礎となる．これらの調査の価値は，尺度の妥当性とサンプルの代表性によって決まるが，代表性は調査の回収率の影響を受ける．コミューンと介護事業者を対象とした調査では回収率が極めて高かった．2011年調査では，5200事業者が回答し，介護施設では97%，ホームヘルプ事業者では91%，デイサービス事業所では96%の回収率であった（Socialstyrelsen 2012e）．しかしながら，その情報は事業者自身によって出されたものであり，競争的な環境のなかで事業者は，できるだけよくみられるための回答を出すことになる（Lindgren et al. 2012; Szebehely 2011）．さらに事業者にとって質問は複雑で回答しにくいことも多く，事業者により解釈がまちまちとなっている（Lindgren et al. 2012; Socialstyrelsen 2012e）．

利用者調査は回収率が低いため，結果から結論を導くのが困難である．2011年調査の回収率は，施設介護では54%，ホームヘルプでは67%であったが，アンケートの大多数，特に施設介護では家族が回答しており（施設介護では61%，ホームヘルプでは19%が家族による回答），代表性について問題がある（Socialstyrelsen 2011c）．利用者調査では実際に何を測定できるかという点でみると，たとえば，回答者は全体的な印象というよりは，より身近な出来事に基づいて回答するリスクがある．さらに高齢者は介護を必要としており，介護に依存しているため，感謝の気持ちをその回答で表現することもありうる（Lindgren et al. 2012）．

5.2.3　コミューン直営と民間事業者による高齢者介護における介護の質と仕事の質に関する研究

「開かれた比較」をもとに報告された研究の他に，民間事業者とコミューン直営の高齢者介護を比較した大規模な研究がある．サービスの質に関する利用者の見方について，これらの研究は異なる結果を示している．ストックホルム市は高齢者介護サービスの全利用者を対象とした年次調査を実施している．2012年に実施された利用者による介護サービス全体の評価は，在宅介護と施設介護の両方において，民間事業者に対する評価が若干高い結果であった（Stockholms stad 2012; Socialstyrelsen 2012a）．

これとは対照的に，2011年と2012年に行われたスウェーデン・クオリティ・インデックス社（Svenskt Kvalitetsindex）による国レベルの調査では，コミューン直営より民間事業者による施設介護において利用者の満足度が低いという結果であった（Svenskt Kvalitetsindex 2012）．前述のとおり，社会庁は，コミューン直営と民間事業者による高齢者介護サービスで利用者の満足度に違いはないとした．結論として，民間事業者とコミューン直営の高齢者介護サービスでは，主観的にみた質についての明確な差はみられない．

介護職員の状況は，「開かれた比較」のデータで，ある程度までは間接的にカバーされている．なかでも介護サービスの構造的な前提条件は職員の労働状況に影響を与えている．職員配置水準が低いことは，おそらく仕事の負担増につながり，時間給職員の比率が高いことは，より不安定な雇用条件の表れであろう．いくつかの研究では，高齢者介護の労働状況は厳しく，近年，悪化している兆候を指摘している（Gustafsson & Szebehely 2005; Trydegård 2012）．民間事業者とコミューン直営事業に勤務する介護職員の労働条件についての情報は限られているが，2003年に8つのコミューンの介護職員を対象に行われた調査では，職員が労働環境をどのように受け止めているかについて，コミューン直営と民間事業者の間で体系的な違いはないことが示された（Gustafsson & Szebehely 2009）．しかし，民間事業者に雇用されている介護職員にとって，コミューン議員の役割はあまり大きくなく，彼らが労働環境や介護の質において政治職が与える影響は小さいと思っているという点では，コミューン直営と民間事業者では差がある．このことはスウェーデンの高齢者介護サービスの民主的な舵取りの正当性が，内部から崩れることにつながりかねない．

スウェーデンにおける民間セクターと公的セクターの介護職員の大多数を組織化しているブルーカラー自治体職員労働組合（Kommunal）[16]は，2012年に高齢者介護における労働条件について電話インタビュー調査を実施した（回答率は75%で，この研究には高齢者対象の施設介護と在宅介護で働く介護職員

4,654人が含まれていた）．この調査でもコミューンに雇用されている介護職員と民間事業者に雇用されている介護職員の間にほとんど違いは見られなかった．ホームヘルパーの3分の1，介護施設職員の4分の1が，短い休憩をとるのが困難であることを，少なくとも週に1回は感じていることが報告されているが，これも雇用主による違いはみられなかった．職員配置が不十分であることが少なくとも週1回ある，と回答したのは施設職員10人中6人であったが，これについても，運営形態での大きな違いはなかった．運営形態の間で見られた労働条件の大きな違いは，ホームヘルプのなかで1点だけみられたが，職員配置が不十分であると回答した割合がコミューン直営事業のホームヘルパーは54%であったのに対し，民間事業者のホームヘルパーは48%であった（Kommunal 2012）．このように，コミューン直営の高齢者介護と民間事業者による高齢者介護における職員の労働条件について，少数ながらもこれまで実施された調査が示しているのは，両者の間で一貫した大きな違いがみられないということである[17)]．

民間事業者とコミューン直営事業の両方で働いたことがある人に対して，どちらがよかったかを尋ねた調査もある．両セクターで働いた経験を持つ548人の回答者のうち，ほぼ半数はコミューン直営事業のほうが条件がよかったと回答した．その理由は，コミューンのほうが安心感があり，賃金が高いからというものであった．民間事業者がよかったという回答者（全体の5分の1）は，民間事業者のほうが自分の影響力を感じ，自分で仕事を管理できるからと回答していた（Kommunal 2012）．

第4節3で示したように，サービス選択自由化法施行の結果，小規模なホームヘルプ事業者が過去数年間で著しく増加した．ブルーカラー自治体職員労働組合が発行する月刊誌『自治体職員』（Kommunalarbetaren）は2010年に，サービス選択自由化法を施行した70のコミューンのうち61コミューンで調査を行い，その結果，ホームヘルプ事業者688件のうち272件，つまり40%のホームヘルプ事業者が労使協定を結んでいないことを明らかにした（Kommunalarbetaren 2011）．2012年ではストックホルム市の選択自由化制度に参入する140のホームヘルプ事業者が労使協定を結んでいなかった

(Kommunalarbetaren 2013a). 労使協定を結んでいる事業者とそうでない事業者の間で，労働条件がどう異なるかについて，国レベルのデータは存在しない．ブルーカラー自治体職員労働組合によれば，労使協定のない民間事業者に勤める職員には残業手当，休日深夜勤務手当，利用者間の移動時間に対する支払いやその保証がないことが多いという．さらに労使協定のない民間事業者は労使協定で要求する付加年金が支払われないこともあり，これは普通，フルタイム職員であれば月額 1,000 クローナ（約 13,000 円）の金額になる (Kommunalarbetaren 2013b).

5.3 選択自由化モデルの影響

選択自由化モデルの導入が高齢者介護の質に与えた影響については，導入前と導入後に調査が行われなかったため，明確な答えは存在しない．サービスの質が向上したかを理解しようとする方法の 1 つは，消費者の満足度がこの間にどう変化したかを研究することである．ストックホルム市では 2002 年にホームヘルプに選択自由化制度を導入したが，1990 年代中盤から定期的に利用者調査を行ってきた．ホームヘルプに満足している利用者の割合は，この間，変化のない状態にあるが，「非常に」満足という回答の割合は，1995 年の 45% から 2008 年には 36% に減少した (USK 2009)．このように，高齢者介護の質が高まっているようにはみえず，この間に高齢者介護サービスの質に対する利用者の要求レベルが上がっていないことを明らかにできないとしても，「非常に満足」という回答のレベルが落ちていることは明らかである (Szebehely 2011)．ストックホルム市は 2009 年にホームヘルプの満足度についての測定方法を変更し，新しい尺度では，2011 年から 2012 年にかけて，ホームヘルプにさまざまな点で満足している利用者の割合は増加した (Stockholms stad 2012).

行政管理庁は，この間，サービス選択自由化法によりホームヘルプに選択自由化モデルを導入したコミューンとそうでないコミューンにおいて，利用者満足度（「開かれた比較」の一環として社会庁が実施した利用者調査により報告されたもの）を比較してきた．この分析は，法に基づき選択自由化モデルを実施したコミューンにおいては，2008年から2011年の間に利用者満足度は高まっており，同法を実施していないコミューンには変化がなかったことを示している．しかし2008年では選択自由化モデルを実施したコミューンのほうが利用者満足度は低く，2011年ではこの2つのグループの間に満足度の差がなかったことは強調されなくてはならない（Statskontoret 2012）．2012年には，利用者満足度調査の設問が大きく変更され，過去のデータとは比較することができなくなった．しかし2012年には，選択自由モデルを採用しているコミューンとそうでないコミューンの間では，満足度のレベルはほぼ同じであり，両方のタイプのコミューンを合わせると，ホームヘルプ利用者の88％は，自分が受けているホームヘルプについて「非常に」または「まあまあ」満足していた（Socialstyrelsen 2012e）．

選択自由化制度が実際にどのように動き，介護事業者を選択した高齢の利用者がその選択をどう受け止めているかについて，いくつかの小規模な調査が行われてきた．これらの調査では，ほとんどの高齢者が選択の機会があることを肯定的にとらえているが，高齢者はしばしば厳しい状況のなかで選択しなければならないことも示している．ストックホルム市とその周辺のコミューンでは，ホームヘルプ事業者を選択する権利を持つ高齢者のほとんどは選択肢があることに肯定的であった．このことは事業者を自分で選択しなかった高齢者でも同様であった（Hjalmarson 2003, 2006）．しかしながら，高齢者にとってより重要なことは，サービスを提供する事業者を選べることよりも，サービスに何が含まれるのか，誰がそれをしてくれるかについて希望を言えることであった（Hjalmarson 2003, 2006; USK 2009）．また，実際には，高齢の利用者の多くは具合が悪かったり，情報を理解するのが困難であるなど，選択において問題があった（Hjalmarson & Norman 2004; see also Meinow et al. 2011）．事業者の選択には時間的な制約があることも多く，多くの場合，介護サービス判定員との面会の間か，その直後に行わなくてはならず，すでにストレスを抱える利用者をさらにいらだたせることになっている（Winblad et al. 2009; Socialstyrelsen 2012f; Lundvall 2012）．

選択可能な事業者が数多く存在する場合，高齢者とその家族は，事業者の違いを理解することが難しい状況を示す調査もある（Edebalk & Svensson 2005; Norman 2010; Socialstyrelsen 2012f を参照）．また質のモニタリングの結果やサービスへの苦情，行政の調査についての包括的な情報が不足している（Hjalmarson 2006: Hjalmarson & Norman 2004）．

介護施設を選ぶ時，高齢者とその家族は，介護施設を比較できる方法で，さまざまな施設についての情報の入手を望んでいる．高齢者と家族は職員に関する情報（たとえば，職員の水準と技術，職員の離職率，看護師や医師など専門職へのアクセスについて），そして，運営組織についての情報と同様に，前提条件や事業についての情報（たとえば，運営目標，運営方針，財政事情）を望んでいる（Socialstyrelsen 2011e; Socialstyrelsen 2012f）．

利用者と家族が望む情報を提供しているコミューンの数は限られている（Winblad et al. 2009）．多くのコミューンは利用者調査を行っているが，ホームページで事業者ごとのアウトカムを示すコミューンはほとんどない（SKL 2010c）．利用者の影響力を強め，介護サービスの質を高めるという点で，選択自由化制度は大きく期待されてきた．理論の上では，利用者はその介護サービスに満足できなければ，事業者を変更できるため，利用者はより大きな影響力を持つ．その結果，不満を持つ利用者は別の事業者を選ぶので，パフォーマンスが低い事業者は淘汰される．しかしながら，実際には，事業者を変更する利用者はほとんどなく，多くのコミューンは利用者による事業者変更に関する統計を持たないため，その正確な数は把握できない．ホームヘルプに選択自由化制度を採用するコミューンを対象とした大規模調査では，2009 年に事業者を変更した利用者は全体の 4% であった．変更した理由の 5 分の 1 は事業者が事業を停止したためであった（Svensson & Edebalk 2010）．別の調査では，インタビューを受けたコミューンの代表者が，利用者に事業者を変更した理由について尋ねてはならないとしていた．その理由はそのような質問は高齢者の判断を疑うものと受け取られかねないからだという．しかしながら，ここには事業者のサービス運営上の不備がコミューンに知らされないリスクがある（Winblad et al. 2009）．ホームヘルプ事業者を変更した人を対象にした小規模な研究では，全体的に，職員の継続性がないことへの不満が事業者の変更につながっていることを示した（Hjalmarson & Norman 2004）.

高齢のサービス利用者が，事業者を変更する機会を使わない理由はいくつか考えられる．明らかな理由の1つは，自分で選んだ事業者に満足していることである．しかしサービスに満足していなくても，事業者を変えることには消極的な人がいることも示されている（Szebehely 2011）．介護の継続性は介護の質にとって極めて重要であり，介護サービスや介護職員との関係を拠り所にしている虚弱な高齢者にとって，事業者を変えることはあまりにハードルが高い（Eika 2006; Möller 1996）．施設介護の利用者にとっては，事業者の変更は同時に引っ越しすることを意味しており，加えて，多くのコミューンにおいて介護施設は不足しているため変更は難しい（Socialstyrelsen 2012f）.

また選択自由化モデルの分配効果を考えると，より多くの資源を持つ個人が，より少ない資源の個人よりも，より多くの利益を得るというリスクがある．社会庁は，深刻な病状の人，聴覚障がいや視覚障がいのある人，知的障がいのある人はよい選択を行うことや事業者変更を要求することが難しいため，不利な状況にあることを強調している．スウェーデン語を話さない人や学歴の低い人も不利な状況のグループである（Socialstyrelsen 2011g; Statskontoret 2007; Socialstyrelsen 2012g）.

社会階層によって高齢者の選択自由化制度への対応は異なるのか，あるいはコミューン直営事業か民間事業者の選択に違いがあるかについては今のところ明らかでないが，第3節2で議論したように，所得が高い社会階層にいる高齢者にとっては，ニード判定の伴うホームヘルプの利用において民間事業者を選択するインセンティブがある．選択自由化制度において民間事業者の多くは，利用者負担の「上乗せ」サービスを提供することができ，ニード判定を伴うホームヘルプで民間事業者を選ぶと，「上乗せ」サービスも同じ職員のサービスを利用できる（Szebehely & Trydegård 2012）．しかしながら，現在では，これらのサービスの利用については明らかでない．家事労賃控除（RUT）は，所得の低い高齢者より所得の高い高齢者により多く利用されているため（第4節1），「上乗せ」サービスでも類似した社会経済的パターンがありうる．仮に実態がそうであれば，「上乗せ」サービスの提供が認められる民間事業者に競争上の優位性があり，裕福な高齢者のグループがニード判定を伴うホームヘルプにおいてコミューン直営事業よりも民間事業者を選択する動機となる．結果として，所得の低い高齢者がコミューン直営事業サービス利用者の多くを占めるようになり，それがコミューン直営によるホームヘルプの質の低下をもたらし，不平等を拡大することにつながりかねない（Szebehely & Trydegård 2012）．選択自由化制度が不平等をもたらしているかどうかを測定できる統計はない（Socialstyrelsen 2011d）が，医療における患者の事業者選択に関する調査レビューでは，学歴の高い患者は学歴の低い患者に比べて，より積極的に事業者を選択していることが明らかになっている．また国際的な研究も，低所得階層と高所得階層の人では，質の情報に対する評価に違いがあることを示している（Rehnberg & Goude 2011）．

本人や家族を通じて要求する力が介護の機会や介護の質に影響しうることを2つの質的研究が示している．1つめの研究は，利用者をめぐる事業者間競争の激しいストックホルム市で行われたもので，要求する力のある利用者と要求する力のある家族を持つ利用者は，より多くの時間とより多くのサービスを追加料金なしで利用できる傾向にある．事業者は要求力のある利用者の満足感を維持し，離れないようにするため，資源の少ない利用者から豊かな利用者へ，追加の時間を移し替えている（Gavanas 2011）．ナーシングホームにおける選択自由化制度に関するノルウェーの論文でも，家族の役割が強調されている．著者によれば，家族はナーシングホームの質を頻繁にチェックしており，資源が少ない入居者のいるナーシングホームは，より資源の多い家族が定期的にチェックしているナーシングホームに比べて，サービスの質や効果が低くなるリスクがある（Eika 2006）．

6 まとめ

スウェーデンの高齢者介護において民間事業者の役割は長い歴史を持つ．

特に宗教団体と非営利組織は長い間，施設介護を提供してきた．営利企業がこの分野に参入したのは1990年代初頭からにすぎず，1992年の地方自治法改正と社会サービス法改正によりその参入が促進された．民間投資会社が所有する民間事業者が増加しているのは，2005年以降の新しい現象である．この所有形態は，スウェーデン経済の他領域よりも，社会福祉サービス領域においてより増加している（Skatteverket 2012）．

今日，施設介護の5分の1強，さらに公的財源で運営されるホームヘルプの総供給時間の5分の1は民間事業者により供給されている．高齢者介護または障がい者福祉で働く職員の5人に1人が民間事業者に雇用されており，17%が営利企業，3%が非営利組織で働いている．2010年時点で，民間事業者による介護施設全体のうち，86%が営利企業による経営で，そのうち，ほぼ半数が2大民間投資会社の最大手2社であるアテンド・ケア社とカレマ・ケア社により運営されている（Arfwidsson & Westerberg 2012）．2012年では，ホームヘルプの民間事業者全体のうち93%が営利企業による運営で，職員が10人未満の事業者が多い（Konkurrensverket 2013）．このように，スウェーデンの高齢者介護における民間部門は営利事業者に大きく支配されているが，施設介護と在宅介護で異なる特徴がある．スウェーデンでは，ノルウェーやフィンランドに比べ，非営利事業者の役割は小さく，1990年代初頭から増えてこなかった．

1990年代初頭にスウェーデンの福祉サービスに競争が導入された時には，施設介護と，一部のホームヘルプ地区が公共調達法（LOU）による競争入札を経て外部委託されていたが，この段階では質よりも価格に重点が置かれることが多かった．この方式の市場化は，大企業に有利であり，大企業は規模の経済を生かし，競争入札での落札が容易であった．2009年にサービス選択自由化法（LOV）が施行され，ホームヘルプへの選択自由化モデル導入が促進されるようになった．2012年にはスウェーデン全コミューンの半数以上（60%）が，サービス選択自由化法に従い，ホームヘルプの供給に選択自由化モデルを既に導入しているか，あるいは導入を決定していた．これらのコミューンでは，参入の申請をしてコミューンが示す水準を満たしていれば，すべての事業者が介護事業者として認可される．より小さな事業者の参入を促すために，参入の基準を過度に高めることは認められない．サービス選択自由化法と家事労賃控除（RUT）の制度間の相互作用は，より小さい事業者の収益のために重要な意味をもっている．選択自由化制度において，民間のホームヘルプ事業者の多くは，ニード判定を伴うホームヘルプ（家事援助と身体介護）に加え，家事サービスをホームヘルプ利用者だけでなく，一般市民にも提供している．

施設介護と在宅介護では市場化の形態が異なっている．前者が競争入札，後者が家事労賃控除と結びついたサービス選択自由化モデルであり，この両者は（施設介護の）寡占化と（住宅介護の）細分化をもたらし，スウェーデンにおける民間の高齢者介護部門を特徴づけている．市場化の2つの方式はどちらも，非営利事業者を優遇してこなかった．

選択自由化モデルは初め，主にホームヘルプに採用されていたが，近年では施設介護にもこのモデルを採用するコミューンがある．この傾向は近年みられるもう1つの傾向とも関係する．営利企業は独自の介護施設を建設するようになり，競争入札のプロセスを経て介護施設の運営を落札するのではなく，個人やコミューンに対する「ベッド売り」を増やす傾向にある．このような場合，ホームヘルプ事業者と同様に，民間企業はニード判定を伴うサービスを超えた「上乗せ」サービスを提供することができる（使用したサービスの利用者負担は家事労賃控除により半額となる）．このような事業者が，所得の高い高齢者層に関心を持っているかどうかは明らかではない．しかし，もしそうであれば，高齢者介護は二層化し，つまり公的財源で提供される介護サービスを利用するのは，所得の低い人に集中し，公共サービスの質の低下につながりかねない．

スウェーデンの高齢者介護にみる市場化の特徴は，さまざまな行政機関が高齢者介護部門の規制や管理に乗りだしてきたことである．2009年に，法務・財務・行政サービス庁は，公共調達法とサービス選択自由化法のコンプライアンスについての助言という委任を受け，サービス選択自由化法に関する競争的条件の評価に対する責任を持っている．2010年に政府は，経済地域振興庁と成長政策分析庁に対し，高齢者介護や保健医療における民間事業者の支援を委任した．2011年に社会庁は，コミューンによる外部委託や介護のモニタリングについての概略を作成するための原則をつくるよう，委任を受けた．社会庁は民間事業者とコミューン直営の介護サービスの質の違いを評価する責任，そして市民の視点から，サービス選択自由化法の成果を評価する責任も与えられている．さらに行政管理庁は，2011年にサービス選択自由化法をコストと効率性の側面から評価するよう委任を受け，2011年に税務庁には，福祉サービス部門における民間投資会社間の内部貸付けによる租税回避スキームについて調査することが委任された（Skatteverket 2012）．これらの行政機関は最近2〜3年間で，高齢者介護における競争と選択について，50冊以上の報告書を刊行しているが，本章はその多くを参照している．これらの報告書はたくさんの有益な情報を含んでいるが，意外にも，スウェーデンの高齢者介護を特徴づける普遍主義の理念との関連で市場化の影響を論じるものはほとんどない．報告書が，資源の少ない社会階層の利用者や社会的結束に対して市場化が与えるリスクよりも，規制や競争促進に大きな焦点をあてているのは明らかである．

近年，この分野にみる国レベルの活動は，これまでと比べても，また他の北欧諸国と比べても注目に値する．加えて，近年，市場化についてさまざまな側面で調査を実施するために，複数の政府委員会が設立されている．2012年9月には，コスト，質，効率性の面から，サービス選択自由化法の成果を評価するために，1つの委員会が設立された．その評価に基づき，委員らはホームヘルプ，可能であれば施設介護にもサービス選択自由化制度の導入をコミューンに義務づけるかどうかについて検討することになっている（Dir. 2012: 91）．2012年12月には別の委員会（Dir. 2012: 131）が設置されたが，この委員会では，福祉サービス部門において民間企業が所有・運営する事業に対して，より厳格な条件の提示が必要かどうかについて分析する．

サービスの質の管理についての責任は，民間事業者がサービスを提供する場合でも，コミューンにある．質に関する問題は，民間事業者数の増加への対応として，監視のもとにおかれるようになってきた．高齢者介護の質をどう規制し，どう測るかに注目が集まってきただけでなく，高齢者介護や他の福祉サービスにおいて，利益が果たす役割や収益をあげることが注目されるようになってきた．1990 年代初頭に，スウェーデンの高齢者介護や他の福祉サービスに競争が採り入れられた時，公的供給を「代替できる供給体」として，改革的な小規模事業者や非営利組織がこの分野に参入し，公的セクターの刷新をすすめることが期待された．公の議論において，営利と非営利を区別することはスウェーデンでは極めて新しい現象であった．事業者が営利か非営利かを区別した国レベルの統計はいまだに少なく，統計は公的か民間かの区別しかない．

統計がないにもかかわらず，社会庁（Socialstyrelsen 2012a）は，研究者と同様に，「開かれた比較」（第 5 節 1.1 参照）として社会庁が集めた質の尺度を使って，コミューン直営，非営利事業者，営利事業者により運営される高齢者介護サービスの質を比較しようとしている．より多くの研究が必要であることと，そしてコミューン直営，営利事業者，非営利事業者間，あるいは選択自由化モデルがあるコミューンとないコミューンでサービスの質に違いがあるかについて，明確な結論を導くための十分な情報がないということが，社会庁の主たる結論であった．しかしながら，社会庁は，Arfwidsson and Westerberg（2012）と同様に，営利事業者に運営される施設介護や，特に民間投資会社が所有する施設に比べて，コミューン直営の施設介護のほうが，職員配置が手厚く，時間給職員の数が少ないことを明らかにした．構造的視点による質の評価とは対照的に，介護計画の作成における入居者の参加，さまざまなリスク評価（転倒リスク，褥瘡（じょくそう），栄養不良）といったプロセス視点による質の評価では，一般に民間事業者のほうが評価が高く，特に民間投資会社が経営する施設で特に高い．たとえば褥瘡（じょくそう）や転倒による怪我に関するアウトカム指標がないため，これらのプロセス視点による質の尺度の重要性を評価することは難しい．利用者満足度については，全国レベルではコミューン直営と民間事業者の間に違いはみられない．

これらの発見は 2 つの解釈が可能である．1 つの解釈は，営利事業者は（プロセス視点指標によると）他の事業者よりよい介護を提供しており，（利用者満足度指標によると）他の事業者と同じレベルの介護をより少ない職員で提供できるため，他の事業者より効率的であるというものである．もう1つの解釈は，高齢者が望んでいるのは介護者との十分な時間と職員の継続性であるという研究に基づいて考えれば，職員配置が十分であることと，時間雇用職員の割合が少ないことのほうが，プロセス視点による質の指標や利用者満足度よりも，適切な質の評価指標であるというものである．この分野でさらなる研究が必要なことは明らかである．いずれにせよ，2011年以降，社会庁は職員配置と時間給職員比率の指標を集めておらず，政府は最近，社会庁に対し，プロセス視点による質の指標に焦点を当てた「開かれた比較」のために，新たな指標を開発することを委任した（Government Bill 2012/13: 1: 199）．このように，政治的意思により構造的視点よりもプロセス視点による介護の質の指標が用いられている．さらに，高齢者介護サービスを外部委託する際に，コミューンが事業者に要求する介護サービスの質の条件は，プロセス視点による質の指標に焦点をあてる傾向にある．2011年と2012年における介護施設の競争入札70ケースの分析では，入札文書にある平均215件の必要要件のうち，3分の2がプロセス視点に関するもので，3分の1が構造的視点に関するものであった．必要要件の半分はモニタリング可能とみなされた．ここで特に興味深いのは，調査期間に行われた入札のうち，わずか5%にしか職員配置に関する条件が含まれていなかったことである．しかしながら，2011年秋の「介護スキャンダル」以降，変化が起きた．大企業の1つが経営する介護施設で行われている介護の質が劣悪であることが明るみとなり，メディアで激しい議論が繰り広げられたが（Lloyd et al. 2013），その後には，構造的視点による質の評価に関連する必要条件を設定した入札が全体の16%に増加した（Almega et al. 2013: 31）．

過去20年間にわたり増加してきた高齢者介護の営利事業者による供給が今後も続くかについては議論の余地がある．スウェーデンの福祉サービス部門は他国に比べて規制が少ないことについて議論されてきた（Skatteverket 2012）．「介護スキャンダル」に関するメディアの議論は，より厳格な法的管理を考えるきっかけとなった．今日では規制強化と質の管理の強化に対する要求が多方面――利用者や高齢者だけでなく政府，野党，民間事業者の団体――から聞かれる．ブルーカラー労働者組合連合と社会民主党は最近，高齢者介護サービスのプログラムを発表した（LO 2012, SAP 2012）．両プログラムは共に選択自由化モデルには賛成の立場を示していると同時に，質についてのより厳格な規制について論じており，この点では保守中道政権との違いはない．一方，両プログラムが政府の方針と異なるのは次の点である．ブルーカラー労働者組合連合と社会民主党のプログラムは，職員配置基準について拘束力のあるガイドラインを提案している点，サービス選択自由化法が規定する民間企業の自由な設置に反対している点，利潤を追求する企業に対する規制を提案している点である．最後の点については，ブルーカラー労働者組合連合のプログラムのほうが社会民主党のプログラムよりも一歩踏み込んだ提案をしている．2013 年 4 月に開催された社会民主党大会で，これらの 2 つのプログラムは妥協点に達したが，介護事業で収益をあげることを完全に禁止すべきと考える一部の大会参加者の要求は通らなかった．

最近の世論調査では，福祉サービスで収益をあげることに関して，スウェーデンの世論は政治エリート以上に疑問を感じている．ある大規模調査では，「収益は税財源で運営される保健医療，学校，社会福祉に認められるべきではない」という意見に対し，スウェーデンに住む人々の 62%が賛成し，反対はわずか 17%であった（19%が「どちらともいえない」，2%が「わからない」）．所得層や支持政党による違いがみられたが，すべての社会階層において，この意見を支持する人が多数派を占めていた（Nilsson 2013）．他の研究も同様の結果を示している．回答者の 64%が高齢者介護や他の福祉サービスからの収益は再投資されるか，あるいは禁止すべきと回答していた．この調査では回答者に，保健医療，学校，社会福祉における収益を禁止することによってサービスの質は向上するか，低下するかと尋ねている．回答者の 41%が質は向上すると回答し，20%が低下すると回答した（残りは「わからない」または「変わらない」と回答）．政党間の違いも明確であった．社会民主党支持者の 55%が質は向上すると回答し，13%は質は低下すると回答した．社会民主党支持者以外では，29%が質は向上すると回答し，26%が質は低下すると回答した（NOWA 2013）．しかしながら，福祉サービスの市場化と，これらのサービスを提供する営利企業の役割が，2014 年選挙の重要な争点になるかどうかは予想できない．

注

1）同法は何度も改正されており，2002 年からは社会サービス法（Socialtjänstlagen）と呼ばれている．

2）保育は当時，社会サービス法で規定されており，保育サービスの供給を営利事業者に開放したことは大きな議論を呼んだ（Brennan et al 2002 参照）．

3）同法は新たな「水道，エネルギー，交通，郵便部門の公共調達法」という 2007 年政府法案に基づき修正された（政府法案 2006/: 128）．修正は公共調達に関する EU 指令（2004/18/EG および 2004/17/EG）に基づく．新法である公共調達法（2007: 1091）と公共入札法（2007: 1092）は以前の公共調達法（1992: 1528）に代わるものである．

4）競争入札で契約を獲得した事業者とは対照的に，これらのケースでは，施設は許認可を通じ外部委託が行われる（第 3 節 3 参照）．

5）介護付き住宅の競争入札の 70 ケースを概観すると，平均的な契約期間は 3.5 年，すべての契約でその後 2 年間の更新が認められていた（Almega et al. 2013）．

6）サービス選択自由化法第 7 条 1 項では，契約を結ぶ当局は，たとえば，破産したり，違法行為をおこしたり，社会保障負担や税負担に関する義務を怠ったりした申請者を排除することが認められている．

7）両機関は 2009 年に，農村開発局 Nutek とスウェーデン成長政策研究所を合併して設立された．さらにスウェーデン消費者局の消費サービス部門は新たな機関の仕事に含まれることになった（www.tillvaxtanalys.se）．

8）政府による諮問は 2008 年，2010 年，2011 年，2012 年に行われた．2011 年には 6 万 1,600 人のホームヘルプ利用者と 3 万 3,400 人の介護付き住宅入居者を調査対象とした（Socialstyrelsen 2012e）．

9）利用者調査も刊行物として報告されている（たとえば，Socialstyrelsen 2012e）．

10）在宅介護サービス利用者については，このうち 5 つの指標のみが報告された（Socialstyrelsen 2012d）．

11）以前は，介護職員が報告しなければならなかったのは深刻な問題のみで，地域レベルですぐに解決されなかった深刻な問題のみが社会庁に報告されることになっていた（政府法案 2009/10: 131）．

12）サービス選択自由化法によれば，コミューンは選択システムのなかで事業者の数を制限することができないことに注意することが重要である―申請した事業者が，コミューンが設定した水準に見合っていればすべて事業者として認めなくてはならない（政府法案 2008/09: 29）．

13）2013 年 8 月，カレマ・ケア社の親企業であるアムベア社は，高齢者介護部門の名前をカレマ・ケア社からヴァールダーガ社に変更すると告知した（http://new.cision.com/en/ambea）．

14）理由の 1 つは，高齢者介護の企業は建物，機械，設備に多くの自己資金を必要としないためであり，これは，コミューンが原則的に，施設介護における建物を所有し，またホームヘルプ自体は高齢者宅で行われているからである．そのため，対投下資本比率として利益を測定すると誤解を生む，と民間介護事業者連合会は主張している（Vårdföretagarma 2012a）.

15）2013年5～6月において，社会庁はスウェーデンの高齢者介護サービス利用者すべて（24万5,000人）を対象とした初めての調査を実施した．11月には調査結果が出され，統計として最高レベルの詳細なデータになる予定である．データは，多様な事業者形態を比較するのに用いることもできる（Socialstyrelsen 2013g）.

16）しかしながら，民間事業者で働く人たちの労働組合組織率はかなり低い（Kommunal 2012: 41）.

17）例外として，コミューンやランスティングに雇用されている職員に比べて，民間事業者により提供される医療介護サービスで働く人たちの労働条件（特に仕事の負荷とスタッフ・マネジメント間の関係）のほうが極めて良好であることを示す研究がある．残念ながら，その報告では「医療と社会的介護」が一括りにされており，セクター別や専門職グループ別で分析されていないため，何をどの程度比較しているかが明確でない（Vårdföretagarna 2012b）.

（訳者注）

1）スウェーデンの広域自治体には，ランスティング（landsting）とレギオン（region）がある．ランスティングは県，県ランスティングと邦訳されることもある．レギオンは，従来から担当する医療や他の広域行政に加え，地域開発においてより大きな権限が認められており，13レギオンが存在する（2018年）．主に医療を担当し，全国に20広域自治体（ランスティングとレギオンの合計）が存在する（斉藤 2014）.

2）スウェーデンの基礎自治体はコミューン（kommun）と呼ばれ，全国に290団体ある．原著では英語表記が統一されておらず，local, local government, local authorityなどの英語表記が使用されているが，本章では特に断りのない場合，コミューンと訳している.

3）ランスティングとレギオンを合わせると20団体（2018年）.

4）エーデル改革（1992）は高齢者医療福祉改革で，ランスティングの権限にあったナーシングホーム，訪問看護の権限がコミューンに移譲され，コミューンが一元的に高齢者介護を担うようになった（斉藤 2014）.

5）原著ではcare manager，need assessorなどの英語が使用されているが，日本のケアマネジャー（介護支援専門員）とは権限と仕事内容がかなり異なるため，混同を避け，本章では介護サービス判定員と邦訳する.

6）原著ではhome care serviceとされているが，home care serviceの実質的な内容はほとんどがホームヘルプサービスである．日本の（多様なサービスを含む）在宅介護サービスとの混同を避けるため，本章ではほとんどを「ホームヘルプ」と邦訳している.

7）スウェーデン統計局によるコミューンの分類（斉藤 2014）.

8）ストックホルム市には14自治体区があり，主に介護サービス判定とサービスの質の管理が任されている（斉藤 2014）.

参考文献

〈邦文文献〉

斉藤弥生．2014．『スウェーデンにみる高齢者介護の供給と編成』．大阪大学出版会.

〈欧文文献〉

Legislation

Freedom of Press Act (Tryckfrihetsförordningen, 1949: 105).

Instrument of Government (Regeringsformen, RF 1974: 152).

Social Services Act (Socialtjänstlag, SoL, 1980: 620 and 2001: 453).

Health and Medical Services Act (Hälso-och sjukvårdslag, HSL, 1982: 763).

Act on Security of Employment (Lag om anställningsskydd, LAS, 1982: 80).

Local Government Act (Kommunallag, 1991: 900).

Act on Public Procurement (Lag om offentlig upphandling, LOU, 1992: 1528 and 2007: 1091).

Act on Patients' Advisory Committee (Lag om patientnämndsverksamhet m.m., 1998: 1656).

Act on tax deductions on household services (Lag om skattereduktion för hushållsarbete, 2007: 346; from 2009 moved to Inkomstskattelagen, 1999: 1229; see SFS 2009: 197).

Act on System of Choice in the Public Sector (Lag om valfrihetssystem, LOV, 2008: 962).

Act on Certain Municipal Power (Lag om vissa kommunala befogenheter, 2009: 47).

Act on Patient Safety (Patientsäkerhetslagen, PSL, 2010: 659).

Other references

Aleris. 2011. *Hälsa och omsorg hela livet. Aleris i ord och bild.* http://www.mypaper.se/show/aleris/show.asp?pid=345295814166302.

Aleris. 2013. http://www.aleris.se/Aldreomsorg/ (approached May 2013).

Almega, Vårdföretagarna, Friskolornas riksförbund, Svenskt Näringsliv. 2013. *Stora möjligheter att stärka kvaliteten i äldreomsorgen genom bättre upphandlingar.*

Andersson, K. 2010. Valfrihet och mångfald- ett dilemma för äldreomsorgen [The dilemma between freedom of choice and diversity in elderly home care services]. *Socialvetenskaplig tidskrift*, 3-4, s308-325. 40.

Arfwidsson, J. & Westerberg J. 2012. *Profit Seeking and the quality of eldercare. Master thesis*, Stockholm School of Economics.

Attendo. 2012. *Årsredovisning* [Annual report]. http://www.attendo.com/PageFiles/696/Annual-report_Attendo%20AB_2011_Final.pdf.

Attendo. 2013. www.attendo.com/sv/se/.

Blomberg, S. 2008. The specialization of a needs-assessment in Swedish municipal care for older people: the diffusion of a new organizational model. *European Journal of Social Work*, 11(4): 415-429.

Blomqvist, P. 2004. The choice revolution: privatization of Swedish welfare services in the 1990s. *Social Policy & Administration*, 38(2): 139-155.

Brennan, D., Cass B., Himmelweit, S. & Szebehely, M. 2012. The marketisation of care: Rationales and consequences in Nordic and liberal care regimes. *Journal of European Social Policy*, 22(4): 377-391.

Carema. 2012. *Kvalitetsbokslut* [Quality balance sheet]. http://www.caremacare.se/download/18.5a4ae88913adaa5421180001661/Kvalitetsbokslut_2011.pdf.

Carema. 2013. http://carema.se/huvudnavigation/varatjanster.4.290f51e411de29d5060800014569.html.

Charpentier, C. 2004. *Kundvalets effekter och funktionssätt.* SSE/EFI Working Paper Series in Business Administration, No, 2004: 1.

Comondore, V.R., Devereaux, P.J., Zhou, Q., Stone, S.B., et al. 2009. Quality of care in for-profit and not-for-profit nursing homes: systematic review and meta-analysis. *British Medical Journal*. 339: b2732.

Dir 2012: 76. *Meddelarskydd för privatanställda i offentlig verksamhet*. Kommittédirektiv, Justitiedepartementet.

Dir. 2012: 91. *Framtida valfrihetssystem inom socialtjänsten*. Kommittédirektiv, Socialdepartementet.

Dir. 2012: 131. *Ägarprövning och mångfald vid offentligt finansierade välfärdstjänster*. Kommittédirektiv, Finansdepartementet.

Donabedian, A. 1966. Evaluating the quality of medical care, *Milbank Memorial Quarterly*, 44(2): 166-206.

Edebalk, P. G. & Svensson, M. 2005. *Kundval för äldre och funktionshindrade i Norden. Konsumentperspektivet* [Customer choice for elderly and disabled persons in Scandinavia: The consumer perspective]. Copenhagen: Nordic Council of Ministers.

Eika, K. 2006. *The difficult quality. Essays on human services with limited consumer sovereignty*. (PhD thesis) Department of Economics, University of Oslo.

Entreprenör. 2012. *Kavat nytänkare stöper om äldreomsorgen*. http://www.entreprenor.se/entrenorer/kavat-nytankare-stoper-om-aldreomsorgen_153198.html.

Fransson, S. 2012. Lex Maria-och lex Sarah bestämmelserna i ett arbetsrättsligt perspektiv. In: Nyström, Edström, Ö. & Malmberg, J. eds. *Nedslag i den nya arbetsrätten*, Malmö: Liber.

Gavanas, A. 2011. Privatisering av äldreomsorgen och äldre kunder som aktörer på (in) formella, etnifierade marknader. [Privatisation of eldercare and older customers as actors on (in) formal, ethnified markets]. In: Mulinari, P. & Selberg, R. eds. Arbete. *Intersektionella perspektiv* [Work: Intersectional Perspectives]. Stockholm: Gleerups förlag.

Glendinning, C. 2008. Increasing choice and control for older and disabled people: a critical review of new developments in England, *Social Policy & Administration*, 42(5): 451-469.

Government Bill 1990/91: 117 *Om en ny kommunallag* [On a New Local Government Act].

Government Bill 1992/93: 43. *Ökad konkurrens i kommunal verksamhet* [Enhanced Competition in Municipal Operations].

Government Bill 2001/02: 80. *Demokrati för det nya seklet* [Democracy for a New Century].

Government Bill 2006/07: 128 *Ny lagstiftning om offentlig upphandling och upphandling inom områdena vatten, energy, transporter och posttjänster* [New Legislation on Public Procurement and Procurement in the Water, Energy, Transport and Postal Services Sectors].

Government Bill 2006/07: 94. *Skattelättnader för hushållstjänster, mm* [Tax deductions on household services etc.].

Government Bill 2008/09: 29. *Lagen om valfrihetssystem* [Act on System of Choice in the Public Sector].

Government Bill 2009/10: 131. *Lex Sarah och socialtjänsten-förslag om vissa ändringar* [Lex Sarah and the Social Services: Suggested Amendments].

Government Bill 2012/13: 1. *Utgiftsområde 1.*

Grant Thornton. 2012. *Den privata vård-och omsorgsmarknaden ur ett finansiellt perspektiv*. Stockholm: Grant Thornton.

Gustafsson, R. Å. & Szebehely, M. 2005. *Arbetsvillkor och styrning i äldreomsorgens hierarki- en enkätstudie bland personal och politiker*. Rapport 114. Department of Social Work, Stockholm University.

Gustafsson, R.Å. & Szebehely, M. 2009. Outsourcing of elder care services in Sweden: Effects on work environment and political legitimacy. In: King, D. & Meagher, G. eds. *Paid Care in Australia: Politics,*

Profits, Practices. Sydney: Sydney University Press.

Harnett, T. 2010. *The Trivial Matters. Everyday power in Swedish elder care*. (PhD Thesis) Jönköping University.

Harrington, C., Zimmerman, D., Karon, S. L., Robinson, J. & Beutel P. 2000. Nursing home staffing and its relationship to deficiencies, *Journal of Gerontology, Social Sciences*, 55B(5): 278-S287.

Harrington, C., Olney, B., Carrillo, H. & Kang, T. 2012. Nurse staffing and deficiencies in the largest for-profit nursing home chains and chains owned by private equity companies, *Health Services Research*, 47(1): 106-128.

Hartman, L. 2011. Inledning [Introduction]. In: Hartman, L. (ed.) *Konkurrensens konsekvenser. Vad händer med svensk välfärd?* [Consequences of Competition. What has happened to Swedish Welfare?] Stockholm: SNS förlag.

Hjalmarson, I. 2003. *Valfrihet i äldreomsorgen- en reform som söker sin form. En utvärdering av kundvalsmodellen i Stockholms stad*. Stockholm: Stiftelsen Stockholms läns Äldrecentrum.

Hjalmarson, I. 2006. Valfrihet och inflytande inom äldreomsorgen. In: Thorslund, M. & Wånell, S-E. eds. *Åldrandet och äldreomsorgen*. Lund: Studentlitteratur.

Hjalmarson, I. & Norman, E. 2004. *Att välja hemtjänst*. Stockholm: Socialstyrelsen.

Hjalmarson, I. & Wånell, S.E. 2013. *Valfrihetens LOV. En studie av vad lagen om valfrihet betyder för den som har hemtjänst, för kommunen och för utförarna*. Stockholm: Stiftelsen Stockholms läns Äldrecentrum.

Hjukström, S. & Perkiö, H. 2011. *Den offentliga marknaden* [The public market]. Stockholm: Dagens Samhälle AB.

Håkansson, M. 2012. Många nya företag i städbranschen. *Välfärd*, 1: 5-7.

Johansson, O. 2011. *Tjäna eller tjäna? Om vård eller vinst* [Serve or earn? On care or profit]. Stockholm: Famna.

Johansson, S. 2011. Utvärdering av äldreomsorg-exemplet Öppna jämförelser. In: Blom, B., Morén, S. & Nygren, L. eds. *Utvärdering i socialt arbete: Utgångspunkter, modeller och användning*. Stockholm: Natur & Kultur.

Kammarkollegiet. 2011a. *Utformning av förfrågningsunderlag för upphandling av varor och tjänster enligt LOU*. Vägledning 2011: 04.

Kammarkollegiet. 2011b. *Utformning av förfrågningsunderlag för upphandling enligt LOV*. Vägledning 2011: 1.

Kammarkollegiet. 2012a. *Avtalsuppföljning av vård och omsorg*. Vägledning 2012: 6.

Kammarkollegiet. 2012b. *Ersättningsformer vid upphandling av vård och omsorg*. Vägledning 2012: 4.

Kammarkollegiet. 2012c. *Årsredovisning 2011*.

Karlsson, P.A. 2012. Valfrihet-ett begrepp med olika innebörd. *Socionomen*, 7, 21-22.

Kastberg, G. 2010. *Vad vet vi om kundval-en forskningsöversikt* [What do we know about customer choice: a research overview]. Stockholm: SKL.

Kjellberg, I. 2012. *Klagomålshandtering och lex Sarah-rapportering i äldreomsorgen. En institutionell etnografisk studie*. (PhD Thesis) Department of Social Work, Gothenburg University.

Kommunal. 2012. *Vägval välfärd*.

Kommunalarbetaren. 2011. Kommunerna tolkar lagen om valfrihet olika. http://www.ka.se/index.cfm?c=97146.

Kommunalarbetaren. 2013a. Många hemtjänstföretag saknar kollektivavtal i Stockholm.

http://www.ka.se/index.cfm?c=104493.

Kommunalarbetaren. 2013b. Kommunal satsar på 1000 nya avtal. http://www.ka.se/index.cfm?n=1668&c=104497.

Konkurrensverket. 2007. Öka konsumentnyttan inom vård och omsorg- förslag för konkurrens och ökat företagande.

Konkurrensverket. 2012. *Kommunernas valfrihetssystem-så fungerar konkurrensen* [The system of choice in Swedish municipalities-the competition situation].

Konkurrensverket. 2013. Kommunernas valfrihetssystem-med fokus på hemtjänst. Slutrapport.

Lindgren, L. together with Ottosson, M. & Salas, O. 2012. *Öppna jämförelser. Ett styrmedel i tiden eller 'Hur kunde det bli så här?'* Göteborg: FoU i Väst.

Lloyd, L., Banerjee, A., Harrington, C., Jacobsen, F. & Szebehely M. (2013, forthcoming) It's a scandal! Comparing the causes and consequences of nursing home media scandals in five countries. *International Journal of Sociology and Social Policy.*

LO. 2012. Åtgärder för att begränsa vinst i välfärden.

Lundström, T. & Wijkström, F. 2012. Från röst till service: Vad hände sedan? [From voice to service: What happened next?] In: Wijkström, F. (ed.) *Civilsamhället i samhällskontraktet. En antologi om vad som står på spel* [The civil society in the social contract. An anthology on what is at stake]. Stockholm: Civil Society Press.

Lundwall, K. 2012. *Kvalitetshöjande konkurrens i valfrihetssystem- vad krävs?* Stockholm: Konkurrensverket.

Meagher, G. & Szebehely M. 2010. *Private financing of elder care in Sweden. Arguments for and against.* Working Paper 2010: 1, Stockholm: Institute of Future Studies.

Meagher, G. & Szebehely, M. 2013. Long-term care in Sweden: Trends, actors and consequences. In Ranci, C. & Pavolini, E. eds. *Reforms in long term care policies in Europe: Investigating institutional change and social impacts*, New York: Springer.

Meinow, B., Parker, M.G. & Thorslund, M. 2011. Consumers of eldercare in Sweden: The semblance of choice, *Social Science & Medicine*, 73(9): 1285-1289.

Montin, S. & Elander, I. 1995. Citizenship, consumerism and local government in Sweden, *Scandinavian Political Studies* 18(1) 25-51.

Molin, K. & Karlsson, B. 2010. PRO- pensionären har kartlagt samtliga Sveriges kommuner: Stora skillnader i timtaxan för hemtjänst och trygghetslarm. *PRO-pensionären* nr 2/2010. http://www.pro.se/tidningen/2010/PROpensionaren-2-10/Artiklar/PROpension-har-kartlagt/.

Möller, T. 1996. *Brukare och klienter i välfärdsstaten: om missnöje och påverkansmöjligheter inom barn- och äldreomsorg.* Stockholm: Publica.

Nilsson, L. 2013. *Välfärdspolitik och välfärdsopinion 1986-2012. Vinster i välfärden?* http://www.som.gu.se/digitalAssets/1447/147207_vinster-i-v--lf--rden.pdf.

Norman, E. 1999. *Man mäter och mäter... Kvalitetsinstrument i praktisk tillämpning inom äldreomsorgen.* Stockholm: Stiftelsen Stockholms läns Äldrecentrum.

Norman, E. & Schön, P. 2005. *Biståndshandläggare- Ett (o)möjligt uppdrag. En översikt av aktuell forskning om biståndshandläggarnas yrkesroll och organisering.* Stockholm: Stiftelsen Stockholms läns Äldreccentrum.

Norman, E. 2010. *Biståndshandläggare- att vakta pengar eller tillgodose behov.* Stockholm: Stiftelsen Stockholms läns Äldrecentrum.

Nososco. 2011. *Social Protection in the Nordic Countries. Scope, Expenditure and Financing 2009/10.* Copenhagen: Nordic Social Statistical Committee.

NOWA. 2013. *En framtidsspaning: Välfärden, valfriheten & vinsten.* www.nowakommuikation.se.

Palme, J., Bergmark, Å., Bäckman, O., Estrada, F., Fritzell, J., Lundberg, O., Sjöberg, O. & Szebehely, M. 2002. Welfare trends in Sweden. Balancing the books for the 1990s, *Journal of European Social Policy*, 12(4): 329-346.

Rehnberg, C. & Goude, F. 2011. *Valfrihet och kvalitet inom hälso-och sjukvården-en litteraturöversikt om faktorer som påverkar patienters val av vårdgivare.* Stockholm: Sociala Rådet.

Riksrevisionen. 2008. *Statens styrning av kvalitet i privat äldreomsorg.*

SAP. 2012. *Vinst, valfrihet och kvalitet-analys av dagens välfärd.* Socialdemokraterna.

SCB. 2012a. *Kommunernas och landstingens verksamhetsindelade bokslut 2011* [Financial statements from local government sector]. Statistiska meddelanden OE 30 SM 1201.

SCB. 2012b. *Finansiärer och utförare inom vård, skola och omsorg, 2010* [Financiers and providers within education, health care and social services, 2010].

SCB. 2013a. *Äldre kvinnor nyttjar RUT.* Pressmeddelande. http://www.scb.se/Pages/PressRelease____347813.aapx.

SCB. 2013b. *Statistical database. Final income and tax statistics* 2008-2011. http://www.scb.se/Pages/SSD/SSD_SelectVariables____340487.aspx?rxid=4f0043ae-f202-4baa-8ba2-7de8b5df2b98&px_tableid=ssd_extern%3aSkattereduktioner (approached January 2013).

Shekarabi, A. 2012. *Vinst och den offentliga tjänstemarknaden. En rättslig analys.* Ny Tid rapport 15. Arenaidé.

Sipilä J, ed. 1997. *Social care services. The key to the Scandinavian welfare model.* Aldershot: Ashgate.

Skatteverket. 2012. *Skatteplanering i företag inom välfärdssektorn. Slutrapport.* http:www.skatteverket.se/download/18.2b543913a42158acf800018634/Slutrapport+Skatteplanering+i+v%C3%A4lf%C3%A4rdssektorn.pdf.

Skatteverket. 2013. *Intresset för RUT-avdrag ökar kraftigt* [The interest in RUT-deduction increases sharply]. Pressmeddelande 2013-01-08. http://www.skatteverket.se/omskatteverket/press/pressmeddelanden/riks/2013/2013/intressetforrutavdragokarkraftigt.5.2b543913a42158acf800025965.html.

SKL. 2009a. *Valfrihetssystem för nybörjare och andra nyfikna.*

SKL. 2009b. *Lättare sagt än gjort. Uppföljning av kommunala konkurrensprogram i åtta kommuner.*

SKL. 2010a. *Valfrihet och vårdval. Slutrapport från programberedningen om valfrihet.*

SKL. 2010b. *Valfrihetssystem. Erfarenheter från ett antal kommuner och landsting.*

SKL. 2010c. *Valfrihet på webben: utvärdering av information om valfrihetssystem på kommuner och landstings hemsidor.*

SKL. 2011a. *Erfarenheter av konkurrensutsättning. En forskningsöversikt.*

SKL. 2011b. *Alternativa driftformer* [Alternative management forms].

Slagsvold, B. 1995. *Mål eller mening. Om å måle kvalitet i aldersinstitusjoner* (PhD thesis). Oslo: Norsk Gerontologisk Institutt.

Socialdepartementet, Socialstyrelsen, Sveriges Kommuner och Landsting, Vårdföretagarna & Famna. 2009. *Öppna jämförelser Nationell strategi för kvalitetsutveckling genom öppna jämförelser inom hälso-och sjukvården och socialtjänsten.*

http://www.regeringen.se/content/1/c6/13/63/49/a3dfa6f7.pdf.

Socialstyrelsen. 2003. *Konkurrensutsättning och entreprenader inom äldreomsorgen. Utvecklingsläget 2003* [Competition and out-sourcing in eldercare. Status report 2003].

Socialstyrelsen. 2007. *Kundval inom äldreomsorgen.*

Socialstyrelsen. 2009. *Handlingsplan för utveckling av Öppna jämförelser inom äldreomsorg och hemsjukvård.* Dnr 7270/2009.

Socialstyrelsen. 2010a. *Stimulansbidrag LOV. Slutrapport* [Act on freedom of choice-LOV. Final report.

Socialstyrelsen. 2010b. *Social tillsyn. Länsstyrelsens iakttagelser under 2008 och 2009*].

Socialstyrelsen. 2010c. *Öppna jämförelser av vård och omsorg och äldre 2007-2009-Slutrapport från ett treårigt regeringsuppdrag.*

Socialstyrelsen. 2010d. *Lex Sarah- tillämpningen av 14 kap. 2 § Sol och 24 a § LSS. Handbok för socialtjänsten.*

Socialstyrelsen. 2011a. The *Swedish National Board of Health and Welfare-A Presentation.* http://www.socialstyrelsen.se/english/abouts/Documents/This%20is%20Socialstyrelsen.pdf.

Socialstyrelsen. 2011b. *Projektplan för regeringsuppdrag om att intensifiera utvecklingen av öppna jämförelser och ta fram en handlingsplan för ökad tillgång till data av god kvallitet inom socialtjänsten.* Dnr 7270/2009.

Socialstyrelsen. 2011c. *Lägesrapport 2011-Hälso-och sjukvård och socialtjänst.*

Socialstyrelsen. 2011d. *Valfrihetssystem ur ett befolkningsperspektiv. Delredovisning.*

Socialstyrelsen. 2011e. *Vad vill äldre veta? - En sammanställning av studier om äldres val inom äldreomsorgen.*

Socialstyrelsen. 2012a. *Kommunal eller enskild regi, spelar det någon roll?-En jämförelse av utförare av vård och omsorg om äldre.*

Socialstyrelsen. 2012b. *Stimulansbidrag LOV.* Delrapport 2012.

Socialstyrelsen. 2012c. *Nationell tillsyn av vård och omsorg om äldre-Delrapport II 2012.*

Socialstyrelsen. 2012d. *Metodbilaga. Äldreguiden 2012. Öppna jämförelser Äldreomsorg och hemsjukvård.*

Socialstyrelsen. 2012e. *Vad tycker de äldre om äldreomsorgen? En rikstäckande undersökning av äldres uppfattning om kvaliteten i hemtjänst och äldreboenden 2012.*

Socialstyrelsen. 2012f. *Val inom hemtjänst och äldreboende-Fokusgrupper med äldre och anhöriga som valt utförare inom äldreomsorg.*

Socialstyrelsen. 2012g. *Valfrihetssystem ur ett befolknings-och patientperspektiv -Slutredovisning.*

Socialstyrelsen. 2013a. *Äldre-vård och omsorg den 1 oktober 2012* [Care and services to elderly persons 1 October 2012].

Socialstyrelsen. 2013b. *Stimulansbidrag LOV.* Delrapport 2013.

Socialstyrelsen. 2013c. *Vad efterfrågar kommunerna -en sammanställning av vilka krav på kvalitet och krav på uppföljning kommunerna ställer i förfrågningsunderlag vid upphandling av vård och omsorg för äldre.*

Socialstyrelsen. 2013d. *Ställa krav på kvalitet och följa upp -en vägledning för upphandling av vård och omsorg för äldre.*

Socialstyrelsen. 2013e. Lex Sarah. Handbok för tillämpningen av bestämmelserna om lex Sarah.

Socialstyrelsen. 2013f. *Äldre och personer med funktionsnedsättning - regiform år 2012-Vissa kommunala insatser enligt socialtjänstlagen* [Older and disabled persons- management forms for assistance according to the Social Service Act 2012].

Socialstyrelsen. 2013g. *Tillståndet och utvecklingen inom hälso- och sjukvård och socialtjänst. Lägesrapport 2013* [The development of health care and social services. Status report 2013].

Socialstyrelsen. 2013h. *Brukarundersökningen: Vad tycker de äldre om äldreomsorgen?* http://www.socialstyrelsen.se/oppnajamforelser/Sidor/brukarundersokningenvadtyckeraldreomaldreomsorgen.aspx (approached April 26, 2013).

Socialstyrelsen & SKL. 2013. *Öppna jämförelser 2012. Vård och omsorg om äldre.*

SOSFS. 2005: 28. *Föreskrifter och allmänna råd. Anmälningsskyldighet enligt Lex Maria. Socialstyrelsen.*

SOSFS. 2011: 5. *Föreskifter och allmänna råd. Lex Sarah.* Socialstyrelsen.

SOU 2007: 37. *Vård med omsorg-möjligheter och hinder* [Caring with care-possibilities and obstacles]. Government Report.

Statskontoret. 2007. *Vård, skola och omsorg. Vilken information behöver brukaren för att kunna välja?*

Statskontoret. 2012. *Lagen om valfrihetssystem. Hur påverkar den kostander och effektivitet i kommunerna.*

Stockholms stad. 2012. *Resultat från brukarundersökning inom äldreomsorg.* http: // www. stockholm. se/ Fristaende- webbplatser/ Fackforvaltningssajter/ Stadsledningskontoret/ Brukarundersokningar/Resultatfran-brukarundersokningar/Brukarundersokningar-aldreomsorg/.

Stockholms stad. 2013a. *Hitta och jämför alla hemtjänst och avlösning* [Find and compare all home care and respite services]. http: // www. stockholm. se/ - / Jamfor/ ? enhetstyp=c72b4fcc3f504dc4aac3303c6797d430 (approached April, 2013).

Stockholms stad. 2013b. *Utförare omvårdnads-och servicetjänster och städtjänster.* http://foretag.stockholm.se/Upphandling-och-valfrihet/Valfrihetssystem/Aldreomsorg/Fordig-som-vill-starta-hemtjanst/ (approached March, 2013).

Stolt, R., Blomqvist, P. & Winblad, U. 2011. Privatization of social services: Quality differences in Swedish elderly care. *Social Science & Medicine*, 72(4): 560-567.

Stolt, R. & Winblad, U. 2009. Mechanisms behind privatization: A case study of private growth in Swedish elderly care. *Social science and Medicine*, 68(95), 903-911.

Strömberg, H. 2002. *Handlingsoffentlighet och sekretess.* Lund: Studentlitteratur.

Sundin, E. & Tilmar, M. 2010. *Uppföljning av 'Eget val' inom hemtjänsten i Linköpings kommun. Utförarperspektiv* [A follow-up study of 'Own Choice' for home care services in the municipality of Linköping]. Linköping: Helix working paper.

Svenskt K valitetsindex. 2012. *Pressmeddelande offentlig sektor.* 2012-11-19.

Svensson, M. & Edebalk, P. G. 2010. *Kundval i äldreomsorgen -Stärks brukarens ställning i ett valfrihetssystem?* Stockholm: SKL.

Swedish Competition Authority. 2012. *The Swedish Public Procurement Act -an introduction*, (Konkurrensverket) E-print AB, Stockholm.

Szebehely, M. 2011. Insatser för äldre och funktionshindrade i privat regi [Care of elderly and disabled persons under private management]. In: Hartman, L. ed. *Konkurrensens konsekvenser. Vad händer med svensk välfärd?* [Consequences of competition. What is happening to Swedish Welfare?] Stockholm: SNS förlag.

Szebehely, M. & Trydegård, G-B. 2012. Home care services in Sweden-a universal model in transition. *Health and Social Care in the Community*, 20(3): 300-9.

Szebehely, M. & Ulmanen, P. 2012. *Äldreomsorgens utveckling och betydelse för medelålders barns förvärvsarbete.* [The price of retrenchment: The consequences of changing eldercare services on middle aged children's employment]. Stockholm: Kommunal.

Tillväxtverket. 2012. *Synliggörande av företagens utveckling inom vård och omsorg* [Visibility of business development in care services].

Tillväxtverket & Tillväxtanalys. 2012. *Kunskapsutveckling om entreprenörskap inom vård och omsorg.* Slutrapport.

Trafikverket. 2011. *LOV, logistik och transportarbete. Principer och simuleringar för hemtjänsten* [LOV, logistics and transportation work. Priciples and simululations for home care services]. Borlänge: Trafikverket.

Trydegård, G-B. 2001. Välfäirdstjänster till salu. Privatisering och alternativa driftformer under 1990-talet [Welfare services for sale. Privatisation and alternative management forms in the 1990s]. In Szebehely, M. ed. *Välfärdstjänster i omvandling* [Welfare Services in Transition]. SOU 2001: 52.

Trydegård, G-B. 2012. Care work in changing welfare states: Nordic care workers' experiences, *European Journal of Ageing*, 9(2): 119-129.

USK. 2009. *Hemtjänsten i Stockholm - en enkät till brukarna hösten 2008.* Stockholm stads utrednings-och statistikkontor.

Vabø, M. & Szebehely, M. 2012. A caring state for all older people? In: Anttonen, A., Häikiö, L. & Stefánsson, K. eds. *Welfare State, Universalism and Diversity.* Cheltenham: Edward Elgar.

Winblad, U., Andersson, C. & Isaksson, D. 2009. *Kundval i hemtjänsten-Erfarenheter av information och uppföljning.* Stockholm: SKL.

Vårdföretagarna. 2011. *Konkurrens på lika villkor? Erfarenheter av LOV inom äldreomsorgen.* Vårdföretagarna.

Vårdföretagarna. 2012a. *Felläst statistik om vårdvinster.* Debate article in DI. http://www.di.se/artiklar/2012/10/8/debatt-fellast-statistik-om-vardvinster/?qr=290028.

Vårdföretagarna. 2012b. *Sveriges Företagshälsor och Svenskt Kvalitetsindex: Jobbhälso-barometern-De anställdas syn på jobbet inom vård-och omsorgssektorn.* http://www.vardforetagarna.se/MediaBinaryLoader.axd?MediaArchive_FileID=6dd079af-9780-4942-85d7-773a6082c2ac&FileName=VF_Jobbh%c3%a41sobarometern_2012_A.pdf.

Östermalms stadsdelsförvaltning. 2011. *Kundval inom hemtjänst och städtjänster. Godkända utförare på Östermalm 2011.*

第 8 章

デンマークにおける高齢者介護の市場化
――自由選択，質の向上と効率化の追求

Tilde Marie Bertelsen, Tine Rostgaard
（監訳）石黒 暢（Nobu Ishiguro）
（訳）佐藤 桃子（Momoko Sato）

1 はじめに

デンマークでは，高齢者介護サービス供給の営利事業者への委託は主にホームヘルプ事業者の分野で進んでいるが，施設ケアにおいてはそれほど進んでいない．ホームヘルプの市場化は右派政党の政策により始まったものである．

介護の市場化の原理が最初にみられるのは，1996年に導入された購入者－供給者分離モデルである．デンマークでは，公的セクターの水平的かつ垂直的な効率化を図るため，統制手段としてこのモデルが導入されたが，のちに営利事業者が高齢者介護に参入した際に重要な役割を果たすこととなった．サービス供給が民間セクターにシフトしていくなかで鍵となったもう1つの要素は，1998年に導入され，今やほとんどのコムーネ（kommune，訳者補足：デンマークの基礎自治体）で使われている「共通言語（Fælles sprog）」という標準化されたニーズアセスメント・ツールである．

ホームヘルプの民間委託が本格的に始まったのは，「事業者の自由選択制度（Frit valg）」が導入された2003年のことである．これは，各コムーネに対し，コムーネだけでなく民間事業者も介護サービスを提供できる体制を整備することを求めた制度である．今日では，ほとんどのコムーネでホームヘル

プの事業者を選択できるようになっており，ホームヘルプ利用者全体のおよそ3分の1が民間営利事業者を選択している．民間営利事業者は主に掃除のような家事援助が必要な場合に利用されており，身体介護にはあまり利用されていない．一方，施設介護の市場化には，運営事務や掃除サービスといった業務の一部を民間委託するという形と，「規制緩和型ケア」制度（Fripleje）に基づいて民間事業者が「規制緩和型ナーシングホーム」（independent nursing homes）を運営する形の2つがある（ただ，後者のナーシングホームの運営主体には多くの非営利事業者も含まれている）．「規制緩和型ナーシングホーム」に入居している高齢者はごくわずかで，民間営利事業者の施設があるコムーネも非常に少ない．つまり，ナーシングホームの市場化の程度はごく限定的と言える．

一方で，コムーネ以外の事業者が提供するサービスを選択できることが広く支持されるようになり，特にホームヘルプにおいては反対の声はあまり聞かれない．高齢者からも好意的に受け止められており，少なくとも中道右派の前政権のもとでは，特にホームヘルプにおける市場化の促進に対して政治的支持が大きかった．現在の中道左派政権（社会民主党，急進自由党，社会主義人民党）[訳者注1)]では，市場化に対するイデオロギー的支持はおそらく中道右派の前政権より少ないが，市場化に関する法律が白紙に戻されたり，後退させられたりしたわけではなく，それどころかコムーネがホームヘルプを外部委託する過程を簡素化する新しい規則が導入された．

デンマークでは，民間事業者の高齢者サービスと公的なサービスとの間に何か違いがあるか，事業者は社会サービス法によって規定されているケアの要求水準を満たしているか，コムーネの事業者と民間事業者では職員の労働環境に違いはあるか等についての先行研究が少なく，これまで数回の調査が行われただけである．本章では，高齢者介護における市場化を支えている法制度やその範囲を定めている規定について検証する．また本章では，二次データや政府統計を用い，ホームヘルプと介護施設の市場化の拡がりや，それが利用者と職員に及ぼす影響についても分析する．

2　デンマークの高齢者介護

デンマークでは，高齢者介護のニーズ・アセスメントや，介護の運営や財政について，基礎自治体であるコムーネが責任を持っている．介護サービスには主に在宅ケアと施設ケアがある．

ホームヘルプに含まれるのは家事援助（掃除や洗濯等，家事への支援）と身体介護（入浴，着替え，ベッドからの移乗介助等）である．これらのサービスを利用者は無料で利用することができ，サービスはほとんどの場合，教育を受けた専門ケアスタッフにより提供される．後述のように，社会サービス法はコムーネに対し，公的なホームヘルプ事業者（つまりコムーネ）と競合する営利民間事業者がホームヘルプを提供できる仕組みを整えることを義務付けている．

施設ケアに含まれるのは，住居，身体介護，家事援助，レクリエーション活動と身体トレーニングである．老人ホームの現代版である「現代型ナーシングホーム」(plejeboliger)[訳者注2] では，入居者が家賃とサービス（食事，洗濯，掃除等）の利用料（上限額が設定されている）を支払う．昔からある旧式の「従来型ナーシングホーム」(plejehjem) は非常に少なくなっているが，そこに入居する高齢者には，住居と食事，その他の決められたサービスが提供され，入居者自身がサービスを選択することはできない．これらの施設で働く職員のほとんどは，介護，理学療法，作業療法等の専門教育を受けている．

2.1　ホームヘルプと施設ケアの利用

全国の 65 歳以上高齢者のうち，ホームヘルプを受けている人の割合は高く，2012 年には 13.7%であった[1]（表 1 参照）．なかでも，家事援助のみを受けている人が多く，その割合はすべてのホームヘルプ利用者のうち 47%，65 歳以上人口のうち 6.5%である．家事援助と身体介護の両方を受けているのは 41.9%で，これは 65 歳以上人口の 5.7%にあたる．一方，身体介護の

表 1．65 歳以上のホームヘルプ利用者（身体介護と家事援助）：2012 年

	65 歳以上利用者数	65 歳以上人口に占める割合（%）	ホームヘルプ利用者に占める割合（%）
身体介護のみ	14,745	1.5	11.1
家事援助のみ	62,483	6.5	47.0
身体介護と家事援助	55,582	5.7	41.9
総数	**132,810**	**13.7**	**100.0**

出所：Statistics Denmark, StatBank Denmark: FOLK 2; AED 06

表 2．ナーシングホームに入居している 65 歳以上高齢者：2012 年

	利用者数	65 歳以上人口に占める割合（%）
従来型ナーシングホーム	6,270	0.6
現代型ナーシングホーム	33,335	3.4
総数	39,605	4.1

出所：Statistics Denmark, StatBank Denmark: FOLK 2; RESI 06

みを受けているグループは比較的少なく，利用者の 11.1%，65 歳以上人口の 1.5%である．

前述のように，デンマークのナーシングホームには 2 つのタイプがあり，どちらも同じように 24 時間のサービスを提供するが，入居者の法的位置づけとサービス選択の有無は異なっている．すなわち，従来型ナーシングホームは完全なサービス付きの施設であるのに対し，現代型ナーシングホームでは入居者は賃借人という位置づけであり，さらに，掃除や食事等のサービスを購入するかどうかを選択することができる．2012 年時点で，65 歳以上人口のうち 4.1%の人々が施設ケアを利用しており，そのうちほとんど（3.4%）は現代型ナーシングホームに入居していた（表 2 参照）．

3　市場化に関連する法制度

高齢者介護における市場化がデンマークで本格化したのは，在宅ケアサービス供給の一部を外部委託することが法律で定められた2003年のことである．しかし,「自由選択」のスキームが最初に導入されたのは1991年であり，保守派政権が医療分野において市場化と民営化の戦略の一環として開始した.「自由選択」という考え方はデンマークの政治的レトリックにおいて普遍的なテーマとなり，それは，社会民主党が1992年に政権をとるようになっても変わらなかった．しかしながら，主要ポストについていない社民党の議員たちは，市場化と外部委託に対して強い反対姿勢を示した．社民党は，高齢者介護において，スタッフの労働条件とケアの質にネガティブな影響がもたらされることを懸念し，市場化が利用者負担の導入と不平等の拡大につながるのではないかと考えていた．そのため，在宅ケアのような基本的なサービスは公的領域にとどめることで合意が形成され，市場化の導入は当時行われなかった．商業的な市場原理は社会的なケアの重要な理念を損なうものであると考えられていたからである．こうして，1990年代初めの改革によって既に高齢者介護の外部委託を導入していたスウェーデンとは対照的に，デンマークは21世紀に入るまで在宅ケアサービスの公的供給に強く固執し続けていたのである．その代わり，政治的な緊張を和らげるための妥協案がとられ,「弱められた」自由選択，つまり,「より自由な福祉の選択」が，実践において何を意味するのかが明確でないままに導入されるとともに，市民参加を通じた民主主義的な戦略がとられたのである（Greve 2004, Rostgaard 2006).社会サービス法には，どのようなタイプの事業者がサービスを提供するのかについての要件が定められていなかった．コムーネにはサービスを外部委託することが推奨されていたが，義務づけられてはいなかったのである．こうして高齢者介護分野における外部委託はあまり進まず，2002年3月時点で67歳以上の人々に提供されていた在宅ケアのうち民間営利事業者によるものは2.5%にすぎなかった（Strukturkommissionen 2004).

2001年に自由党と保守党が政権をとると，自由選択は再び議題にのぼり，ニュー・パブリック・マネジメントのアプローチとともに彼らの政策議論の中心的概念となった．2002年に，新しい政権（2001～2011年）は利用者選択を公的サービスに導入することを目的とした改革プログラム「福祉と選択」を打ち出し，この改革が公的サービスの質を向上させ，効率性を高めると主張した．そして，その一環として2002年に政府は在宅ケアサービスにおける「自由選択」を導入する新しい法案を提出した．当時，広く使われていたスローガンは「利用者中心」（Brugeren i centrum）であった．主張されていた政策の目的は費用対効果を増大させることであったが，暗黙の目的は市場原理を高齢者介護サービス供給に導入することであった（Greve 2004; Rostgaard 2011）．

2002年6月に，国会は社会サービス法を一部改正して「家事援助と身体介護の供給主体の自由選択に関する法律（自由選択法）」（Lov nr. 399 af 6. juni 2002 Frit valg af leverandør af personlig og praktisk hjælp）を可決した．2003年1月1日から施行されたこの法律により，すべてのコムーネは在宅ケアの事業者選択の導入を義務付けられた．つまり，コムーネは，民間営利事業者が参入して，コムーネの供給主体と並んでサービスを提供するよう促進しなければならなくなった．事業者の種類に関わらず，サービスは従来通り無料で提供され，個人のサービス利用者に割り当てられた週当たりのサービス利用時間は変わらない．

自由選択法によれば，コムーネは，民間の事業者が適正であると判断された場合，彼らを在宅ケアの事業者として承認するための手続きを整えなければならない．同法はコムーネに対して，地域ごとに在宅ケアの質と価格の基準を設定するよう要求している．これらの基準は，今後，事業者が公的サービスを提供しようとする際に満たさなければならない認可や入札の条件である．サービスのアセスメントや割当についてはそれまでと同様にコムーネが責任を負う．すなわち，コムーネには在宅ケアのサービス内容や時間を定める責任や，監査を行い，営利事業者の評価を行う責任がある．営利事業者は在宅ケアサービスにより利益をあげることが認められており，高齢者が自費で購入することができる，いわゆるホームヘルプの追加サービス(tillægsydelser)を提供することが認められている（第4節1.3参照）.

自由選択に関する法律は施設ケアには適用されないため，コムーネはナーシングホームを外部委託したり，高齢者に対して事業者の選択肢を提供したりする義務はないが，それらを行っているコムーネは存在している．利用者の選択を通じたナーシングホームの市場化は，2007年1月に施行された規制緩和型ナーシングホーム法（Lov om friplejeboliger）によって促進されている．同法の目的は，利用者の施設ケアの選択肢を増やすこと，そして供給主体間の競争を通して，サービスのバリエーションを生み出すことである．これにより，施設ケアの事業者が提供する追加的なサービスを購入することも可能になる．ナーシングホームの供給主体には，特定の社会的価値観に基づいて運営している財団法人，非営利事業者，営利事業者，そしてコムーネが含まれる．

さらに，デンマークは公共調達についてのEU指令を2004年に採択したため，50万クローネ（約850万円）を超えるサービスはすべて入札にかけることが義務付けられることになった．この金額以下の契約についての規則は，公共調達法（Tilbudsloven）に定められている（Lov om 1410 af 7. december 2007 om indhentning af tilbud på visse offentlige og offentligt støttede kontrakter）.

4　市場化に関連する仕組みとモデル

民間のサービス供給を促進するためにさまざまな制度が整備されている．また最近に至るまで，サービスの入札について，そして市場化プロセスにおける公的諸機関と公的事業者の役割について規定する多くのモデルが設定されてきた．これらを以下の節で紹介していく．

4.1　市場化に関連する仕組み

4.1.1　購入者－供給者分離モデル

市場化に関連する仕組みのひとつとして，購入者―供給者分離モデル（Bestiller–Udfører model, BUM）がある．社会サービスの市場化の一環として購入者と供給者の分離が導入されてきた他の国とは異なり，デンマークでは，ケア・アセスメントにおける水平的・垂直的な公平性を確保するためのプロセスの一環としてこの仕組みが制度化された．購入者―供給者分離モデルは，ホームヘルプへの営利企業参入が始まる6年前の1996年に導入されているが，その背景には，サービスの「購入者」であるサービス判定員が政治的に定められた目標にあまり注意を払わず，ホームヘルプの日々の運営に入り込みすぎているという状況があった．社会省が報告したレポートによると，当時のコムーネはコストをコントロールできておらず，ニーズ・アセスメントはケアマネージャーの個人的判断に大きく左右されていた．これが利用者に対する公平性の原則と対立するとして，同モデルを導入することが勧告されたのである（Schultz–Larsen et al. 2004）．購入者―供給者分離モデルを在宅ケアに導入することが，法律上で義務付けられたのは2003年からのことで，各コムーネはそれを施設ケアにも適用することができる．

4.1.2　「共通言語」

民間と公立の介護サービス競合を可能にしたもうひとつの重要な仕組みが，「共通言語」と呼ばれる体系化されたシステムである．「共通言語」は1994年～1998年の間に試行され，1998年に制度化され，現在に至るまで，「共通言語 II」，そして現在の「共通言語 III」へとバージョンアップされ利用されている．この制度は市場化のためだけに導入されたわけではなく，一般に利用者のもつニーズとサービスを特定する時に使われる．「共通言語」は，サービス利用者の機能的能力や，特定のニーズに対応するサービスを分類する標準化システムである．ニーズをコード化し，サービス判定員やサービス事業者等のアクターに一般的な概念的枠組みを提供するものである．これはまた，地方行政レベルで使われる統計指標の作成や，コムーネ間の違いを示すベンチマークの役割も果たしている（Dahl & Hansen 2005; Burau & Dahl 2013）．2005 年には，すべてのコムーネのうち 82%が「共通言語」を利用していた（Hansen & Vedung 2005: 193）．

4.1.3　追加サービスの購入

在宅ケアの民間営利事業者は，いわゆる追加サービスを提供することができる．これは，高齢者が自費で購入するもので，公的補助の対象外のサービスである．このようなサービスには庭の手入れ，窓の掃除等，在宅ケアサービスでは提供されないものも含まれるが，もし高齢者が希望すれば，公的な在宅ケアサービスの上乗せとして掃除や身体介護の時間を延長することも可能である．話し相手等のサービスも購入することができる（Rostgaard 2007）．最近まで，公的サービス事業者は追加サービスを提供することを認められていなかったが，2012 年から，「特区コムーネ事業」（frikommuneforsøg）[2] として，3 つのコムーネ（オズスヘアアズ市（Odsherred），ヴァイレ市（Vejle），フレーゼンスボー市（Fredensborg））が民間営利事業者と同じ条件で追加サービスを提供することが認められるようになった．全国のコムーネとデンマーク基礎自治体連合（Local Government Denmark; KL）は，民間の営利事業者だけがそのようなサービスを提供できる優位性を持っていることが不公平であると長い間主張し，議論を続けてきた（KL 2012b）．

特区コムーネ事業の導入に続いて 2012 年に出された高等裁判所命令によって，コムーネは提供するサービスのレベルを調整することができるようになった．つまり，利用者のニーズだけではなく，コムーネの財源不足を理由にしてサービスを削減することができるようになったのである．2010 年にクーイ市（Køge）が 2 人の利用者に対する在宅ケアサービスを削減して訴訟となっていたが，これは法に反しないという裁判所の判決が 2012 年に出た．これによって，コムーネがニーズ判定に基づいて提供する無料の公的サービスを縮小させ，代わりに，民間事業者による利用者負担の追加サービスを増加させるインセンティブが働くのではないか，という懸念が高まっている（たとえば，Danske Fysioterapeuter 2012）.

4.1.4　税額控除

雇用創出を目的に導入され，2009 年 1 月 1 日から 2011 年 8 月 31 日まで実施された家事サービス税額控除制度（Hjemmeserviceordningen）によって，高齢者が，民間事業者の家事サービスを少ない自己負担で購入することが可能になった．この制度では，65 歳以上の高齢者と早期年金受給者（førtidspensionister）が家事サービスを民間事業者から購入すると，1 世帯当たり年間 3,200 ユーロ（約 41 万 6,000 円）の上限までであれば 30%の補助を受けることができた（補助は家事サービスの購入に限定される）.

2011 年 6 月 1 日から 2012 年 12 月まで，中道右派政権は上記の制度に代わる新たな制度である住居雇用政策（Boligjobordningen）を導入した．新たな制度は年齢にかかわらず，すべての世帯が利用可能で，掃除，子守り，家の修理のサービスを民間事業者から購入するのにかかったコスト（年間最大 1 万5,000 クローネ＝約 25 万 5,000 円）の 3 分の 1 に対して税控除を受けられるようになった.

どちらの制度も，民間営利事業者によって提供されるサービスの費用を補助するものであった．しかし 2013 年 1 月，中道左派政権は住居雇用政策を省エネ住宅改修の補助制度へと改正し，家事サービス購入は補助の対象から外されることになった．その後，2013 年 4 月には，掃除，子守り，家の修理を対象とする旧来の制度が再度導入され，2014 年末まで試行された（詳しくは www.bolig-job-ordning.dk を参照）.

4.2　ホームヘルプにおける競争モデル

本節では，在宅ケアサービス提供における競争入札のさまざまなモデルを紹介する．2013 年現在，在宅ケアの自由選択制度のなかでコムーネが採用しているのは競争モデル 3 つとバウチャーシステムである．しかし 2012 年 11 月に，政府は高齢者介護分野の自由選択と競争入札に関する現在の規則を見直す新たな法案を国会に提出し，新たなシステムが現在導入されようとしているところである．以下では，まず，現存する3つのモデルとバウチャーモデルを紹介し，その後新しい法改正について述べる．

在宅ケアサービスの事業者の自由選択に関して，現在の社会サービス法の規則では，コムーネが営利事業者の参入を推進しなければならないと定められている．確実に質を保証された営利事業者だけが参入できるように，事業者が満たさなければならないサービスの質の基準をコムーネが決定し，それを公表することが求められている．現在の規則では，コムーネは，以下の3つのモデルのうちどれかひとつのモデルを採用することとなっており，それによって利用者は事業者を自由に選択し，民間営利事業者を利用することが可能となっている．

4.2.1　在宅ケアにおけるサービス提供の入札モデル

- 競争入札方式モデル（Udbudsmodellen）

自由選択スキームのもとで行われる「競争入札方式」モデルでは，コムーネはひとつまたは複数のサービスをコムーネ内の地区ごと，あるいはコムーネ全域で入札にかける．社会サービス法によるとコムーネは，競争入札のプロセスを経て，質の上で適正な2カ所以上の事業者と契約を結ばなければならず，それらの事業者は最廉価格を提示する事業者でなければならない[3)]．コムーネ直営事業者も競争入札のプロセスに参加することができるが，最もよい条件を提示した場合のみ，サービスの供給を続けることができる．つまり，コムーネ直営事業者が競争入札で落札できなければ，コムーネはサービス供給者としての役割を失い，より良い入札条件を提示した民間営利事業者がサービス供給者となるのである．この「競争入札方式」モデルは価格競争を可能にし，サービスに入札する事業者が，自身のサービスの価格を設定する．少なくとも2つの事業者が落札できなければ，代わりに次の「認可モデル」（Godkendelsesmodellen）を採用しなければならない[4)]．

● 認可モデル

競争入札モデルでは，コムーネ直営事業者がサービス提供から排除される危険性があるため，コムーネにとってはあまり魅力的なモデルではないかもしれない．競争入札モデルの代わりとして「認可モデル」が利用でき，同モデルは，98 コムーネのうち 97 カ所で採用されている（KL 2012c）．コムーネが「認可モデル」を採用すると，そのコムーネは，身体介助と家事援助を担う民間営利事業者が満たさなければならないサービスの価格と質の必須要件を決定し，それを公表する[5]．コムーネが設定する価格は，実際のサービス供給にかかる費用の長期的な平均値に基づいて[6]，運営事務経費，家賃，人件費等の費用を含めて算出しなければならない．このモデルにおいては，価格と質の面で必須要件を満たしているすべての民間営利事業者を認可し，契約を結ぶことがコムーネに義務付けられている[7]．必須要件を満たしてコムーネと契約を結んだ民間営利事業者は，コムーネ直営事業者と同じ条件でサービスを実施することができるが，第 4 節 1.3 で述べたように，利用者から利用料を徴収する追加サービスも提供することができるのは原則的に民間営利事業者のみである．

身体介護と家事援助の両方の認可を希望するかどうかは，それぞれの営利事業者が決める．サービスを提供する認可を受けた営利事業者は，コムーネ内のすべての市民を対象にサービスを提供しなければならず，たとえばサービスの対象者を高所得者に限るというようなことはできない．

コムーネ直営事業者がサービス提供に対して設定する価格が低すぎるケースが相次ぎ，それが 2005 年の 5 月の社会サービス法改正につながった（L 33–Forslag til lov om ændring af lov om social service – Revision af reglerne om frit valg af leverandør i hjemmeplejen m.v.）．それ以来コムーネは，時間当たりの価格設定が低すぎる場合には，事業者を補償することが義務付けられるようになった[8]．

● 入札・認可複合モデル（Kombineret udbuds– og godkendelsesmodel）

コムーネが利用できる 3 つめのモデルは入札・認可複合モデルである．このモデルでは，コムーネは入札を行い，最も良い条件を提示して落札した 1

つの事業者が介護サービスの提供者となる．この事業者が，契約期間における主なサービス提供者となる．しかし，もしコムーネ直営事業者が最も良い条件を提示し落札すれば，コムーネが従来通り主なサービス提供者となる可能性もある．サービス提供者となる権利を得た事業者とコムーネが契約を交わした後に，具体的なサービスの質の要件と規定の価格が公表される，他の営利事業者は，申請すれば，その主なサービス提供者と同じ状況や条件のもとで認可を得ることができる．このモデルでは，サービスの質や価格は競争入札に基づいて決定され，事業者の参入プロセスは認可モデルを通して達成される．このように入札と認可の複合モデルを使うと，コムーネは価格と質を入札にかけることができ，その後に他の事業者を認可する段階において，価格と質の基準を示し，すべての事業者に確実にその基準をクリアさせることができる．

● バウチャーモデル（Servicebevis）[9]

バウチャーモデルでは，利用者自身が企業，もしくは個人の事業者を探すことになっている．これは社会サービス法で規定されている制度で，自由選択制度の一部ではない．バウチャーシステムは 2009 年 4 月 14 日に導入され（L 113 Forslag til lov om ændring af lov om social service（Markedsføring af leverandører af samt servicebevis til personlig og praktisk hjælp）），2009 年 7 月 1 日から施行されており，身体介護か家事援助（もしくはその両方）が必要であると社会サービス法第 83 条に基づいて認定された人々に，コムーネはバウチャーを提供できる．

価格は事業者（もしくはコムーネ）の一時間当たりの費用に基づいて設定される．このモデルには，家事援助，身体介護，買い物が主なサービスとして含まれているが，各コムーネの市議会が，サービス内容の詳細や，利用者がサービス給付の代わりにバウチャーを受け取ることができるのかどうか等を，政治的に決定することもある．この制度の利用者には，サービスを提供する人を雇用し，雇用者としての責任を果たすことが求められるが，それが難しい場合，近親者や民間企業や各種団体に手続きを託すこともできる．コムーネには，このモデルにおいて利用者が雇用者として満たさなければならない法的要件について，利用者に助言を行うことが義務付けられている．実際のバウチャーの価格は，利用者のニーズ判定によって決まる．ある報告によると，98 コムーネのうちバウチャーシステムを導入しているのは 3 つだけである（2011 年秋）（フレズレクスベア市（Frederiksberg），ハルスネス市（Halsnæs），フレザレチャ市（Fredericia））．そのうち実際にバウチャーが利用されたのはフレズレクスベア市のみで，2012 年 3 月で 251 人の利用者がいた（Socialstyrelsen 2012）．これらの 3 コムーネは，利用者の選択肢を増やすためにバウチャーを導入し，主に家事援助（掃除）の購入を対象にバウチャーを提供していた．フレズレクスベア市では，バウチャーの利用が可能だったのは買い物サービスのみである．バウチャー制度のもとで利用者にサービスを提供した者のうち 20％を親類が占め，残りの 80％は民間企業であった（営利事業者か非営利事業者かについては不明である）．

4.2.2 社会サービス法の改正

つい最近まで，消費者選択と競争入札によるケアの市場化を進める仕組みとしては，前述の 3 つのモデルとバウチャーモデルしかなかった．しかし 2012 年 11 月，中道左派政権が高齢者介護分野における自由選択と競争入札に関する法律を見直す法案を国会に提出した．法案は可決され，2013 年 4 月から新しい制度が実施されている[訳者注3)]．

法改正は，コムーネの支出抑制につながり，運営事務負担を軽減し，民間事業者により良い機会を創出することが見込まれている．さらに，改正の結果，各コムーネがサービスの入札を増やし，それによって，事業者の規模にかかわらず，すべての民間営利事業者にとって市場が拡大することも期待されている（KL 2012a）[10)]．ただ，営利企業に要求されている能力があるかどうかは不明であり，さらに，高齢者介護において推奨されている予防と「機能回復（reablement）」の原則に従って営利事業者が介護サービスを提供できるかどうかも懸念されている．運営事務費用が増加しないかどうかも不安材料である（KL 2012b）．

新しい法案の大きな目的は，事業者の自由選択に関わる環境を向上させることと，競争入札に関する規則の一部を緩和することである．さらに，民間事業者による身体介護サービス提供を促進することも目的である．デンマーク基礎自治体連合は新しい法案の意義について次のように述べている（KL 2012a）．

- コムーネが競争入札モデルを採用する際の規制が緩和される．
- 入札仕様書に明記すれば，入札後もコムーネがサービス事業者として継続することができる．
- コムーネはどのサービスを入札にかけるかを決定することができる．複数のサービスをまとめて入札にかけることもできる．たとえばナーシングホームでの掃除サービスと身体介護サービスを組み合わせたり，在宅ケアと機能回復サービスを組み合わせたりして入札にかけることもできる．新しい制度は原則として，営利事業者が機能回復志向の介護を提供することを促そうとしている．これまでは，機能回復サービスを提供すると，利用者が事業者の提供する介護サービスへの依存を弱めることになるため，営利企業にとってそのようなサービスを提供するインセンティブが少なかった．また，コムーネは，高齢者の選択肢となる参入事業者の合計数（複数でなければならない）を決めることができる．
- コムーネは，従来通り，認可モデルを利用することもできる．
- さらに，コムーネは自由選択バウチャーによるサービスを提供することができる．これは，ニーズ判定を受けた高齢者が法人登録されている企業を自分で選択し，サービスを受けるために契約を結ぶことを可能にするものである（KL 2012a）．サービスバウチャーとは異なり自由選択バウチャーではコムーネが間接経費を負担する必要がなく，利用者は法人登録された企業しか選択することができない（それまでの制度では可能だった親族を介護者として選ぶことができない）．

4.3　施設ケアにおける競争モデル

入居者に賃借権がなかった従来型ナーシングホームとは対照的に，1987年以降に建設されたすべての施設は，非営利住宅法（Lov om almene boliger）に基づいた新しいタイプの現代型ナーシングホームとして設営されている．介護型住宅の入居者は住宅協議会のメンバーとなり，家賃とデポジットを支払う．住宅協議会は住宅のメンテナンスの責任を負い，コムーネはケアサービスの実施や，余暇活動，運動等のその他サービスの実施について責任をもつ．従来型のナーシングホームでは，コムーネがサービスだけでなく建物についても責任を負っていた．

どちらのケースでも，社会サービス法に定められているように，施設内でのケアや支援の実施は自由選択制度の範疇には含まれていないが，施設はさまざまな業務を外部委託することが認められている．たとえば，運営に関わる業務（家賃や光熱費，水道代の支払管理等），メンテナンス（建物，屋外スペース），日常的な業務（緊急連絡，喫茶等），サービス提供（ケアや食事サービスの提供）等である．近年では，コムーネはナーシングホームの建設についても民間営利企業とパートナーシップを構築しており，計画や建設の段階から企業が参加することもある．業務の外部委託の際には，下記のようなモデルを利用することが可能である．

- 競争入札

競争入札では，事業者はサービス提供の価格を競い合う．事業者はサービス提供によって利益をあげることが許可されている．コムーネはニーズ判定と高齢者施設の入居決定について責任をもつ．2009年までにこの条件で運営されたナーシングホームは6カ所のみである（Rambøll 2009: 27）．

- サービス契約

非営利事業者によって運営されている，いわゆる独立法人運営のナーシングホーム（selvejende almene plejeboliger）は，コムーネと契約を結んでサービスを提供することができる．事業者はコムーネから認可されなければならないが，価格に関する競争はない．コムーネはニーズ判定と高齢者施設の入居決定について責任を有している．最も普及しているのはこのモデルである（Rambøll 2012）．

● 契約のないサービス提供

サービス契約なしに運営を行うナーシングホームは，「規制緩和型ナーシングホーム」と呼ばれている（friplejebolig[11)]）．事業者はまず認可を得た後に，全国の規制緩和型ナーシングホームに割り当てられた定員数をめぐって競争することになる．ここでも，コムーネが利用者のニーズ判定を行い，規定を定めるが，入居決定をするのはコムーネではない．規制緩和型ナーシングホームはコムーネの提供するサービスに含まれていないからである．規制緩和型ナーシングホームはサービスを提供することはできるが，施設入居についてコムーネと協定を結ぶことができないということである．高齢者は施設入居の必要性が認定されれば，規制緩和型ナーシングホームへの入居を選択することができ，その高齢者が居住するコムーネ以外の施設への入居も可能である．

このモデルのもとで事業者は収益をあげることができるが，すべての事業者が営利目的で運営しているわけではない．2011年までに，33事業者がこの制度でサービス提供を行うことを認可されたが，そのうち13事業者は非営利事業者である（ディアコニ財団（Diakonissestiftelsen）やデンマーク・ディアコンイェム（Danske Diakonhjem）等）（Rambøll, 2012）．

5　規制の形態と事業者の監督

高齢者介護サービスの事業者には，非営利，営利，公立に関わらず，すべての事業者に同じ規制が適用される．ナーシングホームの指導監督に関する法律によると，2001年以降，コムーネはすべてのナーシングホームに対して，毎年最低 1 回は事前通告ありの監査と事前通告なしの監査を実施することが義務付けられている（2001 年 5 月 29 日 L192）．この監査は独立した第三者機関によって実施される．2005 年のナーシングホームの指導監督に関する法律（L52）で，コムーネはナーシングホームに関する全責任を負っているが，実際の監査は民間営利事業者に委託してもよいと定められた．ただし，この監査は，ナーシングホームを運営している事業者には委託できない．

在宅ケアの場合も，民間営利事業者とコムーネ直営事業者のどちらもが，社会サービス法のもとで監査を受けることになっているが，監査主体は独立した機関でなければならないと法律に明記されているわけではない．つまりサービスを提供しているコムーネの機関が監査を実施することもあり得ることになる．コムーネのなかには，監査のための外部事業者を選定しているところもあり，たとえばコペンハーゲン市では，民間企業が監査を実施している．監査では，利用者のケース記録の点検，在宅でのサービス提供の観察，利用者と職員への質的インタビュー等が行われる（Københavns Kommune n.d.）．

より「緩やかな規制」の一環として，コムーネが民間営利事業者に業務の外部委託をしたり，民間事業者の利用について記録を作成したりする際のサポートのために，多くの機構や組織が設立された．こういった機構や組織は利用者が事業者を選ぶ時に役立つ情報提供も行っている．

これらの機構や組織のなかには，新しい取り組みを推奨したり，官民のパートナーシップの効果を分析し記録することで，官民パートナーシップを促進する役割を担っている入札委員会（Udbudsrådet）という国の機関も含まれる．同委員会は，各省庁や労働者，雇用者組織の代表者から構成されている．2013 年 4 月に委員会は，「官民協働委員会」（Rådet for Offentlig–Privat Samarbejde.dk）に引き継がれることになった．

「デンマーク競争促進・消費者庁」（Konkurrence– og forbrugerstyrelsen）は競争法の行政運営の責務を負っている．同庁は，一部の重要なケースに判断を下すとともに，その他のケースの判断基準を作る．長官と，経済産業大臣により指名された 17 人のメンバーにより構成されている．

現在提供されている社会サービスの全体を概観することができるオンライ

ン・データベース「公共サービスポータル」(Tilbudsportalen) は，2007年に開設された．すべてのコムーネは，サービスを入札にかける際にもうひとつのオンライン・データベース「自由選択データベース」(Fritvalgsdatabasen) を使って，自分たちのサービスの質と価格の基準を公表することが義務付けられている．このデータベースは，認証を受けた民間営利事業者についての情報も提供している．さらなる情報源となるのは，近年定期的に行われている，標準化された質問紙を用いた利用者満足度調査である．これを用いると，調査結果の経年比較やコムーネ間での比較ができるだけではなく，ホームヘルプと高齢者施設で民間のサービスと公立のサービスがどう異なるか比較することもできる（第6節2参照）．

入札委員会の報告書 (Udbudsrådet, 2012) では，官民の協働は一般的に（高齢者介護分野も含めて），スウェーデンよりもデンマークの方が盛んに行われていると結論付けられている．民間事業者の利用はスウェーデンよりデンマークのコムーネのほうが多く，その理由は，デンマークが公共調達に関するEU指令を2004年に採択していたため（スウェーデンでは2008年），さらにデンマークは法律面でも政治面でも，スウェーデンより官民パートナーシップを積極的に推進してきたためであるという．デンマークのコムーネはまた，民間事業者からサービスを購入する際の公共調達の枠組み (indkøbsordninger) に関して，戦略的かつ協力的に取り組んでおり，多くのコムーネが任意でネットワークを形成して公共調達の枠組みを共有し，サービスをより安く購入できるようにしている．同報告書によると，デンマークでは，コムーネの公共サービスの平均19%が民間事業者により提供されているが，スウェーデンでは14%である (Udbudsrådet 2012: 39)．

6　高齢者介護における市場化の拡がり

デンマークの高齢者の在宅ケアや施設ケアにおいて，市場化の拡がりや全体像はどのようになっているのだろうか．また，この数年でどのように発展してきたのだろうか．前述のように，市場化は主に在宅ケア分野で進行している．2003 年の事業者自由選択の導入以来，在宅ケアにおける民間営利事業者，そして営利事業者を利用する 65 歳以上高齢者の数は増え続けており，現在デンマークでは，在宅ケア利用者の 3 人に 1 人が営利事業者を利用している．主に家事援助の分野で増加がみられるが，身体介護の分野でもやや増加している．

施設ケアの領域でも市場化が始まっている．ただ，コムーネが事務運営等を民間営利企業に委託することはあっても，施設のケアサービスを民間委託することは少ない．また，規制緩和型ナーシングホームに関する法律が 2007 年に導入されてからは，民間営利事業者がナーシングホームを設立することが可能になった．

以下の節では，営利事業者からサービスを受けている利用者の数，営利セクターで働いている介護従事者の数，サービスを提供している事業者の数を示して，在宅ケアと施設ケアにおける市場化の拡大について述べる．在宅ケアの営利事業については豊富なデータがある一方で，ナーシングホームの営利事業についてはデータが少ない．また，民間「非」営利事業者に関する情報も，在宅ケアと施設ケア両方において非常に少ない．

6.1　利用者

6.1.1　ホームヘルプにおける営利事業者の利用——利用者数

ホームヘルプ分野では，民間事業者を利用するサービス利用者の数について有効な統計がある．そして統計によれば，民間事業者はすべて営利の事業を運営している．2003 年に自由選択が導入されて以来，民間営利の在宅ケア事業者を利用する高齢者の数が増加し，営利事業者が市場のシェアの相当部分を占めるようになった．2012 年には，65 歳以上のホームヘルプサービス利用者のうち，37.2％が営利事業者を利用していた（デンマーク統計局，StatBank Denmark, AED12）．一方，自由選択導入前の 2002 年には，67 歳以上高齢者に提供された在宅ケアのうち，営利事業者によるものは 2.5％にすぎ

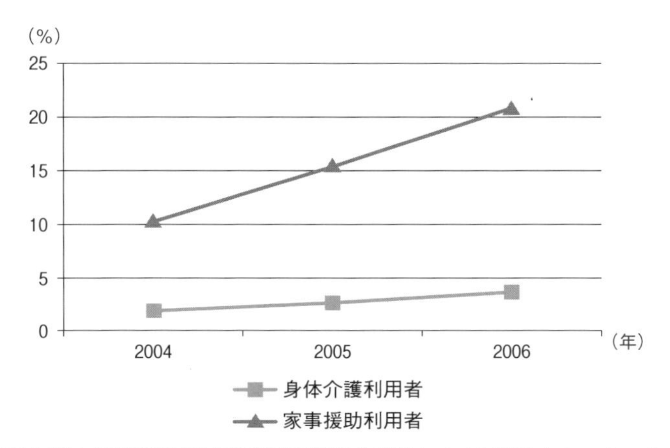

図1．身体介護と家事援助に民間営利事業者を利用した65歳以上ホームヘルプ利用者の割合（2004～2006年）

なかったと推測されている（Strukturkommissionen 2004）．

統計が利用可能になったのは，2003年の自由選択導入以降である．しかし，統計調査の方法が途中で変更されたため，2004年から現在までの利用割合を単純に比較することができない．そのため，ここでは，各年代の傾向を別々のグラフで示す（図1，2参照）．2004年から2006年のグラフ（図1）に使用されたデータでは，家事援助と身体介護の両方を利用する人々の数値が，身体介護利用者と家事援助利用者のどちらのカテゴリーにも含まれている．また，ホームヘルプ全体における民間事業者の利用者割合は不明である．一方，2008年から2012年のグラフ（図2）に使用されたデータでは，上記の問題は修正されているが，2007年のデータがない．これらのグラフに含まれるのは，当時，事業者選択が可能であったコムーネに居住していた高齢者のみである．後述のように，当時，すべてのコムーネで事業者が自由に選択できたわけではないが，今日では全国98コムーネのうち97コムーネで，事業者選択が可能となっている．

全体的に見て，図1と図2で示されているように，営利事業者のホームヘルプを利用する人は増加傾向にあり，2012年時点ではホームヘルプ利用者

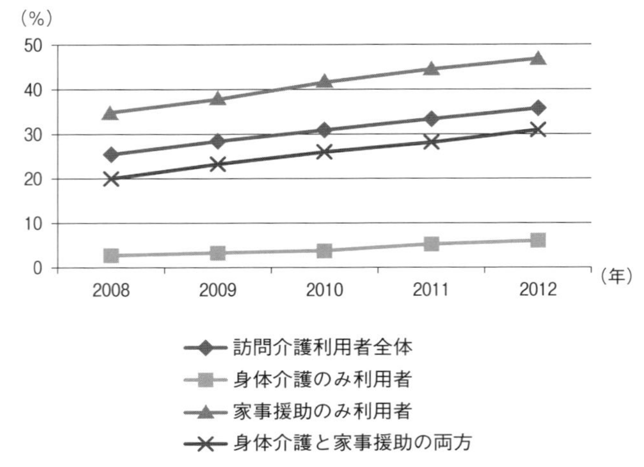

図 2．営利事業者を利用している 65 歳以上のホームヘルプ利用者の割合

（種類別と合計（%），2008～2012 年）

の 3 人に 1 人が営利事業者を利用していた．

しかし，図 1 で示されているように，2004 年から 2006 年までに営利事業者を利用する人がどの程度増加したかについては，家事援助と身体介護で差がみられる．また，図 2 が示すように，営利事業者の利用の増加は 2008 年から 2012 年の期間も続いたが，ここでも大きく増加したのは家事援助の分野であった．民間営利事業者の利用率が最も増加しているのは，家事援助のみの利用者（35%から 47%に増加），そして身体介護と家事援助の両方を利用している人たちである（20%から 31%に増加）．一方，身体介護のみの利用者のうち，民間営利事業者を利用している人たちはまだとても少なく，2008 年が 3%，2012 年には 6%となっている．

新たにホームヘルプを受ける利用者にも明らかに同じ傾向がみられる（表 3 参照）．2012 年にホームヘルプを利用し始めた人のなかでは，身体介護よりも家事援助で営利事業者を利用する人が多く，ほぼ半数が，営利事業者の家事援助サービスを受けている．しかし，他の統計資料に見られるように，営利事業者を選択しているのは新規の利用者だけではない．初めて事業者を

表 3．ホームヘルプの利用を開始した人のうち営利事業者を選択した割合（%）（2012 年）

	2012
在宅ケア利用者全体	21.3
身体介護のみの利用者	5.5
家事援助のみの利用者	41.9
身体介護と家事援助の両方を受けている	19.6

出所：Statistics Denmark, StatBank Denmark: AED 13

選ぶ人と，それまでにもホームヘルプサービスを利用していて，公立と営利事業者の選択肢があった人との間には，ほとんど差がみられない．しかし，自由選択制度導入後まもなく社会福祉不服審査庁（Ankestyrelsen）が行った報告では，新規の利用者は，以前からホームヘルプを使ってきた利用者に比べて営利事業者を選択することが多いことがわかっている．

営利事業者の利用者，特に家事援助サービスの利用者は着実に増加していることが明らかになった．しかし，ホームヘルプの総時間数についての統計では，身体介護の方により多くの時間が使われていることが分かっている．2011 年の統計では，ホームヘルプ時間全体の 80%が身体介護に使われていた一方で，家事援助に使われた時間は全体の 20%にすぎなかった（デンマーク統計局，StatBank Denmark, AED 022）．デンマーク基礎自治体連合によると，2011 年には 3,070 万時間分の家事援助と身体介護が提供されていたが，そのうち 400 万時間が営利事業者によるもので（KL 2012c），時間数でみると営利事業者によって提供された時間数は全体の 13%である．営利事業者による家事援助の提供が急速に増加しているものの，時間数全体でみると，営利事業者による提供時間の割合は依然として低いことがわかる．

6.1.2　ホームヘルプにおける営利事業者の利用——利用者の特徴

どのような高齢者がホームヘルプを受ける際に営利事業者を選択するのだろうか．以下では，営利事業者を選択する 65 歳以上高齢者の性別や年齢，居住地等の特徴を詳しく検証する．

表 4．性別・サービスのタイプ別，営利事業者を選択した 65 歳以上のホームヘルプ利用者の割合（%）（2012 年）

	在宅ケア利用者総数	身体介護のみ利用者	家事援助のみ利用者
女性	38.6	6.5	49.2
男性	28.9	6.9	40.6

出所：Statistics Denmark, StatBank Denmark: AED 12

概して，女性のほうが男性よりも営利のホームヘルプを利用する傾向があるが，営利事業者を選択する割合は男女共に増加していることがわかる．2012 年には，男性の 29%，女性の 38%が営利事業者を選んだ．

提供されるサービスで分類すると，家事援助の場合に男女差が大きく，女性の方が男性より高い割合で営利事業者を利用している．しかし，身体介護においては男女差が小さい（表 4）．

事業者の選択傾向と年齢については，ホームヘルプサービス全体でも，サービスの種類別でも，有意な相関は見られなかった（デンマーク統計局，StatBank Denmark: AED 12; AED 06）．

地理的には，営利のホームヘルプ事業者の利用は主に都市部に多い（デンマーク統計局 2011; KORA n.d.）．首都コペンハーゲン市に集中しており，他にはシェラン島北部の郊外にある高所得層が多いコムーネや，同じく，ユトランド半島の高所得層が多いコムーネに多い．ただ，これらの地域では，利用者の平均所得が高いために営利事業者を選ぶ傾向が強くなっているのか，それとも別の要因（コムーネの政策で，サービスを民間委託して営利事業者を利用しやすくしている等）が影響しているのか（もしくはその両方なのか）は不明である．

6.1.3 ナーシングホームにおける民間事業者の利用――利用者の数

在宅ケアに比べ，施設ケアの分野では利用可能な民間事業者に関する統計資料がほとんどない．しかし，営利または非営利の事業者が運営する規制緩和型ナーシングホームに居住している入居者については統計が少しある．その統計からわかるのは，2009 年から現在に至るまで，その施設に居住している高齢者の数である．2009年には242人の高齢者が規制緩和型ナーシングホームに入居していたが，2010年には436人に増加し，そして2011年には378人に減少した．2012年には，規制緩和型ナーシングホームに居住する高齢者の数は再び増加し，403人となった．従来型ナーシングホームと現代型ナーシングホームに暮らしている65歳以上の高齢者の総数は40,008人であるが，そのうち規制緩和型ナーシングホームに居住している人はその1%にすぎない（デンマーク統計局，StatBank Denmark, RESI01）．すべての入居者が65歳以上というわけではなく，2011年には入居者の16%が65歳以下であった（デンマーク統計局，StatBank Denmark, RESI01）．

6.1.4　ナーシングホームにおける民間事業者の利用――利用者の特徴

前述のように，ナーシングホームの民間事業者に関する統計資料は限られており，入居者の特徴に関する情報も少ない．その限られたデータから言えるのは，規制緩和型ナーシングホームの入居者のほとんどは，自分が居住するコムーネにある施設を選択しているということである．つまり遠方への転居はほとんどなく，入居者の選択基準は，施設の理念や民間か公立かより，むしろ，近さであることがわかる．調査結果によると，入居者と家族が施設を選んだ主な理由は地理的条件と施設の評判であった（Rambøll 2012）．ある小規模な調査（N＝71）では，規制緩和型ナーシングホームを選択した最も大きな理由として，入居者と家族の3分の2が「地理的条件」（65%）と回答しており，二番目に「施設の理念」（23%）が続く．「追加サービスが購入可能であること」（13%）を理由に挙げた人は意外と少なかった．また，「同じコムーネ内で利用できる施設の不足」を理由として挙げた人は10%で，「公立ナーシングホームが私立の施設に転換されたため，他に選択肢がなかった」と回答した人も10%いた．内装のデザインを入居理由に挙げた人は，6%だった（Rambøll 2012）．

表 5．高齢者・障がい者ケア分野で働いている職員数と営利事業者に雇用されている職員数（フルタイム換算）

	2008	2009	2010	2011
営利のホームヘルプ事業者の職員（フルタイム換算）	3,200	3,600	3,800	3,500
高齢者，障がい者介護事業の職員全体（施設ケア，ホームヘルプ，デイケアセンター，予防的家庭訪問*，リハビリ）（フルタイム換算）	106,390	108,947	111,195	108,297

出所：Statistics Denmark 2012: Den Sociale Ressourceopgørelse
＊訳者注：デンマークでは，75 歳以上の住民を定期的に訪問する「予防的家庭訪問」を実施することが，コムーネに義務づけられている．

6.2　介護職員

デンマークにおいて，2004 年以降に，ホームヘルプの営利事業者の利用が増加した結果，営利事業者で働く職員も増えている．デンマーク統計局の推計では，2011 年にはデンマークの高齢者・障がい者ケア分野で働く 10 万 8,297 人のうち，約 3,500 人（フルタイム換算）の職員が，ホームヘルプの営利事業者に雇用されていた[12]（デンマーク統計局 2012）（表 5 参照）．営利事業者のナーシングホームで働く従業員の数に関する統計情報はない．

6.3　民間事業者

デンマークにおける高齢者介護の市場化の拡がりとその特徴を調査する第三の方法は，民間事業者（非営利事業者と営利事業者の両方）の数を精査すること，そして参入している民間事業者の特徴を明らかにすることである．

6.3.1　在宅ケアの営利事業者

デンマークでは 2012 年現在，全国で 488 の営利企業がホームヘルプを提供しており（デンマーク統計局，StatBank Denmark, VH33），2004 年以降，その数は増加傾向にある（KREVI 2011）．

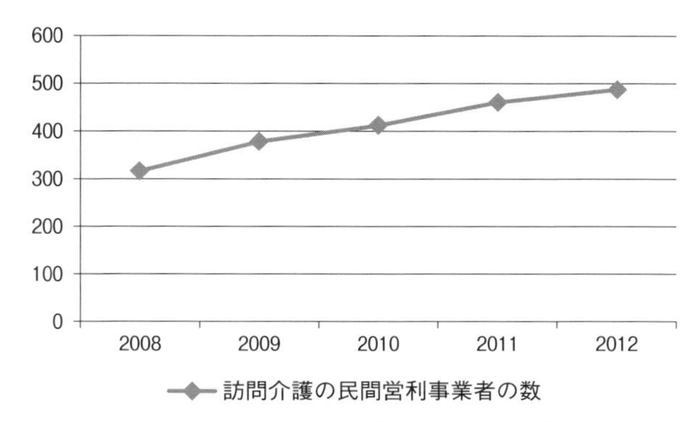

図3．ホームヘルプの民間営利事業者の総数（2008−2012年）

図3でもその傾向が示されているが，利用者数の動向と同じく，身体介護よりも家事援助の営利事業者数の増加のほうが顕著である（KREVI 2011）．身体介護で営利事業者の利用が比較的少ない理由として次のようなことが考えられる．a）多くのコムーネが身体介護の営利事業者との委託契約に積極的でないため，この種のサービスを提供する事業者が少ない（詳しい議論は後述），b）身体介護の市場は民間営利事業者にとって魅力的ではない，c）身体介護に関しては利用者が公的サービスを好む．

コムーネには，コムーネが定める質と価格の条件を満たしていれば，すべてのホームヘルプ事業者を認可して契約を結び，公立事業者と同様に利用できる民間事業者の数を保障することが義務付けられている．しかし実際は，すべてのコムーネが市民に選択肢を提供できるわけではない．デンマーク統計局の2012年のデータによると，全国に98あるコムーネのうち5つには，ホームヘルプに営利事業者が参入していない（デンマーク統計局，StatBank Denmark, VH33）．

2012年現在，コペンハーゲン市にはホームヘルプを提供する営利事業者が54あるが，それ以外のコムーネでは，営利事業者数は平均8つであり，特に営利事業者は都市部に集中している．高齢者にホームヘルプの自由選択の機会を提供できていないのは，小さな島のコムーネ（エールー市（Ærø），サムスー市（Samsø），レスー市（Læsø），ランゲラン市（Langeland））や，地方のコムーネ（ティステズ市（Thisted））である（デンマーク統計局，StatBank Denmark, VH33）．

一般に，家事援助より，身体介護を提供する営利事業者が存在しないコムーネが多い．2010年時点で，家事援助を提供する営利事業者が存在しないコムーネは全体の5%だったのに対し，身体介護を提供する営利事業者が存在しないコムーネは，全体の約3分の1にのぼる（KREVI 2011）．

一部のコムーネがなぜ家事援助や身体介護の営利事業者参入を推進していないのか，理由は明確でない．しかしある研究では，コムーネにおける在宅ケアの営利事業者数とコムーネの人口的・構造的特徴との間に関係があることが明らかになっている．その研究では，人口が多く高齢化率の高いコムーネの方が，民間営利事業者が多い傾向が示されている．人口が多く高齢化率が高いという要因は，潜在的な顧客が多いことを示しており，それが多くの営利事業者の参入につながるのかもしれない（Eskelinen et al. 2004；KREVI 2011）．

加えて，人口密度が高いコムーネ，つまり顧客同士の地理的距離が小さい地域に，より多くの営利事業者が参入する傾向がある．人口密度が低いコムーネでは，顧客は互いに遠く離れたところに暮らしている可能性が高い．事業者にとって，都会でサービスを行う場合よりも移動に時間をかけなければならず，営利事業者の利益幅を減らしてしまう要因となる．さらに，第6節1.2でも示したように，営利事業者の数は住民一人当たりの課税所得が高いコムーネに多い．課税所得の高いコムーネでは，追加サービスを購入する人が多く，その市場規模が大きいため，民間営利事業者が利益をあげやすいことが理由として考えられる（Eskelinen et al. 2004）．

またこの研究では，コムーネ内でホームヘルプを提供する営利事業者数と次にあげる変数との間に関連があるかどうかを検証した．それは1）2007年に実施された自治体再編で，他のコムーネと合併されたかどうか，2）コムーネの市長がどの政党に所属しているか，の2つ変数であったが（Eskelinen et al. 2004），いずれも有意な関連は見られなかった．一方，その研究では，サービス提供を行う営利事業者の数と，コムーネにおけるホームヘルプの編成方法が関係していることが明らかになった．つまり，小地域単位としていわゆる「地区組織」(district organisation) のあるコムーネでは，1つの事業者が効率的にホームヘルプを提供できる規模に地区が分割されており，地区組織がないコムーネと比べ，多くの営利事業者がサービスを提供している．

別の研究（Ankestyrelsen 2004a; 2007）では，なぜ一部のコムーネには民間事業者が参入していないのか，そしてなぜ身体介護ではなく家事援助のみを提供する営利事業者が多いのかを明らかにしようと試みている．その研究は，都市部から離れた地方でサービス提供を行う民間企業（特に身体介護を提供する民間企業）が少ない理由を明らかにしている．地理的条件によって市場規模が小さいこと，24時間サービスを提供しなければいけないという制約があること，特定の資格をもった職員を確保しなければならないこと，身体介護には大きな責任が伴うという負担感があること，そして身体介護は公的事業者からサービスを受けたい人が多いため十分な数の利用者が見込めないこと等の理由が挙げられた．

6.3.2　非営利・営利事業者によるナーシングホームと施設ケア

非営利と営利のいずれの事業者も，ナーシングホームに対するサービス提供や，あるいは規制緩和型ナーシングホームの設立に積極的に取り組んでいる．それにもかかわらず，2009年の統計では，施設ケアのうち民間事業者

表6．民間事業者によるナーシングホーム

民間事業者	非営利／営利	ナーシングホームの数
デンマーク・ディアコンイェム (Danske Diakonhjem)	非営利	28（うち4カ所は規制緩和型ナーシングホームとして運営）
オコ基金（OK-Fonden）	非営利	13
マリーイイェメネ基金 (Fonden Mariehjemmene)	非営利	6（うち1カ所は規制緩和型ナーシングホームとして運営）
アレリス・ケア社（Aleris Omsorg）	営利	4
アテンド・ケア社（Attendo Care）	営利	1

出所：民間事業者のウェブサイトより作成

が占める割合は1％未満で（Rambøll 2009），その多くは非営利事業者であった．

まず民間事業者（非営利と営利の両方）がナーシングホームに提供するサービスを概観する．第4節3で言及したとおり，コムーネには民間事業者を参入させるさまざまな方法がある．つまり，競争入札を経て営利事業者に事業を委託する方法，自治体が非営利事業者との間でサービス提供契約を結ぶ方法，そして営利／非営利事業者に自前のナーシングホームを設立させる方法である．デンマークにおける，主な営利／非営利事業者によるナーシングホームは，表6のとおりである．

2009年に，全国98コムーネのうち83コムーネで，さまざまな公共事業の競争入札について効果分析が行われたが，そのなかで，施設ケアに関しては，4コムーネしか営利事業者を利用していないことがわかった（Rambøll, 2009）．つまり，営利事業者の参入は増加していない．この研究で，83コムーネのうち79コムーネについては，高齢者施設の介護を外部委託しない理由が明らかになっている．現在の市場の状況では営利事業者の数が足りないこと，さらに営利事業者が当該コムーネの高齢者介護に参入することに興味を示さないことが重要な理由として挙げられている．また，市場化に対する政治的意志の欠如や，市場化に対する文化的でイデオロギー的な抵抗，行政運営上の抵抗についても述べられている．このような抵抗は，市場化によって，サービス提供に対する行政のコントロールが失われるのではないかという懸念や，介護は公的に提供されるのが最善という考え方から生じていると考えられる（Rambøll 2009）．

次に，規制緩和型ナーシングホームを実際に運営する事業者を概観する．2012年の評価報告書によると，11コムーネにおいて13事業者が規制緩和型ナーシングホームを運営しており，そのほとんどがユトランド半島にあるコムーネであることが明らかになった．規制緩和型ナーシングホームの事業者数は，予想より低い数字であったが，その理由の1つは，インタビューを受けた事業者によると「深刻な障壁」である．施設を開設するには，煩雑で官僚主義的な手続きが必要であり，そのため，参入する事業者が少ないのである（Rambøll 2012）.

施設ケアを行う民間事業者のほとんどが非営利事業者であり，既存の公立施設を規制緩和型ナーシングホームに転換させて運営を行っている．2012年の統計では，定員40人までの施設が大半で，定員総数は441人であった．Rambøll（2012）の報告では，大多数が非営利事業者ということであるが，営利と非営利の詳しい割合については明らかになっていない．

7　市場化導入の帰結

デンマークの高齢者介護における市場化と事業者の「自由選択」は，効率性の改善，ケアの質の向上，利用者の自己決定の促進を目的として導入され，より利用者主導のサービスを推進し（Rostgaard 2011），費用対効果の向上につながることや，高齢者介護の質により大きな焦点があてられるようになることが期待されてきた．本節では，高齢者介護の市場化を導入したことの意味とその影響について論じる．

7.1　経済的な結果とサービスの質への影響

市場化の効果に関する調査は利用者満足度調査（第7節2参照）を除くと，ほとんどされていない．実施された数少ない調査はコムーネの事例検討がほとんどであり，標本調査ではない（Petersen et al. 2011）.

入札委員会が行った調査によると（Rambøll 2009），デンマークのナーシングホームに競争入札を導入することで年間総費用の15–25％節減が見込めるという．しかし，デンマークや諸外国で行われた競争導入の効果に関する研究のメタ分析によると（Petersen et al. 2011），市場化がサービスの質や費用に与える影響（特に高齢者介護の場合）について楽観的でいることはできない．この研究は，潜在的経済利益が少し見込めることを予測しているが，高齢者介護における経済利益の見込みについてはきちんと立証されていないとしている．さらに，価格設定と規制にかかる費用は計上されていないことが多い．高齢者介護の質に関して，市場化と自由選択の影響を実証しようとした研究もあり，公立と営利事業者のどちらが最善の質のケアを提供できるかについて評価しようとしてきた．Petersen ら（2011）は，デンマークのホームヘルプにおいて，自由選択モデルがより良い質をもたらすことを立証する有意な証拠はないと結論づけたが，ホームヘルプに自由選択モデルを導入した結果，質への意識が高まったとしている．また，事業者と長期契約を結ぶことは，地方レベルでの民主的決定を脅かしかねず，コムーネの慣行に悪影響をもたらす可能性もあると指摘している．

7.2　利用者への影響

介護サービスの市場化が利用者に与える影響を明らかにする方法の 1 つは，関連するさまざまな要素について，利用者がどのように評価するかを調査することである．さまざまな分野において，サービス利用者に重要な要素—たとえば，信頼，透明性，苦情を申し立てる機会等—について調査したデンマークの研究では，自由選択が採り入れられている社会サービス分野（高校，かかりつけ医，小学校，病院，保育，高齢者介護）のなかで，高齢者介護分野の評価が最も低かった（Konkurrence- og forbrugerstyrelsen 2010: 10）．高齢者介護の利用者は，どのようなホームヘルプ事業者を選ぶことができるのか，また，事業者によってケアやサービスの質がどのように異なるのか，情報を得ることが難しい，と感じていることが明らかになった．高齢者介護の利用者は，ホームヘルプ事業者の自由選択が満足度の向上につながるとは感じていなかった．Eskelinen ら（2004）による自由選択制度の初期の研究では，身体介護と家事援助の両方が必要な利用者が民間事業者の利用を希望する場合，2 カ所以上の事業者からサービスを受けなければならないことが多いと指摘した．というのも当時，多くのコムーネは，家事援助のみを提供している営利事業者としか契約していなかったからである．

ホームヘルプへの営利事業者の参入がもたらした利用者への影響を測定す

るもう1つの方法は，利用者満足度調査の実施である．全国の利用者満足度調査は，全体的に利用者の満足度が高水準にあることを示している．しかし結果はサービスの種類や提供者によって異なっている．家事援助については，営利事業者の方が公立よりも利用者の満足度が若干高く，身体介護については，公立のサービスの方が明らかに利用者の満足度が高いことが示されている（Petersen & Hjelmar 2012）．

社会移民省の委託を受けて，2011年にEpinion（2011）が実施した利用者満足度調査も同様の傾向を示している．同調査によると，営利事業者から家事援助を受けている65歳以上利用者のうち，サービスに「満足している」，もしくは「とても満足している」と回答した人は全体の90%で，公的なホームヘルプ事業者からサービスを受けている利用者の場合は85.5%であった．一方，身体介護の利用者では，公立のホームヘルプを受けている利用者のうち「満足している」，または「とても満足している」と回答したのは，全体94.4%と非常に多かったのに対し，営利事業者の身体介護を受けている利用者のうち，その割合は85.7%であった（Epinion 2011）．

Epinion（2011）が実施した利用者満足度調査によると，ホームヘルプの利用者は，利用者の家を訪問するホームヘルパーの数と，ホームヘルパーが約束の時間を守るか[13]，という指標において，営利事業者の利用者の方が満足度は高い．これはホームヘルプの営利事業者が優勢になりつつある理由のひとつかもしれない．

研究では利用者の満足度が高いことが示されているが，多くの利用者はまだ自治体直営のサービスと，営利事業者のサービスから選択できることを知らない．ホームヘルプ利用者の約3分の1が，自由選択スキームについての知識をもっていない（Epinion 2011）．また，事業者数が多すぎて，事業者を選択することが困難と思っている利用者も多い．サービス判定員は原則として，利用者の事業者選択に関わってはならないが，現実には，多くの利用者が事業者を選ぶ際にサービス判定員に頼っている（Rostgaard 2011）．そうすると，各事業者がどのようなサービスを提供しているか，事業者はどのように違うのか，についての情報が不透明なままになってしまう．利用者が事業者選択をしない場合には，自動的にコムーネのサービスを受けることになっている．しかし，事業者の選択が可能であることを知っている高齢者のうち，68％の人々は，事業者の選択ができることは「重要である」，または「とても重要である」と回答していた（Epinion 2011）．

一方，Rostgaard と Thorgaard（2007）が実施した高齢者対象のインタビュー調査からは，次のようなことも明らかになった．複数の事業者から選択できることを高齢者が評価しているのは確かであるが，実際には，高齢者は事業者よりもホームヘルパーを選びたいと考えている．利用者と介護者のケアの関係性のなかで，いつも同じホームヘルパーの訪問が受けられるという，ケアの継続性が望まれている．事業者が民間であるか公立であるかについて，また利用者が望めば事業者を変更できることについて，高齢者は概して関心を示していなかった．

7.3 介護職員への影響

公的セクターと民間セクターで働く介護職員の労働環境を比較する研究はほとんどみられない．病欠日数は，介護職員の労働環境の 1 つの指標となる．リベラル系シンクタンク CEPOS[訳者注4)]による最近の分析調査では，営利事業者，非営利事業者，コムーネ直営事業者で雇用されている高齢者介護職員のそれぞれの病欠日数を調査したところ，民間セクターでの病欠日数が年間 7.8 日に対し，公的セクターでは 16.1 日であることが示された（CEPOS 2012）．しかし，民間事業者における介護職員の雇用契約についてや，民間事業者では介護職員の給料が病欠の間も支払われているかについては，ほとんど知られていない．

営利セクターと公的セクターそれぞれで働くホームヘルパーの調査結果に基づき行われた Rostgaard らによる研究（2013）は，労働環境と同様に，介護職員の資格の有無についても営利セクターと公的セクターで違いがあることを示している．公的セクターで働くホームヘルパーは，営利セクターの従業員より平均的に高いレベルの教育を受けており，これは営利事業者では掃除等の家事援助を行うことが多いといったような，提供されるサービスの違いを反映しているものと推測できる．営利セクターの従業員は，自分たちが提供するケアの質により高い満足度を示している．自分たちが提供するサービスの質が低いと答えた回答者は，その理由に時間の不足を挙げていた．同僚の病欠が労働条件に影響する，という回答は営利セクターの介護職員よりも，公的セクターの介護職員に多い．営利事業者の職員は，仕事の編成に意見を言う機会が少なく，仕事を通して自分たちが成長する機会はあまりない，と感じていた．昼休憩の間も仕事をしなければならない，と回答したのは，公的セクターで働く職員よりも営利セクターで働く職員に多かった．

市場化の導入が介護職員に与えた影響を十分に立証している研究はデンマークにはみられない．職員に対する影響を調査した研究のほとんどは，サンプル数が少なく，全国的な代表性のある研究ではない．そのなかには，入札委員会の委託を受けて2011年にRambøll（2011）[訳者注5)] が実施した研究が含まれている．そこでは補助器具（hjælpemidler）給付への市場化導入がもたらした影響について調査がなされており，サービスを外部委託した多くのコムーネを調査し，そこで働く職員の労働環境を前後で比較している．ほとんどの職員が，民間委託後も労働条件は変わらなかったと答えたが，より詳細な追跡調査をすると，利用者一人あたりの職員数が減っていることがわかった．一方で，職業訓練のレベルは改善する傾向にあり，コムーネの職員と同様に，職員は自分たちの労働条件におおむね満足している．

しかし，Petersenら（2011）が行った市場化の影響に関するメタ分析によると，高齢者介護に市場原理を導入すると，介護職員の給与や労働環境に好ましくない影響が出ることが多いと複数の国際的な研究が指摘しているという．高齢者介護の分野だけでなく，一般に，市場化が介護職員に与える影響に関する研究の結果は一様ではない．マイナスの影響（仕事の過密化，ストレス，労働条件の悪化，雇用保障の悪化，仕事全般への不満等）のみを指摘する研究もあれば，介護職員が仕事内容に対してより大きな影響力を持つようになった等，プラス面の影響を指摘する研究もある（Petersen et al. 2011）．

8 結論

デンマークの高齢者介護における市場化は，主に，2003 年に中道右派政権によって法整備されたホームヘルプ自由選択制度によって進められてきた．営利事業者が社会サービス分野に参入し，利用者の 3 分の 1 にサービスを提供するようになり，在宅ケアサービス供給に変化がもたらされた．ところが営利事業者のサービスは掃除等の家事援助が主である．身体介護の利用者の多くはコムーネの直営事業者からサービスを受けている．これには複合的な理由が考えられる．つまり，コムーネが身体介護に営利事業者を参入させることにあまり積極的でないこと，営利事業者が身体介護は採算に見合う市場でないと認識していること，身体介護については利用者が営利事業者を避ける傾向にあること等である．身体介護に関しては，公的事業者に代わってサービスを提供する営利事業者が参入していないコムーネが全体の 3 分の 1 を占めている．一方で，家事援助においては営利事業者のないコムーネは全体の 5%にすぎない．

ナーシングホームの市場化はあまり進んでおらず，運営事務や掃除サービス等の部分的な業務を民間営利事業者が提供する形がほとんどである．しかし，新たに導入された規制緩和型ナーシングホーム制度のもとでは，ナーシングホーム運営を全面的に営利事業として行うことも可能である（非営利の事業者が運営することも可能である）．まとめると，施設ケアの市場化は比較的限定的で，これは営利の施設ケアに対するコムーネの懐疑的な姿勢と，コムーネが施設ケアをコントロールしにくくなることを快く思っていないことが関係しているようである．

市場化は，中道右派政権のもとで導入されたが，後の中道左派政権のもとでも廃止されず，縮小もされなかった．それどころか，コムーネのホームヘルプの外部委託を簡素化するための新法律が中道左派政権の時代に導入された．総合して考えると，ホームヘルプにおける自由選択を義務化する法律の制定，導入された「緩やかな規制」と「厳格な規制」，そして政策決定を明文化し，促進し，実施するために設立されたさまざまな公的組織と制度によって，強固な基盤が形成され，それによって営利事業者のサービス供給（特にホームヘルプ）が継続し，増加している．市場化の射程の拡大や，民間サービスの事業者数や利用者数の増加は立証されているが，市場化の影響については限定的で曖昧な根拠しかない．つまり，市場化の導入は費用対効果が高く，サービスの質の向上，労働環境の改善，利用者満足度の向上，そしてサービス提供に新たなイノベーションをもたらす，という主張を支持するだけの明確な根拠が欠如している．実際に，介護職員の満足度については，悪い影響のみを指摘する研究（仕事の過密化，ストレス，労働条件の悪化，雇用保障の低下，仕事全般への不満等）もあれば，仕事の内容に対する職員の影響力が増大した等，良い面を指摘する研究もあり，混在した結果が出ている（Petersen et al. 2011）．同様に，公的サービスと民間サービスを同時に存在させることによって，また費用のかかる公共調達の手続きによって，余分なコストが発生しているかどうかについては，示唆は得られているものの，明確な知見は得られていない．さらに，職員の構成とその教育的背景を指標としてケアの質を調査するためには，より多くの研究が行われる必要がある．最後に，提供されている実際のケアと，ケアの関係性の性質に関する研究がさらに行われる必要があることを指摘したい．つまり，営利事業者によるケアは公的セクターによるケアと異なるのか，利用者と介護職員の間にある協働，介護職員とコムーネのサービス判定員との協働，家族との協働の間に違いはあるのか等について，研究がさらに進展することを期待したい．

注

1）ここで言及しているのはいわゆる「継続的な」ホームヘルプについてのみで，一時的に提供されるホームヘルプは含まない．
2）特区コムーネ事業（frikommuneforsøg）には9つのコムーネが申請した．コムーネの内部や外との関係において，新たな事業実施方法や協働のしかたを試みるため，特定の政策分野における実証やプロセスに関して国の規則の特例措置を受けている．
3）社会サービス法第91条（2）．
4）社会サービス法第91条（3）．
5）社会サービス法第91条（4）．

6）社会サービス法第91条（6）.
7）社会サービス法第91条（5）.
8）社会サービス法第91条（9）.
9）社会サービス法第94条b.
10）社会省（2012）: Forslag til Lov om ændring af lov om social service（Kommunalbestyrelsens tilrettelæggelse af borgernes frie valg af leverandør af hjemmehjælp og fritvalgsbevis）.
11）Friplejeboliger（規制緩和型ナーシングホーム）は，2009年に法律（Lov om friplejeboliger, jf. lovbekendtgørelse nr. 786 af 18. august 2009）に定められ，導入された.
12）仕事のタイプと職務役割に関しては利用可能なデータがないが，職員は主に家事援助と身体介護に従事している.
13）民間事業者によるサービスの利用者のうちおよそ80%が，訪問するホームヘルパーの数に「満足している」，もしくは「とても満足している」と答えているが，コムーネ直営事業の利用者では63%にすぎない．時間通りにヘルパーが来るかどうかに関して，民間事業者を利用している高齢者は90%が「満足している」，もしくは「とても満足している」と回答しているが，コムーネ直営事業を利用している高齢者では83%であった（Epinion 2011）.

（訳者注）

1）これら3党による中道左派政府は2011年10月から2014年2月に政権をとっていた．2018年2月現在のデンマーク政府は，自由党（Venstre），保守人民党（Det Konservative Folkeparti），自由連合（Liberal Alliance）の3党による中道右派の連立政権である.
2）介護型住宅とも訳される.
3）Ankestyrelsen（2015）によると，新制度の導入によって34のコムーネが自由選択制度の運用方法を変更している（2015年時点）（Ankestyrelsen（2015）Kommunernes tilvejebringelse af det frie valg efter 1. april 2013）.
4）「政策研究センター」（Center for Political Studies）の略称．政策研究センターは政府から独立したシンクタンクで，自由と責任，民間主導を基盤とする社会づくりを進めるために2004年に開設された（https://www.cepos.dk）.
5）原著に文献名が記載されていない.

参考文献

〈欧文文献〉

Act on Social Services（n.d.）.
https://www.retsinformation.dk/forms/r0710.aspx?id=141372.

Ankestyrelsen. 2004a. *Frit valg i ældreplejen–erfaringer fra landets kommuner*. [Free choice in older adult care–experiences from the country's municipalities]. København: Ankestyrelsen.
http://www.fritvalgsdatabasen.dk/materiale/15540.

Ankestyrelsen. 2004b. *Frit valg i ældreplejen–22 private leverandørers erfaringer*. [Free choice for the older adult–22 private providers' experiences]. København: Ankestyrelsen.
http://www.fritvalgsdatabasen.dk/materiale/15539.

Ankestyrelsen. 2005. *Frit valg i ældre plejen–landsdækkende brugerundersøgelse*. [Free choice in older

adult care–nationwide user survey]. København: Ankestyrelsen.
http://www.fritvalgsdatabasen.dk/materiale/15538.

Ankestyrelsen. 2007. *Frit valg i ældreplejen–det frie leverandøvalg til personlig pleje*. [Free choice in older adult care–the free choice of supplier in personal care]. København: Ankestyrelsen.
http://www.ast.dk/Page_Pic/pdf/Frit_valg_personlig_pleje_web_19_03_2007_14_14.pdf.

Burau, V. & Dahl, H.M. 2013. Trajectories of change in Danish long term care policies–reproduction by adaptation through top–down and bottom–up reforms. In C. Ranci & E. Pavolini (eds), *Reforms in Long–Term Care Policies in Europe*, NY: Springer.

CEPOS. 2012. Dobbelt så højt sygefravær i den kommunale ældrepleje som i den private.
[Twice as high sickness absence in municipal eldercare compared to private eldercare].
Analysenotat. København: CEPOS.
http://www.cepos.dk/fileadmin/user_upload/dokumenter/2012-04/notat_kommunaltfravaer_april12.pdf.

Dahl, H.M. & Hansen, L.L. 2005. Recognition, care and the welfare state. In Lepperhoff, J., Satilmis, A and Scheele, A. (eds.), *Made in Europe–Geschlechterpolitische Beiträge sur Qualität von Arbeit*. Münster: Westphäliohes Dampboot.

Danske Fysioterapeuter. 2012. Politiske Frikommuner må ikke føre til brugerbetaling.
http://fysio.dk/org/nyheder/Politikere-Frikommuner-ma-ikke-fore-til-brugerbetaling/.

EPINION. 2011. *Brugerundersøgelse om hjemmehjælp til borgere i eget hjem og i plejebolig/plejehjem*. [User survey on home care for citizens in their own home and in nursing homes]. Aarhus: Social–og integrationsministeriet.
http://www.sm.dk/data/Dokumentertilnyheder/2011/Brugertilfredshedsundersøgelse_hjemmehjaelp.pdf.

Eskelinen, L., Boll Hansen, E. & Frederiksen, M. 2004. *Frit valg–erfaringer med flere leverandører af personlig og praktisk hjælp*. [Free choice–experiences with several suppliers of personal care and practical help]. København: AKF Forlaget.
http://www.akf.dk/udgivelser/2004/frit_valg_hjemmehjaelp/.

Hansen, M.B. & Vedung, E. 2005. *Fælles sprog i ældreplejens organisering. Evaluering af et standardiseret kategorisystem*. Odense: Syddansk Universitetsforlag.

Greve, C. 2004. Frit valg–politik i Danmark. *Nordisk Administrativt Tidskrift* 2. København: DJØF.

KL. 2012a. *Nye regler for frit valg og udbud på ældreområdet–hvad nu?*
http://www.kl.dk/ImageVault/Images/id_58002/scope_0/ImageVaultHandler.aspx.

KL. 2012b. *Tilkøbsydelser vil gavne borgerne*.
http://www.kl.dk/Okonomi-og-dokumentation/Tilkobsydelser-vil-gavne-borgerne-id99521/.

KL. 2012c. Informationsmøde om de nye regler for frit valg og udbud på ældreområdet. Oktober 2012.
http://www.kl.dk/ImageVault/Images/id_57565/scope_0/ImageVaultHandler.aspx.

Konkurrence- og Forbrugerstyrelsen. 2010. *Konkurrence- og forbrugeranalyse: Brugerforhold på fritvalgsområderne*. [Competition–and consumer analysis: User relationships on free choice areas]. København: Konkurrence–og Forbrugerstyrelsen.
http: // www. forbrug. dk / Publikationer / ~ / media/ Publikationer / Konkurrence % 20 og % 20 Forbrugeranalyse%202010.pdf.

KORA n.d. http://www.eco.dk/map12/map717b.mht.

KREVI. 2011. *Frit valg i ældreplejen*. [Free choice in elder care]. Aarhus: KREVI.

http://krevi.dk/files/RAPPORT_Frit_valg_i_aeldreplejen.pdf.

Københavns Kommune (n.d.) *Tilsynsrapporter for hjemmehjælp til borgere over 65 år* [Inspection reports on home help for citizens over 65 years].
http: // www. kk. dk/ da/ borger/ omsorgogsaerligstoette/ hjemmehjaelp/ frit- valg- af- leverandoer/ borgere-over-65-aar/tilsynsrapporter.

Petersen, O.H., Hjelmar, U., Vrangbæk, K. & La Cour, L. 2011. *Effekter ved udlicitering af offentlige opgaver. En forskningsbaseret gennemgang af danske og international undersøgelser fra 2000-2011.* [The effects of outsourcing public tasks. A research-based review of Danish and international studies 2000-2011]. København: AKF, Anvendt Kommunal Forskning.
http://www.akf.dk/udgivelser/2011/pdf/5111_ohp_udliciteringsrapport.pdf.

Petersen, O.H. & Hjelmar, U. 2012. *Effekter af konkurrence om offentlige opgaver i Danmark og Sverige på ældre-og daginstitutionsområdet.* [The effects of competition on public tasks in Denmark and Sweden in older adult-and daycare]. København: AKF, Anvendt Kommunal Forskning.
http: // www. udbudsraadet. dk/ fileadmin/ user_ upload/ Rapporter/ 2012/ DK- SE_ analyse/ Rapportbidrag_ - _Effekter_ af_ konkurrence_ om_ offentlige_ opgaver_ i_ Danmark_ og_ Sverige_ paa_ aeldre-_og_daginstitutionsomraadet.pdf.

Rambøll. 2009. *Effektanalyse af konkurrenceudsættelse af pleje- og omsorgsopgaver i kommuner.* København: Udbudsrådet. [Analysis of the impact of competition exposure on care and caring tasks in municipalities].
http://www.konkurrencestyrelsen.dk/index.php?id=28869.

Rambøll. 2012. *Evaluering af lov om Friplejeboliger, udarbejdet for Ministeriet for By, Bolig og Landdistrikter.* København: Rambøll.

Rambøll. 2012. *Effektanalyse af hjælpemiddelområdet.* København: Rambøll.

Rostgaard, T. 2006. Constructing the care consumer: Free choice of home care for the elderly in Denmark, *European Societies*, 8(3), pp.443-463.

Rostgaard, T. 2011. Care as you like it: The construction of a consumer approach in home care in Denmark. *Nordic Journal of Social Research*, (Special Issue).
https://boap.uib.no/index.php/njsr/article/viewFile/110/93.

Rostgaard, T., Andersen, M. H., Clement, S.L. & Rasmussen, S. 2013. *Omsorgsbetinget livskvalitet og hjemmehjælp- En ASCOT undersøgelse blandt hjemmehjælpsmodtagere.* Analysenotat. Institut for Statskundskab Aalborg Universitet.

Rostgaard, T. & Thorgaard, C. 2007. *God kvalitet i ældreplejen. Sådan vægter ældre, plejepersonale og visitatorer.* [Good quality in older adult care, preferences of older adult, staff and care assessors counts]. København: SFI.
http://www.sfi.dk/resultater-4726.aspx?Action=1&NewsId=41&PID=9422.

Schultz-Larsen, K., Kreiner, S., Hanning, S., Støvring, N., Hansen, K.D. & Lendal, S. 2004. *Den danske ældrepleje under forandring. En kontrolleret, randomiseret interventions undersøgelse i 36 kommuner.* Københavns Universitet, Institut for Folkesundhedsvidenskab og H: S Center for forskning og Udvikling på Ældreområdet, Bispebjerg Hospital.

Socialstyrelsen. 2012. *Evaluering af Servicebevisordningen.* Odense: Socialstyrelsen.

Statistics Denmark. 2011. *NYT fra Danmarks statistik-varig hjemmehjælp 2010.* [NEWS from Statistics Denmark-permanent home care 2010]. København: Statistics Denmark.
http://www.dst.dk/pukora/epub/Nyt/2011/NR177.pdf.

Statistics Denmark. 2012. *Sociale forhold, sundhed og retsvæsen. (Statistiske Efteretninger), Den sociale ressourceopgørelse for ældreområdet.* [Social conditions, health and justice (Statistical News), Statement of resources in social services provided for senior citizens]. København: Statistics Denmark.

Strukturkommissionen. 2004. *Strukturkommissionens betænkning-Bind III.* København.

Udbudsrådet. 2012. *Analyse af offentlig-private samarbejde i Danmark og Sverige.* [Analysis of public-private cooperation i Denmark and Sweden]. Valby: Udbudsrådet.
http://www.udbudsraadet.dk/fileadmin/user_upload/Rapporter/2012/DK-SE_analyse/Analyse/Analyse_-_Offentlig-privat_samarbejde_i_Danmark_og_Sverige.pdf.

www.noegletal.dk.

www.statbank.dk.

www.udbudsportalen.dk.

Additional sources

Appeals Board reports (Ankestyrelsen) Appeals Board has since free choice came into force on 1 January 2003 published a series of reports/studies in the field:

Ankestyrelsen. 2003. *Frit valg i ældreplejen- brugernes oplevelser.* [Free choice in eldercare- user experiences]. København: Ankestyrelsen.
http://www.fritvalgsdatabasen.dk/materiale/15541.

Ankestyrelsen. 2003. *Frit valg i ældreplejen-15 kommuners erfaringer og idéer.* [Free choice in eldercare-15 municipalities' experiences and ideas]. København: Ankestyrelsen.
http://www.fritvalgsdatabasen.dk/materiale/15542.

Ankestyrelsen. 2011. *Det betaler sig at lave tilsyn og opfølgning i hjemmeplejen.* [It pays to make supervision and follow-up in home care]. København: Ankestyrelsen.
http://www.ast.dk/artikler/default.asp?page=1502.

DI. 2011. *Offentlig-privat samarbejde. Redegørelse 2011.* [Public-private cooperation. Presentation year 2011]. København: DI http://publikationer.di.dk/1531819787/.

Finansministeriet. 2005. *Tid til status- erfaringer med frit valg.* [Time status- experiences with free choices]. København: Finansministeriet.
http://www.fritvalgsdatabasen.dk/materiale/15545.

Forbrugerstyrelsen. 2005. *Information om frit valg.* København: Forbrugerstyrelsen. [Information about free choice].
http://www.fritvalgsdatabasen.dk/materiale/15544.

Konkurrencestyrelsen. 2004. *Om afgørelse vedr. priser i Aalborg Kommune.* København: Konkurrencestyrelsen. [About decisions regarding prices in Aalborg].
http://www.konkurrencestyrelsen.dk/service-menu/publikationer/publikationsarkiv/konkurrencenyt/konkurrencenyt-2004/konkurrencenyt-nr-1-januar-2004/frit-valg-i-hjemmeplejen-aalborg-kommune/.

Konkurrencestyrelsen. 2009. *Konkurrenceredegørelse 2009.* [Competition review 2009]. København: Konkurrencestyrelsen.
http://www.kfst.dk/index.php?id=28638.

Nordisk Råd. 2005. *Kundval for ældre og funktionshindrade i Norden.* [Choice for the older people and people with disabilities in the Nordic Countries]. København: Nordisk Råd.
http://www.fritvalgsdatabasen.dk/materiale/15546.

Socialministeriet og KL. 2007. *Prisfastsættelse på ældreområdet.* [Price setting in the eldercare sector]. København: Socialministeriet.
http://www.fritvalgsdatabasen.dk/materiale/15543.

Socialministeriet. 2004. *Skal din virksomhed levere personlig og praktisk hjælp.* [Is your company providing personal and practical help]. København: Socialministeriet.
http://www.sm.dk/Publikationer/Sider/VisPublikation.aspx?Publication=232.

Ugebrevet A4. 2010. *Private plejefirmaer betaler ikke skat i Danmark.* [Private care companies do not pay tax in Denmark]. København: Ugebrevet A4.
http://www.ugebreveta4.dk/2010/201023/Baggrundoganalyse/Private_plejefirmaer_betaler_ikke_skat_i_Danmark.aspx.

Ugebrevet A4. 2010. nr. 23. København: Ugebrevet A4.
http://www.fritvalgsdatabasen.dk/?wicket:interface=:1:2.

第 9 章

ノルウェーにおける高齢者介護の市場化 ──背景とトレンド，それに対する抵抗

Mia Vabø，Karen Christensen
Frode Fadnes Jacobsen，Håkon Dalby Trætteberg
（訳）吉岡 洋子（Yoko Yoshioka）

1 はじめに

ノルウェーの高齢者介護サービスは，面積や人口規模が多様な 429 のコムーネ[訳者注1)]（基礎自治体）[1)]によって提供される法律に基づくサービスで，包括的な社会的基盤の一部を形成している．この分権化された福祉サービス供給システムの特徴は，コムーネの自律性と，中央と地方レベルでの強力な統合が組み合わされている点である（Baldersheim 2003）．

コムーネの介護サービス供給は，法令や規則，司法決定，モニタリング，大規模な包括補助金を通じて中央政府の影響を受けている．とはいえ，地方政府はそれぞれが好む形で自由にサービスを計画し調整することができる．コムーネによって人口動態や，地理的，経済的な特性が多様であるため，伝統的な施設ケア，在宅ケア，その中間的な解決法の多様な組み合わせが生まれており（Huseby & Paulsen 2009;[訳者注2)] Vabo & Burau 2011, Gautun & Hermansen 2011），それがコムーネ内部の組織を含む組織編成モデルの多様性にも繋がっている（Blåka et al. 2012）．

サービスは主に，コムーネ内部の組織によって供給されている．しかし，コムーネはそうした直営でのサービス供給を，外部のサービス事業者──民間事業者や他の公的事業者（たとえば近隣コムーネ）など──から購入する

サービスで代替することも自由である．高齢者介護において，民間によるサービス供給は全く新しい現象というわけではない．戦後の近代的な高齢者介護システムが確立されて以来ずっと，少数ではあるが民間事業者が――主に非営利であるが，小規模な家族経営会社もある――，公的財源による高齢者介護を供給してきた．近年では，競争入札と自由選択制度により，新たな形態の民間営利事業者が参入している．

ただ，多くの政治家が，競争と（民間また公的）事業者の自由選択という概念を称賛にしてきたにもかかわらず，営利事業者によるサービス供給は今も限定的である．他の北欧諸国と比べて，ノルウェーのコムーネは今のところ，サービスの競争入札に対しては消極的である．

本章では，市場化の傾向を詳しく検討していく．まず特に，法令，およびガバナンスに関して，競合するさまざまな動向に注目し，ノルウェーの高齢者介護に関する背景を概説する．ノルウェーでは市場化の展開が比較的緩やかであったことを説明するために，市場化が地方レベルでの行政改革を進めるための唯一の原理ではないことを強調する．ノルウェーには，現実主義的また協調的なガバナンス様式の長い伝統があるが，それは近代化の代替的戦略を開始した労働組合が保ってきたものである．しかし，多くの西洋福祉国家と同様に，ニュー・パブリック・マネジメント改革の世界的な波が，ノルウェーにおけるサービスの編成，運営，構成の有り様に一定の影響を及ぼしてきた．その緩やかなニュー・パブリック・マネジメントの手法に関するエビデンスを示した後，本章の核となる問い――市場化のための法的な背景，民間供給の範囲や程度，そして介護サービスの質，コスト，介護職員の労働条件に与えた影響――に答えるべく議論を進める．市場化への反対論の発信元にも注目する．そして，高齢者介護の供給における競争，市場化，市場原理のインパクトに関する諸課題がどのように論争されてきたのかを示す．

2　ノルウェーの高齢者介護における制度と法律

ノルウェーの保健医療と社会福祉制度は，複数の層に分かれたモデルを特徴としている．病院（国レベル）の役割は，地方レベルでは効率的また安全に実施ができない医療行為に厳密に制限され，一方，コムーネにはプライマリケアおよび長期療養介護，つまり施設介護（ナーシングホームと特別住宅）および在宅ケアの責任が割り当てられている．ノルウェーの高齢者介護は特別法ではなく一般法で規定されている．

介護サービスは，年齢，収入，家族関係などにかかわらず，介護を必要とする全ての市民に提供される．とはいえ，ナーシングホームは今でも，最も高齢で病弱な人々のための入所介護施設とみなされている．一方で在宅ケアは，精神科患者，薬物依存症者や末期がん患者（詳細は後述）も含めて，全年齢層の人々に提供されるようになってきた．コムーネの介護部門の規模は大きく，実際，コムーネによる長期療養介護への支出はGDPの約3%である（Kjelvik 2011）．

コムーネの自律的役割は，1980年代半ばから1990年代初めに実施された包括的な地方分権改革により強化された．コムーネは，プライマリケアや，さまざまな住宅供給や介護サービスといった法定サービスの責任を割り当てられた（The Municipal Health Act 1982-11-19-66）．特定補助金に基づく財政システムは，1986年に包括補助金に基づく制度へと変更された．つまり，コムーネはサービス供給について，より包括的な視点をもち，優先順位をつけ，種別ごとのサービス部門を超えて費用対効果の高い解決法を見出すように奨励されたのである．補助金に上限が課され，コムーネは支出を抑制しなければならなかったため，多くのコムーネは介護施設のベッド数を削減し，サービスを在宅ケアシステムに移行させた（Vabø 2012）．こうした変化は，ナーシングホーム居住者の障がい程度の重度化，また在宅介護サービスの役割の急拡大という長年の傾向から生じたものである．施設介護における80歳以上の入居者の割合は，1960年の52%から1997年の73%へと着実に増加し

(Daatland 1997)，在宅ケアは高齢者にとって，施設介護の利用を遅らせ，できるだけ長く自宅で暮らせるための予防的役割から，虚弱で病弱な高齢者や終末期の患者に対するリハビリテーションや医療的支援，看護を供給する役割へと徐々に変化した．1992 年から 2011 年の間に，家事援助のみの利用者数（全年齢）は 39%減少，訪問看護のみの利用者数は 177%増加，そしてホームヘルプと訪問看護の両方の利用者数は 27%増加した（Statistics Norway 2012a）[訳者注 3)]．

高齢者向けサービスが特別法ではなく，一般法である自治体保健福祉サービス法（Act 2011-06-24-30）で主に規定されている点に留意が重要である．この自治体保健福祉サービス法は，自治体保健法と社会サービス法（Act 1991-12-13-81）が近年，統合されて成立した．ナーシングホームが主に最も高齢で病弱な人々に利用されている一方，在宅ケアは次第に，より若い人々，たとえば障がい者や慢性疾患，薬物依存や精神疾患の患者などへの選択肢とみなされるようになっている．加えて，終末期の患者（たとえばがん患者）は在宅ケアが責任を負うこととなっており，これは多くの人が入院よりも在宅でのターミナルケアを希望するためである．介護部門の支出総額のうち高齢者（67 歳以上）向けのサービス支出が占める割合は，現在は多くみても 60%程度であるが，1998 年には 74%に達していた（Kjelvik 2011）．

以前の自治体保健法も，新たな自治体保健福祉サービス法も典型的な「枠組み法」である．どちらもコムーネによるサービス計画や編成の在り方について詳細は特定しておらず，枠組みだけが定められている．以前の自治体保健法では，コムーネは保健医療的な観点から，「民間団体やそれに準じるもの」（1-4 条）との連携を促進してもよいと明示されていた．この表現は，ホームヘルプ（家事援助）を規定していた社会サービス法にもみられたが，新たな自治体保健福祉サービス法でも同様に用いられている．

コムーネには，地域の状況に適する形でサービスを統制し編成する自由裁量が与えられるべきという考えは，1980 年代中盤の地方分権改革の核心部分であった（これについては後述）．サービス供給の編成におけるコムーネの自律性は，地方自治法（Act 1992-25-09-107）でも強調された．ただし同法は同時に，全てのコムーネへの内部統制（内部監査）制度を導入する義務も記している．内部統制の考えは，保健医療サービスの公的監査に関する法律（Act 1984-03-30-15）[2]への1994年の追加条項でも繰り返し示されている．内部統制制度の強化はさらに，1997年制定，2004年改正の「質の規制」（kvalitetsforskriften）においても明記されている（Ministry of Health and Care Services 2004）．これらの法令によって，全てのナーシングホームと在宅介護サービス事業者に，業務プロセスを記録に残すことが義務付けられた．だが競争入札に関しては，どの改革法や規則でも特に言及されていなかった．2000年頃に実施されたケーススタディでは，30人の在宅介護サービスのリーダーへのインタビューを行っているが，これによると，競争入札によるサービスの外部委託を計画していたコムーネのほうが，これらの新たな統制手段に対して熱意を示していた（Vabø 2002）．その調査の回答者らは，競争入札を導入するためには透明性と管理が強く求められるだろうと話し，質のコントロールのためにこうしたメカニズムは有益と考えていた．

3　競合する改革の軌跡

ノルウェーのコムーネはサービスのガバナンスや編成を自由に決定できるものの，中央政府の意向や勧告に常に影響されてきた．実際に，行政改革の大部分は，中央と地方の共同プロジェクトとして構想されており，コムーネの境界や近隣北欧諸国との境界を超えた実験，また相互の学び合いや模倣を通して進められてきた（Baldersheim 2003）．

本節では，推奨された市場化戦略がなぜ全くうまく軌道に乗らなかったのかを明らかにするため，これまでの改革案がどのように構成されていたかを考察する．改革案は1つずつ積み重ねられてきたが，各々の改革の間には緊張関係が存在する点に注目する必要がある．

3.1　国レベルでの改革の軌跡

既述の通り，1980年代半ばに導入された新たな包括補助金の体制により，多くのコムーネが支出の削減を余儀なくされた．費用対効果を高めるために，コムーネは直営サービスについて幅広くまた包括的な視点をもつことが奨励された．治療，リハビリテーション，社会的ケアは，切れ目なく連続して提供されるべきケアとされた．右派政権（Willoch政権）の委任による政府報告書「保健と社会的ケアの調和」（Om samordning i helse- og sosialtjenesten）（NOU 1986: 4）は，コムーネのサービス改革に多大な影響を及ぼした．この報告書は，最も費用対効果の高い介護サービスの編成方法は，介護職員資源をより有効活用するために各種サービスを統合することであると主張し，たとえばホームヘルプ（家事サービスと社会的ケア）と訪問看護サービスの統合や，施設介護と在宅介護の職員の統合を提案した．こうした考えは後に，いわゆる「質の規則」[訳者注4)]（Directive-I-13/97）（Rundskriv 1997）でも繰り返し示され，コムーネは最善のサービス編成方法を自由に決定できるが，切れ目のない連続したケアを提供できる組織モデルを採用すべきと強調している．言い換えれば，介護サービスは包括的にかつ利用者の視点から調整されるべきということである．

地方分権改革に続く勧告（たとえば，Ministry of Local Government and Labour 1988）では，市民がサービス供給に関わるべきであると強調されている．1980年代末から1990年代初めには，地域問題への気づき，柔軟性，近接性，利用者参加などの言葉が好んでよく使われた．サービスは，利用者との密接な話し合いのなかで提供，実施されるべきと考えられていた．こうした考え方は，コムーネに対し，家族やボランタリーな主体との連携を通して「隠れた」介護資源を動員できるかどうか検討することを奨励したという意味で，経済的な側面も持っていた．またこの文脈では，市民は単なる受動的な権利の保有者ではなく，権利と同時に義務を負うものとされた．公的な介護供給のさらなる発展を評価し，議論するために出された報告書（Sosialdepartementet 1992）[訳者注5)]は，介護手当の支給，情報提供，支援やレスパイトサービスを通じた家族介護を促進するための数々の提案を行った．また，補助具，使いやすい住宅，リハビリテーション，福祉センターなど利用者自身が自立するための能力強化の方策を提案した．さらに，社会民主主義者らはかつて，慈善主義的な福祉の解決法に強く反対していたが，今では公的福祉資源と市民社会の福祉資源が相互に依存することを認めるようになった（Selle 1991）．たとえば1991年に労働党政権は，地域での多数の実験的試みを網羅するために「ボランタリーセンター」という用語を用いて，幅広い解釈が可能な，ボトムアップ型の事業を始動させた．そこでの考え方は，こうした試みは公的財源によるべきであるが，発想やイニシアティブは「現場から」なされるべきというものであった（Lorenzen & Dugstad 2008: 2）．

サービスの統合，家族やボランティアとの連携は，あくまで提案や勧告であり強制的な変更ではなかった．多くのコムーネは，サービスの重複を避け，介護人材の資源を有効に活用するために，ホームヘルプと訪問看護を（多かれ少なかれ）統合させた（Solem & Høistad 2000）．しかし当然ながら，（家族やボランティアのような）外部の主体を管理することは，コムーネにとって困難であった（Vabø 1998 参照）．在宅ケアのケーススタディでは，家族と在宅介護システムの間で実際的かつ生産的な連携が生まれていることも示されたが，高齢者介護に関する公の議論では，「責任ある市民」というイメージが強調されることはなく，むしろ，市民の権利や受給権に焦点があてられていた．受給権に関しては特に1990年の草の根キャンペーン「高齢者の反乱」（Eldreopprøret）で議論が高まった．「高齢者の反乱」は，ある高齢の元大学教授のペール・ハーガ（Per Haga）が始めたメディアでの抗議活動で，彼は妻が受けている介護サービスの質が低いことについて声高に異議を唱えた（Vabø 2011）．

1990年に起きたこのメディアでの抗議は高齢者介護政策に大きな影響を与えた．メディア論争が何週間と続いた後，政府は高齢者介護のための特定補助金－いわゆる「高齢者ビリオン」（eldre-milliarden）の追加に追い込まれた．このキャンペーンはまた，国民的論議を盛り上げ，「危機言説」（Longsom 1997: 56）創出に貢献するという波及効果をもたらした．学者らは高齢者介護がどの程度危機なのかを疑問視したが，公の議論では大抵，さらなるキャンペーンとさらなる「高齢者ビリオン」の必要性が主張された（Hole 1992）．

高齢者介護の質に関する注目の高まりは，中央政府に異例の資金負担をさせることにも貢献した．1990 年代半ばに，グロ・ハーレム・ブルントラント（Gro Harlem Bruntland）首相の労働党政権は「高齢者介護行動計画」を発表した（Ministry of Health and Care Services 2000）．この計画は，介護サービスを発展させ，ナーシングホームやその他の形態の住宅の建設や改修を促進するために，コムーネに与えられる一連の投資補助金を含んでいた．

高齢者介護の質への注目が高まると，透明性の探究がさらに進められるようになった．1990 年代，保健福祉サービスの需要と供給に関する適切な情報を中央政府に提供するために，モニタリング制度が開発された．これは，コムーネによる国への報告制度であり，今日では KOSTRA-IPLOS 情報システム[3]として知られている．この報告制度の設置は義務づけられており，コムーネがサービス供給に関する詳細な情報を中央政府に提供すると共に，各コムーネにとってはサービス改善努力のための運営管理ツールとして機能することを目的としている（Christensen 2013 参照）．

3.2 グローバルなニュー・パブリック・マネジメントによる改革の軌跡

1990 年代に徐々に高まった透明性の探求や介護の質への関心は，ニュー・パブリック・マネジメント改革のグローバルな潮流に影響を受けた考え方や勧告と重なる部分があった．

OECD のパブリック・マネジメント・サービス（PUMA）から発信されたそうしたアイデアは，しばしば民間の事業管理コンサルタントを経由して登場した（Vabø 2007）．この改革の潮流にみられる中心的な考え方は，民間ビジネスとミクロ経済学理論，つまり「民間主体」間の市場交換モデルから発展した考え方により，公的サービスが改革されるべきというものだった．

スウェーデンから約 10 年遅れたものの，1990 年代後半にノルウェーでは，スウェーデンに影響された右派政治家らが公の議論のなかで，民間事業者との競争は公的な介護部門を再活性化させ，介護サービスの費用対効果をより高めると主張するようになった．ノルウェーの経済学者らは，競争導入による改革は長期療養介護のコストを20％削減する可能性があるという試算を示した（Erlandsen et al. 1997）．

ノルウェーにおいて市場化は，公的セクターの近代化を進めるための一般的な手法として抽象的な形で語られることが多く，特定のサービスに特に適したアプローチとして具体的な形で語られることは少なかった．その典型例が，ノルウェーの政府報告書『公的セクターは競争にさらされるべきか？』（NOU 2000：19）で，キリスト教民主党のヒェル・マグネ・ボンデヴィーク（Kjell Magne Bondevik）が率いる中道右派連立政権の委任で作成されたものである．諸外国での競争入札の経験を検討することを目的としたこの報告書は，競争入札をコスト節減の有効な手法と結論付けつつも，質への影響について明確なエビデンスは全く見当たらないと論じた．「民間供給」自体が改善を保証するわけではないことが強調され，「競争」は質の改善を生み出す原動力とみなされた．したがって，競争を促進し管理運営するための「さまざまな手法」，たとえば市場の規制緩和，競争入札，自由選択モデル，ベンチマーキングなどの検討が必要となった．またこの報告書は，公的サービス事業者（国レベルとコムーネレベルの両方）は，そうしたガバナンスの代替案を検討する必要があると勧告した．

この報告書は政府法案として位置づけられるものではなかったが，この委員会の2人の委員，ペール・ホヴデン（Per Hovden；ウルスタード（Ørstad）市代表）とトーレ・ニーセーテル（Tore Nyseter；ノルウェー自治体連合会代表）は報告書の結論に異議を唱えた．彼らは，この報告書が，競争入札はほぼ自動的に「バリュー・フォー・マネー（コストに見合う価値）」につながるという間違った印象を与えると主張した．

彼らの意見は，ノルウェー自治体連合会と右派政治家らの間に論争をもたらした．右派政治家のなかには，ノルウェー自治体連合会から会員脱退すると警告する者もいた．この論争以後，ノルウェー自治体連合会の中立的な役割が強調されるようになった．つまり，ノルウェー自治体連合会はサービスの近代化に関する各コムーネの選択を尊重し，中立的な立場をとるべきということである．こうして，競争入札はコムーネの政策[4)]事項であり，サービスを競争入札にかけるか否かを決定するのは地元の政治家ということになった．

前述の報告書（NOU 2000: 19）は高齢者介護について何ら特別な勧告はしていないが，スウェーデンの例として，質の低下や介護職員の給与削減を発生させることなく，高齢者介護の大規模なコスト削減を達成した（最大26%）と言及している（NOU 2000: 19, p.93-94）．スウェーデンの高齢者介護にみる市場化の成功についての物語は，ノルウェー経営者連盟の刊行物にも登場する．ノルウェー経営者連盟の機関紙『地平線』（Horisont）の2003年特別号では，スウェーデンのナッカ市の自由選択モデルが賞賛され，また，スウェーデンの労働組合であるブルーカラー自治体職員組合（Kommunal）は，その姉妹団体であるノルウェー自治体・民間職員組合[訳者注6)]のように「教条主義的ではなく」，変化に寛容であると賞賛されている．また，ノルウェーの人々も事業者を自由に選択できることを望んでいるとも書かれている（Ekelberg & Thompson 2003）．

1990年代後半，ノルウェーでは少数の（主に右派の）コムーネが介護サービスを外部委託するための土台作りを始めた（Nesheim & Vatne 2000）．これは，購入者と供給者の分離，独立した予算部署の設置，出来高払いの支払い方式の導入，さまざまな形でのマーケティングと質の管理システムの導入など，新たな組織の在り方が自治体事業の内部に導入されたことを意味する（Vabø 2007）．しかし，実際にその後，サービスを競争入札にかける第一歩を踏み出したコムーネの数は，極めて少ない（詳細は後述）．代わりに，より市場的また企業的な構造をコムーネ組織に採り入れるという，あまり厳格ではないニュー・パブリック・マネジメントの手法を選択したコムーネはいくつか見られた．

競争入札に関連する法律や規則の説明に進む前に次節ではまず，ノルウェーの高齢者介護部門に現在みられる，ニュー・パブリック・マネジメントの要素について概略を述べる．

3.3　ニュー・パブリック・マネジメント手法の広がり

市場化のプロセスでは通例，中心的な組織構造として，購入者－供給者分離モデルが土台となる．この分離は，契約型マネジメント，つまり購入者（公的機関）がサービスのレベルと質を指定し，また供給者に対して契約内容が履行されたかを監督できる，という発想と結びついている．

委託契約や顧客獲得の競争に民間事業者を参入させる際には，契約関係が極めて重要な構造上の前提条件となる．しかし，公的事業者が民間企業と対等な条件で競争するのであれば，その公的事業者は行政から分離した，独立採算の部署になっていなければならない（たとえば Almquist 2004 参照）．したがって，委託事業や民間事業者だけでなく公的事業者も，購入者－供給者分離モデルの影響を受けるのである．

1990 年代後半，ノルウェーの大きなコムーネの多くは，何らかの形で購入者－供給者分離モデルを導入した．しかしそのなかには，サービスを競争入札にかける計画をしていない自治体もあった（下記参照）．たとえばノルウェー自治体連合会は，購入者－供給者分離モデルによってコムーネが，サービス供給から少し距離をおいてサービスの質の基準を定め，それを統制し管理しやすくなると論じた（Pape 2000）．1999－2000 年に実施された 5 つの自治体直営による在宅ケア事業のケーススタディでは，ニード判定とサービス契約の認可責任が介護サービスの供給責任と切り離されると，このモデルは抜本的に変化することが明らかになった．介護ニードは変わりうるものであり条件の変化に左右される．そのため，ニードは絶えず査定し直す必要があると知っている介護職員にとって，購入者と供給者の責任分離は厄介なものであった．しかし，専門的な介護サービス判定員は介護職員より，介護ニードに対してより客観的な視点を持ちうるので，それによって市民の法的権利が強化されうると，上層部のリーダーたちは強く信じていた（Vabø 2002）．

サービス供給の役割を持たない購入者と「監督者」が業務組織を管理すべきという考え方は，KOSTRA-IPLOS 情報システムでの新しい説明責任の取り組みと同時に進められた．費用対効果を向上させるため，KOSTRA-IPLOS の統計データを用いて，コムーネは互いに比較し学び合うことが奨励された（後述）．

ノルウェーの全コムーネを対象とした 2006 年の調査は，購入者－供給者モデルが介護部門で急速に拡大したことを示している（Gammelsæter 2006）．当時，430 のうち 51 のコムーネが介護サービスに何らかの形で購入者－供給者分離モデルを採り入れており，さらに 12 のコムーネがモデルの導入を計画していた．Gammelsæter は，それらのコムーネが比較的大規模であることを指摘し，そのことからノルウェー人口の半分以上は購入者－供給者モデルに従って介護サービスを編成しているコムーネに居住していると推定した．しかし，このモデルを導入したコムーネのうち，民間事業者から実際にサービスを購入したのはわずか 60%だったことも示した．

同調査では，回答者は購入者－供給者分離モデルの導入理由について選択式で回答している．このモデルを導入したコムーネのうち，民間サービス供給が重要だったためと回答したのは 27%のみであり，46%はコスト管理が重要であるため，また 88%は手続き的に正当なプロセスが重要であるため，と回答した．

購入者－供給者分離モデルの，市民の手続き上の権利を強化する 1 つの方法としての役割については，スウェーデンの先行研究で繰り返し述べられている（Blomberg 2008）．ただ，複数の小規模なケーススタディによると，このモデルの導入により，購入者と供給者間の契約関係を緩やかにしたコムーネもあれば，たとえば出来高払い制度などで両者の相互関係をかなり形式的で面倒な業務に変えたコムーネもある（Vabø 2009）．ノルウェー自治体連合会の委託により実施された，最近のある評価研究（Deloitte 2012）は，この傾向を認め，ノルウェーのコムーネには幅広い種類の購入者－供給者分離モデルがあり，契約的な関係を特徴とするものもあれば，協力的な関係のものもあることを明らかにしている．しかし，Deloitte によると，そうしたさまざまなモデルのなかで，特に他より費用対効果が高いモデルは見出されなかった[5)]．

購入者－供給者分離モデルの実施と並行して，ノルウェーの多くのコムーネは，コムーネ直営のサービス事業を構成要素で分け，「責任センター」（resultatenheter）という名称の組織として独立させた．これは，介護サービスの管理者が，サービス供給の費用対効果に責任を持つようになったことを意味する．こうした組織構造的な変化は，コムーネ組織内部でのサービス供給の管理に焦点をあてた，数々のニュー・パブリック・マネジメントの手法と重なり合っている．具体的には，「広告」や市民憲章の利用，出来高払いの導入，質の測定，利用者アンケート，ベンチマーキングといったさまざまな形での成果の利用といった手法である．

たとえば自由選択モデルと出来高払い制度のように，ニュー・パブリック・マネジメントの手法は関連しあっていることが多い．しかし，在宅ケアの供給に関するケーススタディによると，自由選択モデルは導入せずに出来高払い制度を導入したコムーネもいくつかある（Vabø 2009）．こうした調査によるとまた，既存のルールや業務に合わせるためにニュー・パブリック・マネジメントの手法が時々「屈折」した形になっていたり（Vabø 2006），業務組織に間接的な影響を及んだりもしている．たとえば，パフォーマンス評価は間接的に事業組織に影響を与えうる．なぜならば，評価により，戦略担当の管理者（と外部のコンサルティング会社）に示される「厳しい数字」は，事業組織への変更導入を正当化するために使われうるからである（Vabø 2012）．

自治体振興省[6)]の組織データベースに基づいた近年の報告書（Blåka et al. 2012: 131）によると，競争入札を活用したコムーネ数は，2008年から2012年にかけて，施設介護と在宅介護サービスの両方でわずかに増加した（表1参照）．この報告書はまた，自由選択制度を導入したコムーネ数も，施設介護と在宅介護サービスの両方で増加したことを示している．ただ，ここでの「自由選択」は必ずしも民間事業者を含むとは限らない．市民に提供される自由選択には，公的事業者とさまざまな民間事業者のなかでの自由な選択だけでなく，さまざまな公的事業者のなかでの選択もありうる．2004 年には 3%，2008 年には 4%，2012 年には 8%のコムーネが自由選択制度を導入していた．

出来高払い制度にしたがって資源を割り当てるコムーネの数も増加し，とりわけ，ベンチマーキングを用いる傾向が増えてきた．実際，ベンチマーキングを利用するコムーネ数は，2008 年から 2012 年の間に 2 倍以上となった（表 1）．この動向は，前述の KOSTRA-IPLOS 情報システムの発展との関連，またノルウェー自治体連合会が組織する「効率性向上ネットワーク」の利用拡大との関連でとらえなければならない．こうしたネットワークは，ノルウェーのコムーネの間で徐々に一般化しており，長期療養介護の分野を含むサービス部門に組み込んでいるコムーネもある．このネットワークとは一般に，4〜8 のコムーネが参加し，各々のデジタル情報のさまざまな資源を活用するというものである．作業方法はベンチ・ラーニングであり，学びと改善に焦点をあてたマッピングと分析を組み合わせたものである．主要な数値，利用者満足度調査やその他の幅広い質の指標（専門教育を受けた職員のレベル，職員の病欠率など）を用いて，各コムーネは他のコムーネとの比較を行い，「ベスト・プラクティス（最も良い実践）」から学ぶことが推奨されている[7]．

表 1 は，さまざまな種類の市場化手法を用いているコムーネの割合を示

表 1．市場化の手法を用いているノルウェーのコムーネの割合

		2004	2008	2012
競争入札	施設	5	4	7
	在宅ケア	2	3	7
事業者の自由選択	施設	2	2	4
	在宅ケア	3	4	8
出来高払い制度	施設	1	2	6
	在宅ケア	1	4	7
ベンチマーキング	施設	22	25	60
	在宅ケア	22	24	58

出所：Blåka and colleagues（2012）

す．このデータによれば，ベンチマーキングを除き，市場化の手法は極めて限定的である．とはいえ，ノルウェー人口の約半数は最も人口密度の高い30のコムーネ（全体の7%）に居住しているため（Statistical year book 2012）[訳者注7]，コムーネの数が少なくても，市場化の手法は，かなり多数の人々に提供されるサービスに影響を及ぼしている可能性がある．

前述のBlåka et al.（2012）の報告は，大きなコムーネのほうが市場化の手法が普及しているかについては検証していない．しかしこのテーマは，副市長を対象として行われた（n＝198）ある調査（Deloitte 2011）で部分的に取り上げられている．この調査では，介護部門での競争入札が，人口密度が低いコムーネよりも高いコムーネで比較的多く実施されていることが明らかになった．人口5万人以上のコムーネのうち，70%が何らかの介護サービスを外部委託していた．ただしこの調査でいう介護サービスは幅広く，ナーシングホームと在宅介護サービスだけでなく，障がい者を対象とするパーソナルアシスタントやさまざまな形態の支援とアクティビティサービスも含んでいることに留意することが重要である．人口5,000人未満のコムーネで，何らかの介護サービスを外部委託したことがあるのはわずか11%であった．

Deloitte（2011）の調査は，介護部門での競争入札は，政治的に社会民主系のコムーネよりも右派のコムーネでより多く見られることを指摘している．社会民主系の市長がいるコムーネで競争入札を実施したことがあるのは16%にすぎず，一方で，急進右派政党（Fremskrittspartiet）の市長がいるコムーネでは45%，保守党（Høyre）の市長がいる自治体では35%であった．

ただ，介護部門で競争入札を用いていると報告しているコムーネでも，委託しているのは，介護サービスの一部のみであるケースが多いと，Deloitte（2011）の研究は指摘している．コムーネの90%はナーシングホームを競争入札にかけたことがなく，コストの20%未満にあたるサービスを競争入札にかけたコムーネは7%，コストの20%以上を競争入札にかけたコムーネはわずか3%であった．同様に，コムーネの92%はホームヘルプサービスを競争入札にかけたことがなく，コストの20%未満を競争入札にかけたコムーネは6%，コストの20%以上を競争入札にかけたコムーネはわずか2%であった．これは，民間事業者の利用に寛容なコムーネにおいても，今なお公的直営事業が介護サービスの独占的な供給源であることを示している．

サービスの競争入札を実施したコムーネのうち32%が，外部委託は今後増加するだろうと回答し，52%が，現状が維持されるだろうと答えた．またサービスの競争入札を実施したことがないコムーネのうち，今後，競争入札の計画があると回答したのはわずか3%であった（Deloitte 2011）．

4 市場化に関連する法律と規則

筆者らが見る限り，ノルウェーでは介護サービスの外部委託において法的な障壁はない．たとえば，ノルウェー私立学校法（Act 2003-07-04 no 84）は，学校が収益をあげることに制限を課しているのに対して，保健福祉サービスに関する諸法令は営利事業者になんら制限をかけていない．新たな保健福祉サービス法（Act 2011-06-24 no 30）は，ノルウェーのコムーネに，ニーズのある市民に対して十分な質のサービスを保証することを求めている．コムーネのサービスは，コムーネ内部の介護供給部門，または他の形態の法人（公的でも民間でも）のどちらによる供給でもよい．保健福祉サービス法は，コムーネがどう民間主体と関わるべきか，あるいは関わることができるか，またこうした「他の組織」が非営利か営利であるべきかについて規定していない．

しかし，コムーネが民間事業者と契約を結ぶ方法においては，ビジネス的な特性が強くなっている．さらに，欧州自由貿易連合（EFTA）と欧州連合（EU）の間で欧州経済領域（EEA）協定が結ばれたため，ノルウェーは公的セクターの契約に関するEUの公共調達規則に従っている[8]．

4.1 ノルウェーの公共調達に関する規制

欧州経済領域協定が結ばれた後，ノルウェーでは公共調達法が1992年に制定され，1999年に改正された．ノルウェー公共調達法（Act 1999-07-06- no.

9）には，公共調達は「可能な限り競争に基づくべき」と定められている．

1999年の公共調達法で新たに競争が強調されたことにより，いくつかのコムーネが民間，主に非営利組織（詳細は第5節1参照）との「古い」一般協定を見直すこととなった．たとえばオスロ市は，営利事業者と非営利事業者の両方に募集をかけてナーシングホーム事業の競争入札を行ったが，数年後，非営利事業者らは民間営利企業との対等な競争は困難であると実感するようになった．それは非営利事業者の雇用協定では営利企業よりも職員に対し高い年金給付を約束しており，そのために民間営利企業よりも人件費が高いからである（非営利事業者は，雇用する介護職員に，公務員と同等の高いレベルの年金を提供する約束をしていた．第4節2参照）．ノルウェーでは伝統的に非営利組織がナーシングホームを所有していることが多いが，ナーシングホームの建物を所有する非営利組織もまた，施設内でのサービス提供について営利企業との競争は困難であると実感することとなった．実際，非営利組織である救世軍（Salvation Army）は，競争入札で最低額を提示する営利企業にコムーネがサービスを委託するリスクがあることを理由に，複数のナーシングホームの運営を断念した（Gulbrandsen 2012）．

こうした伝統的な非営利事業者が経験した困難に対し，ボンデヴィク（Bondevik）（2001-2005）率いる中道右派連立政権も，2005年に政権を獲得した赤緑連合政権もそれぞれ対策を講じている．Bondevik政権は公共調達規定を定め，この規定は2006年の新法に取り入れられた（anskaffelsesforskriften 04-07 no 402 §2-1(3), Lovdata 2006）．この新規定では「EU公共調達指令による完全な手続きは，非営利組織による保健福祉サービスの契約裁定においては適用しない」と定めていた．したがって，ノルウェーのコムーネは，公共調達に関する全国データベース（Doffin）への契約条件公示の義務を負わず，また競争的な公共調達方法を用いる必要に迫られることなく，非営利事業者と自由に介護事業の委託契約を結ぶことができる．この条項は，公的福祉における非営利組織の役割を尊重する草分け的な条項と評価された．そしてこれが重要な根拠となり，オスロ市は非営利組織チャーチ・シティ・ミッション（Kirkens bymisjon）が以前運営していたサービスを競争入札にかける計画を進めなかった．非営利組織の位置づけを強化したいという赤緑連合政権の意志は[9]，2012 年 10 月 3 日に締結された政府，ノルウェー NGO 連合（Frivillighet Norge），雇用者組織（ノルウェー企業連合会（Virke）とノルウェー自治体連合会）の三者が結んだ協働的な協定で示されている．この三者は，サービスの質とダイバーシティを高めるために，また理念的価値に基づいて設立された非営利組織が自律的そして長期的に事業を計画し運営できるように，協働することを約束した．

複数の公的機関と NGO セクターの間で結ばれたこの協定は，長期的な協働関係を保証する新たな形として期待できる．しかしそれは，コムーネが望む形で自由にサービスを計画し編成することを妨げるものではない．コムーネは今も変わらず自由に介護サービスを競争入札にかけることも，短期契約を結ぶこともできる．

4.2　従業員の権利

競争入札では，従業員の権利も 1 つの重要なポイントになる．つまり，民間事業者がサービス供給競争に勝った場合，従業員がどう扱われるのかということである．こうした条件下での労働者の権利は，ノルウェー労働環境法（17.06 no 62）第 16 章で規定されるが，同法はコムーネがサービスをある事業者から別の事業者へ（特に公的事業者から民間事業者へ）と変更する際の，従業員の労働条件の低下を避けることを目的とした EEA 協定に基づいている．新たな雇用主には，できる限り早期に，従業員代表と対話の場を持つことが求められる．雇用主は新たな労働形態を見出してもよいが，既存の従業員を解雇したり賃金を下げたりすることは認められない．しかし，賃金は 2 年ごとの団体協定で定められるため，新たな雇用主が協定を変更する機会はしばらく後に訪れることとなる（最長で 2 年後）．その時には，賃金の引き下げと引き上げの両方の選択肢がある．たとえば，新たな雇用主は特定の職種を確保するための手段として賃金を用いることが認められており（Mastekaasa 2008），結果として専門職と日常業務に携わる職員の間の賃金差が広がる可能性もある.

従業員の年金に関する権利は，新たな雇用主へは引継がれないことに留意が重要である．年金に関しては公的事業者または民間事業者との協定の間で，相当の差があるため，公的（または非営利）事業者から営利企業へと雇用主が変わる従業員にとって，この条項はとても重要である．公的セクターで働く労働者の年金は比較的高いレベル（所得の66%）で固定されているのに比べ，民間セクターで働く労働者の年金は流動性が大きく，年金は固定的に保証されていない．ただ，非営利組織は，コムーネとの長年の協力関係から，従業員に公的セクターで働く労働者とほぼ同等の年金を提供することに合意してきた.

4.3　職員配置と質に関する規制

コムーネが民間事業者と委託契約を結ぶ際に，職員配置に関して規制されることはあまり多くない．ナーシングホーム及び24時間対応のサービスに関する法（Act 1988-11-14 no.932 §3-2）では，ナーシングホームは医師と正看護師を24時間配置しなければならないと定めている．その他に，国のガイドラインは一般指針として，ナーシングホームが「十分な職員配置」，また正看護師や副看護師といった「専門職職員」を持つことを求めている(Harrington et al. 2012)．ノルウェー保健医療労働者法は，保健医療事業者は，「保健医療職員が法定任務を十分果たすことができるように組織を編成」しなければならないと定めている（Act-1999-07-02 nr64 §16)．つまり，国のガイドラインは，職員配置基準について詳細には規定していない.

前述の通り，コムーネは十分な質のサービスを提供するよう求められ，内部統制システムを持つことが義務づけられている．これらの要件は，2003年の「質の規則」(Ministry of Health and Care Services 2004）と密接に関連している．この規則は，民間組織や企業を含む，長期療養介護を提供する全事業者を対象としている．またこの規則は，サービスが適時に提供され，適切にコーディネートされ，継続性のある介護を保証できる形で計画されなければならないと明記している．さらにこの規則は，サービス事業者が応えなければならない基本的ニーズ（たとえばセルフマネジメント，休息やプライバシー，コミュニティや関係性，のためのニーズ）のリストを示している．しかし，内部統制の原則により，質に関する規制は，アウトカムの測定よりも手続き面に焦点を当てたものになっている．またこの規則は書面手続きの実施を求めているが，その回数や詳細さの程度については不明確である（Vabø 2002）．ノルウェー保健医療庁は，コムーネが，より包括的な質の保証システムに内部統制システムをうまく統合させることを推奨しているが，統合により大規模化するシステムの設計はコムーネによって多様なものになるであろう．

内部統制の業務は，頻度と内容の両方においてコムーネごとに大きく異なる．たとえばベルゲン（Bergen）市の介護部門が行う監査は，電子報告や「バランス・スコア・カード」（styringskortet）と呼ばれる内部統制システムで明記されている4つの主たる対象領域に焦点を当てている．4つの領域とは，(1)利用者／入居者，(2)業務手順，(3)職員，(4)財政である．この「バランス・スコア・カード」システムは，すべての公的介護事業者に対して以下の3つの枠組みを示す機能を有する．その3点とは，(1)コムーネ行政への年次報告提出，(2)自己評価，(3)年次査察時の監査官への対応（コムーネは毎年3人の監察官を各施設・組織に派遣して丸一日をかけて監察を行う）である．そして前述の4つの対象領域を基盤に，次の8つの目的が明記されている：(1)患者の基本的なニードに対応すること，(2)患者に対し，本人の健康状態またそれに生じうる変化についての知見を提供すること，(3)日常活動の計画において高いレベルの利用者参加を保証すること，(4)コムーネ行政と事業組織との良好な相互作用を保証すること，(5)有能で熱心な職員をもつこと，(6)包括的で安全な労働環境を提供すること，(7)倫理的配慮を各施設のサービスで重視すること，(8)良好な財務管理を行うこと[10)]，である．各施設の運営担当者からの自己報告は，これら8つの目的各々に関連するサブスケールに基づいており，各施設とコムーネの両方により実施されるパフォーマンスの測定と評価の基盤となる．ベルゲン市では「バランス・スコア・カード」システムが全てのコムーネ直営事業に義務づけられているが，民間施設に対しては任意としている．しかし，公民すべての長期療養介護の事業者は年次査察を受けなければならない．ベルゲン市の監査はオスロ市ほど形式的でも複雑でもないが，監査の範囲と頻度がもっと緩やかなコムーネは他にいくつもある[11]．

ノルウェー保健監査庁は，国の法律と規則に従って保健福祉サービスが提供されることを保証するため，介護サービスのモニタリングと監督を行う責任を有している．モニタリングと監督は主に，定期的なシステム監査であるが，苦情や法律違反の疑いがあった場合や，特定の重点領域（たとえば2010年には高齢者介護が重点領域の1つであった）についての全国調査がスポット的に行われることもある．2009年から2012年の間には，最も弱い立場にあり虚弱な高齢者のためのサービスのモニタリングについて，新たな手法の試行と発展のために特別な注力がなされた．このプロジェクトの間，コムーネはモニタリング結果を質向上のための取り組みの基盤として活用するよう奨励された．

5　民間供給の規模と範囲

ノルウェー統計局によると，介護部門の総労働時間（常勤換算）の6.6%が民間事業者により供給され（SSB 2012c），「民間事業者から購入されたサービス」は介護部門の総費用の8.1%を占めていた（SSB 2013）．ただしこのデータは民間事業者全体のもので，営利と非営利の介護サービス供給を区別していない．本節は，公的事業者と民間事業者の複雑な混合状態，特に1990年代後半に始まった競争入札のトレンドの後に登場した，新しい民間営利事業者の規模と活動範囲について考察する．ノルウェーのコムーネはいったいどの程度まで，サービスを競争入札で外部委託し，営利企業によるナーシングホームや在宅介護サービスに門戸を開いてきたのだろうか．

5.1　ナーシングホーム部門における民間事業者の複雑な混合状態

高齢者介護の今日的議論では，「民間ナーシングホーム事業者」は主に，近年の競争入札のトレンドや，新しく登場した営利目的の介護企業と関連づけて論じられることが多い．このような営利目的による介護企業の大半は，巨大国際企業の子会社である．しかし，ノルウェーのコムーネは，これまで何十年間も民間ナーシングホーム事業者と連携してきたことを認識しておくことは重要である．ノルウェーには，ナーシングホームの供給を含めて，民間非営利による福祉供給の長年の伝統がある．コムーネは，さまざまな団体や財団，またチャーチ・シティ・ミッションやノルウェー女性福祉ボランティア協会（Norske Kvinners Sanitetsforening）などの比較的規模の大きい非営利団体と，「昔ながらの古い」協定を有している．今日，チャーチ・シティ・ミッションは5つのナーシングホーム，ノルウェー女性ボランティア連合は7つのナーシングホームを，一般協定に基づいて運営している（Econ 2007）．

民間事業者との伝統的な連携は，数は限られているものの，家族経営の小規模事業者や有限会社との間でも行われてきた．その有限会社との連携例を，オスロ郊外の農村地域にあるファーガトゥン（Fagertun）ナーシングホームがまさに物語っている．このナーシングホームの建物は，もともと1917年からファーガトゥン・ペンショナートという下宿屋として使われていた．1960年代，下宿屋のオーナーは，ナーシングホームに適した場所を探していたオスロ市職員に声をかけられ，その後下宿屋はナーシングホームへと変わった．ファーガトゥンのような伝統的な営利事業者のなかには，今もナーシングホームを運営している所もあるが，21世紀に入って間もない頃に閉鎖してしまった所もある（Dahle & Bjerke 2001, Econ 2007）．

新たな営利企業，非営利事業者，伝統的な営利事業者（Dahle & Bjerke 2001）という民間事業者の3つのカテゴリーに加えて，4つめに「公的かつ営利」というカテゴリーを加えることができる．オスロ市やモス（Moss）市のようないくつかのコムーネは，民間事業者と公的事業者による「対等な」条件での競争という理念に近づくために，公営企業の設立を選んだ．コムーネ行政とは明確に分離した公的事業者を創出することで，その理念が実現すると考えられた.

ナーシングホーム事業者の複雑な混合状態を量的に計ることは困難である．ノルウェー統計局の統計によると，ここ10年間での民間の介護施設のベッド占有率はほぼ一定で維持されている（SSB 2012c）．だがこの統計も，民間事業者の混合状態が変化したかについては示されていない．新たな営利事業者がわずかに増加し（後述），その一方で，非営利事業者のサービス提供が減少し，そのぶん公営企業が増えている，という状況が推測される（たとえばEcon 2007参照）.

ノルウェー経営者連盟によるナーシングホーム事業に関する統計（NHO 2011）によると，2010年の総売上高のうち89.9%は公的事業者，4.2%が営利企業，5.9%が非営利組織が占めていた．営利企業には，伝統的な家族経営の会社も新たな国際的企業も含まれる．新たな営利事業者のシェアはいったん増加した後，アデッコ社スキャンダル（後述）の影響で，2011年以降は減少している．ノルウェー企業連合会は，看護介護部門の非営利事業者の雇用主組織であるが，その推計では，非営利事業者が運営するナーシングホームは全体の約6%（70カ所）である（Bogen 2011）．ノルウェー経営者連盟は看護介護部門の営利企業の雇用主組織であるが，全1040カ所のナーシングホームのうち，80カ所（8%）が非営利事業者による運営で，20カ所（2%）が営利事業者の運営と推計している（NHO 2012: 9）.

前述の数字が，（公的直営の）ナーシングホーム事業者を1つしかもたない

表2．2007年のノルウェーの三都市における公的／民間の混合状態，所有形態ごとのナーシングホーム数

	公的（コムーネ直営）	公営企業（コムーネによる設立）	非営利	新たな営利	伝統的な営利
スタヴァンゲル	10	—	9	1	—
トロンハイム	22	—	4	—	—
オスロ	32	3	13	5	5

出所：Econ 2007

小規模な農村のコムーネを含む全国の合計であることは注目に値する．しかし，2007年のいくつかの都市でのナーシングホーム事業者の分布を詳しく見ると，スタヴァンゲル（Stavanger）市のように，場所によっては，地方レベルの方が民間事業者の役割がより大きい場合もありえることがわかる（表2）．

ナーシングホーム事業者の種類によって，（少なくともある程度は）コムーネとの連携の仕方には異なる特徴がある．元来，非営利組織や家族経営による小規模事業者は，つながりのあるコムーネと一般協定を結び，ナーシングホームを運営していた．こうした協定は，大抵の場合，継続的に更新されてきた．

1990年代後半に競争入札が導入されたため，コムーネと事業者の間で新たな形態での連携が導入されたが，それは一般協定というよりも契約マネジメントに基づくものであった．つまり，現在の公共調達の規則に沿って，購入者（コムーネ）と事業者の間でより詳細な契約が結ばれた．ただし，どの程度詳細であるかはコムーネによって異なる点に留意が必要である．オスロ市では，新たな関係のための協約は予想以上に複雑であったが，他方，トロンハイム（Trondheim）市での契約はより柔軟なものであった（Nesheim & Rokkan 2004）．

「伝統的な」民間事業者と「新しい」民間事業者では，不動産の所有についても異なっている．「伝統的な」民間事業者（非営利と営利）はともに通常，ナーシングホームの建物を所有しているが，新たな民間事業者は（これまでのところ）コムーネ所有のナーシングホームの建物のなかでのサービス提供について，契約委託を受けている．Dahle & Bjerke（2001）によると，ノルウェーのナーシングホームのうち，90%以上はコムーネ，7%が非営利組織，3%が（伝統的な）民間企業の所有である．

5.2　外部委託——不規則な発展

ナーシングホームの外部委託は1990年代後半に始まった．21世紀に入る頃までに，5つのコムーネ[12)]の7つのナーシングホームが契約委託となり，35の事業者が競争入札に参加した．その内訳は新たな営利企業が26，伝統的な営利企業が1，非営利組織が3，公営企業が4であった（Dahle & Bjerke 2001）．その7件の競争入札のうち，新たな営利企業による落札が5件，（自治体設立の）公営企業による落札が2件であった．また，アスケル（Asker）市は，適切な競争入札の手続きをせずに，新設のナーシングホームの運営を営利企業であるISS社に契約委託したが，それは公的直営のナーシングホームよりも20％低いコストで運営するという協定に基づくものだった（Dahle & Bjerke 2001）．

また最近の報告書で，1997年から2012年の間に，15の自治体において，合計29カ所のナーシングホームに関する47件の入札告示があったことが明らかになった（Herning 2012）．契約の大多数（38件）は（新たな）営利企業による落札，5件は自治体企業による落札であった．非営利組織による落札はわずか1件で，3件の入札は途中で中止となり落札はなかった．2012年には，15カ所のナーシングホームが営利企業，13カ所がコムーネ直営事業となり，1カ所は閉鎖された（Herning 2012, appendix 2）．

入札委託の第1ラウンドの後，民間営利企業の数は着実に増加するものと考えられていたが，その進み具合は遅く，順調なものではなかった．ノルウェー企業連合会（Econ 2007）の契約委託に関する報告書は，5つの先駆的コムーネのうち3つ（トロンハイム市，モス市，クリスチャンサン（Kristiansand）市）では，施設運営はすべてコムーネ直営事業に戻ったことを示している．たとえばベルゲン市，スタヴァンゲル市やその近隣の自治体のように，競争入札の試みを続けた自治体もある．2007年までに，競争入札により19カ所のナーシングホームが契約委託されていたが（Econ 2007），2011年春，いわゆるアデッコ社スキャンダルの後，（新たな）民間営利の契約事業者数は19件から15件に減少した．ノルウェー国営放送によるスクープに始まったこのスキャンダルは，オスロ市にあるアンメルドルンデン（Ammerudlunden）・ナーシングホームの職員らが残業手当を受けずに週84時間勤務し，地下室のベッドで寝ていたというものであった．このスキャンダルはアデッコ社が運営する他のナーシングホームにも影響を与え，アデッコ社は他のコムーネとの委託契約も失った．そして，2011年にはアデッコ社は介護部門での全事業を廃業した[13)]．

筆者らが知る限り，2012年には，競争入札の手続きを経て民間営利企業が運営するナーシングホームは15カ所のみであった．新しい民間営利企業により運営されていた9カ所のナーシングホームは，コムーネ直営事業に戻された（Herning 2012）．しかし，公共調達に係る告示（Doffin）や，新聞に掲載されているコムーネからの通知では，競争入札の新たなラウンドが計画されている．オスロ市議会は，この先3年間で，さらに8カ所のナーシングホームの運営委託を競争入札にかけることを決定した[14)]．これは，右派系政治家が，アデッコ社スキャンダルが発生したのちでさえも，高齢者介護における競争入札が「コストに見合う価値」を保証すると考えていることを示している．そのため，民間事業者の数は，近い将来に増えることが見込まれる．

1997〜2012年の間にみられた，前述の営利企業による38件の契約は，11の企業による落札だった．しかし今日，営利企業の数は減少しており，現在，ノルウェーで新たな営利企業が運営するナーシングホームは，次の4つの大企業に独占されている．

アレリス・ケア株式会社（Aleris Omsorg AS）は現在，6カ所のナーシングホームを運営している．ヴァレンベリ家所有のスウェーデン系投資会社インベストール社所有の企業である．

アテンド・ノルウェー株式会社（Attendo Norge AS）は現在，3カ所のナーシングホームを運営している．この企業は，スウェーデン企業であるアテンド・ケア株式会社（Attendo Care AB）の所有である．アテンド・ケア株式会社は，スウェーデンの民間投資会社であるIKインベストメント・パートナー社（IK Investment Partners）に所有されている．

ノランディア・ケア株式会社（Norlandia Care AS）は現在，3カ所のナーシングホームを運営している．2007〜2011年の間は民間投資会社に所有されていたが，2011年にこの企業の創立者らクリスチャン／ローゲル・アドルフセン（Kristian and Roger Adolfsen）により買い戻された．

ユニケア介護株式会社（Unicare Omsorg AS）は，ナーシングホーム1カ所（とオスロ市内11地区の在宅介護サービス）を運営している．この企業は2011年まで，アムベア株式会社（Ambea AB）所有のスウェーデン企業カレマ・ケア（Carema AS）に所有されていた．

この4つの「新たな営利」企業は，競争入札で委託事業を落札するだけでなく，ナーシングホーム運営契約をもつ他の民間企業を買収することで，ナーシングホーム運営の権利を獲得してきた．このことは介護関連産業内での組織再編や組織買収が例外ではなく，あたりまえになっていることを示す．Herning（2012）は，38件の契約のうち33件において，委託を受けた企業が契約期間内に，組織買収と組織再編の両方，またはいずれかを経験していたことを明らかにした．

5.3　営利企業による在宅ケアの供給

ノルウェーにおいて，在宅ケアは伝統的に2つのサービスに区分されているが，それらには重複する部分がある．一方はホームヘルプとソーシャルサポートであり，ホームヘルプは家事援助（掃除，洗濯，買い物，食事準備）が含まれる．もう一方は（24時間対応の）訪問看護であり，入浴，身体機能の管理，食事準備を含む身体介護が含まれる．在宅ケア事業者のなかには，精神科看護と重度で不安定な健康状態の人々への集中的な看護を提供する事業者もある．訪問看護は無料であるが，ホームヘルプ料金はコムーネが比較的自由に設定できる．ただし，利用者負担はコスト額を超えてはならず，低所得者（年金が最低受給額にある人々）が月額150クローネ（約1,950円，1ノルウェークローネ＝13円で換算）を超えて支払うことはない．

1980年代後半の改革により，（前述の通り）多くのコムーネが訪問看護とホームヘルプを統合させる努力をした（Solem & Højstad 2000）．しかし，数年後にニュー・パブリック・マネジメント改革の軌道に乗ってからは，（主に大規模な）コムーネは，民間ホームヘルプ事業者との競争を採り入れるために，それまでの統合のプロセスに逆行するようになった．ホームヘルプ供給において競争を導入するために，民間事業者を参入させる方法として推奨され，最も一般的だったのは，自由選択制度に民間事業者を参入させることであり，サービスをひとまとまりの形（たとえば特定の地理的区域）で競争入札にかける形ではなかった．いくつかのコムーネで構成された共同グループが作成し，自治振興省から刊行されたガイドライン（Ministry of Local Government and Regional Development 2004: 41）には，自由選択制度においてサービスの範囲や価格が設定しやすく，管理しやすいことが欠かせない，と記されていた．そのため，自由選択制度は，より複雑とみなされる看護のような専門的サービスよりも，家事サービスに適すると考えられた．この勧告は1980年代半ばの改革における勧告，つまりサービスを統合する方向性とは逆である．新しい勧告は，コムーネがホームヘルプと訪問看護の区別を取りはらい，両者が連携することを推奨するのではなく，家事サービスとしてのホームヘルプと専門サービスとしての訪問看護を明確に区別すべきと強調しているからである．

自由選択制度で設定された協定（コムーネと民間ホームヘルプ事業者の間）は通常，入札手続きに基づいている．入札手続きにおいて民間事業者は，一定要件を文書で示し，コムーネが決定し，入札告知で規定した基準と手続き，監査について合意することが求められる．つまり，自由選択制度に参加するのは，限られた数の事業者となる．協定では顧客の最大数が制限されうるが，民間事業者が最低限の顧客を確保できる保証は全くない．競争によって質が向上するという前提で，介護を必要とする人々が自分で選んで意思表示すること，すなわち自分が最良と思うサービス事業者を選択し，不十分と思う事業者を選択しないことが期待されている．

競争入札が多くはコスト削減の方法として用いられるのに対し，自由選択制度は顧客の支持を獲得する方法とみなされる．自由選択制度は，サービスの質の改革として導入されてきた．自由選択制度の肯定的なイメージにもかかわらず，ノルウェーでは，大半のコムーネが今なおコムーネ直営事業のみに頼っている．自由選択制度を採用するペースは遅く，円滑には進んでいない．21世紀に入るまでに自由選択制度を導入したのはオスロ市とバールム

(Bærum) 市の2つのコムーネだけであった (Edebalk & Svensson 2005). 今日でも, ベルゲン市, スタヴァンゲル市, クリスチャンサン市を含む, ごくわずかな数のコムーネしか, ホームヘルプの自由選択制度を採り入れていない. コムーネ直営サービスの供給責任者である副市長を対象とした前述の調査では, 全コムーネの92%が公的直営ホームヘルプの供給のみに頼っていると答えた (Deloitte 2011). しかし, 自由選択制度を導入したコムーネの正確な数を明らかにすることは難しい. 制度を導入した後に廃止したコムーネもあり (Haukelien, Møller, Vike 2011), また「自由選択」という言葉がコムーネにより異なる意味で使われている (民間事業者が制度に参加していることを意味することもある) ためである.

それでもなお, 在宅介護サービス部門での民間事業者からのサービス購入の割合は小さい. Hermansen (2011) は, KOSTRA のデータをもとに, 2003年に民間事業者から購入された在宅介護サービスは全体の4%で, 2009年には6%に上昇したと報告している. ノルウェー経営者連盟は, ホームヘルプ (家事サービス) の支出のうち民間事業者に支払われたのはわずか3.4%としている (NHO 2011).

ほとんどのコムーネは, 自由選択制度をホームヘルプ (家事サービス) への採用に限定している. しかし, ベルゲン市 (2010年) とオスロ市 (2011年) は近年, モデルを拡大し, 訪問看護の契約をめぐる競争に民間企業を参入させた.

6　市場化――論争の大きな課題

ノルウェーでは, 高齢者介護における市場化の傾向に伴い, 高齢者介護に関する論争が高まっている. 高齢者介護政策はかつて, 政党間で政治的合意があったが, 競争入札, 言い換えれば「おばあちゃんを入札にさらす」ことへの疑問が, 政治における右派と左派の間の議論に火をつけた (Vabø 2012, また Bay 1998: 292 参照).

市場メカニズムの活用を拡大するノルウェーの試みは，大規模で高度に組織化された労働運動による激しい抵抗にあった．最も中心的な運動主体は，33万人以上の組合員を有する強力な労働組合，ノルウェー自治体・民間職員組合であった．自治体・民間職員組合は，この議論を政治的アジェンダのトップに掲げ，民営化の阻止を最優先事項として，ニュー・パブリック・マネジメントに関連する手法のほとんどに抵抗した．

自治体・民間職員組合の立場は，右派政党やノルウェー経営者連盟と激しく対立した．ノルウェー経営者連盟は，高齢者介護の補助金のより多くが民間供給と自由選択を通じて配分されるべきと主張している．この論争において，ノルウェー経営者連盟は公的機関とコムーネを標的にしたキャンペーンを行い，自治体・民間職員組合に対抗した．たとえばノルウェー経営者連盟は2010年以降，一般公開されている統計（KOSTRA）を用いて200のコムーネの「ベスト・プラクティス（優秀実践）分析」を実施した（NHO 2013）．ここでの分析は，サービスの入札に前向きなコムーネは，最大25%という大きなコスト節減が期待できることを示している．経営者連盟によると，サービスの競争入札を実施すれば，ノルウェーの全コムーネで180億クローネ（約2,340億円）を節約できるという．ノルウェー経営者連盟の報告書は国内の地方メディアで大きな注目を集め，地方の右派政治家たちが，サービス民営化のアジェンダを推し進めるためにこの報告書を利用した．2013年には改訂版の報告書が公表されたが，これはノルウェー経営者連盟がキャンペーンの効果に満足したことを示している[15)]．

ノルウェー経営者連盟による報告書から起こった議論は，ノルウェーにおける民営化に関する論争の最も重要な点を示している．つまり事実を明確にするための闘いである．自治体・民間職員組合は，ノルウェー経営者連盟の報告書に対して素早く反応し，公開集会を開いたり，独自の報告書を発表したりして，ノルウェー経営者連盟が報告書で用いた内容や数値を正そうとした[16)]．また自治体・民間職員組合は，報告書への注目を喚起し，市場化の否定的な影響を解説した記事（Fagforbundet 2010, 2012, 2013）を発行し，この論争の主導権を握った．この論争では，情報源が誰であれ，何であれ，市場化に関わる全ての言説に強い異議が唱えられた．

この論争への参加者は，自治体・民間職員組合とノルウェー経営者連盟だけではなかった．右派からも，左派からも，さまざまな忌憚ない意見が出された．1999年には，民営化，規制緩和，市場リベラリズムに反対する勢力を集結する目的で設立された幅広い支持をもつ連合体が，重要なプレーヤーとして出現した．この連合体は「福祉国家のためのキャンペーン」（For Velferdsstaten, www.velferdsstaten.no 参照）と名付けられ，自治体・民間職員組合を含む6つの労働組合が参加した．1年後には，20の全国組織（利用者団体，学生団体，農家・小自作農労働組合など）が加わった．連合体「福祉国家のためのキャンペーン」は，体系的に活動を展開し，高齢者介護やその他の保健医療福祉を含む，さまざまな公的サービス供給における市場化動向をモニタリングすることで，市場化問題に関する国民の関心を高めようとした．連合体の戦略は，スローガンではなく，情報によって意識を向上させることを基本とし，また国会でのロビイングではなく，労働組合の代表たちと共に現場で活動することを基礎としている[17]．

6.1　労働組合の反応——競争の代替策？

ニュー・パブリック・マネジメント改革が軌道に乗るにつれ，労働組合は，自分たちが単に変化に反対しているだけだと見られれば影響力は持てないと認識し，建設的な代替案を出す必要性を感じていた．代替となる発展的戦略を追求し生まれた最も顕著な成果は，「モデルとなるコムーネの実験」というプロジェクトである．これは労働条件と良いサービスを可能にする条件との間には密接な関連がある，という基本的視点に基づいていた．その発想は，技術，知識，「現場からの」イニシアティブが費用対効果と質を高めるのに貢献する，つまり，競争ではなく協働こそが質と費用対効果の高いサービスを生み出すというものである．このプロジェクトは自治体・民間職員組合によるリーダーシップのもと，1998年から2003年の間に10カ所のコムーネで実施され，中道右派連立政権と社会民主系政権の両方が資金協力を行った．現在の赤緑連立政権は2005年に政権につくと，自治体・民間職員組合とその他の公的セクターの労働組合，また自治体連合会とも連携して，2006年から2010年まで「質の高いコムーネプログラム」を立ち上げた．また，このとき，138のコムーネが，「質の向上にむけたコムーネプログラム」と同じ基本原理を用いて，サービスを発展させようとした．2011年に，参加メンバーはこのプログラムの更新に賛同し，「共によりよいコムーネを目指して」と呼ばれるプログラムが，2012年から2015年にかけて実施されることになった．現在は110のコムーネがこのプログラムに参加しており，新たに参加する予定の自治体もある．自治体振興省からの委託でノルウェー都市研究機構（NIBR）が運営，実施した評価において，「モデルとなるコムーネの実験」と「質の向上にむけたコムーネプログラム」は共にわずかながらもプラスの効果をもたらしたとして評価された（Skålnes et al. 2002, Hovik et al. 2010）．自治体・民間職員組合は，国際公共サービス連盟を通じて，この方法論を輸出しようとしたが，あまり成果はなかった．

長期的にみて，このアプローチがノルウェーにおけるコムーネの発展，とりわけ高齢者介護の発展に対して，どのようなインパクトを与えるかを評価するのは難しい．しかし，いくつかの見解を述べることはできる．このプロジェクトは，労働組合が競争入札に対して，実用的な代替案を提示するという目的を果たした．さらに，コムーネ職員の労働組合と行政機関との協働は，独特の政治行政文化の形成に寄与し，それは政権交代を経ても持続している．

政府が関わってきた協働のイニシアティブは，すべて左派政権により主導されたが，右派系政党が政権についた際にも，そうした取り組みが阻害されることはなかった．また，このアプローチで最も成功を収めたと報告されているいくつかのコムーネでは，右派政党が与党であったことは特筆に値する．このプログラムを実施するコムーネ数が増加し，また協働に関係する主体数も拡大した．それゆえに，このプログラムはノルウェーのコムーネが用いるガバナンスのツールのなかに，確実に定着したように見える．

7　市場化のインパクト――論争中の課題とともに

ノルウェーのコムーネによる競争入札に関する経験は限られているため，このテーマに関する研究が少ないのは驚くことではない．筆者らは先行研究レビューを試みるなかで，少数の修士論文[18]，地方レベルでの評価報告，そしてステークホルダーの委託で作成された報告書やステークホルダーと繋がりのあるシンクタンクが発行する報告書を多数見出した．入手可能な刊行物の大半は，反対意見の矛先になる形で既に議論の対象となっていた．市場化のインパクトに関する筆者らの議論で実証的エビデンスが限られているのは，このためである．代わりに筆者らは，論争の最も中心的な論点のなかから，(a)介護サービスの受け手の観点からみたサービスの質，(b)市場化のコスト，(c)介護サービスを提供する職員の労働環境，について述べる．

7.1　介護の質に対する市場化のインパクト

市場化が介護サービス利用者に与える影響とは何か．競争入札や事業者の自由選択はサービスの質に影響を及ぼすのか．競争という脅威は，質の向上という意図した効果をもたらしたのか．コスト抑制に焦点をあてたことで，実際にケアの質は下がったのか．

このような質に関する疑問は頻繁に公の議論となり，コムーネからの委任で実施された評価にも示されている．しかし，ノルウェーの研究者らはそれらの問いに答えられていない．研究者らは，むしろ，高齢者介護の質はいかに評価しうるのかを問いながら，質に関する質問そのものを問う傾向にある．高齢者介護サービスの質に関して，これまでで最も包括的かつ重要な研究はSlagsvold（1995）による，質の測定の有効性に焦点をあてた研究だった．彼女は，対象が同じでも，選ぶ指標により異なる結論に達することが多いと見出した．この発見は，選択された指標，またそれに基づく結論の両方の有効性に対して，重要な問いを提起している．

なぜ研究者らが，ガバナンスの多様な形態が介護の質にいかに影響するか，という根本的な問いを避けがちであったかは，質の測定の有効性が低いことで説明できる．それにもかかわらず，質の要件や基準の形式化は，公共サービスの競争入札には必要な前提条件となる（Nesheim & Rokkan 2004）．さまざまな形での質の測定は，契約の基盤となっており，たとえば質の測定結果は，民間事業者との契約を延長すべきかを管理者が決定する際の情報として提供される．

ノルウェーで，質の測定に最も広く用いられる手法は，利用者満足度調査である．たとえばオスロ市では，利用者満足度調査は2年ごとに実施されている．この調査結果は，ベンチマークや関連サービスの発展に加え，公の議論でも用いられている．しかし，利用者調査は十分に洗練されておらず，回答率がかなり低いという点が批判されている（Romøren 2005）．ノルウェー統計局による報告書では，ノルウェーのコムーネが行う満足度調査は「手作り」であることが多く，方法論的な弱点を有すると結論づけている（Rolland et al 2005[訳者注8)]）[19)]．このような調査を標準化し，コムーネ間の比較を可能にするために，自治体連合会も努力してきた．

いわゆる「客観的」な質の指標には，褥瘡（じょくそう）や急激な体重減少といったアウトカム指標を含むが，オスロ市の全ナーシングホームの質の評価ではこれが用いられている（ただし，筆者らが知る限り，他のコムーネではみられない）．しかし今のところ，オスロ市の公的直営／非営利団体／営利企業，が運営するナーシングホームの間で，これらのアウトカムが大きく異なるのかを示すような，高度な研究はなされていない．

前述のKOSTRAシステム（コムーネから国への報告）では，職員配置数は含まないが，幅広く構成された8つの指標（専門教育を受けた職員のレベル，職員の欠勤，個室の割合，ナーシングホーム入居者一人当たりが医師にかかる週当たり時間数など）に基づいて質が測定される．その指標が全国レベルで最も包括的な測定手法であり，コムーネ間で質の評価を可能にしている．これまでのところ，このデータがガバナンスのさまざまな形態との関連で分析されたことはない．結局のところ，データは現在まだ，コムーネレベルでの集計となっている．これに対し保健福祉局のワーキンググループは近年，データは組織形態[20]ごとに分けて集計するべきと勧告した．そうなれば，さまざまな形態の介護事業者を比較することができるようになり，質の指標に基づくデータは，今後の研究にとって大きな価値をもたらすであろう．

前述のように，自由選択モデルは，質の改革として導入された．サービス利用者は選択によって意思表示をすること，つまり，「最も良い」事業者を選択し，質の低い事業者を拒否することが勧められる．自由選択モデルに関するコムーネレベルでの評価では，人々が事業者を選ぶ機会を享受しているという点が示されがちである．しかし，実際には限られた人々しか民間事業者選択の機会を使っていない．オスロ市では在宅介護サービス認定を受けた人のうち民間企業を選択したのは25%であり，14%は当初の決定を変えて後に民間事業者へと変更した（Agenda Kaupand AS 2011）．クリスチャンサン市では，民間事業者を選んだのは9%で，自由選択モデルを採用している他のコムーネ（たとえば，スチョールダール（Stjørdal）市）ではその割合はさらに低かった（Kristiansand kommune 2012）．オスロ市における自由選択モデルに対する評価は，利用者アンケート調査（N＝400）に基づいて行われたが，サービス利用者の多くは選択肢があることを高く評価していることがわかった．人々は選択する上で十分な情報を得ており，大多数はサービスの内容に関する自らの選択や選択のタイミングにも満足していることが報告された．この数字は民間企業を選んだ人たちの方が少し高い（Agenda Kaupang AS 2011）．同様に，ベルゲン市の利用者調査（N＝418）では，民間サービスの利用者の方が，最初のコンタクトが誰だったかをよく覚えていることが明らかとなった．それでも，自由選択モデルでは，サービスの量と内容を決定するのはコムーネである．これは，利用者のエンパワメントは事業者の選択に限られていることを意味する．また，自由選択モデルに内在する契約マネジメントが，高齢者の複雑で変化しやすいニーズに対応する介護職員の能力を制限しているという批判もある．このモデルは，利用者に提供するサービスの内容を事前に取り決める形で，在宅介護サービスを既製品化することに間接的につながっている（Andersen 2008）．

しかし，利用者調査の結果は，次に示すある小規模な質的調査（Lie 2011a）とは正反対の結果を示している．その質的調査は，高齢者がどのように事業者を選択し決定するのか，深く分析することを目的に実施された．利用者アンケート調査ではサービスの向上が示されているが，その小規模な質的調査では，新たに生じうる問題（たとえば，利用者が選択を行う力を有しない場合がある等）が明らかにされている．最も弱い立場にある高齢者に，どの程度まで，活発な消費者の役割を想定できるかは，検討されなくてはならない．生じうる問題の一例として，ある介護サービス会社が，ベルゲン市の新聞広告で，その会社のホームヘルプを利用すれば，訪問看護を無料で受けられると宣伝したことがある．訪問看護はどの事業者のサービスも無料であることを知らない高齢者には，このようなマーケティングが混乱を招くと指摘するオピニオン記事も見られた（Christensen & Wærness 2011）．

自由選択モデルがもたらした結果の1つに，このシステムは利用者に対し，追加サービスを自費で購入できるという選択肢を提供した点がある．もちろん，市場でのサービスの自費購入は，従来から，（購入する経済的余裕がある）人々にとっての選択肢ではあった．しかし自由選択モデルは，経済的余裕のある高齢者が，同じ職員からの追加サービスを「上乗せ」できるよう動機付けている．

前述したオスロ市の利用者調査では，利用者の41%が上乗せサービスを購入できる選択肢が重要であると見なしていたが，実際に上乗せサービスを購入した利用者は全体の6%にすぎなかった（Agenda Kaupang AS 2011）．

サービス事業者から上乗せサービスを購入できるという選択肢を示された時，次世代の高齢者が異なった反応をするかどうかを，今後は研究されなければならない．53歳から78歳の人々を対象とした研究では，市場からの介護サービス購入について将来の計画を尋ねたところ，回答者の80%が関心を持つかもしれない，と答えた（Brevik & Schmidt 2005）．この研究で尋ねたのは将来の計画についてのみであるが，介護サービスの自費購入への関心の高まりを示す指標の1つと言えるかも知れない．

7.2　従業員の労働条件に対する市場化のインパクト

公共サービスが競争入札にかかる際，従業員の雇用がコムーネから民間雇用主に移される過程で，雇用条件や労働条件に影響が生じうる．前述のように（第4節2），ノルウェー労働環境法は，雇用主に変更のあった労働者を一定程度保護している．しかし，ノルウェーの介護部門では，雇用主が公的事業者から民間事業者に移行すると，従業員にはリスクや不安，特に給与や年金給付が削減されるリスク（第4節2参照）が伴う（Bogen 2011: 24）．コムーネが，受託事業者で働く介護職員の処遇を統制するのは困難なため，従業員のリスクや不安の感情は高まる，さらに民間企業への移行は従業員の不安定さにつながる．ナーシングホームの受託事業者が，何らかの事情で，契約から撤退した場合（Lie 2011a: 15），自治体は運営責任を再び引き受けなければならない（ノルウェーではこれを「再コムーネ化」（rekommunalisering）と呼ぶ．Herning 2012参照）．従業員の立場からみると，異なる雇用主の間を行ったり来たりさせられることを意味する．契約委託は，マネジメントと労働条件が定期的（たとえば4－5年ごと）に変更されうることを意味するのである．

Müllerは修士論文（2010）で，雇用主の変更を複数回にわたり経験したナーシングホーム職員にインタビューを行った．このインタビュー対象者は，雇用主が初めはコムーネから非営利組織へ，次は非営利組織から営利企業へと変わった．この研究は特に，競争入札の過程がいかに介護職員に不安，ストレス，懸念をもたらしているかを示している．インタビュー対象者の数人は，新しい業務や働き方に慣れるのに時間がかかり，とても疲れると述べており，また一方では，業務上の変化は歓迎するが，労働条件の変化が恒常的になったことは喜ばしくない，と言う者もいた．

前述した2011年のアデッコ社スキャンダル以来，介護職員の労働条件の課題は，ノルウェーの高齢者介護における公の議論に繰り返し登場している（Lloyd et al. 近刊）．自治体・民間職員組合に率いられた，アンメルドルンデン・ナーシングホームの介護職員たちは，サービスを再度競争入札にかけるというコムーネの計画に強く反対した．かつてアデッコ社が運営していたミットーセン（Midtåsen）・ナーシングホームも，過去10年以上の間に，5つの異なる雇用主により運営されてきた（公的事業者としてのオスロ市を含む）．このナーシングホームでは職員離職率が高いことが報告されている．再びナーシングホーム運営を競争入札にかけるという，オスロ市による最近の計画が明らかになると，ミットーセン・ナーシングホームの職員たちは声高に抗議している．彼らは，労働条件が悪化しており，仕事を辞めたがっている職員が何人もいて，既に低いケアの質がさらに低下する恐れがあるという状況について政治家に申立書を書き，訴えた[21)]．

競争入札が職員の労働条件に及ぼす影響として，一般的に考えられるのは，賃金と仕事のペースに対して強い圧力がかかりうる点である．コムーネは通常，入札告知において価格だけでなく，質にも注目している（Bogen 2011: 8; Lie 2011a: 26–27）が，営利企業は利潤を得るためにさまざまな方法でコストを抑制しうる．こうしたコスト抑制戦略は，職員に対して影響をもたらす可能性が高い．仕事が増大し，最も高いレベルの有資格者やベテラン職員の割合が減少し，最終的には職員の年金給付が削減されることもありうる．しかし筆者らは，競争入札が介護職員の労働条件に与える影響に関する研究は，ほとんど行われていないことを確認した．

Dahle & Bjerke（2001）の研究は，ナーシングホーム部門にみられる例として，賃金の66%の年金支給額を保障するコムーネの協定よりも，低い年金支給額を提示する民間企業があること，パートタイム職員の労働時間をフルタイムの50%以上（コムーネ職員の場合は40%以上）にするよう求めた企業があることを示した．さらに，公的セクターの職員に対しては年金が一生涯支給されるのに対し，営利企業の職員では特定の年齢で年金支給を停止される場合がある（たとえば，82歳で停止など）．Dahle & Bjerke（2001）は，営利企業が運営するあるナーシングホームについてのケーススタディで，労働条件の問題にも触れている．また，民間企業が，あるナーシングホームの運営を引き継いだ後に，労働時間が9%削減されたことを明らかにした．その企業はシフト（交代勤務）の時間を短くし，職員が1日に2シフト分を働く形に再編成していた．介護職員への調査では，大多数が労働条件は全般に悪化

（労働強化，不便なシフト，年金協定の条件悪化）したと感じていることが示された．しかし，少数ではあるものの賃金が上がった介護職員は，労働条件も介護サービスの質も改善されたと回答していた．

既述の通り，2011年のアデッコ社スキャンダルは労働時間違反と，残業手当への法令違反に関するものであった．しかし，そのスキャンダルの直後，ノルウェーの左派新聞「階級闘争」（Klassekampen）は，モス市（オスロ近郊）にあるコムーネ直営のナーシングホームが労働環境法違反であることを明らかにし（Bogen 2011: 21），そうした法令違反はこの分野での一般的な問題であり，ある特定の形態の事業者の問題なのか，という問題提起を行った．介護サービス供給における，営利企業と公的事業者の間での構造的な差異に関して，中立的な立場の研究が不足しているために，ステークホルダー間での激しい論争が起こった．この論争はさまざまな場で繰り広げられ，それぞれが言い分を主張するために多様な戦略が講じられた．実際，営利企業が運営するナーシングホームの職員らは，コムーネ直営のナーシングホームで働く職員と同等の年金を要求し，2012年8月にストライキを行った．これは，営利事業者と非営利事業者の労働条件の格差に光をあててきた，労働組合の長年の努力によるものと理解できる[22)]．

ノルウェー自治体連合会の委託を受けて作成されたKPMG（2012）[訳者注9)]の報告書は，従業員が人材派遣会社に採用されている場合，コムーネの保健福祉セクターでの「社会的ダンピング」のリスクが最も高くなることを明らかにした．つまりそこでの主なリスクは，雇用主が民間か公的かではなく，介護職員が事業者から直接雇用されているか，派遣会社を通じた雇用なのかに関連する．

公的直営と民間の高齢者介護サービスの比較研究では，競争入札のさまざまな形態がコムーネのサービス供給にも影響を及ぼしうることを考慮すべきである．これまでにも述べたように，コムーネによる自由選択制度の導入に伴い，在宅介護のサービス編成の戦略も変化した．ホームヘルプは利用者に提供される支援の内容が事前に取り決められるようになり，そこに含まれていない支援は暗黙のうちに提供されなくなった．Andersen（2008）は，ベルゲン市の自由選択モデルがいかに，コムーネのホームヘルパーの仕事を大きく変化させたかを示している．ホームヘルプは純粋な家事サービス（主に掃除）として狭義に定義され，サービス業務は細分化され，各業務に割り当てられた分単位の時間で厳しく管理し制限されるようになった．特にベテランのホームヘルパーらは，自分たちの仕事の最も中心的な部分，すなわち「高齢者をケアする」という部分が奪われた，と感じていた．

7.3 コストに対する市場化のインパクト

市場化の財政的なインパクトを測定することは難しい．契約委託によりコムーネの費用を抑制できることには疑いの余地がないが，問題となるのは，市場化は，サービスの質や職員の利益に対して否定的なインパクトを全く与えずに，コムーネの費用を抑えることができるかという点である．サービスの質や従業員の労働条件，つまり，それ自体がコストなのか給付なのかについて結論を出すことが難しい側面における市場化の影響について，見解の一致は得られていない．

コムーネにとっての潜在的問題は，外注できるのはサービス供給のみであり，コムーネ住民に対する責任や義務は外注できない点である．これにより，予測不可能な高いコストに繋がる場合がある．たとえばオスロ市では，2001 年に，ある民間事業者が 1 つのナーシングホームの運営について 3 年間の委託契約を落札したが，700 万クローナ（約 9,100 万円）の赤字を残して，たった 1 年で契約を取り消した．コムーネは，その後始末をしなければならず，その過程で 1,000 万クローナ（約 1 億 3,000 万円）を費やしたと報じられた（Eilertsen & Bjerke 2004）．この例は，決してノルウェーの民間事業者の典型を示しているわけではないが，サービスの契約委託に生じるリスク自体は民営化できないことを示している．

市場化を最も数多く経験しているオスロ市の報告書は，営利事業者は平均的に，コムーネ内部組織での直営事業よりも，優れた費用対効果でナーシングホームを運営できることを示した[23]．しかしオスロ市は比較を難しくしている要素を慎重に指摘しており，その違いを説明するにあたり，関係者らは対立している．民間事業者は，企業家精神と競争が費用効率を上げる源泉だと主張し，他方，労働組合は，営利企業が運営するナーシングホームのコストが安いのは，職員への給付（特に年金）や職員配置水準が低いためだと主張している．

また別の論点として，サービスの契約委託に関連する取引コストの問題がある．自治体・民間職員組合による報告書（Asplan analyse 2005）は，契約委託全体のコストの5〜10%は取引コストだと見積もっている．2011年のEUのレポート[24]は，ノルウェーの公的調達に係る取引コストは，EU諸国に比べて高いと指摘しており，地方レベルでのステークホルダー間の論争をさらに加熱させた．労働組合は，コムーネ組織内部の公的事業者が供給するサービスを増やすべきことを示す論拠として主張し，一方，ノルウェー経営者連盟は，小規模な契約において取引コストは大きな問題となるが，ナーシングホームの運営委託ではあまり関係がない，と異議を唱えた．筆者らが知る限り，ノルウェーにおけるこの問題に注目した研究はない．

8　議論と結論

ここ数十年にわたり，ノルウェーの高齢者介護はいくつもの変化を経験した．その変化の一部はニュー・パブリック・マネジメント改革のグローバルな潮流，とりわけ，組織や事業の分解，購入者と供給者の分離，さまざまな形での成果マネジメントを強調するような理念の影響を受けてきた．とはいえ，ノルウェーにおいて民間企業との競争を導入するために講じられた政策は，近隣の北欧諸国と比べると，それほど多くない．ノルウェーのコムーネは，ニュー・パブリック・マネジメントに関わる諸手法を緩やかな形で導入してきた．たとえば，相当数のコムーネが，効率性ネットワーク（ベスト・プラクティス，ベンチマーキングの緩やかな形）を通じたコムーネのベンチ・ラーニングに参加している．しかし，実際に介護サービスを競争入札にかけたことのあるコムーネはわずかであり，その多くは，サービスの一部を競争入札にかけたにすぎなかった．したがって，営利事業者によるサービス供給の範囲は現時点では北欧 4 カ国のなかでは最小である．

サービスの競争入札において，なぜノルウェーが「遅れている」のかという問いに，明快な答えはない．好調な石油・ガス産業のおかげで，スウェーデンやフィンランドよりもコスト削減の必要性が低かったということも 1 つの理由かもしれない．1990 年代の不況期にスウェーデンとフィンランドは緊急のコスト削減を経験をしたが，ノルウェーでの公的な高齢者介護におけるコスト削減の取り組みは，この国の石油の富をもっとコムーネのサービスに費やすべきという圧力によって，絶えず打ち消されてきた（Vabø & Szebehely 2012）．

第二に，市場化は，主に人口密度が高い地域に適した方法である点も指摘できる（たとえば NOU 2000: 19 参照）．ノルウェーは広大な国土に，少ない人口が 429 のコムーネに分散しており，この低い人口密度が市場化にとって「自然による」障壁となっているのかもしれない．実際，質の高い介護サービスを提供する事業者を 1 つ見つけるのに必死のコムーネもあり，小規模なコムーネは自治体間での協働を望んでいる（Blåka et al. 2012）．しかしノルウェー経営者連盟は，市場化が人口密度の高い地域に適した方法という考え方に反論しており，いくつかの小規模なコムーネが，介護サービスをまとめて「ひとまとまりで」競争入札にかけたという近年の決断を賞賛した[25]．

最後になるが，市場化が比較的緩やかであることの重要な要因は，ノルウェーにおける強力な合意形成の文化と，高度に組織化された抵抗勢力にある，と筆者らは考える．ノルウェーのコムーネが，1990 年代初めのスウェーデンにみられた市場化の流れに続かなかった理由の 1 つはおそらく，ノルウェーがより協働型で信頼を基盤とする形態のガバナンスを土台として，改革の軌道に乗り始めたばかりだったからであろう．市場化の典型である事業の分解や契約化とは対照的に，ノルウェーにおける当時の改革の考え方は，サービス供給における包括的な視点を促進し，また介護人材資源をよりよく活用するために，異なる種別の介護サービスの区別を曖昧にするようにコムーネに促すものだった．サービス改革における協働的でボトムアップの方式は，介護職員が所属する自治体・民間職員組合の主導によりさらに発展した．自治体・民間職員組合は市場化の圧力に抵抗し，またサービス改善に向けた代替的戦略を見出す上で，積極的かつ「好戦的な」役割を果たした．労働組合による反対は，営利企業が提供する年金の条件が，コムーネと非営利セクターよりも悪いという事実に照らしてとらえなければならない．

ノルウェー労働党はニュー・パブリック・マネジメント改革に関して，態度が揺れ動いていると思われていたが，2005年選挙に向けた準備のなかで，反ニュー・パブリック・マネジメントの「公約」についてキャンペーンを行うことを決定した（Christensen & Lægreid 2007: 40）．赤緑連合政権は政権を担当した期間に，非営利団体によるサービス供給を大幅に振興するための取り組みを行った．そして，非営利団体の持続的サービス供給を促進する取り組みが確実に進むよう，多様なステークホルダーとの間で協定を結んだ．赤緑連合政権はさらに，自治体・民間職員組合が開発した代替的アプローチを支援し拡充させた．

こうした代替的な改革戦略が，今後の市場化に対してどう拮抗するかを予測するのは難しい．かつてはペースが遅く，一様には進まなかった市場化の動向が速度を速めるのか．あるいは，代替的で，より協働的なサービス改革の方法を引き続き発展させるのか．2013年9月の総選挙後に，誕生した新たな右派政権は，高齢者介護サービスにおける競争と民間営利事業者による供給を促進するために，意図的に尽力をするかもしれない．しかし，民間非営利セクターを強化するための取り組みが，右派政権により積極的に妨害されることは考えにくい．また，中央の政権交代により，労働組合が主導した協働プロジェクトがコムーネレベルですべて廃止されることもなさそうである．結局は，ノルウェーではコムーネが介護サービス供給の統治と編成について最終的な責任を有しており，地方での決定の際に，市場での解決に関する信念（や信念の欠如）ではなく，エビデンスに基づく実際的な判断がなされるだろう．したがって，コムーネにとって，価値を基盤として運営されている非営利組織の参画や市民的精神に，また活発で熱心な介護専門職に，背を向けることは難しいだろう．これらの協働的なイニシアティブがサービス供給の改善をもたらす適切な方法であると認められ，支援されるのか．あるいは市場化の新たな動向により抑え込まれ，影を薄めていくのか．これらは極めて重要な問いである．

注

1）ノルウェーは325,000km^{2}と広大な国（イギリスより広い）であるが，人口密度は低く，人口はわずか500万人である．オスロの人口は約60万人であるが，コムーネのうち人口10万人以上のものは5つのみ，人口2万～5万人が47，人口5,000人以下が約半数である．

2）内部統制とは，一次的活動に対する直接的なものというより，統制制度に対して間接的に関与するようなものであり，Power（1994）が間接的統制の一形態であり“統制の統制”と言及するような統制．

3）KOSTRA（Local Authorities State Reporting system）はコムーネからの，連続的なデータ記録と年次報告に基づく全国情報システムである．主要な指標は，類似のコムーネ間で資源利用を比較できる様式となっており，ノルウェー統計局によりインターネットで公開されている．近年では，新しい報告システム（IPLOS）が追加され，全てのケア利用者個人の暗号化された情報を提供している．IPLOSは個々人のニーズに関する総合的な情報を提供することを目的とする．

4）http://www.kommunal-rapport.no/artikkel/ks_kritisk_til_konkurranseutsetting と http://www.kommunal-rapport.no/artikkel/ksstyret_er_kritisk_til_konkurranseutsetting を参照（ノルウェー語）．

5）実際，費用対効果は，購入者－供給者分離モデルによる組織編成の結果，当然起こるわけではない．この報告書は，このモデルの多数の弱点を指摘しつつ，それがより良く機能しうる方法についていくつかの一般的な提言をしている．しかし，購入者－供給者分離モデルの契約型論理が，介護サービス供給の編成にとって適切かは問うていない．

6）自治体振興省の組織データベース（organisajonsdatabasen）は，1995年に設立された．このデータベースは，ノルウェーの地方及び広域自治体の組織的な形態や実践，またその経時的変化を描くことを目的として（Hovig & Stigen 2008），ノルウェー都市地域研究機構（Norsk institutt for by og region forskning, NIBR）が実施した記述式調査に基づいている．

7）www.bedrekommune.no（ノルウェー語）．

8）ノルウェーはEU加盟国ではないが，他の欧州諸国と同条件でEU域内市場に加わっている．

9）協定全文は以下参照．
http://www.regjeringen.no/upload/FAD/Vedlegg/Konkurransepolitikk/Anskaffelser/Samarbeidsavtale.pdf（ノルウェー語）．

10）https://www.bergen.kommune.no/bk/multimedia/archive/00127/Presentasjon_av_ald_127700a.pdf（ノルウェー語）．

11）ベルゲン市のシニア・コンサルタントであるルーネ・エイドセット（Rune Eidset）氏への個人的な聞き取り（2012年8月24日）．

12）Oslo, Baerum, Trondheim, Kristiansand, Mossの5つのコムーネ．

13）http://www.newsinenglish.no/2011/08/03/adecco-scandal-costs-firm-millions/．を参照．

14）Østlandssendingen 2012/6/22.

以下を参照 http://www.nrk.no/nyheter/distrikt/ostlandssendingen/1.8215868.

15）http://www.nhoservice.no/article.php?articleID=2310&categoryID=235.

16）報告書 http://demokratiskstyring.no/2011/04/fagforbundet-mot-privatisering/（ノルウェー語）.

17）この連合体の政治プラットフォーム.
http://www.velferdsstaten.no/english/english/?article_id=42399.

18）Karen Christensen（筆者の1人）が Andersen（2008）と Lie（2011b）の修士論文の指導教員である.

19）http://www.ssb.no/ssp/utg/200503/06/.　この報告書の主な結論を述べている短縮版の記事は以下．http: // www. ssb. no/ offentlig- sektor/ artikler- ogpublikasjoner/ kommunal- bruk- av-brukerundersokelser（ノルウェー語）.

20）http://www.kvalitetogprioritering.no/cases-by-year/kvalitetsindikatorer-pleie-ogomsorg 参照（ノルウェー語）.

21）その手紙はここで読める.
http://www.ivarjohansen.no/dmdocuments/midtasen23092011.pdf.

22）このストライキの詳細 http://www.world-psi.org/en/norway-fighting-equal-payand-pensions.

23）http: // www. sykehjemsetaten. oslo. kommune. no/ getfile. php/ Sykehjemsetaten%20%28SYE%29/Intranett%20%28SYE%29/Dokumenter/Kosnadstall%20eldreomsorgsinstitusjoner%202011.pdf.

24）http://ec.europa.eu/internal_market/publicprocurement/docs/modernising_rules/costeffectiveness_en.pdf.

25）小規模なコムーネのアウステヴォル（Austevoll）市は，既にこれを大企業の1つアレリス社と6+2年契約を結ぶ形で実施している．http://www.nhoservice.no/article.php?articleID=4253&categoryID=329.

(訳者注)

1）ノルウェーの基礎自治体 kommune を，本章では「コムーネ」と表記する.

2）原著に文献名が記載されていない.

3）参考文献リスト SSB2012a.

4）詳細は第4節3（311頁）で後述.

5）原著に文献名が記載されていない.

6）ノルウェーコムーネ職員組合（Norske kommuneforbund）と保健福祉職員協会（Norsk helse-og sosialforbund）という2つの労働組合が合併して2003年に設立された．ノルウェー最大の労働組合.

7）原著に文献名が記載されていない.

8）原著に文献名が記載されていない.

9）同上.

参考文献

〈欧文文献〉

Agenda Kaupang AS. (2011) *Vurdering av effekter ved innføring av private leverandører i hjemmetjenesten.* [Considering effects of private providers in home care.] Oppdragsarbeid for Oslo kommune, Helse–og velferdsetaten.
http://www.nhoservice.no/getfile.php/Filer/Publikasjoner/hjemmetjenesten.pdf.

Almquist R. (2004) *Icons of New Public Management. Four studies on Competition, Contracts and Control.* Stockholm: School of Business Stockholm University.

Andersen, M. (2008) *Fra hjemmehjelp til vaskehjelp? Om Taylorisering av hjemmehjelpsarbeid.* [From home care to cleaning. On Taylorization of home care work] Masteroppgave fra Universitetet i Bergen: Sosiologisk institutt.

Asplan analyse (2005) *Omstillinger; Hva koster de? Hva krever de?* [Realignments. What are the costs and challenges?].
http://www.fagforbundet.no/Landsmotet_2005/Dokumenter/Asplan_Omstillinger.pdf.

Baldersheim H. (2003) Local government reform in the Nordic countries. Bringing politics back in? In: N. Kersting & A. Vetter (Eds) Reforming Local Goverment in Europe. Closing the Gap between Democracy and Efficency. *Urban research International*, vol.4, pp.29–39. Leske+Budrich, Opladen.

Bay, A. H. (1998) *Opinionen og Eldrepolitikken*, [The public voice and eldercare policy] NOVA, Rapport 24.

Bergen Kommune (2012) *Brukerundersøkelse for hjemmesykepleien i Bergen kommune.* [User survey from the city of Bergen].
https://www.bergen.kommune.no/bk/multimedia/archive/00125/Brukerunders_kelse_125575a.pdf.

Blomberg S. (2008) The specialization of needs–assessment in Swedish municipal care for older people: the diffusion of a new organizational model. *European Journal of Social Work*, 11(4), 415–429.

Blåka, S. Tjerbo, T. & Zeiner, H. (2012) *Kommunal organisering 2012. Redegjørelse for kommunal og regionaldepartementets organisasjonsdatabase*, [On Municipal organization 2012. Descriptions based on the organization database of the Ministry of Local Government and Regional Development] NIBR Rapport 2012: 21.

Bogen, H. (2011) *Privat drift av omsorgstjenester: Gjennomgang av nyere forskning.* [Private provision of care services. Research review] Oslo: Fafo–notat 2011: 22.

Brevik, I. & L. Schmidt (2005) *Slik vil eldre bo. En undersøkelse av framtidige eldres boligpreferanser.* [This is the way elderly people want to live. On residential preferences] NIBR–rapport 2005: 17.

Christensen, K. (2013) Når velferdstjenester møter ny velferdsstyring: Om implementeringen av IPLOS. [Welfare services and new modes of govermance. Implementing IPLOS] *Sosiologi i dag*, 42(2), 48–69.

Christensen, K. & Wærness, K. (2011) 'Dyr og villedende markedsføring.' [Expensive and misleading marketing]. Chronicle in *Bergens Tidende*, 16 April.

Christensen, T. & P. Lægreid (Eds) (2007) *Transcending New Public Management: The Transformation of Public Sector Reforms*, Surrey: Ashgate.

Daatland, S.O. (1997) *Social Protection for the Elderly in Norway.* NOVA, Skriftserie 4. Oslo.

Dahle, T. & Bjerke P. (2001) *Private sykehjem. En rapport om kommersiell sykehjemssdrift*, [Private nursing home. On commercial provision.] DeFacto, [Oppdrag for Norsk Helse og Sosialforbund].

Deloitte (2011) *Omfanget av konkurranseutsetting av kjernetjenester i kommunesektoren*, [the scope of competitive tendering in municipal service provision] Report commissioned by KS.

Deloitte (2012) *Kostnader og gevinster ved bestiller-utfører-modellen.* [The purchaser-provider model: costs and gains]. Report comissioned by KS.

Econ (2007) *Offentlige og private tilbydere av omsorgstjenester,* [Public and private providers of care services] Econ rapport 082.

Edebalk, P. & Svensson M. (2005) *Kundval for äldre och funksjonshundrade i Norden: Konsumentperspektivet,* [Free choice of provider: the consumer perspective] København: Nordisk Ministerråd.

Eilertsen, R. & Bjerke, P. (2004). *Privatisering-en kritikk.* [Privatization-a critique] Oslo: De Facto.

Ekelberg, D. & K. Thompson (2003) 'Folk vil velge selv', [People want free choice] *Horisont* 4, 10-21.

Erlandsen, E., Førsund, F.R., Hernæs E. & Waalen, S.B. (1997) *Effektivitet, kvalitet og organisering av pleie-og omsorgssektoren i norske kommuner.* [Efficiency, quality and organisation of the care sector in Norwegian municipalities]. SNF-rapport 91. Stiftelsen for samfunnsliv-og næringslivsforskning.

Fagforbundet (2010) *Tenk på et tall,* Notat-16 november 2010.
http://demokratiskstyring. no/2011/04/fagforbundet-mot-privatisering/.

Fagforbundet (2012) *Høye kostnader ved konkurranseutsetting. Les EU raport om hvor mye det koster å privatisere,* Publisert: 09. Januar 2012 av Nils Fredrik Hansen.
http://www. fagforbundet.no/tema/privatisering/?article_id=70361.

Gammelsæther, P. (2006) *Forvaltningsreformer i pleie-og omsorgstjenesten-en kartlegging av kommuner og bydeler med bestiller-utførermodell.* Stjørdal: Ressurssenter for om-stilling i kommunene (RO).

Gautun, H. & Hermansen, Å. (2011) *Eldreomsorg under press: Kommunenes helse-og omsorgstilbud til eldre* [Eldercare under pressure: The municipalities' health-and care services for the elderly] FAFO-Report No. 12. FAFO, Oslo.

Gulbrandsen, T. (2012) *Tilpasninger til endringer i økonomiske rammevilkår,* [Adapting to changes in economic conditions] Oslo: Rapport 2012: 2, Senter for forskning på sivilsamfunn & frivilig sektor, Rokkan/ISF.

Harrington, C., Choiniere, J., Goldmann, M., Jacobsen, F.F., Lloyd, L., McGregor, M., Stamatopoulos, V. & Szebehely, M. (2012). Nursing home staffing standards and staffing levels in six countries. *Journal of Nursing Scholarship 1,* Vol. 44, pp. 88-98.

Haukelien, H., Møller, G. & Vike, H. (2011) *Brukermedvirkning i helse- og sosialsektoren,* [User involvement in health and social care] TF-rapport no 284.

Herning, L. (2012) *Konkurranseutsatte sykehjem i Norge.* [Outsourced nursing homes in Norway] Oslo: For velferdsstaten. Notat l/2012.

Hermansen, Å. (2011) *Organisering og eierformer innen pleie og omsorgssektoren,* [Organization and ownership in the care sector] Fafo notat: 14.

Hole, T.R. (1992) *Eldremilliarden 1990- Strakstiltak i opprørsstorm.* [The elderly billion. Immediate measures in a turbulent revolt] Hovedfagsoppgave i Statsvitenskap, Universitetet i Oslo, Oslo.

Hovik, S. & Stigen, I.M (2008) *Kommunal organisering 2008. Redegjørelse for Kommunal og regionaldepartementes organisasjonsdatabase.* [On Municipal organization 2008. Descriptions based on the organization database of the Ministry of Local Government and Regional Development]. NIBR-rapport no 20.

Hovik, S., Stigen, I. Blekesaune M. & Opedal, S. (2010) *Evaluering av kvalitetskommuneprogrammet-Sluttrapport.* [The municipal quality program. An evaluation] OSLO: NIBR.

Jacobsen, F.F & Mekki, T. (2012) 'Health and the changing welfare state in Norway: A focus on municipal health care for elderly sick', *Ageing International*, 37(2), 125-142.

Johnsen, Å, Sletnes I. & Vabo, S.I. (red) (2004) *Konkurranseutsetting i kommunene*, [Competitive tendering in municipalities] Oslo: Abstrakt forlag.

Kjelvik, J. (2011) Mindre del av utgiftene går til eldre, [Less spending on elderly] *Samfunsspeilet* 2/2011, SSB Oslo.

Kommunal og regionaldepartementet (2004) *Frihet til å velge-brukervalg i kommunal tjenesteyting. En veileder basert på erfaringene i et nettverk av norske kommuner 2002-2004* [Freedom to choose. Guidelines based on the experiences of a group of Norwegian municipalities 2002-2004].

Kommunenes sentralforbund (2004) *Kvalitetskartlegging av kommunale tjenester. Brukerhåndbok for pleie og omsorg*. [Quality in municipal services] Trondheim: Sør-Trøndelag University College.

Kristiansand kommune (2012) *Evaluering-Fritt brukervalg for tjenesten praktisk bistand*. [Evaluation-Free choice in home help] Helse-og sosialstyret, saksnr. 201009670-6.
http://pa.kristiansand.kommune.no/politiske_filer/2012%5CHELSOS%5C2012113612-1240070.PDF.

Lie, E.S. (2011a) *Kommersielle aktører innen kommunal eldreomsorg- en kartlegging*. [Commercial providers in municipal elder care] Sluttrapport fra en pilotstudie. Høgskolen i Bergen: Senter for omsorgsforskning Vest.

Lie, E.S. (2011b) *《Jeg er fornøyd bare jeg får hjelp》 En sosiologisk studie om Fritt Brukervalg*. [I am happy-just to get help. On free choice in home care] Masteroppgave fra Universitetet i Bergen: Sosiologisk institutt.

Lingsom, S. (1997) *The Substitution Issue. Care Policies and their Consequences for Family Care*. NOVA, Rapport, No.6. Oslo.

LO, Norway [The Norwegian Confederation of Trade Unions] (2013) *Konkurranseutsetting av velferdstjenester*, [Tendering out welfare services], arbeidslivet. no, publisert 19 mars 2013.
http://www.arbeidslivet.no/Velferd/Konkurranseutsetting/Konkurranseutsetting-av-velferdstjenester-i-andre-land/.

Lloyd, L., Banerjee, A., Harrington, C., Jacobsen, F.F. & Szebehely, M. (forthcoming). It's a scandal! Comparing the causes and consequences of nursing home media scandals in five countries. *International Journal of Sociology and Social Policy*.

Lorenzen, H. & Dugstad, L. (2008) 'The history and dilemmas of Volunteer Centres in Norway', Paper delivered at conference '*Volunteering infrastructure and civil society*'. Rotterdam. [http://www.cev.be/69-other_publications-EN.html].

Lovdata (2006) Anskaffelsesforskriften.
http://www.lovdata.no/cgi-wift/ldles?doc=/sf/sf/sf-20060407-0402.html.

Mastekaasa, A. (2008) 'Profejoner og arbeidsmarked' [Professions and labor market]. In: Molander, A. & Terum, L.I. (red), *Profesjonsstudier*. pp.103-118. Oslo: Universitetsforlaget.

Ministry of Health and Care Services (HOD) (1983) *Forskrift om lovbestemt sykepleietjeneste i kommunens helstjeneste* [Regulations for nursing services required by law in the municipalities], Oslo.

Ministry of Health and Care Services (HOD) (1989) *Forskrift for sykehjem og boform for heldøgns omsorg og pleie* [Regulations for nursing homes and facilities with 24 hour services]. Oslo.

Ministry of Health and Social Affairs (1992) *Security, dignity and care* [Abridged version] NOU 1992: 1.

Ministry of Health and Care Services (HOD) (2000) *Handlingsplan for eldreomsorgen* (St. meld. nr. 50 1996-97) [Action plan on elder care] White Paper No.50, 1996-97.

Ministry of Health and Care Services (HOD) (2004) *Kvalitetsforskriften*, 2003-06-27-792 [The quality regulation].

Ministry of Local Government and Labour (1988) *Nye mål og retningslinjer for reformer i lokalforvaltningen* [New goals and guidelines for administrative reforms on the local level], NOU: 1988: 38.

Ministry of Local Government and Regional Development (2004) *Frihet til å velge-brukervalg i kommunal tjenesteyting. En veileder basert på erfaringene i et nettverk av norske kommuner 2002-2004* [Freedom to choose-free choice in municipal service provision. Guidelines based on experiences from a group of Norwegian municipalities 2002-2004].

Müller, M. (2010) *'...og bedre skal det bli?' Et empirisk basert studie av kvalitet og effekter av konkurranse innenfor Oslo kommunes sykehjemsdrift.* [...and it will get better? Quality and effects of competition in the nursing home sector of Oslo] Masteroppgave i profesjonsetikk og diakoni, Universitetet i Oslo: Det teologiske fakultet.

Nesheim, T. & Vathne, K. (2000) *Konkurranseutsetting og bestiller- utføreorganisering i norske kommuner.* [Competition and purchaser-provider models in Norwegian municipalities] SNF-rapport nr. 59/2000. Bergen: Stiftelsen for samfunns-og næringslivsforskning.

Nesheim, T. & Rokkan, A.I. (2004) 《Erfaringer med kontraktsbasert styring av leverandører ved konkurranseutsetting av sykehjemsdrift》, [Knowledge on contractual management in outsourced nursing homes] in Johnsen Å., Sletnes I., og S.I. Vabo (Eds) *Konkurranseutsetting i kommunene*. 196-219. Oslo: Abstrakt forlag.

NHO (2011) *Omsorgstjenester. Bransjestatistikk 2011*, [Care services. Business statistics] NHO Service.

NHO (2012) *Myter og Fakta om Konkurranse*, [Myths and facts on competition] NHO Service.

NHO (2013) *Mer velferd for pengene*, [Value for money] (200 rapporter).
http://www.nho.no/mervelferdforpengene.html.

NOU 1986: 4 *Om samordning i helse-og sosialtjenesten* [On coordinating health and social care].

NOU 2000: 19 *Bør offentlig sektor eksponeres for konkurranse?* [Should the public sector be exposed to competition?].

Pape, S. (2000) *Bestiller-utførermodellen og kontraktsstyring av tjenesteproduksjonen. En veileder fra KS*, [Purchaser-provider models and contractual management] Kommunenes sentralforbund.

Paulsen, B., Harsvik, T., Halvorsen, T. & Nygård, L. (2004). *Bemanning og tjenestetibud i sykehjem.* [Staffing in nursing homes] Trondheim: SINTEF Helse.

Romøren T.I. (2005) 'Kvalitet i sykehjem-sett fra tre kanter'. [Quality in nursing homes-seen from three different perspectives] *Tidsskrift for velferdsforskning*, 8(4), 226-233.

Rundskriv (1997) *Kvalitetsforskriften* [The quality regulation] (Rundskriv I-13/97).

Selle, P. (1991) 'Desentralisering: Troll med minst to hovud'. [On decentralization.] In: Nagel, A.H. (ed.), *Velferdskommunen. Kommunenes rolle i utviklingen av velferdsstaten*. Bergen.

Solem, P.E. & Høistad, B. (2000) 《*Vi spiller på lag*》. *Om integrerte organisajonsmodeller i pleie-og omsorgstjenestene.* [Playing on the same team. Integrating services in the care sector] NOVA-rapport 1/00. Oslo: Norsk institutt for forskning om oppvekst, velferd og aldring.

Slagsvold, B. (1995) *Mål eller mening. Om å måle kvalitet i aldersinstitusjoner.* [On quality assessments in the nursing home sector] Doktoravhandling. NGI-rapport 95: 1. Oslo: Norsk gerontologisk institutt.

Sletnes, I. (2004) 'Offentlige anskaffelser og kommunal tjenesteyting', [Public procurement in municipal service sector]. In: Johnsen Å., Sletnes I., og S.I. Vabo (Eds) *Konkurranseutsetting i kommunene.*

52–119. Oslo: Abstrakt forlag.

Skålnes, S., Askim, J., Dønnum, H. & Fløtre, A. (2002) *Evaluering av modellkommuneforsøket.* [Evaluating the model municipality experiment] *Hovedrapport.* NIBR–rapport 2002: 24.

SSB (2012a) *Nursing and care services. Table 5, Users of home–based services, by kind of service. 1992–2011.* Statistics Norway. https://www.ssb.no/a/kortnavn/pleie/tab–2012–07–04–05.html.

SSB (2012b) Statistikkbanken: http://statbank.ssb.no/statistikkbanken/Dcfault_FR.asp?PXSid=0&nvl=true&PLanguage=0&tilside=selecttable/hovedtabellHjem.asp&KortnavnWeb=folkendrkv.

SSB (2012c) *Sysselsette i kommunal sektor, 2012, 4. Kvartal.* http://www.ssb.no/arbeid–og–lonn/statistikker/komregsys/aar/2012–06–15.

SSB (2013) KOSTRA. http://www.ssb.no/kostra/stt/index.cgi?spraak=norsk®ionstype=kommune&nivaa=2&radnummer=0&rcgioner=010400%402011%2CEKG13%402011%2CEKA01%402011%2CEAKUO%402011%2CEAK%402011&faktaark=KS107639631110476.

Vabo, S.I & Burau, V. (2011) 'Universalism and the local organisation of elderly care', *International Journal of Sociology and Social Policy*, 31 (4/5), 173–184.

Vabø, M. & Szebehely, M. (2012) 'A caring state for all older pople?' In: A. Anttonen, L. Häikiö & K. Stefanson (Eds) *Welfare State, Universalism and Diversity*, pp. 121–144. Cheltenham: Edward Elgar.

Vabø, M. (1998) *Where to draw the line*, (English summary). NOVA, Rapport 8/98. Oslo.

Vabø, M. (2002) *Quality management in home care–new accountability policy, new challenges*, (English summary), NOVA, Rapport 18/02. Oslo.

Vabø M. (2006) 'Caring for people or caring for proxy consumers?', *European Societies*, 8(3), 403–422.

Vabø M. (2007) *Organisering for velferd. Hjemmetjenesten i en styringsideologisk brytningstid* [Organizing for welfare. Home care in an era of shifting ideas of governance] Oslo: Unipub.

Vabø M. (2009) Home care in transition: The complex dynamic of competing drivers of change in Norway. *Journal of Health Organisation and Management*, 23(3), 346–359.

Vabø M. (2011) 'Active citizenship in Norwegian elderly care–from activation to consumer activism'. In: J. Newman & E. Tonkens (Eds) *Active Citizenship, and the Modernisation of Social Welfare*, pp. 87–187. Amsterdam: Amsterdam University Press.

Vabø, M. (2012) 'Norwegian home care in transition– heading for accountability, off– loading responsibilities' *Health & Social Care in the Community*, 20(3), 225–327.

付録

1. 本書でとりあげた調査および調査報告書について

(1) NORDCARE 調査 (2004～2006 年)

(2) NORDCARE 日本調査 (2012 年)

(3) 北欧諸国の高齢者介護における市場化：法制度，監督，範囲，結果に関する調査報告書 (Normacare 報告書) (2013 年)

2. NORDCARE 調査および NORDCARE 日本調査の結果に基づく北欧 4 カ国と日本のクロス集計

・属性

・雇用，勤務時間，職場について

・介護サービス利用者と介護の仕事について

・介護の仕事と労働条件について

3. NORDCARE 日本調査の調査票

1. 本書でとりあげた調査および調査報告書について

(1) NORDCARE 調査　北欧諸国における日常的な介護：介護職員を通じて映し出す類似点と相違点

(*NORDCARE: Omsorgsvardag i Norden – likheter och skillnader speglade genom omsorgspersonal*)
2004 年～2006 年

プロジェクトリーダー：Marta Szebehely, Stockholm University (Sweden)

「変容のなかの介護，利用者本位の介護，普遍的福祉に関する研究プログラム」共同研究者：

Marta Szebehely, Anneli Stranz, Rebecka Strandell, Håkan Jönson (Sweden)

Teppo Kröger (Finland)

Tine Rostgaard (Denmark)

Mia Vabø (Norway)

Pat Armstrong (Canada)

Gabrielle Meagher (Australia)

研究パートナー：

Hildegard Theobald (Germany)

Yayoi Saito & Nobu Ishiguro (Japan)

NORDCARE 調査は，異なる国々における介護従事者の日常の仕事や条件について，アンケート調査を基盤として行う比較研究である．当初のプロジェクトは 2004 年から 2006 年にかけて，FAS (Swedish council for working life and social research) の研究助成により実施された．これまでに北欧諸国間の高齢者介護の比較研究は数が少なく，これほど大規模な量的調査による比較研究は初めての試みである．

Szebehely 教授らのプロジェクトは，介護従事者の雇用主としての福祉国家に焦点を当てて，介護従事者の経験を通じて，北欧諸国の公的財源で運営される高齢者介護および障がい者援助における変容を映し出している．各国の在宅と施設における，介護の仕事の編成，介護の仕事の内容を比較し，同時に，介護従事者の職場での経験と高齢者介護の視点を仕事の組織における条件と関係づけることを目的としている．具体的には「雇用，勤務時間，職場について」，「介護サービス利用者と介護の仕事について」，「介護の仕事と労働条件について」，「家族と家事（仕事と家庭の両立）について」，「家庭内の介護や育児について」の5項目で構成されている．

2005年にはスウェーデン，デンマーク，フィンランド，ノルウェーの介護従事者約5,000名を対象としたアンケート調査を実施した．調査票は，北欧4カ国それぞれにおいて，公的機関および民間に雇用される高齢者介護と障がい者福祉分野の介護職員（vårdbiträden），副看護師（undersköterskor），パーソナル・アシスタント（personliga assistenter）の国レベルの代表組織を通じて配布された．最終的な有効回収率は72%（3,208サンプル）であった．

NORDCARE調査は，北欧諸国の比較に留まらず，その後，カナダ（2006年），オーストラリア（2008年），ドイツ（2010年），日本（2012年）というように，世界での実施が続いている．各国の調査概要を簡単に示す．介護システムが一律ではないため，実施方法（特にサンプリング方法）が国によって異なっている．

カナダ

プロジェクトリーダー：Pat Armstrong, York University

実施年：2006年

対象地域：Manitoba州（117万人），Ontario州（1,200万人），Nova Scotia州（93万人）の高齢者施設の労働組合81カ所のうち71カ所が参加．

調査対象：施設で働く介護従事者．内訳はハウスキーパー（101件），栄養士補助（73件），介護職員（415件），准看護士（139件），看護師（141件）．

抽出方法：労働組合組織率，地域の人口比率，ナーシングホームの所有形態を考慮して抽出．

配布方法：保健介護部門における5つの主要な労働組合（CAW, CFNU, CUPE, NUPGE, SEIU）を通じて依頼．各職場の組合代表者が職場の職員に調査票を配布．調査票は郵送回収．

回答数：948件

アイスランド

プロジェクトリーダー：Elisabet Karlsdóttir

実施年：2009年

調査対象：在宅，施設で働く介護従事者

回答数：581件

オーストラリア／ニューサウスウェールズ州

プロジェクトリーダー：Jane Mears, University of Western Sydney

実施年：2010年

調査対象：在宅で働く介護従事者.

抽出方法：362件（小規模NGO 17カ所），365件（大規模NGO 3カ所），374件（公立15カ所）を5つのADHC（福祉行政区）地域計画エリア（中央沿岸部等）から抽出.

配布方法：協力に合意してくれた組織に調査票を送り，回答者から大学に直接郵送.

有効回収率：49%（公立40.8%，NGO 59.2%）回答数は537件.

ドイツ

プロジェクトリーダー：Hildegard Theobald, University of Vechta

実施年：2010年

調査地域：特に限定せずに全国から抽出. 抽出にあたり大都市と地方は考慮.

調査対象：施設および在宅における介護従事者

抽出方法：2つのプロセスで抽出. (1)ドイツではすべての事業者が社会保険に登録されており，社会保険の登録リストから社会保険事業の専門家が事業者を抽出した. その際に全国におけるホームケア事業者と施設事業者の比率も考慮した. その抽出した事業者リストをもとに調査協力を募り，事業者から介護職員に質問票を配布してもらうことを依頼し，この時点での参加率は71.4%であった.
(2)各事業者を通じて，介護職員に質問票を配布した. 質問票は匿名性の担保から大学あてに直接郵送するようにした. この時点での回収率が42.7%であった.

有効回収率：42.7%（施設69%，在宅43%）. 回答数637件（施設，在宅を含む）

このようにNORDCARE調査は2005年から2012年にかけて，日本を含めて8カ国で実施され，合計6500件を超える介護従事者の回答を集めるに至った. さらに2015年には，北欧4カ国（スウェーデン，デンマーク，フィンランド，ノルウェー）において，再調査が行われ，3801件の回答を得て，分析が行われている.

またNORDCARE調査のデータによる論文も多数，刊行されている．日本調査については，ドイツ，スウェーデンとの比較研究として，Theobald H, Szebehely M, Saito Y & Ishiguro N（2017）Marketisation policies in different contexts：Consequences for home-care workers in Germany, Japan and Sweden, *International Journal of Social Welfare*, Vol. 27（3), 215-225, DOI：10.1111/ijsw.12298 がある．

（参考）
https://www.socarb.su.se/forskning/forskningsprojekt/individanpassad-omsorg-och-generell-välfärd-dilemman-i-marknadiseringens-tid/pågående-projekt/pågående-projekt-1.33999#NORDCARE

(2) NORDCARE 日本調査

（NORDCARE Survey in Japan：The everyday realities of eldercare – similarities and differences mirrored by care workers）
2012年

日本では，NORDCARE調査の代表Marta Szebehely教授（ストックホルム大学）の協力のもと，NORDCARE調査とほぼ同じ内容の調査票を使ったアンケート調査を実施した．日本は調査に参加した8カ国のうちの1つであり，NORDCARE日本調査はMarta Szebehely教授らの一連の調査の1つに位置付けられている．

日本語訳の作成と設問の調整

調査票を日本語訳するにあたっては，スウェーデン語版と英語版調査票の両方を参照し，Szebehely教授に質問の意図を確認しながら慎重に行った．その際，日本の事情に合わせて質問項目や選択肢を一部変更している．スウェーデン語版および英語版の調査票にはあったが日本語版では削除した設問は次の通りである．

B-1　（高齢者または障がい者に関わる仕事をしているか，現在の状況）
C-3　（現在高齢者を介護しているか，障がい者を介護しているか）
D-15　（利用者が介護事業者を自由選択するシステムに関する設問）

スウェーデン語版および英語版の調査票にはなかったが，日本語版では追加した設問は以下の通りである．

A-7　（最終学歴）

A-8　（家族で生活費を負担している人）

C-14d（初めて就職する若者に介護の仕事を勧めるか，その理由）

C-14e（自分が要介護になったら自分の勤める施設や事業者の介護を受けたいか，その理由）

プレ調査の実施（2011 年）

まず，2011 年に大阪府内の訪問介護事業者の協力を得て，ホームヘルパーを対象に 50 サンプルのプレ調査を実施した．プレ調査の結果を受けて，質問項目の日本語表現を精査・修正し，全国規模の本調査を 2012 年 2 月～8 月に実施した．

NORDCARE 日本調査の概要（2012 年）

【調査対象】 NORDCARE 日本調査では，調査対象を高齢者介護で働く介護職員に限定し（北欧諸国では障がい者援助も含めている），介護保険施設で働く介護職員と訪問介護事業者で働く介護職員を調査対象とした

日本の介護保険施設には，介護老人福祉施設，介護老人保健施設，介護療養型医療施設の 3 種類があるが，今回は介護職員を対象とすることもあり，医療系職員の配置が多く，他の 2 施設に比べて数が少ない介護療養型医療施設を省き，介護老人福祉施設と介護老人保健施設を対象とすることとした．

【サンプリング】 日本労働組合総連合会（連合）に調査の趣旨を説明し，協力をお願いした．構成組織の自治労，UA ゼンセン（当時は UI ゼンセン同盟）を通じて，調査対象とする施設・事業者を全国から抽出してもらった．クオーター・サンプリング（割当法）を採用し，都道府県別の施設・訪問事業者従事者数の構成比に極力近づけるように調整した．

また，施設については，施設の利用者数ベースで換算すると，介護老人福祉施設と介護老人保健施設の比率は，6：4 となる（厚生労働省・平成 23（2011）年 9 月介護給付費実態調査）ため，できる限りサンプルの比率をこれに近づけるように調査票の配布を依頼した．

【調査票の配布方法と回収方法】 上記の手続きで紹介を受けた施設・事業者に調査票を郵送し，直接介護にたずさわる介護従事者（非正規雇用も含む）への配布を依頼した．調査票の回収は，施設・事業者を通さずに，大阪大学への郵送による回収とした．

【有効回収率とコーティング】配布総数は2,440，有効回収数は1,060，有効回収率は43.4%であった．コーディングは原則として回答選択肢に順に番号を打ち，その数値を変数値として入力を行った．一部の自由記述の設問（設問A-5b，B-2，B-3）は，記述をいくつかのカテゴリーに分類してコーディングした．コード表は付録I-2の通りである．その他の自由記述の設問（C-1，C-6a，C-6b，D-14b，D-14c，D-14d-why，D-14e-why，F-10，G）は，記入があったかどうかのみコーディングしたが，内容はカテゴリー化していない．

【倫理上の配慮】NORDCARE日本調査は，大阪大学大学院人間科学研究科社会系研究倫理委員会の審査を受け承認を得ている．またデータの処理は個人が特定されることがないよう最大限の配慮をした．

【調査報告書】NORDCARE日本調査は，斉藤弥生・石黒暢編『高齢者介護に関する国際比較調査（NORDCARE調査）日本調査結果報告書』（平成25（2013）年3月）にまとめ，全設問について訪問介護と施設を分けて単純集計の結果（日本語・英語）を掲載している．

NORDCARE日本調査の限界

NORDCARE日本調査では，サンプリングにおいて都道府県別の施設・訪問事業者従事者数の構成比にできるだけ近づけようと努め，また，施設の職員のサンプリングにおいては介護老人福祉施設と介護老人保健施設の比率を6：4（利用者数の比率）にするように努めたが，当初の予定通りのサンプル構成比にすることは困難であった．

また，プレ調査において，各施設や事業者から介護労働者に調査票を配布する際に，非正規雇用の職員には配布しにくいことがわかったため，各施設・事業者に協力依頼する際に，パートタイムや登録制など非正規雇用の職員にも配布するように特にお願いしたものの，非正規職員への配布が少なかった可能性は否めない．介護従事者（特に非正規職員）の労働組合加入率が低い日本においては，非正規職員へのアクセスが難しく，この点は調査の課題である．

NORDCARE日本調査において，このような点は分析の際に注意が必要である．しかし労働組合組織率の高い北欧諸国以外の国はどこでも，特に在宅介護の従事者（ホームヘルパー）のサンプリングでかなり苦労をしており，日本と似た状況がみられる．NORDCARE日本調査も労働組合の協力なしでは有効な調査を実施できなかったと考える．

(3)『北欧諸国の高齢者介護における市場化：法制度，監督，範囲，結果に関する調査報告書（Normacare 報告書）』

（*Marketisation in Nordic eldercare: A research report on legislation, oversight, extent and consequences*）（本書では，Normacare 報告書としている）
2013 年

本書の第Ⅱ部は，Gabrielle Meagher と Marta Szebehely が監修した報告書『北欧諸国の高齢者介護における市場化：法制度，監督，範囲，結果に関する調査報告書』（*Marketisation in Nordic eldercare: A research report on legislation, oversight, extent and consequences*）から，スウェーデン，デンマーク，ノルウェー各国の状況と北欧 4 カ国の比較が書かれた章の翻訳で構成されている．Normacare 報告書は Normacare（Research Network on Marketisation in Eldercare）のメンバーにより執筆されており，ホームページからのダウンロードが可能である（http://www.normacare.net）．

Normacare は，北欧 4 カ国を中心に介護分野の研究者が参加している．ホームページには Normacare に参加する研究者が刊行した論文のリストが掲載されている．Normacare のアジェンダは次のとおりである（www.normacare.net/about-no/）．

Normacare は，市場化の考え方，つまり市場の考え方，実践，組織の登場と展開が北欧諸国においてどのように形成され，また再形成されているのかを調査することを目的とした共同研究プロジェクトである．

Normacare には比較研究が不可欠であり，それは研究対象国で市場化がそれぞれ異なった形で展開しているからである．たとえばフィンランドとスウェーデンでは，税財源によって営利事業者が提供するサービス供給が大幅に増加しているが，デンマークとノルウェーでは高齢者介護における営利部門の供給はそれほど増加していない．北欧諸国においては，民営化の速度は異なるものの，すべての国において，市場原理に基づく操作の原理が導入されてきた．

Normacare には学際的研究も不可欠であり，それは市場化が起こす変化や課題は複雑だからである．たとえば，市場化によって，介護サービス利用者は次第に顧客として扱われるようになり，介護サービスは民間事業者による提供か公的機関による提供かにかかわらず，ますます個人化し，パーソナライズされていくことが予測される．このような展開のなかで地域を超えた，市民と国家の関係性や，高齢者介護システムのなかで相互に作用する市民と組織や専門職との間の関係性も変わってきた．

市場化は社会科学，社会福祉学，経営学といった学問領域を超えた学際的比較研究によってこそ，適切に答えを導くことができるとして次の問いを投げかけている．

—北欧諸国において，いつ，どのようにして 高齢者介護における市場改革が導入されてきたのか？
—高齢者介護における市場化や民営化の進行において，北欧諸国間で政策を学び合ってきたことが，どのような役割を果たしてきたのか？
—どのような政策ツール（自己負担額の調整，外部委託，税額控除，バウチャー，利用者選択制度など）がそれぞれの国で，民間サービス供給の成長を促進してきたか，あるいは阻害してきたか？
—各国の高齢者介護において，営利組織と非営利組織の供給どの程度か？
—民間事業者はどのような規制を受けているか？民間事業者は公的事業者と異なる方法で規制されているか？
—市場化は，公共支出の増加に対する懸念，介護サービスの質，利用者のエンパワメントなど，さまざまな課題の解決策としてとらえられてきた．これらの課題が解決されたという証拠は何か？新たな課題が登場したのではないか？
—政策議論では，市場化は消費者をエンパワーするものとされるが，実際にはどうか？民間事業者が参入する市場モデルのなかで，サービスを利用するプロセスにおいて，（利用者の立場からみて）どのような変化があるのか？それらは新たな利益なのか，新たな課題なのか？市場化は家族やインフォーマルな介護者にどのような影響を与えているのか？
—市場化は介護従事者にどのように影響しているか？民間事業者が市場に参入するとき，高齢者介護の民間事業者と公的事業者の間で職員の雇用条件の違いが出てくるのか？税財源で運営されるホームヘルプと，（公式か非公式かいずれかの）家事サービス市場とはどのように関係しているか？
—民営化は，異なる社会階層の間で利用者のサービスの利用・配分の変化をもたらしているか？（不平等は増加しているのか，減少しているのか？）
—営利事業者の登場は，国レベル，自治体レベル，そして組織内において，従事者やサービス利用者による社会的な介護サービスの民主的運営に影響しているか？

Normacare 報告書は，北欧 4 カ国の高齢者介護の変容をとらえ，新しい高齢者介護の形を伝えるものとして貴重な情報源となっている．
（アジェンダは www.normacare.net/about-no/ より邦訳）

2. NORDCARE 調査および NORDCARE 日本調査の結果に基づく北欧 4 カ国と日本のクロス集計

◆属性

(A1) あなたの性別は.

Are you a...?

		性別	
		女性	男性
施設	日本(JP)	64.8%	35.2%
	デンマーク(DK)	98.3%	1.7%
	ノルウェー(NO)	98.4%	1.6%
	スウェーデン(SE)	96.6%	3.4%
	フィンランド(FI)	98.9%	1.1%
在宅	日本(JP)	94.8%	5.2%
	デンマーク(DK)	98.5%	1.5%
	ノルウェー(NO)	95.5%	4.5%
	スウェーデン(SE)	96.2%	3.8%
	フィンランド(FI)	98.8%	1.2%

(A2) あなたの年齢は.

Is your age...?

		年齢			
		度数	標準偏差	平均値	中央値
施設	日本(JP)	233	10.371	35.79	34.00
	デンマーク(DK)	398	10.149	46.23	47.00
	ノルウェー(NO)	428	10.467	46.81	47.50
	スウェーデン(SE)	320	12.031	45.29	47.00
	フィンランド(FI)	443	10.676	45.24	47.00
在宅	日本(JP)	482	10.469	52.34	53.00
	デンマーク(DK)	325	9.476	45.96	47.00
	ノルウェー(NO)	242	10.823	46.36	48.00
	スウェーデン(SE)	208	11.305	44.21	44.00
	フィンランド(FI)	164	10.940	46.47	49.00

◆雇用，勤務時間，職場について

(A4) あなたは次のどこで働いていますか．
Do you work...?

		働いている地域		
		大都市	地方都市・一般都市	地方の過疎地域・地方の減少地域
施設	日本(JP)	29.3%	56.0%	14.7%
	デンマーク(DK)	27.2%	54.4%	18.4%
	ノルウェー(NO)	10.8%	41.0%	48.2%
	スウェーデン(SE)	15.6%	58.4%	25.9%
	フィンランド(FI)	13.3%	58.2%	28.5%
在宅	日本(JP)	23.1%	60.5%	16.4%
	デンマーク(DK)	26.8%	46.8%	26.5%
	ノルウェー(NO)	13.3%	42.1%	44.6%
	スウェーデン(SE)	14.1%	56.6%	29.3%
	フィンランド(FI)	21.0%	46.1%	32.9%

(A5) あなたは高齢者介護に関する教育あるいは訓練を受けましたか．
Have you got any specialized education or training in working with elderly?

		高齢者介護に関する教育経験					
		いいえ	1ヶ月未満	1〜5ヶ月	6〜11ヶ月	1〜2年	2年以上
施設	日本(JP)	13.7%	9.4%	17.2%	6.7%	19.8%	33.2%
	デンマーク(DK)	1.0%	0.5%	2.2%	7.9%	54.7%	33.7%
	ノルウェー(NO)	5.3%	0.5%	1.8%	12.4%	42.3%	37.8%
	スウェーデン(SE)	6.8%	0.9%	6.2%	11.1%	41.5%	33.4%
	フィンランド(FI)	4.3%	0.7%	1.3%	5.4%	40.9%	47.4%
在宅	日本(JP)	2.1%	8.8%	43.4%	19.5%	10.1%	16.2%
	デンマーク(DK)	1.9%	2.2%	9.9%	8.7%	53.9%	23.5%
	ノルウェー(NO)	22.2%	2.5%	2.1%	7.1%	33.9%	32.2%
	スウェーデン(SE)	14.5%	2.4%	7.2%	7.2%	43.0%	25.6%
	フィンランド(FI)	3.6%	0.6%	5.4%	4.8%	32.5%	53.0%

(A6) あなたは高齢者介護の仕事を何年していますか.
Altogether, for how long have you been working with care of elderly?

		介護の仕事の経験年数				
		1年未満	1〜5年	6〜9年	10〜19年	20年以上
施設	日本(JP)	5.1%	41.0%	24.3%	25.6%	4.0%
	デンマーク(DK)	0.2%	16.1%	14.4%	30.0%	39.2%
	ノルウェー(NO)	0.2%	7.8%	12.8%	39.7%	39.4%
	スウェーデン(SE)	0.9%	18.9%	13.6%	30.7%	35.9%
	フィンランド(FI)	1.3%	18.4%	11.5%	35.1%	33.7%
在宅	日本(JP)	5.2%	27.6%	33.7%	29.9%	3.5%
	デンマーク(DK)	1.2%	14.6%	21.7%	30.7%	31.9%
	ノルウェー(NO)	0.0%	13.8%	16.3%	31.8%	38.1%
	スウェーデン(SE)	2.4%	15.9%	16.9%	38.6%	26.1%
	フィンランド(FI)	3.6%	16.3%	17.5%	27.1%	35.5%

(A8) あなたの家族で主に生活費の負担をしているのは誰ですか（日本のみ）.
Who is mainly paying the living expenses in your family? (Japan)

	主な生活費負担者		
	自分	自分以外	折半等
施設	45.9%	29.3%	24.8%
在宅	25.0%	55.7%	19.2%

(B5) あなたの雇用主は次のどれにあたりますか.
Who is your employer?

日本 (JP)	雇用主（日本）							
	市町村，都道府県，国	社会福祉法人	医療法人	大規模な民間企業	小規模な民間企業	NPO 法人，協同組合等	人材派遣会社	その他
施設	7.7%	84.4%	5.7%	0.3%	0.3%	0.3%	0.8%	0.5%
在宅	5.3%	30.9%	0.0%	41.4%	9.7%	11.6%	0.2%	0.9%

		雇用主						
		公的	その他	民間（大）	民間（小）	非営利	派遣	その他
施設	デンマーク(DK)	96.2%	0.5%	0.8%	0.0%	2.3%	0.0%	0.3%
	ノルウェー(NO)	98.6%	0.0%	0.2%	0.5%	0.7%	0.0%	0.0%
	スウェーデン(SE)	94.3%	0.3%	3.8%	1.3%	0.0%	0.0%	0.3%
	フィンランド(FI)	84.6%	0.0%	2.1%	4.4%	7.6%	0.0%	1.4%
在宅	デンマーク(DK)	98.8%	0.3%	0.0%	0.3%	0.0%	0.6%	0.0%
	ノルウェー(NO)	99.2%	0.0%	0.0%	0.4%	0.0%	0.4%	0.0%
	スウェーデン(SE)	97.1%	0.0%	2.4%	0.5%	0.0%	0.0%	0.0%
	フィンランド(FI)	89.6%	1.2%	0.6%	2.4%	4.3%	0.0%	1.8%

(B6) あなたの雇用形態は次のどれにあたりますか.
What are your employment conditions? Do you have...?

日本(JP)	雇用形態	
	正規	非正規
施設	83.2%	16.8%
在宅	32.0%	68.0%

		雇用形態			
		無期雇用	有期雇用	時間給	その他
施設	デンマーク(DK)	95.7%	3.3%	0.3%	0.8%
	ノルウェー(NO)	94.0%	4.3%	1.2%	0.5%
	スウェーデン(SE)	87.4%	4.1%	7.9%	0.6%
	フィンランド(FI)	75.7%	19.1%	0.7%	4.5%
在宅	デンマーク(DK)	94.7%	2.8%	1.9%	0.6%
	ノルウェー(NO)	91.1%	6.0%	1.3%	1.7%
	スウェーデン(SE)	87.0%	5.3%	6.7%	1.0%
	フィンランド(FI)	76.0%	21.0%	2.4%	0.6%

(B7) 自分の勤務時間について, 1～2 週間前にはわかっていますか.
Do you know your working hours 1-2 weeks in advance?

	雇用時間が 1～2 週間前にわかっているか			
	ほとんどいつもわかっている	わかっていることが多い	わかっていることはほとんどない	わかっていることは決してない
日本(JP)	77.6%	19.5%	2.9%	0.0%
デンマーク(DK)	95.8%	3.2%	0.5%	0.5%
ノルウェー(NO)	88.2%	6.7%	4.4%	0.7%
スウェーデン(SE)	87.9%	6.5%	5.3%	0.3%
フィンランド(FI)	87.6%	9.0%	2.7%	0.7%
日本(JP)	66.0%	24.1%	8.3%	1.6%
デンマーク(DK)	95.2%	1.8%	1.2%	1.8%
ノルウェー(NO)	87.2%	6.6%	5.4%	0.8%
スウェーデン(SE)	81.3%	9.1%	7.2%	2.4%
フィンランド(FI)	90.4%	6.6%	3.0%	0.0%

(B8) あなたの仕事はフルタイムですか，パートタイムですか.
Do you work full time or part time?

		フルタイム	パートタイム
施設	日本(JP)	93.1%	6.9%
	デンマーク(DK)	34.8%	65.2%
	ノルウェー(NO)	33.0%	67.0%
	スウェーデン(SE)	35.7%	64.3%
	フィンランド(FI)	89.5%	10.5%
在宅	日本(JP)	41.9%	58.1%
	デンマーク(DK)	45.1%	54.9%
	ノルウェー(NO)	33.9%	66.1%
	スウェーデン(SE)	35.1%	64.9%
	フィンランド(FI)	89.2%	10.8%

パート勤務時間数
Approximately... hours per week (part-time workers only)

職場別		度数	平均値	標準 偏差
施設	日本(JP)	26	26.923	6.3241
	デンマーク(DK)	278	29.460	3.6529
	ノルウェー(NO)	266	24.226	6.7026
	スウェーデン(SE)	193	26.845	6.0292
	フィンランド(FI)	46	23.533	7.6154
在宅	日本(JP)	318	15.362	8.2560
	デンマーク(DK)	201	30.033	3.9095
	ノルウェー(NO)	153	25.123	6.4741
	スウェーデン(SE)	128	27.953	5.6886
	フィンランド(FI)	15	23.777	12.4620

(B9) あなたは勤務時間に満足していますか.

Are you satisfied with the number of hours you work?

		勤務時間に満足しているか		
		はい	いいえ，もっと長い時間働きたい	いいえ（給料が下がっても）時間を減らしたい
施設	日本(JP)	87.9%	0.5%	11.5%
	デンマーク(DK)	92.3%	6.2%	1.5%
	ノルウェー(NO)	70.3%	27.4%	2.3%
	スウェーデン(SE)	79.9%	17.6%	2.5%
	フィンランド(FI)	83.9%	3.6%	12.5%
在宅	日本(JP)	74.2%	12.5%	13.3%
	デンマーク(DK)	91.4%	6.1%	2.5%
	ノルウェー(NO)	75.2%	23.6%	1.2%
	スウェーデン(SE)	79.9%	17.2%	2.9%
	フィンランド(FI)	88.4%	2.4%	9.1%

(B10) あなたの勤務時間を教えてください.
When do you usually work?

(B10_1) 平日の日中
Weekdays, daytime

		平日の日中	
		あり	なし
施設	日本(JP)	99.7%	0.3%
	デンマーク(DK)	57.4%	42.6%
	ノルウェー(NO)	68.1%	31.9%
	スウェーデン(SE)	74.4%	25.6%
	フィンランド(FI)	96.6%	3.4%
在宅	日本(JP)	98.8%	1.2%
	デンマーク(DK)	80.4%	19.6%
	ノルウェー(NO)	79.1%	20.9%
	スウェーデン(SE)	78.7%	21.3%
	フィンランド(FI)	94.7%	5.3%

(B10_2) 平日の夕方以降
Weekdays, evenings

		平日の夕方以降	
		あり	なし
施設	日本(JP)	82.3%	17.7%
	デンマーク(DK)	42.2%	57.8%
	ノルウェー(NO)	82.6%	17.4%
	スウェーデン(SE)	78.8%	21.3%
	フィンランド(FI)	91.6%	8.4%
在宅	日本(JP)	46.4%	53.6%
	デンマーク(DK)	18.7%	81.3%
	ノルウェー(NO)	66.4%	33.6%
	スウェーデン(SE)	68.2%	31.8%
	フィンランド(FI)	63.3%	36.7%

(B10_3) 週末
Weekends

		週末	
		あり	なし
施設	日本(JP)	83.6%	16.4%
	デンマーク(DK)	67.9%	32.1%
	ノルウェー(NO)	84.9%	15.1%
	スウェーデン(SE)	80.0%	20.0%
	フィンランド(FI)	91.2%	8.8%
在宅	日本(JP)	51.5%	48.5%
	デンマーク(DK)	64.2%	35.8%
	ノルウェー(NO)	73.8%	26.2%
	スウェーデン(SE)	81.0%	19.0%
	フィンランド(FI)	74.0%	26.0%

(B10_4) 夜勤
NIghttime

		夜勤	
		あり	なし
施設	日本(JP)	88.1%	11.9%
	デンマーク(DK)	15.4%	84.6%
	ノルウェー(NO)	22.5%	77.5%
	スウェーデン(SE)	18.8%	81.3%
	フィンランド(FI)	68.2%	31.8%
在宅	日本(JP)	5.8%	94.2%
	デンマーク(DK)	5.1%	94.9%
	ノルウェー(NO)	14.8%	85.2%
	スウェーデン(SE)	14.7%	85.3%
	フィンランド(FI)	9.5%	90.5%

(B10_5) 宿直
"On duty" (sleep at the working site)

		平日の日中	
		あり	なし
施設	日本(JP)	0.1%	99.9%
	デンマーク(DK)	0.0%	100.0%
	ノルウェー(NO)	2.9%	97.1%
	スウェーデン(SE)	3.8%	96.2%
	フィンランド(FI)	1.8%	98.2%
在宅	日本(JP)	1.1%	98.9%
	デンマーク(DK)	0.0%	100.0%
	ノルウェー(NO)	1.1%	98.9%
	スウェーデン(SE)	1.9%	98.1%
	フィンランド(FI)	1.6%	98.4%

(B11) あなたの職場では，直属の上司との打合わせはどのくらいの頻度で行いますか．
At your workplace, how often are there meetings between the staff and your immediate supervisor?

		上司との打合わせ頻度				
		だいたい毎日	週1回程度	月1回程度	ほとんどない，または決してない	私には上司がいない
施設	日本(JP)	40.9%	24.9%	23.3%	11.0%	0.0%
	デンマーク(DK)	21.3%	21.0%	35.4%	22.3%	0.0%
	ノルウェー(NO)	22.7%	12.1%	41.9%	23.2%	0.0%
	スウェーデン(SE)	5.4%	12.7%	70.3%	11.4%	0.3%
	フィンランド(FI)	76.1%	15.7%	6.1%	2.0%	0.0%
在宅	日本(JP)	33.8%	31.7%	28.7%	5.6%	0.2%
	デンマーク(DK)	29.4%	37.5%	17.2%	15.2%	0.6%
	ノルウェー(NO)	34.0%	20.0%	26.8%	19.1%	0.0%
	スウェーデン(SE)	9.3%	22.1%	59.3%	9.3%	0.0%
	フィンランド(FI)	49.1%	33.3%	15.2%	1.8%	0.6%

◆介護サービス利用者と介護の仕事について

(C2) 普段，1日で何人の異なる方を介護していますか.
In general, how many different persons do you usually assist during a working day/shift?

			平日の日中の最大介護者数／日	平日夕方以降の最大介護者数／日	週末の最大介護者数／日	夜勤の最大介護者数／日
在宅	日本(JP)	標準 偏差	2.2863	1.5313	2.5608	0.7055
		平均値	4.422	0.847	2.055	0.111
		中央値	4.000	0.000	1.000	0.000
	デンマーク(DK)	標準 偏差	5.6418	11.4822	4.1300	15.8951
		平均値	8.002	12.421	11.304	10.944
		中央値	7.000	9.000	11.000	2.000
	ノルウェー(NO)	標準 偏差	4.1610	7.2791	6.5740	4.5301
		平均値	8.105	10.076	10.041	0.549
		中央値	8.000	10.750	10.500	-1.000
	スウェーデン(SE)	標準 偏差	5.6026	6.8029	6.7394	11.1900
		平均値	9.090	12.613	11.952	7.095
		中央値	8.000	12.000	12.000	1.000
	フィンランド(FI)	標準 偏差	5.2894	5.6935	5.9294	22.9370
		平均値	7.858	12.885	13.286	20.868
		中央値	6.000	12.000	12.000	20.000
施設	日本(JP)	標準 偏差	14.5738	15.8001	16.2684	19.6894
		平均値	22.814	19.588	19.931	27.500
		中央値	20.000	19.500	19.000	25.000
	デンマーク(DK)	標準 偏差	3.7840	6.0896	5.4877	12.3961
		平均値	6.147	9.627	7.842	17.889
		中央値	5.000	8.500	6.000	16.750
	ノルウェー(NO)	標準 偏差	5.5245	6.1662	4.9245	11.6867
		平均値	7.652	8.701	8.233	4.714
		中央値	7.000	8.000	7.500	-1.000
	スウェーデン(SE)	標準 偏差	3.9686	4.0130	3.8778	17.2805
		平均値	8.506	9.674	9.689	13.500
		中央値	8.000	9.500	10.000	5.000
	フィンランド(FI)	標準 偏差	9.1667	9.6769	9.4957	13.7633
		平均値	15.176	17.663	16.895	29.528
		中央値	13.000	15.000	15.000	30.000

(C2) その人数は適当だと思いますか.
Do you find that an appropriate number of persons to assist?

(C2_1) 平日の日中
Weekdays, daytime

		その人数は適当か（平日の日中）			
		多すぎる	適当	少なすぎる	非該当
施設	日本(JP)	38.2%	57.5%	4.0%	0.3%
	デンマーク(DK)	25.0%	66.7%	8.3%	0.0%
	ノルウェー(NO)	32.7%	67.3%	0.0%	0.0%
	スウェーデン(SE)	25.0%	71.4%	3.6%	0.0%
	フィンランド(FI)	49.5%	50.5%	0.0%	0.0%
	日本(JP)	17.9%	76.1%	4.7%	1.3%
	デンマーク(DK)	33.3%	66.7%	0.0%	0.0%
	ノルウェー(NO)	41.7%	58.3%	0.0%	0.0%
	スウェーデン(SE)	30.8%	61.5%	7.7%	0.0%
	フィンランド(FI)	30.0%	70.0%	0.0%	0.0%

(C2_2) 平日の夕方以降
Weekdays, eveningss

		その人数は適当か（平日の夕方以降）			
		多すぎる	適当	少なすぎる	非該当
施設	日本(JP)	34.8%	45.7%	4.0%	15.5%
	デンマーク(DK)	50.0%	50.0%	0.0%	0.0%
	ノルウェー(NO)	50.9%	49.1%	0.0%	0.0%
	スウェーデン(SE)	35.7%	64.3%	0.0%	0.0%
	フィンランド(FI)	64.8%	35.2%	0.0%	0.0%
在宅	日本(JP)	3.9%	39.9%	1.8%	54.4%
	デンマーク(DK)	50.0%	50.0%	0.0%	0.0%
	ノルウェー(NO)	45.8%	54.2%	0.0%	0.0%
	スウェーデン(SE)	38.5%	53.8%	7.7%	0.0%
	フィンランド(FI)	40.0%	60.0%	0.0%	0.0%

(C2_3) 週末
Weekends

		その人数は適当か（平日の夕方以降）			
		多すぎる	適当	少なすぎる	非該当
施設	日本(JP)	31.9%	47.7%	4.6%	15.8%
	デンマーク(DK)	58.3%	41.7%	0.0%	0.0%
	ノルウェー(NO)	52.7%	47.3%	0.0%	0.0%
	スウェーデン(SE)	39.3%	60.7%	0.0%	0.0%
	フィンランド(FI)	61.6%	38.1%	0.4%	0.0%
在宅	日本(JP)	8.4%	40.1%	2.4%	49.1%
	デンマーク(DK)	33.3%	66.7%	0.0%	0.0%
	ノルウェー(NO)	58.3%	41.7%	0.0%	0.0%
	スウェーデン(SE)	38.5%	53.8%	7.7%	0.0%
	フィンランド(FI)	50.0%	50.0%	0.0%	0.0%

(C2_4) 夜勤
Nighttime

		その人数は適当か（平日の夕方以降）			
		多すぎる	適当	少なすぎる	非該当
施設	日本(JP)	46.6%	38.5%	3.4%	11.5%
	デンマーク(DK)	16.7%	83.3%	0.0%	0.0%
	ノルウェー(NO)	43.6%	50.9%	5.5%	0.0%
	スウェーデン(SE)	46.4%	53.6%	0.0%	0.0%
	フィンランド(FI)	62.6%	37.4%	0.0%	0.0
在宅	日本(JP)	0.3%	4.4%	0.6%	94.7%
	デンマーク(DK)	33.3%	66.7%	0.0%	0.0%
	ノルウェー(NO)	16.7%	75.0%	8.3%	0.0%
	スウェーデン(SE)	23.1%	69.2%	7.7%	0.0%
	フィンランド(FI)	60.0%	40.0%	0.0%	0.0%

(C3) あなたが普段，介護している人の中に，下記の状態にある方々はどれだけいますか.
Can you estimate how many of those you usually assist...

(C3a) あなたが普段，介護している人の中に，「室内の移動介助を必要とする人（あるいは“ねたきり”の人)」はどれだけいますか.
...require assistance to move or are “bed bound”?

		室内の移動介助を必要とする人				
		なし	数名	半数	ほとんど	全て
施設	日本(JP)	1.1%	29.1%	24.3%	43.2%	2.4%
	デンマーク(DK)	0.5%	31.5%	29.4%	32.5%	6.1%
	ノルウェー(NO)	4.8%	24.5%	16.5%	44.8%	9.4%
	スウェーデン(SE)	2.2%	25.9%	19.4%	43.8%	8.8%
	フィンランド(FI)	3.9%	23.9%	13.8%	41.4%	17.0%
在宅	日本(JP)	14.0%	69.8%	11.1%	5.0%	0.2%
	デンマーク(DK)	4.1%	55.2%	24.1%	15.0%	1.6%
	ノルウェー(NO)	10.8%	53.2%	17.3%	18.6%	0.0%
	スウェーデン(SE)	6.7%	59.3%	14.4%	14.8%	4.8%
	フィンランド(FI)	12.3%	72.2%	8.0%	4.9%	2.5%

(C3b) あなたが普段，介護している人の中に，「精神障害のある人」はどれだけいますか.
...are mentally disabled / ill?

		精神障害のある人				
		なし	数名	半数	ほとんど	全て
施設	日本(JP)	13.1%	79.0%	5.5%	2.5%	0.0%
	デンマーク(DK)	8.2%	64.4%	10.1%	10.7%	6.6%
	ノルウェー(NO)	15.9%	60.8%	7.8%	8.9%	6.5%
	スウェーデン(SE)	19.0%	59.1%	10.0%	8.2%	3.7%
	フィンランド(FI)	2.8%	71.1%	11.0%	11.7%	3.3%
在宅	日本(JP)	34.3%	60.9%	3.7%	1.1%	0.0%
	デンマーク(DK)	8.7%	72.2%	12.3%	4.7%	2.2%
	ノルウェー(NO)	9.9%	77.5%	5.9%	5.0%	1.8%
	スウェーデン(SE)	15.3%	70.9%	5.3%	5.8%	2.6%
	フィンランド(FI)	4.4%	74.1%	10.8%	9.5%	1.3%

(C3c) あなたが普段，介護している人の中に，「認知症の人」はどれだけいますか.
...are demented?

		認知症の人				
		なし	数名	半数	ほとんど	全て
施設	日本(JP)	0.5%	9.3%	21.0%	60.4%	8.8%
	デンマーク(DK)	1.8%	37.6%	21.0%	22.0%	17.7%
	ノルウェー(NO)	4.3%	29.4%	21.8%	22.7%	21.8%
	スウェーデン(SE)	3.5%	29.3%	17.2%	24.2%	25.8%
	フィンランド(FI)	0.7%	20.6%	20.9%	43.1%	14.7%
在宅	日本(JP)	6.8%	69.3%	14.9%	8.7%	0.3%
	デンマーク(DK)	1.9%	70.5%	17.1%	8.3%	2.2%
	ノルウェー(NO)	6.0%	62.0%	23.5%	7.7%	0.9%
	スウェーデン(SE)	6.6%	53.3%	22.8%	15.2%	2.0%
	フィンランド(FI)	0.0%	43.0%	21.8%	32.1%	3.0%

(C3d) あなたが普段，介護している人の中に，「知的障害の人」はどれだけいますか.
...are with intellectual disability?

		知的障害の人				
		なし	数名	半数	ほとんど	全て
施設	日本(JP)	54.3%	44.6%	0.6%	0.6%	0.0%
	デンマーク(DK)	79.7%	18.8%	0.7%	0.4%	0.4%
	ノルウェー(NO)	63.4%	26.5%	2.4%	2.7%	4.9%
	スウェーデン(SE)	77.7%	15.8%	0.4%	1.1%	4.9%
	フィンランド(FI)	55.9%	40.4%	0.2%	1.0%	2.5%
在宅	日本(JP)	55.3%	43.4%	1.1%	0.2%	0.0%
	デンマーク(DK)	68.8%	30.3%	0.4%	0.4%	0.0%
	ノルウェー(NO)	44.9%	49.8%	2.4%	1.4%	1.4%
	スウェーデン(SE)	71.1%	23.9%	0.0%	1.7%	3.3%
	フィンランド(FI)	44.3%	53.7%	0.7%	0.7%	0.7%

(C3e) あなたが普段，介護している人の中に「アルコール・薬物等の依存症の人」はどれだけいますか.
...have addiction problems?

		アルコール・薬物等の依存症の人				
		なし	数名	半数	ほとんど	全て
施設	日本(JP)	73.7%	26.0%	0.3%	0.0%	0.0%
	デンマーク(DK)	41.4%	54.3%	1.6%	1.6%	1.0%
	ノルウェー(NO)	71.3%	28.4%	0.3%	0.0%	0.0%
	スウェーデン(SE)	72.7%	27.3%	0.0%	0.0%	0.0%
	フィンランド(FI)	45.0%	53.3%	1.0%	0.7%	0.0%
在宅	日本(JP)	78.4%	19.7%	0.9%	0.9%	0.0%
	デンマーク(DK)	27.1%	69.8%	1.5%	0.8%	0.8%
	ノルウェー(NO)	34.3%	64.8%	1.0%	0.0%	0.0%
	スウェーデン(SE)	41.8%	57.1%	0.5%	0.0%	0.5%
	フィンランド(FI)	19.5%	76.7%	1.3%	2.5%	0.0%

(C4) あなたの日常的な仕事を思い起こして下さい．以下の作業をどのくらいしていますか.
Think about what you usually do at work. How often do you...

(C4a) 日常的な仕事で以下の作業をどのくらいしていますか（利用者の家を掃除する（例：掃除機をかける，床にモップをかける等））
...clean a care recipient's home / dwelling (e.g. vacuum or mop the floor)

		利用者の家を掃除する				
		1日に数回	1日に1回	週に1回	1か月に1回	ほとんどない／全くない
施設	日本(JP)	7.2%	18.6%	14.1%	5.5%	54.6%
	デンマーク(DK)	2.4%	14.9%	25.7%	5.4%	51.6%
	ノルウェー(NO)	0.6%	9.1%	12.9%	3.5%	74.0%
	スウェーデン(SE)	1.6%	17.6%	54.6%	8.8%	17.3%
	フィンランド(FI)	1.2%	12.0%	18.3%	3.9%	64.6%
在宅	日本(JP)	65.2%	19.1%	13.1%	1.0%	1.5%
	デンマーク(DK)	15.4%	33.8%	20.6%	2.9%	27.3%
	ノルウェー(NO)	8.2%	8.7%	25.5%	4.8%	52.8%
	スウェーデン(SE)	9.3%	31.2%	35.1%	10.2%	14.1%
	フィンランド(FI)	2.4%	13.2%	44.9%	12.0%	27.5%

(C4b) 日常的な仕事で以下の作業をどのくらいしていますか（温かい食事をつくる(昼食または夕食)).
...prepare a hot meal (lunch or dinner)

		温かい食事をつくる				
		1日に数回	1日に1回	週に1回	1か月に1回	ほとんどない／全くない
施設	日本(JP)	3.6%	1.9%	1.9%	4.4%	88.1%
	デンマーク(DK)	5.7%	32.6%	4.6%	2.2%	55.0%
	ノルウェー(NO)	1.7%	16.2%	7.2%	3.5%	71.3%
	スウェーデン(SE)	6.6%	18.3%	5.2%	1.0%	69.0%
	フィンランド(FI)	1.5%	7.0%	2.7%	0.5%	88.3%
在宅	日本(JP)	50.4%	22.9%	16.9%	1.9%	7.8%
	デンマーク(DK)	12.7%	38.7%	7.7%	2.0%	39.0%
	ノルウェー(NO)	8.2%	23.7%	13.7%	7.8%	46.6%
	スウェーデン(SE)	9.4%	27.7%	8.4%	5.0%	49.5%
	フィンランド(FI)	3.0%	11.5%	17.0%	4.8%	63.6%

(C4c) 日常的な仕事で以下の作業をどのくらいしていますか（調理済みの食事を出す).
...serve ready-made food

		調理済みの食事を出す				
		1日に数回	1日に1回	週に1回	1か月に1回	ほとんどない／全くない
施設	日本(JP)	85.3%	5.3%	1.1%	0.5%	7.8%
	デンマーク(DK)	20.2%	56.3%	3.4%	0.3%	19.9%
	ノルウェー(NO)	38.7%	47.3%	3.0%	0.5%	10.4%
	スウェーデン(SE)	47.4%	33.1%	2.6%	0.3%	16.6%
	フィンランド(FI)	50.0%	27.1%	2.8%	1.2%	18.9%
在宅	日本(JP)	18.2%	20.7%	24.6%	4.7%	31.9%
	デンマーク(DK)	19.6%	55.8%	7.4%	2.9%	14.4%
	ノルウェー(NO)	13.7%	49.1%	14.2%	2.7%	20.4%
	スウェーデン(SE)	25.1%	53.7%	6.4%	0.5%	14.3%
	フィンランド(FI)	32.5%	41.1%	15.3%	3.7%	7.4%

(C4d) 日常的な仕事で以下の作業をどのくらいしていますか（日用品・食料品を買う).
...shop for groceries

		日用品・食料品を買う				
		1日に数回	1日に1回	週に1回	1か月に1回	ほとんどない／全くない
施設	日本(JP)	1.1%	0.5%	17.6%	25.3%	55.5%
	デンマーク(DK)	1.7%	3.4%	21.3%	7.4%	66.2%
	ノルウェー(NO)	0.0%	2.2%	10.8%	2.5%	84.6%
	スウェーデン(SE)	0.0%	2.8%	15.6%	11.1%	70.5%
	フィンランド(FI)	0.0%	0.3%	5.6%	5.6%	88.5%
在宅	日本(JP)	28.4%	19.6%	38.4%	5.8%	7.8%
	デンマーク(DK)	1.6%	4.9%	31.9%	4.6%	56.9%
	ノルウェー(NO)	4.4%	4.8%	35.4%	6.1%	49.3%
	スウェーデン(SE)	4.5%	12.4%	54.0%	5.0%	24.3%
	フィンランド(FI)	4.3%	12.3%	35.0%	5.5%	42.9%

(C4e) 日常的な仕事で以下の作業をどのくらいしていますか（身体介護をする（例：入浴介助，排せつ介助，オムツ交換)).
...assist with personal hygiene, e.g. bathing, toileting, changing a diaper

		身体介護をする				
		1日に数回	1日に1回	週に1回	1か月に1回	ほとんどない／全くない
施設	日本(JP)	96.5%	1.9%	1.3%	0.0%	0.3%
	デンマーク(DK)	61.5%	35.3%	1.7%	0.5%	1.0%
	ノルウェー(NO)	65.2%	30.6%	3.3%	0.0%	0.9%
	スウェーデン(SE)	73.3%	24.8%	1.6%	0.3%	0.0%
	フィンランド(FI)	80.4%	15.0%	2.5%	0.5%	1.6%
在宅	日本(JP)	51.9%	21.1%	18.3%	1.1%	7.7%
	デンマーク(DK)	56.0%	35.1%	2.8%	1.8%	4.3%
	ノルウェー(NO)	53.6%	28.7%	11.0%	1.3%	5.5%
	スウェーデン(SE)	55.1%	35.3%	8.2%	0.5%	1.0%
	フィンランド(FI)	44.9%	37.7%	11.4%	2.4%	3.6%

(C4f) 日常的な仕事で以下の作業をどのくらいしていますか（利用者の移動を補助する（例：ベッドから車いすに移す等)).
...lift or assist in moving a person, e.g. from bed or wheel chair

		利用者の移動を補助する				
		1日に数回	1日に1回	週に1回	1か月に1回	ほとんどない／全くない
施設	日本(JP)	98.7%	1.1%	0.3%	0.0%	0.0%
	デンマーク(DK)	57.5%	34.4%	3.0%	0.8%	4.3%
	ノルウェー(NO)	62.3%	24.7%	2.9%	1.2%	8.8%
	スウェーデン(SE)	70.5%	23.5%	1.6%	0.6%	3.8%
	フィンランド(FI)	74.5%	18.9%	1.4%	0.7%	4.5%
在宅	日本(JP)	27.0%	25.0%	26.4%	3.2%	18.2%
	デンマーク(DK)	43.1%	34.4%	11.6%	2.5%	8.4%
	ノルウェー(NO)	33.9%	31.8%	15.3%	3.8%	15.3%
	スウェーデン(SE)	42.0%	36.7%	11.6%	1.4%	8.2%
	フィンランド(FI)	17.6%	36.4%	24.8%	7.9%	13.3%

(C4g) 日常的な仕事で以下の作業をどのくらいしていますか（利用者と一緒にお茶やコーヒーを飲む).
...have a cup of coffee or tea with a care recipient

		利用者と一緒にお茶やコーヒーを飲む				
		1日に数回	1日に1回	週に1回	1か月に1回	ほとんどない／全くない
施設	日本(JP)	13.7%	9.1%	7.5%	6.7%	62.9%
	デンマーク(DK)	17.6%	51.9%	10.7%	3.1%	16.6%
	ノルウェー(NO)	14.0%	45.9%	15.0%	4.0%	21.1%
	スウェーデン(SE)	14.3%	37.8%	9.2%	5.4%	33.3%
	フィンランド(FI)	4.1%	15.5%	6.7%	6.2%	67.5%
在宅	日本(JP)	2.6%	3.7%	14.1%	5.4%	74.1%
	デンマーク(DK)	6.7%	28.7%	27.7%	7.0%	29.9%
	ノルウェー(NO)	5.5%	13.9%	22.3%	9.7%	48.7%
	スウェーデン(SE)	3.4%	13.2%	20.0%	9.3%	54.1%
	フィンランド(FI)	4.8%	16.2%	32.9%	13.8%	32.3%

（C4h）日常的な仕事で以下の作業をどのくらいしていますか（利用者を元気づけ，安心感を与える）.
...provide support or comfort to a care recipient

		利用者を元気づけ，安心感を与える				
		1日に数回	1日に1回	週に1回	1か月に1回	ほとんどない／全くない
施設	日本(JP)	88.4%	8.1%	1.4%	0.3%	1.9%
	デンマーク(DK)	31.9%	54.8%	7.7%	2.8%	2.8%
	ノルウェー(NO)	50.8%	40.0%	7.3%	0.9%	0.9%
	スウェーデン(SE)	48.1%	42.7%	5.7%	0.6%	2.8%
	フィンランド(FI)	47.6%	43.2%	6.7%	1.4%	1.1%
在宅	日本(JP)	68.6%	14.1%	11.6%	1.2%	4.5%
	デンマーク(DK)	21.0%	53.1%	16.4%	6.5%	3.1%
	ノルウェー(NO)	31.1%	51.7%	11.3%	3.4%	2.5%
	スウェーデン(SE)	29.8%	49.8%	14.6%	2.9%	2.9%
	フィンランド(FI)	40.2%	44.4%	14.2%	0.6%	0.6%

（C4i）日常的な仕事で以下の作業をどのくらいしていますか（利用者の散歩に付き添う）.
...accompany a care recipient on a walk

		利用者の散歩に付き添う				
		1日に数回	1日に1回	週に1回	1か月に1回	ほとんどない／全くない
施設	日本(JP)	15.1%	14.3%	20.8%	22.9%	27.0%
	デンマーク(DK)	3.8%	12.6%	21.5%	14.5%	47.6%
	ノルウェー(NO)	1.5%	10.6%	13.5%	11.1%	63.4%
	スウェーデン(SE)	2.0%	11.8%	20.7%	11.5%	53.9%
	フィンランド(FI)	5.5%	17.7%	16.3%	14.4%	46.0%
在宅	日本(JP)	1.2%	2.9%	14.0%	6.1%	75.7%
	デンマーク(DK)	1.3%	2.9%	10.2%	6.7%	79.0%
	ノルウェー(NO)	0.8%	5.9%	13.5%	8.9%	70.9%
	スウェーデン(SE)	1.0%	11.5%	36.0%	13.0%	38.5%
	フィンランド(FI)	0.6%	9.6%	33.7%	14.5%	41.6%

(C4j) 日常的な仕事で以下の作業をどのくらいしていますか (事務作業をする (書類整理, 予約等)).
...do administrative tasks, paper work such as documentation, ordering articles or calling in staff

		事務作業をする				
		1日に数回	1日に1回	週に1回	1か月に1回	ほとんどない／全くない
施設	日本(JP)	44.1%	16.6%	14.4%	6.1%	18.7%
	デンマーク(DK)	15.5%	30.7%	15.2%	4.5%	34.1%
	ノルウェー(NO)	6.1%	28.4%	15.5%	9.1%	40.9%
	スウェーデン(SE)	16.4%	36.0%	23.2%	6.8%	17.7%
	フィンランド(FI)	25.6%	46.5%	7.0%	3.5%	17.4%
在宅	日本(JP)	33.7%	10.2%	10.8%	5.3%	40.0%
	デンマーク(DK)	14.6%	19.1%	14.2%	10.0%	42.1%
	ノルウェー(NO)	7.6%	21.5%	10.5%	10.1%	50.2%
	スウェーデン(SE)	10.8%	35.0%	19.7%	7.4%	27.1%
	フィンランド(FI)	26.9%	26.9%	13.8%	4.8%	27.5%

(C5) 最近1カ月にあなたは次の仕事をしましたか.
During the last month you were working-did you perform any of the following tasks at work?

(C5a) 歩く訓練, 言語トレーニング, その他リハビリ
Carried out walking or speech training or did other rehabilitation work

		歩く訓練, 言語トレーニング, その他リハビリ	
		はい	いいえ
施設	日本(JP)	32.1%	67.9%
	デンマーク(DK)	47.8%	52.2%
	ノルウェー(NO)	69.4%	30.6%
	スウェーデン(SE)	65.3%	34.7%
	フィンランド(FI)	87.2%	12.8%
在宅	日本(JP)	13.0%	87.0%
	デンマーク(DK)	32.8%	67.2%
	ノルウェー(NO)	51.2%	48.8%
	スウェーデン(SE)	56.0%	44.0%
	フィンランド(FI)	67.7%	32.3%

(C5b) 調合された薬を手渡した

Handed out dispensed medicine

		調合された薬を手渡した	
		はい	いいえ
施設	日本(JP)	93.3%	6.7%
	デンマーク(DK)	92.1%	7.9%
	ノルウェー(NO)	85.8%	14.2%
	スウェーデン(SE)	90.4%	9.6%
	フィンランド(FI)	80.0%	20.0%
在宅	日本(JP)	71.7%	28.3%
	デンマーク(DK)	87.8%	12.2%
	ノルウェー(NO)	82.2%	17.8%
	スウェーデン(SE)	85.2%	14.8%
	フィンランド(FI)	94.0%	6.0%

(C5c) 注射をした

Gave an injection

		注射をした	
		はい	いいえ
施設	日本(JP)	0.3%	99.7%
	デンマーク(DK)	18.3%	81.7%
	ノルウェー(NO)	29.9%	70.1%
	スウェーデン(SE)	36.5%	63.5%
	フィンランド(FI)	64.7%	35.3%
在宅	日本(JP)	0.0%	100.0%
	デンマーク(DK)	11.6%	88.4%
	ノルウェー(NO)	31.8%	68.2%
	スウェーデン(SE)	37.3%	62.7%
	フィンランド(FI)	59.3%	40.7%

（C5d）利用者へのヘアセット，マニキュア，ペディキュア（美容に関すること）をした
Set a care recipient's hair, performed a manicure or pedicure（about appearance）

		利用者の美容に関することをした	
		はい	いいえ
施設	日本(JP)	60.4%	39.6%
	デンマーク(DK)	66.3%	33.7%
	ノルウェー(NO)	78.2%	21.8%
	スウェーデン(SE)	74.6%	25.4%
	フィンランド(FI)	88.3%	11.7%
在宅	日本(JP)	11.0%	89.0%
	デンマーク(DK)	61.9%	38.1%
	ノルウェー(NO)	73.4%	26.6%
	スウェーデン(SE)	70.8%	29.2%
	フィンランド(FI)	90.4%	9.6%

（C5e）利用者の外出の用事に付き添った（例：病院，買い物，銀行に行った等）
Accompanied a care recipient for an errand outside the home/residence（e.g. doctor's appontment, shop, bank）

		利用者の外出の用事に付き添った	
		はい	いいえ
施設	日本(JP)	29.0%	71.0%
	デンマーク(DK)	25.5%	74.5%
	ノルウェー(NO)	27.4%	72.6%
	スウェーデン(SE)	38.4%	61.6%
	フィンランド(FI)	22.7%	77.3%
在宅	日本(JP)	48.7%	51.3%
	デンマーク(DK)	13.7%	86.3%
	ノルウェー(NO)	33.1%	66.9%
	スウェーデン(SE)	51.7%	48.3%
	フィンランド(FI)	46.7%	53.3%

(C5f) 利用者とレクリエーションに参加した
Participated in a recreational activity together with one or more care recipients

		利用者とレクリエーションに参加した	
		はい	いいえ
施設	日本(JP)	55.9%	44.1%
	デンマーク(DK)	53.8%	46.2%
	ノルウェー(NO)	67.4%	32.6%
	スウェーデン(SE)	70.6%	29.4%
	フィンランド(FI)	61.7%	38.3%
在宅	日本(JP)	3.3%	96.7%
	デンマーク(DK)	3.3%	96.7%
	ノルウェー(NO)	10.7%	89.3%
	スウェーデン(SE)	12.4%	87.6%
	フィンランド(FI)	12.6%	87.4%

(C5g) 職場以外で，病院，行政，他の介護事業者とコンタクトをとった
Got in touch with the health care system or other supplier of care outside your own workplace

		職場以外で，病院，行政，他の介護事業者とコンタクトを取った	
		はい	いいえ
施設	日本(JP)	17.3%	82.7%
	デンマーク(DK)	62.5%	37.5%
	ノルウェー(NO)	24.8%	75.2%
	スウェーデン(SE)	43.3%	56.7%
	フィンランド(FI)	60.9%	39.1%
在宅	日本(JP)	32.3%	67.7%
	デンマーク(DK)	63.8%	36.2%
	ノルウェー(NO)	52.5%	47.5%
	スウェーデン(SE)	66.0%	34.0%
	フィンランド(FI)	87.4%	12.6%

(C5h) 利用者の家族・親族とコンタクトをとった
Contacted or were contacted by a care recipient's close kin

		利用者の家族とコンタクトをとった	
		はい	いいえ
施設	日本(JP)	75.9%	24.1%
	デンマーク(DK)	79.2%	20.8%
	ノルウェー(NO)	66.2%	33.8%
	スウェーデン(SE)	72.1%	27.9%
	フィンランド(FI)	81.1%	18.9%
在宅	日本(JP)	50.3%	49.7%
	デンマーク(DK)	59.0%	41.0%
	ノルウェー(NO)	58.3%	41.7%
	スウェーデン(SE)	63.6%	36.4%
	フィンランド(FI)	85.0%	15.0%

(C7) あなたがする仕事は(例えばケアプラン等により)利用者を訪問する前に決まっていますか.
Is it decided beforehand, for instance in a care plan, what tasks you will provide when you come to a care recipient?

		利用者の訪問前に仕事は決まっているか			
		ほとんど決まっている	ときどき決まっている	ほとんど決まっていない	全く決まっていない
施設	日本(JP)	74.2%	10.4%	8.0%	7.4%
	デンマーク(DK)	85.6%	8.9%	3.2%	2.2%
	ノルウェー(NO)	80.5%	11.1%	6.7%	1.6%
	スウェーデン(SE)	78.6%	12.6%	5.7%	3.1%
	フィンランド(FI)	78.6%	15.2%	4.1%	2.1%
在宅	日本(JP)	96.4%	2.9%	0.6%	0.2%
	デンマーク(DK)	94.5%	3.7%	0.9%	0.9%
	ノルウェー(NO)	94.6%	4.5%	0.8%	0.0%
	スウェーデン(SE)	91.4%	4.8%	2.4%	1.4%
	フィンランド(FI)	91.1%	6.5%	1.8%	0.6%

(C8) 利用者の希望やニーズに応じて，決められた仕事以外のことをすることはどのくらいありますか.
How often do you do tasks other than those that were planned to meet the needs or wishes of a care recipient?

		利用者の希望やニーズに応じて，決められた仕事以外をする頻度					
		該当しない	毎日	週1回程度	月1回程度	ほとんどない	決してない
施設	日本(JP)	4.4%	44.5%	19.6%	9.7%	20.4%	1.4%
	デンマーク(DK)	8.6%	52.3%	19.6%	6.2%	12.3%	1.1%
	ノルウェー(NO)	6.0%	45.7%	26.1%	6.3%	15.1%	0.8%
	スウェーデン(SE)	10.4%	41.4%	22.9%	6.1%	16.8%	2.4%
	フィンランド(FI)	8.1%	41.3%	25.1%	4.1%	20.0%	1.4%
在宅	日本(JP)	2.4%	6.5%	17.5%	12.9%	54.5%	6.2%
	デンマーク(DK)	3.2%	38.8%	33.7%	10.3%	13.1%	1.0%
	ノルウェー(NO)	2.6%	40.3%	28.6%	13.9%	14.7%	0.0%
	スウェーデン(SE)	2.6%	28.1%	35.7%	8.7%	23.0%	2.0%
	フィンランド(FI)	4.8%	30.1%	38.6%	7.8%	18.1%	0.6%

◆介護の仕事と労働条件について

(D1) あなたの仕事について，以下の質問にお答えください.
What is your work life?

(D1a) あなたの仕事は興味深く，意義があると感じますか.
Do you find your tasks interesting and meaningful?

		あなたの仕事は興味深く，意義があると感じますか			
		頻繁にある	時々ある	ほとんどない	決してない
施設	日本(JP)	50.7%	45.1%	4.0%	0.3%
	デンマーク(DK)	75.7%	23.1%	1.3%	0.0%
	ノルウェー(NO)	77.3%	21.3%	1.4%	0.0%
	スウェーデン(SE)	72.0%	23.9%	3.4%	0.6%
	フィンランド(FI)	82.5%	15.7%	1.8%	0.0%
在宅	日本(JP)	64.6%	33.5%	1.8%	0.0%
	デンマーク(DK)	77.6%	20.3%	2.1%	0.0%
	ノルウェー(NO)	77.7%	21.0%	1.3%	0.0%
	スウェーデン(SE)	72.3%	23.8%	2.9%	1.0%
	フィンランド(FI)	86.9%	13.1%	0.0%	0.0%

(D1b) あなたの仕事には，やることが多すぎると思いますか．
Have you got too much to do in your job?

		あなたの仕事には，やることが多すぎると思いますか			
		頻繁にある	時々ある	ほとんどない	決してない
施設	日本(JP)	53.0%	41.7%	5.0%	0.3%
	デンマーク(DK)	30.2%	53.2%	14.6%	2.0%
	ノルウェー(NO)	39.2%	53.4%	6.7%	0.7%
	スウェーデン(SE)	40.0%	50.5%	8.9%	0.6%
	フィンランド(FI)	50.6%	44.0%	4.5%	0.9%
在宅	日本(JP)	35.0%	52.1%	11.7%	1.2%
	デンマーク(DK)	30.1%	59.3%	9.7%	0.9%
	ノルウェー(NO)	33.1%	60.7%	5.9%	0.4%
	スウェーデン(SE)	35.3%	55.6%	7.7%	1.4%
	フィンランド(FI)	28.0%	61.9%	8.9%	1.2%

(D1c) あなたの仕事には新しい事を学んだり，専門性を向上させたりする可能性がありますか．
Does your work present the opportunity to learn new things and develop professionally?

		あなたの仕事には新しい事を学んだり，専門性を向上させたりする可能性がありますか			
		頻繁にある	時々ある	ほとんどない	決してない
施設	日本(JP)	51.2%	41.1%	7.4%	0.3%
	デンマーク(DK)	29.8%	55.6%	13.4%	1.2%
	ノルウェー(NO)	18.9%	55.0%	24.0%	2.1%
	スウェーデン(SE)	20.1%	50.3%	25.6%	4.0%
	フィンランド(FI)	44.7%	42.2%	12.6%	0.4%
在宅	日本(JP)	44.6%	46.8%	8.3%	0.3%
	デンマーク(DK)	34.1%	51.5%	13.7%	0.6%
	ノルウェー(NO)	31.9%	48.3%	16.8%	2.9%
	スウェーデン(SE)	15.0%	50.2%	28.0%	6.8%
	フィンランド(FI)	54.2%	35.1%	9.5%	1.2%

(D1d) あなたは日々の仕事の内容に影響を与えることはできますか.
Can you affect the daily planning of your work?

		あなたは日々の仕事の内容に影響を与えることはできますか			
		頻繁にある	時々ある	ほとんどない	決してない
施設	日本(JP)	15.3%	57.8%	24.7%	2.2%
	デンマーク(DK)	67.3%	27.7%	4.7%	0.2%
	ノルウェー(NO)	33.4%	51.6%	13.8%	1.2%
	スウェーデン(SE)	47.4%	38.6%	11.2%	2.8%
	フィンランド(FI)	33.6%	36.7%	27.5%	2.3%
在宅	日本(JP)	19.6%	60.0%	19.0%	1.4%
	デンマーク(DK)	46.0%	30.5%	20.1%	3.4%
	ノルウェー(NO)	39.2%	49.4%	9.7%	1.7%
	スウェーデン(SE)	33.8%	50.2%	11.6%	4.3%
	フィンランド(FI)	45.2%	31.5%	20.8%	2.4%

(D1e) 職場で変更がある時, 上司から十分な情報が提供されますか.
Do you have sufficient information regarding changes in your workplace?

		職場で変更がある時, 上司から十分な情報が提供されますか			
		頻繁にある	時々ある	ほとんどない	決してない
施設	日本(JP)	36.4%	48.4%	14.9%	0.3%
	デンマーク(DK)	37.3%	42.5%	18.5%	1.7%
	ノルウェー(NO)	43.2%	36.1%	19.3%	1.4%
	スウェーデン(SE)	39.8%	35.1%	22.0%	3.1%
	フィンランド(FI)	47.8%	29.1%	21.7%	1.3%
在宅	日本(JP)	45.5%	46.1%	8.0%	0.5%
	デンマーク(DK)	42.9%	39.2%	15.5%	2.4%
	ノルウェー(NO)	47.7%	32.6%	17.6%	2.1%
	スウェーデン(SE)	44.2%	28.4%	24.0%	3.4%
	フィンランド(FI)	56.3%	28.1%	14.4%	1.2%

(D1f) 仕事について同僚と話し合う時間を持てますか.
Do you have enough time to discuss difficulties in your work with your colleagues?

		仕事について同僚と話し合う時間を持てますか			
		頻繁にある	時々ある	ほとんどない	決してない
施設	日本(JP)	36.0%	51.6%	12.2%	0.3%
	デンマーク(DK)	46.3%	42.4%	10.6%	0.7%
	ノルウェー(NO)	49.2%	43.2%	7.1%	0.5%
	スウェーデン(SE)	59.1%	34.4%	6.3%	0.3%
	フィンランド(FI)	60.8%	33.0%	6.3%	0.0%
在宅	日本(JP)	29.6%	49.2%	20.2%	1.0%
	デンマーク(DK)	39.9%	43.5%	16.0%	0.6%
	ノルウェー(NO)	44.9%	45.7%	8.6%	0.8%
	スウェーデン(SE)	54.1%	34.8%	9.2%	1.9%
	フィンランド(FI)	63.3%	27.2%	8.9%	0.6%

(D1g) 仕事について最も近い上司からサポートを受けていますか.
Do you get support in your work from your immediate supervisior?

		仕事について最も近い上司からサポートを受けていますか			
		頻繁にある	時々ある	ほとんどない	決してない
施設	日本(JP)	37.7%	45.4%	15.4%	1.6%
	デンマーク(DK)	45.8%	35.6%	14.9%	3.7%
	ノルウェー(NO)	47.5%	34.5%	16.2%	1.9%
	スウェーデン(SE)	33.6%	39.6%	21.2%	5.6%
	フィンランド(FI)	40.7%	35.5%	21.3%	2.5%
在宅	日本(JP)	36.5%	47.6%	14.9%	1.1%
	デンマーク(DK)	47.6%	35.4%	13.7%	3.4%
	ノルウェー(NO)	55.0%	30.7%	12.2%	2.1%
	スウェーデン(SE)	40.4%	33.7%	19.7%	6.3%
	フィンランド(FI)	43.1%	37.7%	16.8%	2.4%

(D1h) 仕事上，さらに必要な教育を受けていますか.
Are you provided with the training necessary for your work?

		仕事上，さらに必要な教育を受けていますか			
		頻繁にある	時々ある	ほとんどない	決してない
施設	日本(JP)	16.5%	55.2%	26.9%	1.3%
	デンマーク(DK)	27.9%	41.8%	25.4%	5.0%
	ノルウェー(NO)	20.0%	30.9%	35.6%	13.6%
	スウェーデン(SE)	21.1%	38.5%	29.0%	11.4%
	フィンランド(FI)	28.3%	35.8%	28.1%	7.7%
在宅	日本(JP)	17.1%	59.5%	22.1%	1.2%
	デンマーク(DK)	30.2%	34.6%	29.3%	5.9%
	ノルウェー(NO)	21.6%	29.5%	38.3%	10.6%
	スウェーデン(SE)	16.9%	31.9%	41.5%	9.7%
	フィンランド(FI)	22.3%	41.6%	32.5%	3.6%

(D1i) 利用者が受けるべきサービスを受けていないので不十分だと思うことはありますか.
Do you feel inadequate because the care recipients are not receiving the help you think they should receive?

		利用者が受けるべきサービスを受けていないので不十分だと思うことはありますか			
		頻繁にある	時々ある	ほとんどない	決してない
施設	日本(JP)	15.8%	54.0%	27.0%	3.2%
	デンマーク(DK)	20.0%	55.3%	21.7%	3.0%
	ノルウェー(NO)	18.5%	69.9%	10.2%	1.4%
	スウェーデン(SE)	32.2%	57.3%	9.3%	1.2%
	フィンランド(FI)	33.0%	52.5%	13.0%	1.6%
在宅	日本(JP)	7.0%	57.7%	33.1%	2.1%
	デンマーク(DK)	25.8%	54.4%	17.0%	2.7%
	ノルウェー(NO)	24.5%	66.0%	8.7%	0.8%
	スウェーデン(SE)	23.2%	58.9%	15.0%	2.9%
	フィンランド(FI)	24.9%	62.1%	11.8%	1.2%

(D1j) 職場の組織変更や，新しい仕事方法に変わる等の理由で，自分の勤務条件が変わるのではと不安を感じていますか.
Are you worried that your work situation will change due to reorganizations, completely new work methods or similar?

		職場の組織変更や，新しい仕事方法に変わる等の理由で，自分の勤務条件が変わるのではと不安を感じていますか			
		頻繁にある	時々ある	ほとんどない	決してない
施設	日本(JP)	15.3%	42.3%	35.4%	6.9%
	デンマーク(DK)	10.8%	42.4%	32.8%	14.0%
	ノルウェー(NO)	17.6%	40.8%	30.6%	10.9%
	スウェーデン(SE)	18.0%	49.2%	25.1%	7.7%
	フィンランド(FI)	15.2%	41.9%	31.4%	11.4%
在宅	日本(JP)	11.0%	39.6%	44.7%	4.7%
	デンマーク(DK)	18.7%	41.4%	24.5%	15.3%
	ノルウェー(NO)	21.5%	44.3%	24.5%	9.7%
	スウェーデン(SE)	19.8%	39.1%	26.1%	15.0%
	フィンランド(FI)	22.3%	39.2%	25.9%	12.7%

(D2) あなたに課せられた仕事は，あなたの能力に見合ったものですか.
How well do the demands imposed on you by your job match your skills?

		課せられた仕事と能力が見合っているか		
		私の能力より，求められるレベルが高い	私の能力に見合っている	私の能力より，求められるレベルが低い
施設	日本(JP)	43.5%	52.8%	3.7%
	デンマーク(DK)	6.1%	84.8%	9.1%
	ノルウェー(NO)	5.8%	87.8%	6.5%
	スウェーデン(SE)	10.9%	79.4%	9.7%
	フィンランド(FI)	5.9%	87.5%	6.6%
在宅	日本(JP)	26.4%	69.2%	4.4%
	デンマーク(DK)	3.7%	84.1%	12.2%
	ノルウェー(NO)	9.2%	87.4%	3.4%
	スウェーデン(SE)	9.9%	74.8%	15.3%
	フィンランド(FI)	10.2%	84.9%	4.8%

(D3) 職員（被雇用者）のあなたには，つぎのことが当てはまりますか.
As an employee, have you got access to....

(D3a) 使いやすい職員スペースがある
...well functioning staff room?

		使いやすい職員スペースがある	
		はい	いいえ
施設	日本(JP)	55.9%	44.1%
	デンマーク(DK)	53.8%	46.2%
	ノルウェー(NO)	67.4%	32.6%
	スウェーデン(SE)	70.6%	29.4%
	フィンランド(FI)	61.7%	38.3%
在宅	日本(JP)	53.1%	46.9%
	デンマーク(DK)	74.7%	25.3%
	ノルウェー(NO)	72.8%	27.2%
	スウェーデン(SE)	69.1%	30.9%
	フィンランド(FI)	54.2%	45.8%

(D3b) 勤務時間中に体操などの健康増進プログラムを利用できる
...exercise or keep-fit programs within your working hours?

		健康増進プログラムを利用できる	
		はい	いいえ
施設	日本(JP)	15.5%	84.5%
	デンマーク(DK)	21.3%	78.7%
	ノルウェー(NO)	16.7%	83.3%
	スウェーデン(SE)	36.6%	63.4%
	フィンランド(FI)	14.2%	85.8%
在宅	日本(JP)	6.3%	93.7%
	デンマーク(DK)	16.3%	83.7%
	ノルウェー(NO)	18.5%	81.5%
	スウェーデン(SE)	26.4%	73.6%
	フィンランド(FI)	16.4%	83.6%

(D3c) 困難な状況においては，指導，助言，援助を受けられる
...guidance, supervision and support in difficult situations?

		指導，助言，援助を受けられる	
		はい	いいえ
施設	日本(JP)	79.8%	20.2%
	デンマーク(DK)	82.3%	17.7%
	ノルウェー(NO)	73.6%	26.4%
	スウェーデン(SE)	64.7%	35.3%
	フィンランド(FI)	57.2%	42.8%
在宅	日本(JP)	87.4%	12.6%
	デンマーク(DK)	86.9%	13.1%
	ノルウェー(NO)	77.4%	22.6%
	スウェーデン(SE)	64.1%	35.9%
	フィンランド(FI)	51.5%	48.5%

(D3d) 身体的にきつい作業では，適切な介護機器が使える
...adequate equipment for phisically heavy tasks?

		適切な介護機器が使える	
		はい	いいえ
施設	日本(JP)	33.4%	66.6%
	デンマーク(DK)	91.7%	8.3%
	ノルウェー(NO)	83.1%	16.9%
	スウェーデン(SE)	81.5%	18.5%
	フィンランド(FI)	61.2%	38.8%
在宅	日本(JP)	28.5%	71.5%
	デンマーク(DK)	90.7%	9.3%
	ノルウェー(NO)	60.6%	39.4%
	スウェーデン(SE)	70.2%	29.8%
	フィンランド(FI)	40.4%	59.6%

(D4) あなたは次の人たちから喜ばれていると思いますか.
Do you find your work to be appreciated by...

(D4a) あなたは次の人たちから喜ばれていると思いますか（利用者).
...the care recipients?

		利用者 the care recipients				
		非常に喜ばれている	とても喜ばれている	ほとんど喜ばれていない	全く喜ばれていない	わからない
施設	日本(JP)	6.9%	53.3%	6.1%	0.3%	33.5%
	デンマーク(DK)	54.9%	36.3%	6.5%	0.0%	2.3%
	ノルウェー(NO)	41.1%	50.3%	5.8%	0.0%	2.8%
	スウェーデン(SE)	52.3%	37.1%	6.5%	0.3%	3.7%
	フィンランド(FI)	42.9%	48.5%	5.2%	0.7%	2.7%
在宅	日本(JP)	19.7%	70.6%	0.3%	0.0%	9.4%
	デンマーク(DK)	61.8%	35.2%	1.5%	.3%	1.2%
	ノルウェー(NO)	55.0%	42.9%	1.7%	0.0%	0.4%
	スウェーデン(SE)	62.9%	33.3%	3.3%	0.0%	0.5%
	フィンランド(FI)	61.9%	33.3%	4.2%	0.0%	0.6%

(D4b) あなたは次の人たちから喜ばれていると思いますか（利用者の家族).
...the care recipients' family?

		利用者の家族 the care recipient's family				
		非常に喜ばれている	とても喜ばれている	ほとんど喜ばれていない	全く喜ばれていない	わからない
施設	日本(JP)	8.7%	53.0%	4.7%	0.0%	33.5%
	デンマーク(DK)	35.9%	44.1%	11.5%	1.0%	7.5%
	ノルウェー(NO)	27.3%	58.3%	7.4%	0.2%	6.7%
	スウェーデン(SE)	32.4%	49.8%	9.7%	0.9%	7.2%
	フィンランド(FI)	19.9%	60.7%	14.2%	0.9%	4.3%
在宅	日本(JP)	14.6%	64.6%	0.6%	0.0%	20.2%
	デンマーク(DK)	37.1%	46.2%	9.4%	0.0%	7.3%
	ノルウェー(NO)	19.7%	62.6%	8.8%	0.8%	8.0%
	スウェーデン(SE)	27.3%	47.4%	15.8%	0.5%	9.1%
	フィンランド(FI)	24.4%	63.1%	9.5%	0.6%	2.4%

(D4c) あなたは次の人たちから喜ばれていると思いますか (あなたの同僚).
...your colleagues?

		あなたの同僚 your colleagues				
		非常に喜ばれている	とても喜ばれている	ほとんど喜ばれていない	全く喜ばれていない	わからない
施設	日本(JP)	2.4%	35.4%	9.0%	0.3%	52.9%
	デンマーク(DK)	47.4%	41.7%	7.2%	0.7%	3.0%
	ノルウェー(NO)	32.0%	56.5%	6.9%	0.2%	4.3%
	スウェーデン(SE)	37.2%	48.9%	9.9%	0.3%	3.7%
	フィンランド(FI)	38.1%	50.2%	7.0%	0.0%	4.7%
在宅	日本(JP)	6.7%	44.3%	3.0%	0.3%	45.7%
	デンマーク(DK)	49.2%	35.9%	9.0%	0.3%	5.6%
	ノルウェー(NO)	31.3%	58.3%	4.2%	0.8%	5.4%
	スウェーデン(SE)	37.0%	49.3%	7.6%	0.0%	6.2%
	フィンランド(FI)	40.1%	50.9%	7.2%	0.0%	1.8%

(D4d) あなたは次の人たちから喜ばれていると思いますか (あなたの直属の上司).
...your immediate supervisor?

		あなたの直属の上司 your immediate supervisor				
		非常に喜ばれている	とても喜ばれている	ほとんど喜ばれていない	全く喜ばれていない	わからない
施設	日本(JP)	2.1%	32.7%	10.0%	0.8%	54.4%
	デンマーク(DK)	37.7%	39.0%	14.6%	2.0%	6.7%
	ノルウェー(NO)	26.1%	49.0%	15.0%	1.4%	8.5%
	スウェーデン(SE)	22.8%	42.0%	20.7%	4.0%	10.5%
	フィンランド(FI)	29.2%	49.2%	14.4%	0.9%	6.3%
在宅	日本(JP)	8.1%	51.2%	2.3%	0.9%	37.5%
	デンマーク(DK)	41.9%	30.1%	17.0%	2.1%	8.8%
	ノルウェー(NO)	28.9%	47.5%	11.6%	3.3%	8.7%
	スウェーデン(SE)	31.1%	36.4%	20.1%	4.3%	8.1%
	フィンランド(FI)	31.3%	52.4%	12.0%	0.0%	4.2%

(D4e) あなたは次の人たちから喜ばれていると思いますか (行政職員や自治体議員).
...senior managers and politicians in your municipality?

		行政職員や自治体議員 senior managers and politicians in your municipality				
		非常に喜ばれている	とても喜ばれている	ほとんど喜ばれていない	全く喜ばれていない	わからない
施設	日本(JP)	2.1%	11.4%	6.4%	1.9%	78.2%
	デンマーク(DK)	7.5%	10.5%	29.0%	17.8%	35.3%
	ノルウェー(NO)	4.4%	10.4%	30.9%	23.1%	31.2%
	スウェーデン(SE)	0.9%	6.2%	22.1%	34.6%	36.1%
	フィンランド(FI)	1.4%	7.5%	47.6%	23.4%	20.2%
在宅	日本(JP)	5.2%	21.5%	2.4%	0.9%	70.0%
	デンマーク(DK)	10.5%	10.8%	26.2%	21.5%	31.1%
	ノルウェー(NO)	5.0%	17.0%	26.6%	26.6%	24.9%
	スウェーデン(SE)	3.3%	6.6%	24.2%	32.7%	33.2%
	フィンランド(FI)	1.8%	13.0%	46.2%	16.0%	23.1%

(D5) あなたの職場では, どのくらいの頻度で, 次のことがありますか.
In your job, how often do you...

(D5a) 決められた時間より長く働くこと (残業手当あり)
...have to work more hours than your regular working hours (paid overtime work)

		決められた時間より長く働くこと (残業手当あり)				
		ほぼ毎日	週に1回程度	月に1回程度	ほとんどない	決してない
施設	日本(JP)	10.7%	28.6%	26.1%	22.8%	11.8%
	デンマーク(DK)	0.8%	11.6%	26.1%	51.0%	10.6%
	ノルウェー(NO)	0.5%	3.4%	9.4%	63.6%	23.1%
	スウェーデン(SE)	0.0%	4.4%	17.8%	56.9%	20.9%
	フィンランド(FI)	0.9%	9.4%	11.9%	59.3%	18.4%
在宅	日本(JP)	11.2%	16.4%	10.0%	39.2%	23.1%
	デンマーク(DK)	2.4%	12.5%	27.8%	46.2%	11.0%
	ノルウェー(NO)	2.9%	9.9%	15.7%	52.5%	19.0%
	スウェーデン(SE)	2.4%	10.5%	15.3%	56.0%	15.8%
	フィンランド(FI)	4.8%	23.5%	18.7%	42.2%	10.8%

(D5b) 決められた時間より長く働くこと (残業手当なし)
...work more hours than you get paid (unpaid overtime work)

		決められた時間より長く働くこと (残業手当なし)				
		ほぼ毎日	週に1回程度	月に1回程度	ほとんどない	決してない
施設	日本(JP)	41.6%	23.9%	5.8%	19.1%	9.5%
	デンマーク(DK)	1.5%	4.3%	5.3%	23.7%	65.1%
	ノルウェー(NO)	0.7%	3.2%	6.7%	30.8%	58.6%
	スウェーデン(SE)	0.6%	3.5%	6.3%	28.0%	61.6%
	フィンランド(FI)	1.3%	8.3%	6.5%	34.0%	49.9%
在宅	日本(JP)	19.5%	18.9%	4.8%	35.0%	21.7%
	デンマーク(DK)	0.6%	4.9%	5.8%	23.5%	65.1%
	ノルウェー(NO)	0.8%	8.7%	6.2%	27.8%	56.4%
	スウェーデン(SE)	1.5%	6.3%	5.3%	30.1%	56.8%
	フィンランド(FI)	5.5%	11.5%	11.5%	29.1%	42.4%

(D5c) すべきことが多くて, 昼食や休憩時間をカットしたり短縮したりすること
...skip or shorten your lunch break because you've got too much to do

		すべきことが多くて, 昼食や休憩時間をカットしたり短縮したりすること				
		ほぼ毎日	週に1回程度	月に1回程度	ほとんどない	決してない
施設	日本(JP)	34.5%	23.6%	13.3%	21.8%	6.9%
	デンマーク(DK)	17.0%	23.4%	8.0%	30.3%	21.3%
	ノルウェー(NO)	11.7%	23.5%	14.6%	38.3%	12.0%
	スウェーデン(SE)	13.2%	15.5%	14.8%	37.7%	18.7%
	フィンランド(FI)	19.3%	25.3%	13.2%	32.3%	9.9%
在宅	日本(JP)	22.1%	20.9%	9.0%	34.4%	13.7%
	デンマーク(DK)	12.4%	27.2%	15.2%	30.3%	14.9%
	ノルウェー(NO)	9.1%	27.6%	16.5%	37.9%	9.1%
	スウェーデン(SE)	9.2%	24.2%	20.3%	29.5%	16.9%
	フィンランド(FI)	17.6%	31.5%	13.9%	28.5%	8.5%

(D5d) 病欠や休暇などで職員が不足していると感じること
...find that your workplace is short on staff due to sickness, vacation or vacancy

		病欠や休暇などっで職員が不足していると感じること				
		ほぼ毎日	週に1回程度	月に1回程度	ほとんどない	決してない
施設	日本(JP)	38.8%	20.5%	21.5%	16.2%	2.9%
	デンマーク(DK)	23.1%	31.1%	21.9%	18.2%	5.7%
	ノルウェー(NO)	13.6%	32.4%	18.5%	31.2%	4.2%
	スウェーデン(SE)	12.0%	29.7%	22.8%	32.3%	3.2%
	フィンランド(FI)	12.4%	26.9%	31.4%	26.2%	2.9%
在宅	日本(JP)	21.8%	20.1%	17.4%	33.5%	7.2%
	デンマーク(DK)	33.3%	30.2%	14.8%	14.5%	7.1%
	ノルウェー(NO)	18.8%	33.5%	18.8%	24.7%	4.2%
	スウェーデン(SE)	21.5%	29.8%	22.4%	20.5%	5.9%
	フィンランド(FI)	25.0%	29.2%	25.6%	17.3%	3.0%

(D5e) 重い物や人を運んだり，持ち上げたり，ひっぱったりすること
...carry, lift or pull heavy loads or people

		重い物や人を運んだり，持ち上げたり，ひっぱったりすること				
		ほぼ毎日	週に1回程度	月に1回程度	ほとんどない	決してない
施設	日本(JP)	80.9%	7.7%	3.5%	6.6%	1.3%
	デンマーク(DK)	46.8%	16.6%	5.2%	21.0%	10.4%
	ノルウェー(NO)	54.6%	18.9%	6.2%	17.1%	3.2%
	スウェーデン(SE)	65.9%	15.6%	4.4%	11.9%	2.2%
	フィンランド(FI)	79.4%	10.3%	3.4%	6.7%	0.2%
在宅	日本(JP)	17.5%	29.4%	10.2%	35.2%	7.7%
	デンマーク(DK)	24.9%	20.1%	10.0%	31.9%	13.1%
	ノルウェー(NO)	44.1%	25.6%	10.1%	18.5%	1.7%
	スウェーデン(SE)	52.7%	17.9%	6.3%	17.9%	5.3%
	フィンランド(FI)	38.0%	36.1%	7.2%	17.5%	1.2%

（D5f）無理な体勢やしんどい体勢で仕事をすること
...work in uncomfortable or awkward positions

		無理な体勢やしんどい体勢で仕事をすること				
		ほぼ毎日	週に１回程度	月に１回程度	ほとんどない	決してない
施設	日本(JP)	62.8%	14.6%	4.0%	18.1%	0.5%
	デンマーク(DK)	28.9%	17.2%	5.5%	35.4%	13.0%
	ノルウェー(NO)	52.6%	18.9%	6.9%	18.6%	3.0%
	スウェーデン(SE)	46.9%	20.3%	5.6%	22.8%	4.4%
	フィンランド(FI)	79.1%	11.2%	1.1%	7.8%	0.7%
在宅	日本(JP)	17.4%	28.2%	11.3%	38.2%	4.8%
	デンマーク(DK)	20.1%	22.3%	11.6%	34.5%	11.6%
	ノルウェー(NO)	49.4%	27.4%	7.5%	13.7%	2.1%
	スウェーデン(SE)	47.8%	21.3%	9.2%	17.4%	4.3%
	フィンランド(FI)	55.1%	25.1%	9.0%	10.2%	0.6%

（D5g）介助に適さない場所や環境で働くこと
...work in places not suitable for the tasks you have to perform

		介助に適さない場所や環境で働くこと				
		ほぼ毎日	週に１回程度	月に１回程度	ほとんどない	決してない
施設	日本(JP)	14.1%	5.1%	5.3%	59.5%	16.0%
	デンマーク(DK)	18.9%	9.2%	4.2%	39.2%	28.5%
	ノルウェー(NO)	20.5%	10.6%	5.5%	47.9%	15.4%
	スウェーデン(SE)	25.0%	11.3%	4.7%	43.4%	15.6%
	フィンランド(FI)	32.5%	11.5%	5.2%	41.8%	9.0%
在宅	日本(JP)	10.3%	18.1%	9.3%	49.8%	12.6%
	デンマーク(DK)	16.0%	19.9%	9.8%	41.1%	13.2%
	ノルウェー(NO)	27.2%	30.5%	8.8%	28.9%	4.6%
	スウェーデン(SE)	38.5%	22.1%	9.6%	26.4%	3.4%
	フィンランド(FI)	31.9%	24.1%	8.4%	31.3%	4.2%

(D6) あなたの職場では，どのくらいの頻度で，次のことを経験していますか.
How often...

(D6a) 利用者やその家族・親族から，叱られたり，批判を受けたりすること
...do you get criticized or told off by a care recipient or her/his relative

		利用者やその家族・親族から，叱られたり，批判を受けたりすること				
		ほぼ毎日	週に1回程度	月に1回程度	ほとんどない	決してない
施設	日本(JP)	5.3%	8.5%	15.4%	59.7%	11.1%
	デンマーク(DK)	8.0%	14.0%	11.0%	48.9%	18.0%
	ノルウェー(NO)	9.6%	16.3%	7.3%	52.1%	14.7%
	スウェーデン(SE)	5.6%	7.5%	9.3%	48.8%	28.9%
	フィンランド(FI)	5.8%	10.7%	12.8%	54.8%	15.9%
在宅	日本(JP)	1.5%	9.9%	16.4%	59.9%	12.2%
	デンマーク(DK)	0.6%	7.3%	11.2%	58.8%	22.1%
	ノルウェー(NO)	1.2%	7.5%	9.5%	58.5%	23.2%
	スウェーデン(SE)	2.4%	6.2%	11.4%	53.1%	27.0%
	フィンランド(FI)	4.1%	4.7%	16.0%	59.8%	15.4%

(D6b) 利用者やその家族・親族から，身体的暴力や脅しを受けること
...are you subjected to physical violence or threat by a care recipient or her/his relative

		利用者やその家族・親族から，身体的暴力や脅しを受けること				
		ほぼ毎日	週に1回程度	月に1回程度	ほとんどない	決してない
施設	日本(JP)	5.0%	7.4%	5.3%	28.4%	53.8%
	デンマーク(DK)	5.0%	10.3%	7.0%	43.0%	34.7%
	ノルウェー(NO)	6.8%	10.7%	7.5%	45.2%	29.7%
	スウェーデン(SE)	6.2%	13.3%	10.5%	43.0%	26.9%
	フィンランド(FI)	8.1%	11.6%	10.5%	46.5%	23.3%
在宅	日本(JP)	0.2%	1.5%	2.9%	36.5%	59.0%
	デンマーク(DK)	0.3%	1.5%	3.4%	38.4%	56.4%
	ノルウェー(NO)	0.4%	2.0%	4.5%	41.0%	52.0%
	スウェーデン(SE)	0.5%	4.3%	3.8%	45.0%	46.4%
	フィンランド(FI)	1.2%	0.6%	2.4%	52.4%	43.5%

（D6c）利用者やその家族・親族から，性的な関心を持たれること
...do you get unwanted sexual attention by a care recipient or her / his relative

		利用者やその家族・親族から，性的な関心を持たれること				
		ほぼ毎日	週に1回程度	月に1回程度	ほとんどない	決してない
施設	日本(JP)	1.1%	2.9%	2.4%	30.0%	63.7%
	デンマーク(DK)	1.5%	2.2%	2.0%	31.5%	62.8%
	ノルウェー(NO)	0.2%	2.3%	2.1%	31.4%	64.1%
	スウェーデン(SE)	0.3%	1.2%	2.8%	26.0%	69.7%
	フィンランド(FI)	0.5%	2.9%	3.6%	33.6%	59.5%
在宅	日本(JP)	0.3%	3.0%	3.0%	40.7%	52.9%
	デンマーク(DK)	0.0%	1.8%	3.0%	31.0%	64.2%
	ノルウェー(NO)	0.8%	1.2%	2.9%	40.5%	54.5%
	スウェーデン(SE)	1.0%	3.8%	4.3%	30.5%	60.5%
	フィンランド(FI)	1.8%	.6%	1.2%	38.5%	58.0%

（D6d）利用者やその家族・親族から，民族差別的な発言を受けること
...do you face racist comments made by a care recipient or his / her relative

		利用者やその家族・親族から，民族差別的な発言を受けること				
		ほぼ毎日	週に1回程度	月に1回程度	ほとんどない	決してない
施設	日本(JP)	0.3%	0.0%	1.1%	22.8%	75.9%
	デンマーク(DK)	2.5%	3.7%	4.5%	36.1%	53.2%
	ノルウェー(NO)	0.9%	3.7%	2.3%	29.0%	64.1%
	スウェーデン(SE)	1.6%	4.4%	4.7%	23.1%	66.3%
	フィンランド(FI)	0.2%	1.6%	2.2%	26.2%	69.7%
在宅	日本(JP)	0.0%	0.3%	0.2%	27.8%	71.8%
	デンマーク(DK)	1.2%	3.6%	5.8%	38.6%	50.8%
	ノルウェー(NO)	0.0%	1.2%	2.1%	31.5%	65.1%
	スウェーデン(SE)	0.5%	1.9%	3.8%	29.7%	64.1%
	フィンランド(FI)	0.0%	1.2%	3.6%	38.7%	56.5%

(D7) 下記に，仕事と職場に関する考え方や状況の例を示しています．各項目について，あなたはどれぐらいあてはまりますか．

Here follow some statements about how one can look at one's work and workplace. Please mark, for each of the statement below, the answer the best corresponds with your opinion.

(D7a) 担当する利用者への責任は私だけにあるとしばしば感じる

"Too often I feel that I am the only one responsible of my care recipients."

		担当する利用者への責任は私だけにあるとしばしば感じる			
		よくあてはまる	ややあてはまる	あまりあてはまらない	全くあてはまらない
施設	日本(JP)	4.2%	28.6%	48.4%	18.8%
	デンマーク(DK)	5.5%	17.3%	42.3%	35.0%
	ノルウェー(NO)	4.2%	17.3%	34.9%	43.6%
	スウェーデン(SE)	4.4%	30.3%	26.8%	38.5%
	フィンランド(FI)	8.5%	30.1%	37.1%	24.3%
在宅	日本(JP)	5.1%	29.1%	50.5%	15.3%
	デンマーク(DK)	4.0%	18.0%	45.6%	32.4%
	ノルウェー(NO)	3.3%	22.2%	43.5%	31.0%
	スウェーデン(SE)	7.7%	33.3%	32.9%	26.1%
	フィンランド(FI)	10.1%	41.7%	27.4%	20.8%

(D7b) 私の同僚は仕事をよくやっていると信頼できる

"I can trust that my colleagues perform their tasks well."

		私の同僚は仕事をよくやっていると信頼できる			
		よくあてはまる	ややあてはまる	あまりあてはまらない	全くあてはまらない
施設	日本(JP)	37.4%	50.9%	10.3%	1.3%
	デンマーク(DK)	44.8%	45.3%	9.0%	1.0%
	ノルウェー(NO)	48.1%	44.4%	6.3%	1.2%
	スウェーデン(SE)	43.8%	43.4%	10.0%	2.8%
	フィンランド(FI)	46.3%	40.5%	11.4%	1.8%
在宅	日本(JP)	36.0%	54.4%	8.4%	1.2%
	デンマーク(DK)	41.4%	49.4%	7.1%	2.1%
	ノルウェー(NO)	51.7%	42.9%	3.4%	2.1%
	スウェーデン(SE)	47.9%	42.7%	8.1%	1.4%
	フィンランド(FI)	53.6%	32.5%	11.4%	2.4%

(D7c) さほど重要とは思えない事務的な仕事に，私の仕事時間がとられていく
“More and more of my working time is taken up with paperwork that doesn't feel very meaningful.”

		さほど重要とは思えない事務的な仕事に，私の仕事時間がとられていく			
		よくあてはまる	ややあてはまる	あまりあてはまらない	全くあてはまらない
施設	日本(JP)	12.5%	33.6%	42.4%	11.5%
	デンマーク(DK)	10.9%	18.6%	34.5%	36.0%
	ノルウェー(NO)	3.2%	10.4%	25.9%	60.5%
	スウェーデン(SE)	7.3%	31.2%	27.1%	34.4%
	フィンランド(FI)	8.3%	26.1%	34.4%	31.3%
在宅	日本(JP)	9.3%	20.1%	44.7%	25.9%
	デンマーク(DK)	7.0%	22.0%	36.1%	34.9%
	ノルウェー(NO)	5.0%	17.5%	27.1%	50.4%
	スウェーデン(SE)	9.1%	26.8%	30.1%	34.0%
	フィンランド(FI)	19.3%	33.7%	23.5%	23.5%

(D7d) 私の職場では，批判や異なる考えを示すことは良いこととされている
“At my workplace the staff are encouraged to express criticism and other opinions.”

		私の職場では，批判や異なる考えを示すことは良いこととされている			
		よくあてはまる	ややあてはまる	あまりあてはまらない	全くあてはまらない
施設	日本(JP)	5.9%	34.4%	47.0%	12.6%
	デンマーク(DK)	7.7%	25.3%	35.5%	31.5%
	ノルウェー(NO)	10.0%	23.1%	31.9%	35.0%
	スウェーデン(SE)	13.2%	44.5%	26.3%	16.0%
	フィンランド(FI)	11.2%	33.0%	37.7%	18.2%
在宅	日本(JP)	4.3%	26.2%	54.7%	14.8%
	デンマーク(DK)	9.1%	25.7%	36.1%	29.2%
	ノルウェー(NO)	11.0%	25.0%	33.1%	30.9%
	スウェーデン(SE)	19.0%	39.0%	22.4%	19.5%
	フィンランド(FI)	11.0%	36.6%	38.4%	14.0%

(D7e) 私は，自分の仕事を失うのでは，と不安である
"I'm worried that I might lose my job."

		私は，自分の仕事を失うのでは，と不安である			
		よくあてはまる	ややあてはまる	あまりあてはまらない	全くあてはまらない
施設	日本(JP)	7.2%	18.4%	42.9%	31.5%
	デンマーク(DK)	4.0%	8.4%	25.2%	62.5%
	ノルウェー(NO)	6.7%	8.8%	19.1%	65.4%
	スウェーデン(SE)	6.6%	16.6%	19.1%	57.7%
	フィンランド(FI)	6.3%	8.1%	19.9%	65.7%
在宅	日本(JP)	3.2%	10.9%	49.8%	36.1%
	デンマーク(DK)	5.5%	8.6%	28.5%	57.4%
	ノルウェー(NO)	10.7%	9.9%	15.7%	63.6%
	スウェーデン(SE)	9.2%	17.9%	16.9%	56.0%
	フィンランド(FI)	4.9%	17.7%	15.9%	61.6%

(D7f) 利用者と会うことで得られることが多い
"I often get a lot out of meeting my care recipients."

		利用者と会うことで得られることが多い			
		よくあてはまる	ややあてはまる	あまりあてはまらない	全くあてはまらない
施設	日本(JP)	33.1%	48.4%	16.7%	1.9%
	デンマーク(DK)	43.5%	43.8%	11.4%	1.2%
	ノルウェー(NO)	47.2%	38.4%	10.7%	3.7%
	スウェーデン(SE)	49.2%	39.6%	5.9%	5.3%
	フィンランド(FI)	62.4%	33.8%	3.4%	0.4%
在宅	日本(JP)	40.4%	50.2%	8.7%	0.6%
	デンマーク(DK)	52.8%	38.7%	7.4%	1.2%
	ノルウェー(NO)	59.3%	32.0%	7.1%	1.7%
	スウェーデン(SE)	59.5%	34.8%	3.8%	1.9%
	フィンランド(FI)	76.4%	21.2%	2.4%	0.0%

(D7g) 上の人たちは職員を信頼しておらず，支配的で管理的すぎる
"I feel like the supervisors don't trust the staff; there is too much monitoring and control."

		上の人たちは職員を信頼しておらず，支配的で管理的すぎる			
		よくあてはまる	ややあてはまる	あまりあてはまらない	全くあてはまらない
施設	日本(JP)	9.8%	20.4%	49.2%	20.6%
	デンマーク(DK)	11.8%	16.8%	34.8%	36.6%
	ノルウェー(NO)	6.5%	17.2%	27.8%	48.5%
	スウェーデン(SE)	8.1%	29.1%	31.3%	31.6%
	フィンランド(FI)	5.6%	22.8%	32.2%	39.4%
在宅	日本(JP)	5.3%	16.9%	44.6%	33.2%
	デンマーク(DK)	18.9%	25.0%	31.4%	24.7%
	ノルウェー(NO)	6.3%	18.1%	26.5%	49.2%
	スウェーデン(SE)	13.9%	25.4%	24.9%	35.9%
	フィンランド(FI)	5.5%	19.4%	36.4%	38.8%

(D8) あなたの勤務条件は近年，改善されていますか，あるいは悪くなっていますか.
Would you say that your working conditions have improved or got worse during the last years?

		勤務条件		
		全般的に改善されている	変わりない	全般的に悪くなっている
施設	日本(JP)	20.8%	59.6%	19.5%
	デンマーク(DK)	18.8%	32.9%	48.3%
	ノルウェー(NO)	34.6%	35.6%	29.8%
	スウェーデン(SE)	17.4%	39.6%	43.0%
	フィンランド(FI)	38.8%	32.6%	28.6%
在宅	日本(JP)	25.2%	55.4%	19.4%
	デンマーク(DK)	20.6%	26.7%	52.8%
	ノルウェー(NO)	35.1%	27.6%	37.2%
	スウェーデン(SE)	20.7%	37.5%	41.8%
	フィンランド(FI)	47.6%	34.9%	17.5%

(D9) 利用者のニーズに応えるあなたの能力は近年，向上していますか，あるいは低下していますか.

Would you say that your ability to meet the needs of the care recipients have improved or got worse during the last years?

		利用者のニーズに応える能力		
		全般的に向上している	変わりない	全般的に低下している
施設	日本(JP)	41.9%	52.8%	5.3%
	デンマーク(DK)	15.8%	35.2%	49.0%
	ノルウェー(NO)	32.3%	40.1%	27.6%
	スウェーデン(SE)	19.6%	41.7%	38.6%
	フィンランド(FI)	33.3%	33.8%	32.9%
在宅	日本(JP)	47.0%	50.0%	3.0%
	デンマーク(DK)	13.4%	27.1%	59.5%
	ノルウェー(NO)	24.7%	37.7%	37.7%
	スウェーデン(SE)	19.6%	33.5%	46.9%
	フィンランド(FI)	34.9%	29.5%	35.5%

(D10) 過去 12 カ月間で，あなたは自分の病気が理由で何回，仕事を休みましたか.

In the last 12 months, how many times have you been absent from work due to illness?

		自分の病気が理由の欠勤回数（過去 12 か月）			
		病気で仕事を休んだことはない	1 回程度	2-5 回程度	6 回以上
施設	日本(JP)	49.9%	28.1%	19.6%	2.4%
	デンマーク(DK)	19.3%	34.7%	38.1%	7.9%
	ノルウェー(NO)	16.7%	34.3%	41.2%	7.8%
	スウェーデン(SE)	23.0%	35.7%	34.5%	6.8%
	フィンランド(FI)	22.5%	33.4%	39.0%	5.1%
在宅	日本(JP)	57.8%	25.5%	13.3%	3.5%
	デンマーク(DK)	19.9%	27.8%	40.5%	11.8%
	ノルウェー(NO)	17.0%	29.5%	45.6%	7.9%
	スウェーデン(SE)	24.5%	33.7%	33.7%	8.2%
	フィンランド(FI)	25.9%	29.5%	39.8%	4.8%

(D11) 過去 12 カ月間で，自分が病気にもかかわらず出勤したことは何回ありますか.
In the last 12 months, how many times have you been at work even though you were sick and should have taken time off?

		自分が病気でも出勤した日数（過去 12 か月）			
		病気なのに出勤したことは全くない	1 回程度	2-5 回程度	6 回以上
施設	日本(JP)	41.8%	22.6%	29.5%	6.1%
	デンマーク(DK)	16.4%	28.5%	38.9%	16.2%
	ノルウェー(NO)	23.5%	19.6%	38.0%	18.9%
	スウェーデン(SE)	24.3%	16.5%	42.1%	17.1%
	フィンランド(FI)	28.8%	20.6%	40.1%	10.4%
在宅	日本(JP)	57.9%	21.0%	17.1%	4.0%
	デンマーク(DK)	16.2%	33.0%	39.9%	10.9%
	ノルウェー(NO)	28.2%	17.2%	39.1%	15.5%
	スウェーデン(SE)	29.3%	21.0%	38.0%	11.7%
	フィンランド(FI)	26.3%	26.3%	40.7%	6.6%

(D12) あなたはどの程度，次の状態にありますか.
How often do you...

(D12a) 勤務が終わった後，身体的に疲れを感じる
...feel physically tired after a working day

		勤務が終わった後，身体的に疲れを感じる				
		常にある	しばしばある	ときどきある	ほとんどない	全くない
施設	日本(JP)	62.4%	22.8%	12.2%	2.6%	0.0%
	デンマーク(DK)	26.0%	35.5%	27.9%	9.1%	1.5%
	ノルウェー(NO)	29.5%	39.8%	25.2%	5.5%	0.0%
	スウェーデン(SE)	28.7%	38.9%	25.9%	5.2%	1.2%
	フィンランド(FI)	32.8%	42.4%	19.2%	5.4%	0.2%
在宅	日本(JP)	30.7%	30.0%	32.2%	5.7%	1.5%
	デンマーク(DK)	21.2%	37.9%	34.5%	5.2%	1.2%
	ノルウェー(NO)	27.0%	38.9%	28.3%	4.1%	1.6%
	スウェーデン(SE)	29.4%	32.7%	29.4%	7.6%	0.9%
	フィンランド(FI)	17.2%	41.4%	31.4%	10.1%	0.0%

（D12b）勤務が終わった後，背中や腰が痛む
...experience pain in your back after a working day

		勤務が終わった後，背中や腰が痛む				
		常にある	しばしばある	ときどきある	ほとんどない	全くない
施設	日本(JP)	38.1%	26.7%	24.3%	8.2%	2.6%
	デンマーク(DK)	11.5%	22.9%	33.9%	23.6%	8.1%
	ノルウェー(NO)	12.1%	23.7%	38.0%	19.6%	6.6%
	スウェーデン(SE)	15.2%	23.3%	38.2%	17.7%	5.6%
	フィンランド(FI)	9.8%	22.5%	39.0%	21.4%	7.3%
在宅	日本(JP)	19.2%	22.3%	34.6%	18.6%	5.2%
	デンマーク(DK)	7.9%	20.6%	34.5%	27.6%	9.4%
	ノルウェー(NO)	13.6%	28.4%	32.5%	18.9%	6.6%
	スウェーデン(SE)	11.9%	29.0%	29.0%	21.0%	9.0%
	フィンランド(FI)	6.5%	17.8%	34.9%	28.4%	12.4%

（D12c）勤務が終わった後，精神的な疲れを感じる
...feel mentally exhausted after a working day

		勤務が終わった後，精神的な疲れを感じる				
		常にある	しばしばある	ときどきある	ほとんどない	全くない
施設	日本(JP)	45.4%	26.0%	21.0%	7.2%	0.5%
	デンマーク(DK)	8.3%	22.3%	42.6%	21.6%	5.1%
	ノルウェー(NO)	8.0%	28.5%	45.3%	13.4%	4.8%
	スウェーデン(SE)	15.5%	26.9%	40.9%	12.7%	4.0%
	フィンランド(FI)	11.6%	31.4%	38.8%	15.8%	2.4%
在宅	日本(JP)	26.5%	21.5%	36.2%	13.5%	2.4%
	デンマーク(DK)	9.3%	23.2%	37.0%	22.0%	8.4%
	ノルウェー(NO)	6.2%	29.2%	41.6%	18.9%	4.1%
	スウェーデン(SE)	15.2%	27.0%	36.5%	15.2%	6.2%
	フィンランド(FI)	8.9%	27.8%	42.0%	18.9%	2.4%

(D12d) 仕事のことを考えて，ぐっすり眠れない
...have difficulties sleeping because thoughts of work are keeping you awake

		仕事のことを考えて，ぐっすり眠れない				
		常にある	しばしばある	ときどきある	ほとんどない	全くない
施設	日本(JP)	10.6%	16.4%	31.6%	30.5%	10.9%
	デンマーク(DK)	3.5%	12.1%	25.2%	35.6%	23.5%
	ノルウェー(NO)	2.7%	13.4%	31.6%	35.2%	17.0%
	スウェーデン(SE)	5.6%	11.4%	30.6%	32.7%	19.8%
	フィンランド(FI)	5.3%	14.3%	32.3%	34.7%	13.4%
在宅	日本(JP)	7.0%	10.3%	31.6%	35.5%	15.6%
	デンマーク(DK)	2.7%	11.5%	21.1%	40.2%	24.5%
	ノルウェー(NO)	2.5%	10.7%	32.9%	34.2%	19.8%
	スウェーデン(SE)	5.7%	11.4%	32.2%	29.9%	20.9%
	フィンランド(FI)	4.7%	17.2%	33.7%	33.1%	11.2%

(D13) 仕事により自分の健康・安全が害されるリスク（危険）を感じますか.
Do you think your health or safety is at risk because of your work?

		仕事により自分の健康・安全が害されるリスク				
		はい，とても大きなリスクを感じている	はい，大きなリスクを感じている	いいえ，ほとんどリスクを感じていない	いいえ，全くリスクを感じていない	わからない
施設	日本(JP)	22.5%	45.5%	21.2%	2.6%	8.2%
	デンマーク(DK)	22.7%	49.6%	20.7%	3.0%	4.0%
	ノルウェー(NO)	8.2%	48.8%	27.6%	7.5%	7.9%
	スウェーデン(SE)	11.2%	37.3%	31.4%	10.2%	9.9%
	フィンランド(FI)	2.5%	27.5%	47.1%	17.3%	5.6%
在宅	日本(JP)	13.1%	35.3%	36.5%	6.0%	9.0%
	デンマーク(DK)	20.9%	54.3%	16.3%	2.8%	5.8%
	ノルウェー(NO)	8.4%	46.0%	27.0%	8.9%	9.7%
	スウェーデン(SE)	9.1%	37.8%	34.4%	11.0%	7.7%
	フィンランド(FI)	0.6%	21.4%	45.8%	26.8%	5.4%

(D14a) 過去１年の間に，今の仕事をやめようと深刻に考えたことはありますか.
Have you during the last year seriously considered quitting your job?

		過去１年に深刻に退職を考えたか	
		はい	いいえ
施設	日本(JP)	55.7%	44.3%
	デンマーク(DK)	41.8%	58.2%
	ノルウェー(NO)	25.8%	74.2%
	スウェーデン(SE)	40.3%	59.7%
	フィンランド(FI)	26.9%	73.1%
在宅	日本(JP)	45.0%	55.0%
	デンマーク(DK)	34.3%	65.7%
	ノルウェー(NO)	28.2%	71.8%
	スウェーデン(SE)	41.7%	58.3%
	フィンランド(FI)	21.0%	79.0%

(D14d) 初めて就職しようとする若者に対し，介護の仕事を勧めたいと思いますか（日本のみ).
Would you recommend care work to a young person who is taking employment for the first time? (Japan)

	初就職の若者に介護の仕事を勧めたいか			
	はい，必ず勧めます	はい，おそらく勧めます	いいえ，おそらく勧めません	いいえ，絶対に勧めません
施設	6.0%	40.3%	48.2%	5.4%
在宅	5.2%	49.2%	42.4%	3.2%

(D14e) もしあなたに介護が必要になったら，ご自身の務める施設または事業者の介護を受けたいですか.（日本のみ)
Would you like to receive care provided by the nursing home/provider you yourself are working at, if you are in need of care? (Japan)

	自分が要介護になったら，勤務先の介護を受けたいか			
	はい，受けたいと強く思う	はい，受けたいと少し思う	いいえ，あまり受けたくありません	いいえ，絶対に受けたくありません
施設	4.9%	31.3%	40.5%	23.4%
在宅	16.9%	46.6%	28.2%	8.2%

(D15) 次の項目は，時々，見かける議論です．あなたは賛成ですか，反対ですか．
The following statements sometimes feature in public debate... Some agree, others don't. What's your opinion?

(D15a) 男性介護職員を増やすことが，介護の仕事の社会的地位を向上させる
"More men among the staff would increase the status of the work."

		男性介護職員を増やすことが，介護の仕事の社会的地位を向上させる			
		賛成	やや賛成	やや反対	反対
施設	日本(JP)	16.9%	47.6%	29.3%	6.2%
	デンマーク(DK)	23.5%	37.5%	30.8%	8.3%
	ノルウェー(NO)	49.5%	30.6%	14.3%	5.6%
	スウェーデン(SE)	53.1%	31.9%	11.3%	3.8%
	フィンランド(FI)	29.9%	46.4%	16.1%	7.6%
在宅	日本(JP)	23.3%	55.2%	17.6%	3.9%
	デンマーク(DK)	19.4%	34.6%	34.9%	11.1%
	ノルウェー(NO)	42.3%	33.1%	18.4%	6.3%
	スウェーデン(SE)	53.8%	38.0%	5.8%	2.4%
	フィンランド(FI)	24.0%	48.5%	18.6%	9.0%

(D15b) 高齢者介護や障害者福祉サービスの提供は，民間企業がもっと担うべきだ
"A larger proportion of the care for elderly and disabled persons should be provided by private employers."

		高齢者介護や障害者福祉サービスの提供は，民間企業がもっと担うべきだ			
		賛成	やや賛成	やや反対	反対
施設	日本(JP)	16.0%	48.6%	29.6%	5.7%
	デンマーク(DK)	2.3%	8.8%	38.5%	50.5%
	ノルウェー(NO)	2.4%	15.1%	23.6%	59.0%
	スウェーデン(SE)	3.5%	23.7%	37.3%	35.4%
	フィンランド(FI)	5.4%	31.2%	42.5%	20.8%
在宅	日本(JP)	23.7%	56.1%	17.1%	3.1%
	デンマーク(DK)	1.2%	7.1%	36.3%	55.4%
	ノルウェー(NO)	2.2%	11.6%	22.8%	63.4%
	スウェーデン(SE)	3.9%	22.5%	41.2%	32.4%
	フィンランド(FI)	3.6%	23.5%	47.0%	25.9%

(D15c) 要介護高齢者や障害者は，もっと家族からの援助を受けるべきだ

"Elderly and disabled persons requiring assistance should get more help from their family."

		要介護高齢者や障害者は，もっと家族からの援助を受けるべきだ			
		賛成	やや賛成	やや反対	反対
施設	日本(JP)	17.5%	45.3%	33.4%	3.8%
	デンマーク(DK)	10.7%	32.2%	43.6%	13.5%
	ノルウェー(NO)	8.6%	23.5%	42.3%	25.6%
	スウェーデン(SE)	7.9%	35.2%	33.6%	23.3%
	フィンランド(FI)	10.3%	43.2%	35.8%	10.7%
在宅	日本(JP)	21.4%	46.9%	26.3%	5.5%
	デンマーク(DK)	9.7%	35.4%	40.8%	14.1%
	ノルウェー(NO)	12.8%	37.2%	36.4%	13.6%
	スウェーデン(SE)	8.6%	33.8%	38.1%	19.5%
	フィンランド(FI)	10.8%	51.5%	26.9%	10.8%

(D15d) 高齢者や障害者のサービスを増やすために税金を上げるべきだ

"Taxes should be raised in order to give more resources to the care of elderly and disabled persons."

		高齢者や障害者のサービスを増やすために税金を上げるべきだ			
		賛成	やや賛成	やや反対	反対
施設	日本(JP)	9.1%	37.2%	38.5%	15.2%
	デンマーク(DK)	14.4%	31.9%	32.9%	20.8%
	ノルウェー(NO)	4.9%	15.4%	21.0%	58.7%
	スウェーデン(SE)	18.1%	26.0%	32.4%	23.5%
	フィンランド(FI)	10.4%	26.6%	38.7%	24.3%
在宅	日本(JP)	6.8%	26.2%	46.0%	21.0%
	デンマーク(DK)	11.4%	28.1%	38.6%	21.9%
	ノルウェー(NO)	6.3%	16.4%	21.0%	56.3%
	スウェーデン(SE)	11.5%	31.6%	34.0%	23.0%
	フィンランド(FI)	9.0%	31.7%	33.5%	25.7%

(D15e) 高齢者や障害者にかかる費用は利用者自らがもっと負担すべきだ
"A larger proportion of the expenses within the care for elderly and disabled persons should be paid by the care recipients themselves."

		高齢者や障害者にかかる費用は利用者自らがもっと負担すべきだ			
		賛成	やや賛成	やや反対	反対
施設	日本(JP)	9.1%	25.0%	48.7%	17.2%
	デンマーク(DK)	2.5%	8.8%	41.5%	47.3%
	ノルウェー(NO)	0.7%	5.3%	16.3%	77.7%
	スウェーデン(SE)	2.8%	14.5%	37.2%	45.4%
	フィンランド(FI)	1.6%	11.9%	50.3%	36.2%
在宅	日本(JP)	10.8%	33.1%	43.1%	13.0%
	デンマーク(DK)	2.5%	12.3%	44.1%	41.0%
	ノルウェー(NO)	0.4%	8.0%	23.2%	68.4%
	スウェーデン(SE)	2.4%	15.5%	41.1%	41.1%
	フィンランド(FI)	3.0%	16.8%	47.9%	32.3%

(D15f) より多く支払った人がよりよいサービスを受けられるべきだ
"Those who pay extra should get better services than others."

		より多く支払った人がよりよいサービスを受けられるべきだ			
		賛成	やや賛成	やや反対	反対
施設	日本(JP)	11.4%	21.4%	37.7%	29.5%
	デンマーク(DK)	4.5%	6.0%	19.5%	69.9%
	ノルウェー(NO)	2.6%	3.7%	7.0%	86.7%
	スウェーデン(SE)	2.5%	7.8%	15.6%	74.1%
	フィンランド(FI)	2.9%	5.6%	19.1%	72.3%
在宅	日本(JP)	4.1%	17.5%	42.3%	36.1%
	デンマーク(DK)	3.7%	6.5%	18.2%	71.7%
	ノルウェー(NO)	1.3%	5.5%	8.0%	85.3%
	スウェーデン(SE)	3.9%	7.2%	14.0%	74.9%
	フィンランド(FI)	1.8%	5.4%	22.0%	70.8%

(D15g) 今日では，お金や効率性ばかりが議論されて，人間として必要なことについてはほとんど話されない
“Nowadays, there’s too much talk about money and efficiency and too little about human needs.”

		今日では，お金や効率性ばかりが議論されて，人間として必要なことについてはほとんど話されない			
		賛成	やや賛成	やや反対	反対
施設	日本(JP)	29.5%	52.2%	13.1%	5.2%
	デンマーク(DK)	67.8%	27.2%	3.5%	1.5%
	ノルウェー(NO)	84.0%	11.8%	2.3%	1.9%
	スウェーデン(SE)	78.8%	15.0%	3.8%	2.5%
	フィンランド(FI)	77.5%	17.6%	2.5%	2.5%
在宅	日本(JP)	41.7%	43.9%	11.1%	3.3%
	デンマーク(DK)	69.5%	25.2%	3.1%	2.2%
	ノルウェー(NO)	83.9%	10.3%	3.3%	2.5%
	スウェーデン(SE)	80.3%	16.8%	1.4%	1.4%
	フィンランド(FI)	78.4%	18.0%	1.8%	1.8%

※本書では以下の項目の集計結果の掲載を省略した.

A3，A7，B1，B2，B3，B4，C1，C6a，C6b，D14b，D14c，E1～5，F1～10，G

3. NORDCARE 日本調査の調査票

高齢者介護に関する国際比較調査（日本国内アンケート調査）

◆あなたは過去 12 カ月間に高齢者介護の現場で、介護の仕事をする機会がありましたか。

❒ はい　　❒ いいえ

A. はじめは、あなた自身についての質問です。

1. あなたの性別は。

❒ 女性　❒ 男性

2. あなたの年齢は。

❒ 25 歳未満　❒ 25-34 歳　❒ 35-44 歳
❒ 45-54 歳　❒ 55 歳以上

※１９（　　）年／　昭和・平成（　　）年生まれ

3. どこで生まれましたか。

❒ 日本国内
❒ 他の国（　　　　　　　）

4. あなたは次のどこで働いていますか。

❒ 大都市（東京 23 区、政令市等）
❒ 地方都市・一般都市
❒ 地方の過疎地域・地方の人口減少地域

5. あなたは高齢者介護に関する教育あるいは訓練を受けましたか。

❒ いいえ
❒ はい、全部で１カ月未満
❒ はい、全部で１～５カ月
❒ はい、全部で６～１１カ月
❒ はい、全部で１～２年
❒ はい、全部で２年以上

◆あなたが持っている、介護に関係する資格の名前を書いてください。

……………………………………………………………

6. あなたは高齢者介護の仕事を何年していますか。

❒ １年未満
❒ １～５年
❒ ６～９年
❒ １０～１９年
❒ ２０年以上

7. あなたの最終学歴を教えてください。

❒ 義務教育
❒ 高等学校（介護関係の学科）
❒ 高等学校（上記以外）
❒ 高専・短大（介護関係の学科）
❒ 高専・短大（上記以外）
❒ 専門学校（介護）
❒ 専門学校（介護以外）
❒ 大学（介護関係の学科）
❒ 大学（上記以外）
❒ その他（　　　　　）

8. あなたの家族で主に生活費を負担しているのは誰ですか。

❒ 自分（あなた）
❒ 自分（あなた）以外
❒ 生活費は折半している等

1

B. 雇用、勤務時間、職場について

複数の介護の職場で働いている方は、最も長い時間、働いている職場の仕事について回答して下さい。

1. あなたが介護の仕事をしている場所はどこですか。

❒ 介護利用者の「自宅」
❒ 介護施設や介護付き住宅
（例：特養、老健等）
❒ 利用者自宅と介護施設／介護付き住宅の両方
❒ その他（　　　　　　　　　　　　）

2. あなたの働く職場、あるいは、提供するサービスは何と呼ばれていますか。
（例：ホームヘルプサービス、特養等）

………………………………………………

3. あなたの職業は何と呼ばれていますか。
（例： 介護職員、ホームヘルパー、看護師、パーソナルアシスタント等）

………………………………………………

4. あなたの職場は次のどこの地域にありますか。

❒ 北海道・東北
❒ 関東（東京・神奈川・千葉・埼玉）
❒ 関東（上記以外）
❒ 東海・北陸
❒ 近畿
❒ 中国・四国
❒ 九州・沖縄

5. あなたの雇用主は次のどれにあたりますか。

❒ 市町村、都道府県、国
❒ 社会福祉法人
❒ 医療法人
❒ 大規模な民間企業
❒ 小規模な民間企業
❒ NPO 法人、協同組合等
❒ 人材派遣会社
❒ その他（　　　　　　　　　）

6. あなたの雇用形態は次のどれにあたりますか。

❒ 正規職員
❒ 非正規職員
（パート、アルバイト、臨時職員、嘱託職員、契約社員等）

2

7. 自分の勤務時間について、1～2週間前にはわかっていますか。

❐ ほとんどいつもわかっている
❐ わかっていることが多い
❐ わかっていることはほとんどない
❐ わかっていることは決してない

8. あなたの仕事はフルタイムですか、パートタイムですか。

❐ フルタイム
❐ パートタイム（週に______時間程度）
※登録型ヘルパーも含む。

9. あなたは勤務時間に満足していますか。

❐ はい
❐ いいえ、もっと長い時間働きたい
❐ いいえ、（給料が下がっても）時間を減らしたい

10. あなたの勤務時間帯を教えてください。(複数回答可)

❐ 平日の日中
❐ 平日の夕方以降
❐ 週末
❐ 夜勤
❐ 宿直

11. あなたの職場では、直属の上司との打合せはどのくらいの頻度で行いますか。

❐ だいたい毎日
❐ 週1回程度
❐ 月1回程度
❐ ほとんどない、または決してない
❐ 私には上司がいない

C. 利用者と介護の仕事

1. この調査では、皆さんが介護している人たちを「利用者」と呼びますが、高齢者介護の分野ではいろいろな呼び方が使われています。あなたは普段、何という言葉を使っていますか。

....

2. 普段、1日で何人の異なる方を介護していますか。

下記の時間帯に働いていない場合、あるいは直接の介護をしていない場合は、「0」と書いて下さい。	その人数は適当だと思いますか。（各時間帯で1つずつ選択） 多すぎる	適当	少なすぎる
平日の日中：　最大（　　　）人	❐	❐	❐
平日の夕方以降：　最大（　　　）人	❐	❐	❐
週　末：　最大（　　　）人	❐	❐	❐
夜　勤：　最大（　　　）人	❐	❐	❐

3

3. あなたが普段、介護している人の中に、下記の状態にある方々はどれだけいますか。(各項目で1つずつ選択)

	なし	数名	半数	ほとんど	すべて
a) 室内の移動介助を必要とする人（あるいは“ねたきり”の人）	❒	❒	❒	❒	❒
b) 精神障害のある人	❒	❒	❒	❒	❒
c) 認知症の人	❒	❒	❒	❒	❒
d) 知的障害の人	❒	❒	❒	❒	❒
e) アルコール・薬物等の依存症の人	❒	❒	❒	❒	❒

4. あなたの日常的な仕事を思い起こして下さい。以下の作業をどのくらいしていますか。(各項目で1つずつ選択)

	1日に数回	1日に1回	週に1回	1カ月に1回	ほとんどない/全くない
a) 利用者の家を掃除する（例：掃除機をかける、床にモップをかける等）	❒	❒	❒	❒	❒
b) 温かい食事をつくる（昼食または夕食）	❒	❒	❒	❒	❒
c) 調理済みの食事を出す	❒	❒	❒	❒	❒
d) 日用品・食料品を買う	❒	❒	❒	❒	❒
e) 身体介護をする（例：入浴介助、排せつ介助、オムツ交換）	❒	❒	❒	❒	❒
f) 利用者の移動を補助する（例：ベッドから車いすに移す等）	❒	❒	❒	❒	❒
g) 利用者と一緒にお茶やコーヒーを飲む	❒	❒	❒	❒	❒
h) 利用者を元気づけ、安心感を与える	❒	❒	❒	❒	❒
i) 利用者の散歩に付き添う	❒	❒	❒	❒	❒
j) 事務作業をする(書類整理、予約等)	❒	❒	❒	❒	❒

5. 最近1カ月に あなたは次の仕事をしましたか。

	はい	いいえ
a)歩く訓練、言語トレーニング、その他リハビリを行った	❒	❒
b)調合された薬を手渡した	❒	❒
c)注射をした	❒	❒
d)利用者のヘアセット、マニキュア、ペディキュア（美容に関する事）をした	❒	❒
e)利用者の外出の用事に付き添った（例： 病院、買い物、銀行に行った等）	❒	❒
f)利用者とレクリエーションに参加した	❒	❒
g)職場以外で、病院、行政、他の介護事業者とコンタクトをとった	❒	❒
h)利用者の家族・親族とコンタクトをとった	❒	❒

6a. 時間をもっとかけることができればよいのに、と思う仕事があれば書いて下さい:

....

....

....

....

....

....

....

4

6b. あなたがするべきでないと感じる仕事があれば書いて下さい。

....

....

....

....

7. あなたがする仕事は、(例えば、ケアプラン等により)利用者を訪問する前に決まっていますか。

❒ ほとんど決まっている
❒ ときどき決まっている
❒ ほとんど決まっていない
❒ 全く決まっていない

8. 利用者の希望やニーズに応じて、決められた仕事以外のことをすることはどのくらいありますか。

❒ 該当しない(私の仕事は事前に決まっていない。)
❒ 毎日
❒ 週1回程度
❒ 月1回程度
❒ ほとんどない
❒ 決してない

D. 介護の仕事とあなたの勤務条件

1. あなたの仕事について、以下の質問にお答えください。(各項目で1つずつ選択)

	頻繁にある	時々ある	ほとんどない	決してない
a) あなたの仕事は興味深く、意義があると感じますか。	❒	❒	❒	❒
b) あなたの仕事には、やることが多すぎると思いますか。	❒	❒	❒	❒
c) あなたの仕事には新しい事を学んだり、専門性を向上させたりする可能性がありますか。	❒	❒	❒	❒
d) あなたは日々の仕事の内容に影響を与えることはできますか。	❒	❒	❒	❒
e) 職場で変更がある時、上司から十分な情報が提供されますか。	❒	❒	❒	❒
f) 仕事について同僚と話し合う時間を持てますか。	❒	❒	❒	❒
g) 仕事について最も近い上司からサポートを受けていますか。	❒	❒	❒	❒
h) 仕事上、さらに必要な教育を受けていますか。	❒	❒	❒	❒
i) 利用者が受けるべきサービスを受けていないので不十分だと思うことはありますか。	❒	❒	❒	❒
j) 職場の組織変更や、新しい仕事方法に変わる等の理由で、自分の勤務条件が変わるのではと不安を感じていますか。	❒	❒	❒	❒

2. あなたに課せられた仕事は、あなたの能力に見合ったものですか。

❒ 私の能力より、求められるレベルが高い
❒ 私の能力に見合っている
❒ 私の能力より、求められるレベルが低い

5

3. 職員(被雇用者)のあなたには、次のことがあてはまりますか。(各項目で1つずつ選択)

	はい	いいえ
a)使いやすい職員スペースがある	❒	❒
b)勤務時間中に、体操などの健康増進プログラムを利用できる	❒	❒
c)困難な状況においては、指導、助言、援助を受けられる	❒	❒
d)身体的にきつい作業では、適切な介護機器が使える	❒	❒

4. あなたの仕事は、次の人たちから喜ばれていると思いますか。(各項目で1つずつ選択)

	非常に喜ばれている	とても喜ばれている	ほとんど喜ばれていない	全く喜ばれていない	わからない
a) 利用者	❒	❒	❒	❒	❒
b) 利用者の家族	❒	❒	❒	❒	❒
c) あなたの同僚	❒	❒	❒	❒	❒
d) あなたの直属の上司	❒	❒	❒	❒	❒
e) 行政職員や自治体議員	❒	❒	❒	❒	❒

5. あなたの職場では、どのくらいの頻度で、次のことがありますか。(各項目で1つずつ選択)

	ほぼ毎日	週に1回程度	月に1回程度	ほとんどない	決してない
a) 決められた時間より長く働くこと (残業手当あり)	❒	❒	❒	❒	❒
b) 決められた時間より長く働くこと (残業手当なし)	❒	❒	❒	❒	❒
c) すべきことが多くて、昼食や休憩時間をカットしたり短縮したりすること	❒	❒	❒	❒	❒
d) 病欠や休暇などで職員が不足していると感じること	❒	❒	❒	❒	❒
e) 重い物や人を運んだり、持ち上げたり、ひっぱったりすること	❒	❒	❒	❒	❒
f) 無理な体勢やしんどい体勢で仕事をすること	❒	❒	❒	❒	❒
g) 介助に適さない場所や環境で働くこと	❒	❒	❒	❒	❒

6. どのくらいの頻度で、次のことを経験していますか。(各項目で1つずつ選択)

	ほぼ毎日	週に1回程度	月に1回程度	ほとんどない	決してない
a) 利用者やその家族・親族から、叱られたり、批判を受けたりすること	❒	❒	❒	❒	❒
b) 利用者やその家族・親族から、身体的暴力や脅しを受けること	❒	❒	❒	❒	❒
c) 利用者やその家族・親族から、性的な関心を持たれること	❒	❒	❒	❒	❒
d) 利用者やその家族・親族から、民族差別的な発言を受けること	❒	❒	❒	❒	❒

6

7. 下記に、仕事と職場に関する考え方や状況の例を示しています。
各項目について、あなたにはどれくらいあてはまりますか。（各項目で1つずつ選択）

	よく あてはまる	やや あてはまる	あまり あてはまらない	全く あてはまらない
a)「担当する利用者への責任は私だけにあるとしばしば感じる」	❐	❐	❐	❐
b)「私の同僚は仕事をよくやっていると信頼できる」	❐	❐	❐	❐
c)「さほど重要とは思えない事務的な仕事に、私の仕事時間がとられていく」	❐	❐	❐	❐
d)「私の職場では、批判や異なる考えを示すことは良いとされている」	❐	❐	❐	❐
e)「私は、自分の仕事を失うのでは、と不安である」	❐	❐	❐	❐
f)「利用者と会うことで得られることが多い」	❐	❐	❐	❐
g)「上の人たちは職員を信頼しておらず、支配的で管理的すぎる」	❐	❐	❐	❐

8. あなたの勤務条件は近年、改善されていますか、あるいは悪くなっていますか。

❐ 全般的に改善されている
❐ 変わりない
❐ 全般的に悪くなっている

9. 利用者のニーズに応えるあなたの能力は、近年、向上していますか、あるいは低下していますか。

❐ 全般的に向上している
❐ 変わりない
❐ 全般的に低下している

10. 過去12カ月間で、あなたは自分の病気が理由で何回、仕事を休みましたか。

❐ 病気で仕事を休んだことはない
❐ 1回程度
❐ 2～5回程度
❐ 6回以上

11. 過去12カ月間で、自分が病気にもかかわらず出勤したことは何回ありますか。

❐ 病気なのに出勤したことは全くない
❐ 1回程度
❐ 2～5回程度
❐ 6回以上

12. あなたはどの程度、次の状況にありますか。（各項目で1つずつ選択）

	常にある	しばしば ある	ときどき ある	ほとんど ない	全くない
a) 勤務が終わった後、身体的に疲れを感じる	❐	❐	❐	❐	❐
b) 勤務が終わった後、背中や腰が痛む	❐	❐	❐	❐	❐
c) 勤務が終わった後、精神的な疲れを感じる	❐	❐	❐	❐	❐
d) 仕事のことを考えて、ぐっすり眠れない	❐	❐	❐	❐	❐

7

13. 仕事によって、自分の健康や安全が害されるリスク（危険）を感じますか。

❐ はい、とても大きなリスクを感じている
❐ はい、大きなリスクを感じている
❐ いいえ、ほとんどリスクを感じていない
❐ いいえ、全くリスクを感じていない
❐ わからない

14a. 過去1年の間に、今の仕事を辞めようと深刻に考えたことはありますか。

❐ はい
❐ いいえ

14b. もしあなたが、今後、介護の仕事を辞めようと思うとすれば、その理由は何だと思いますか。

……………………………………………………………………………………………………

14c. もしあなたが、今後も、介護の仕事を続けていこうと考えるとすれば、その理由は何ですか。

……………………………………………………………………………………………………

14d. 初めて就職しようとする若者に対し、介護の仕事を勧めたいと思いますか。

❐ はい、必ず勧めます
❐ はい、おそらく勧めます
❐ いいえ、おそらく勧めません
❐ いいえ、絶対に勧めません

※「はい」または「いいえ」と回答する理由

……………………………………………………………………………………………………

14e. もしあなたに介護が必要になったら、ご自身の勤める施設または事業者の介護を受けたいですか。

❐ はい、受けたいと強く思う
❐ はい、受けたいと少し思う
❐ いいえ、あまり受けたくありません
❐ いいえ、絶対に受けたくありません

※「はい」または「いいえ」と回答する理由

……………………………………………………………………………………………………

15. 次の項目は、時々、見かける議論です。あなたは賛成ですか、反対ですか。(各項目で1つずつ選択)

	賛成	やや賛成	やや反対	反対
a)「男性職員を増やすことが、介護の仕事の社会的地位を向上させる」	❐	❐	❐	❐
b)「高齢者介護や障害者福祉サービスの提供は、民間企業がもっと担うべきだ」	❐	❐	❐	❐
c)「要介護高齢者や障害者は、もっと家族からの援助を受けるべきだ」	❐	❐	❐	❐
d)「高齢者や障害者のサービスを増やすために税金を上げるべきだ」	❐	❐	❐	❐
e)「高齢者や障害者にかかる費用は利用者自らがもっと負担すべきだ」	❐	❐	❐	❐
f)「より多く支払った人がよりよいサービスを受けられるべきだ」	❐	❐	❐	❐
g)「今日では、お金や効率性ばかりが議論されて、人間として必要なことについてはほとんど話されない」	❐	❐	❐	❐

E. 家族と家事についての質問

職場の状況と家庭や余暇の事情は相互に関係しています。ここでは、あなたの家族や家族の状況、家事について質問します。

1. あなたには配偶者がいますか。

❐ いない（未婚、離別、死別等を含む）

❐ いる（事実婚も含む）

2. あなたには同居する子ども(20歳未満)がいますか。

❐ いいえ → **３の質問を飛ばして、4（10頁）に進んで下さい。**

❐ はい…７歳未満の子どもが（　　　　）人

❐ はい…７～１２歳の子どもが（　　　　）人

❐ はい…１３～１９歳の子どもが（　　　　）人

3. あなたが働いている間、子どもの面倒を見ているのは誰ですか。(各項目で複数回答可)

	保育所等	配偶者パートナー	他の家族や親族	有給で雇った人	他の解決法（　　　）	該当しない
a) 平日の日中	❐	❐	❐	❐	❐	❐
b) 平日の夕方以降	❐	❐	❐	❐	❐	❐
c) 週末	❐	❐	❐	❐	❐	❐
d) 夜間	❐	❐	❐	❐	❐	❐

9

4. あなたは1週間に最大どのくらい家事に時間を使っていますか。
（例：掃除、買い物、調理、皿洗い、洗濯、育児）

- ❐ 週に０～２時間
- ❐ 週に３～５時間
- ❐ 週に６～１０時間
- ❐ 週に１１～２０時間
- ❐ 週に２１～３０時間
- ❐ 週に３１時間以上

5. あなたの勤務時間は、家庭生活などプライベートの都合と合っていますか。

- ❐ 非常に合っている
- ❐ まあ合っている
- ❐ あまり合っていない
- ❐ 全く合っていない

F. 仕事以外での介護の責任

ここでは仕事以外での介護について質問します。質問は家族、親族、友人、近隣に対する定期的な介護や手助けについてです。

1. あなたは、長期間の病気や障害、高齢により、日常生活で援助を必要とする家族、親族、友人、近隣の人を定期的に手助けしていますか。

- ❐ いいえ → Fの質問を飛ばして、G（11頁）に進んで下さい。
- ❐ はい、私は１人の人に対し、介護や手助けをしています。
- ❐ はい、私は複数の人に対し、介護や手助けをしています。

2. あなたが介護や手助けをしている人は誰ですか。
（複数回答可）

- ❐ 配偶者/パートナー
- ❐ 親、あるいは義理の親
- ❐ 子ども
- ❐ 他の親族、友人、近隣の人

3. あなたが介護や手助けをしている人の年齢は。
（複数回答可）

- ❐ ６５歳以上
- ❐ ２０－６４歳
- ❐ ２０歳未満

4. あなたが介護や手助けをしている人はどこに住んでいますか。
（複数回答可）

❐ 同居　❐ 本人の自宅　❐ 介護施設 等

5a. あなた以外に、その人を介護や手助けする人はいますか。

❐ いいえ　❐ はい

5b. 【「はい」と回答された方】あなた以外に介護や手助けをしている人は誰ですか。
（該当するものすべてを選択）

- ❐ あなたの配偶者/パートナー
- ❐ 他の親族、友人、近隣の人
- ❐ 介護や看護の専門職員
（ホームヘルプ、訪問看護、施設介護など）
- ❐ 有給で雇った人
- ❐ ボランティア

6. あなたはその人(たち)に対して、次のことを、どの程度していますか。(各項目で1つずつ選択)

	ほぼ毎日	週に1回程度	月に1回程度	ほとんどない	全くない
a) 家事援助(例:掃除、買い物、洗濯、調理等)	❒	❒	❒	❒	❒
b) 他の実務的なこと(例:支払い処理、修理、庭の手入れ、車の運転など)	❒	❒	❒	❒	❒
c) 身体介護(例:入浴介助、起床介助など)	❒	❒	❒	❒	❒
d) 時間を共に過ごす、話し相手になる	❒	❒	❒	❒	❒
e) 利用者を元気づけ、安心感を与える	❒	❒	❒	❒	❒
f) 医療機関、介護事業者、行政とのコンタクト	❒	❒	❒	❒	❒
g) その他( )	❒	❒	❒	❒	❒

7. あなたはその人の介護や援助にどのくらい時間を使っていますか。

最大で週に(　　　　　)時間程度

8. あなたの勤務時間は、その人の介護や援助による影響を受けていますか。

❒ いいえ

❒ はい、私は勤務時間を減らした

❒ はい、私は仕事を辞めた(または介護休業中)

❒ はい、私は欠勤している

❒ はい、その他(記入して下さい):

……………………………………………………………

……………………………………………………………

9. あなたはその人の介護や援助で、金銭的な報酬等を受けていますか。

❒ いいえ

❒ はい、自治体等の行政から手当を受けている(例:介護手当等)

❒ はい、本人や親族等から報酬や謝金を受けている

10. 仕事以外で、日常的な介護や手助けをすることについて意見があれば記入して下さい。

……………………………………………………………

……………………………………………………………

……………………………………………………………

……………………………………………………………

G. 最後に. . .

高齢者介護に関して、どのような制度が必要だと思いますか。

……………………………………………………………………………………………………

……………………………………………………………………………………………………

……………………………………………………………………………………………………

……………………………………………………………………………………………………

……………………………………………………………………………………………………

最後までご回答くださり、ありがとうございました。ご協力に心からお礼を申し上げます。

11

あとがき

本書の【第Ⅰ部】では，介護労働者を対象とした大規模な質問紙調査（NORDCARE 調査と日本調査）に基づき，日本と北欧諸国（主にデンマークとスウェーデン）の高齢者介護制度と介護労働の実態を比較考察した．これらの調査の意義は，国別の国際統計や政府統計によって把握されるマクロのデータではとらえきれない介護現場の現実を，介護労働者の日常の仕事を通してミクロレベルで明らかにした点にある．各国の介護関連制度が介護労働者が提供するケアにどのような影響を与えているのか，また，介護労働者の属性や労働環境はどのように異なるのかを，一定程度明らかにできたと考えている．

特に注目したいのは，日本の介護労働者（特に施設に勤務する職員）のおかれている労働環境の厳しい実態である．たとえば，日本の施設職員の約 62％が身体的疲労を常に感じており（スウェーデンの施設職員は約 29％，デンマークは約 26％），約 38％が背中や腰の痛みを常に感じている（スウェーデンの施設職員は約 15％，デンマークは約 12％）ことが上記調査から明らかになった（第 1 章，第 3 章参照）．編者らは 2014 年に開催された国際学会でこれらの調査結果を発表したが（Yayoi Saito, Nobu Ishiguro, Yoko Yoshioka, Momoko Sato, *Comparative Study of Elder Care Work in Japan and Sweden*, 12th Annual ESPAnet conference, Copenhagen, Copenhagen, September, 2014），日本の介護職員がおかれている厳しい状況にフロアから驚きの声があがった．日本の介護労働力不足も深刻であり，介護現場で人手不足を感じている介護労働者の割合が 66.6% にのぼることがわかっている（介護労働安定センター 2018）．また，介護職員の離職率も高く（2016 年 10 月 1 日～2017 年 9 月 30 日で 16.2%，介護労働安定センター 2018），マンパワーがなかなか定着しないのが現状である．労働力人口が減少するなかで介護分野の人材不足はいっそう深刻化することが予想されている．厚生労働省は，2025 年には介護職員が約 34 万人不足するとの推計を発表している（厚生労働省 2018）．介護労働者が安心して働き続けることができるよう労働環境を整備することが，緊急の課題であることが浮き彫りになっている．

筆者らの研究には課題も残されている．1 つは，NORDCARE 調査，日本調査のどちらも，質問紙による定量的な調査であり，定性的な調査がまだ実施できていない点である．量的調査に加えて，介護労働者へのデプス・インタビューやフォーカスグループ・インタビューなどを行い，対象者のおかれている状況や価値観，課題と解決法などを深く掘り下げることが本来望ましい．

2 つめは，上記の質問紙調査が介護労働者のみを対象としており，介護の受け手である利用者の声を明らかにする調査が実施できていない点である．介護は提供者と受け手の双方の存在によりはじめて成立するという性質をもつため，どちらか一方の視点のみでは不十分である．

これらの調査については今後の課題として取り組んでいきたいと考えている．

【第 II 部】は北欧の研究者によって執筆された論考の翻訳であり，北欧諸国（主にデンマーク，スウェーデン，ノルウェー）それぞれの高齢者介護にみられる市場化の制度概要，市場化の進展状況，市場化の影響などを詳しく論じ，さらに横断的な比較考察を行っている．第 6 章で指摘されているように，各国の市場化における類似点だけでなく，相違点をも見出し論じた包括的な研究は北欧諸国においてもほとんどみられず，これらの論考は非常に画期的で貴重な研究成果である．

第 II 部全体から導きだされる主要な論点の 1 つは，介護の市場化が介護サービスの質を向上させてコストを削減したというエビデンスはほとんどなく，人と人との関係性をベースとする介護サービスにおいては，市場化を進めることで競争原理が働き，コスト削減につながるとは言い切れないという点である．弱い立場におかれている利用者にとって，「退出」は必ずしも容易なオプションではない．また，「選択する強い個人」を前提とした「自由選択」アプローチを，介護を必要とする高齢者のような弱い立場にある人を対象としたサービスに適用することが望ましいのか，疑問は残されている．

日本において北欧諸国の介護制度が語られる際には，1970 年代～80 年代を中心とした公的部門によるサービスの一元的供給の状況が北欧モデルとして認識されていることも少なくない．編者らも含め，「先進的な北欧諸国」から「遅れている日本」が何を学ぶことができるかという視点で論じることが多かった．日本が直面している課題に向き合い，改善していくための示唆を外から得るという意味では，優れていると思われる海外のケースと，課題が多い日本のケースとを対比させて論じるのがわかりやすい手法かもしれない．しかし，それだけでは，実態を包括的かつ客観的に把握できない恐れがある．そこで，編者らは，北欧諸国において北欧諸国の介護がどのように論じられているのかを分析することに加え，北欧諸国の介護研究者と議論し，ネットワークを少しずつ広げ，対等な関係での共同研究を進めてきた．「北欧諸国から学ぶ日本」という一方向的な姿勢を乗り越え，日本の介護現場を実際に訪問して理解してもらい，研究対象国の内からの視点と外からの視点を織り交ぜながら，「学び合う」関係を構築し，多様な切り口で研究を進めることを心がけてきた．本書出版はそのプロセスを示す成果の一部であると言える．

本書の出版は，NORDCARE 調査のプロジェクトリーダーであり，かつ Normacare 報告書の編著者の一人である Marta Szebehely 教授の研究協力のおかげで実現した．また，第Ⅱ部の論考の原著者たちが快く承諾してくれたことにより，日本語への翻訳と本書収録が実現したものである．ここに感謝申し上げたい．

We would like to thank Marta Szebehely for giving us a great chance to do the comparative care work study and for the valuable comments and advices given to us. We also thank Gabrielle Meagher, Sara Erlandsson, Palle Storm, Anneli Stranz, Gun-Britt Trydegård, Tilde Marie Bertelsen, Tine Rostgaard, Mia Vabø, Karen Christensen, Frode Fadnes Jacobsen and Håkon Dalby Trætteberg for allowing us to translate/publish the valuable and inspiring works in the Normacare Report, *Marketisation in Nordic eldercare: a research report on legislation, oversight, extent and consequences*.

NORDCARE 日本調査において，アンケート調査にご協力いただいた全国の特別養護老人ホーム，老人保健施設，訪問介護事業者の皆様に心から感謝申し上げます．

本調査の実施にあたっては，日本労働組合総連合会（連合），自治労，UA ゼンセン（当時，UI ゼンセン同盟）の皆様に大きなお力添えをいただきました．また匿名性への配慮のため，お名前は出せませんが，プレ調査では大阪府内の訪問介護事業者にご協力いただきました．心から感謝申し上げます．また，NORDCARE 日本調査では，特にデータ処理について，京都華頂大学准教授の湯浅俊郎先生に大変有用なご助言をいただきました．深く感謝を申し上げます．

最後に，本書の編集で大変お世話になった大阪大学出版の川上展代さんにお礼を申し上げます．執筆や校正がなかなか進まないなかでも忍耐強く待っていただき，的確なアドバイスをしていただきました．心から感謝申し上げます．

なお，NORDCARE 調査（2005）はスウェーデン労働社会協会（Forskningsrådet för arbetsliv och socialvetenskap）の助成を受けている．また NORDCARE 日本調査は，日本学術振興会による科学研究費補助金（基盤研究(B)課題番号 20402043 研究代表者：斉藤弥生），科学研究費補助金（基盤研究(B)課題番号 23330175　研究代表者：石黒暢）により実施した．

また，本刊行物は，JSPS 科研費 JP17HP5180 の助成を受けたものである．

2018 年 10 月 31 日

石黒 暢・斉藤弥生

Nobu Ishiguro, Yayoi Saito

参考文献

介護労働安定センター．2018．『平成 29 年「介護労働実態調査」の結果』．介護労働安定センター．

厚生労働省．2018．『第 7 期介護保険事業計画に基づく介護人材の必要数について』．厚生労働省．

執筆者一覧（執筆順，＊は編者）

【日本】

＊斉 藤 弥 生（さいとう　やよい）［はじめに，1章，4章，6章（邦訳），7章（邦訳），あとがき］
Yayoi Saito
大阪大学大学院人間科学研究科教授

＊石 黒　　暢（いしぐろ　のぶ）［はじめに，1章，3章，8章（監訳），あとがき］
Nobu Ishiguro
大阪大学大学院言語文化研究科准教授

吉 岡 洋 子（よしおか　ようこ）［2章，9章（邦訳）］
Yoko Yoshioka
大阪大学大学院人間科学研究科招へい研究員

山 口　　宰（やまぐち　つかさ）［5章］
Tsukasa Yamaguchi
神戸国際大学経済学部准教授
社会福祉法人光朔会高齢者総合施設オリンピア兵庫館長

佐 藤 桃 子（さとう　ももこ）［8章（邦訳）］
Momoko Sato
島根大学人間科学部専任講師

【スウェーデン】

Marta Szebehely［6章，7章］
Professor, Department of Social Work, Stockholm University, SWEDEN

Gabrielle Meagher［6章］
Professor, Department of Sociology, Macquarie University, AUSTRALIA

Sara Erlandsson［7章］
PhD, Researcher, Department of Social Work, Stockholm University, SWEDEN

Palle Storm［7章］
PhD, Researcher, Department of Social Work, Stockholm University, SWEDEN

Anneli Stranz［7章］
PhD, Researcher, Department of Social Work, Stockholm University, SWEDEN

Gun–Britt Trydegård［7章］
PhD, Researcher, Department of Social Work, Stockholm University, SWEDEN

【デンマーク】

Tilde Marie Bertelsen［8章］
Assistant Professor, Department of Political Science, Aalborg University, DENMARK

Tine Rostgaard［8章］
Professor, VIVE: The Danish Center for Social Science Research, DENMARK

【ノルウェー】

Mia Vabø［9章］
Research Professor, NOVA, Oslo Metropolitan University, NORWAY

Karen Christensen［9章］
Professor, Department of Sociology, University of Bergen, NORWAY

Frode Fadnes Jacobsen［9章］
Professor, Center for Care Research, Western Norway University of Applied Sciences NORWAY

Håkon Dalby Trætteberg［9章］
Research Fellow, Institute for Social Research, NORWAY

索　引

※頻出語は，原則的に，各章の初出または最も詳しく記載しているページを記しています.
※地名にはアルファベット表記を付けています.

〈あ行〉

アイ・エス・エス・ヘルス・ケア社　213
アデッコ社　317, 318, 329
アデッコ社スキャンダル　120, 315, 317, 318, 329, 331
アテンド・ケア社　125, 212-215, 235, 279
アテンド・ノルウェー株式会社　318
アムベア株式会社　319
アムベア社　213, 241
アレリス・ケア株式会社　318
アレリス・ケア社　125, 212, 213, 279
アンメルドルンデン, Ammerudlunden　317, 329
医療福祉査察庁　146, 148, 194, 195, 200
インベストール社　213, 318
ヴァールダーガ社　241
ヴァイレ, Vejle　259
ヴェクショー, Växjö　97, 98, 103-106, 111
ヴェステルノルランド, Västernorrland　101
ヴェステルマンランド, Västmanland　101
ヴェストライェータランド, Västra Götaland　101
ヴォード　77, 78
ヴォードビトレーデ　80
ウップヴィーディンゲ, Uppvidinge　103
エーシュタ・ディアコニー　217
エーデル改革　31, 82, 83, 97, 177, 242
エールー, Ærø　277
エスピン＝アンデルセン　57
エスプリ・ケア社　125
オーストラリア　3, 151, 152, 345, 346
オコ基金　125, 279
オズスヘアアズ, Odsherred　259
オステルマルム区, Östermalm　216
オスロ, Oslo　124, 138, 139, 156, 309, 313-321, 326-328, 330-332, 336
オムソリ　76-80, 93

〈か行〉

会計監査院　141, 201
介護家族支援員　100, 103, 105, 107
介護機器　27, 28, 33, 383
介護サービス判定員 → サービス判定員
介護施設監査法　147
介護職員初任者研修　53
介護付き住宅　10, 19, 31, 34, 123, 169, 177, 183, 213, 241
介護福祉士　4, 49, 50, 92
家事労賃控除（ルット, RUT）　187
カルマル, Kalmar　101
カレマ・ケア社　125, 212, 213, 215, 235, 241
関係的な力　67
患者安全法　201
患者助言委員会法　148, 200
規制緩和型介護型住宅法　132
規制緩和型ナーシングホーム　121, 252, 257, 267, 270, 274, 275, 279-281, 286, 288
基礎自治体連合　259, 265, 273
機能回復　264, 265
機能障がい者法　184
救世軍　309
行政管理庁　189, 190, 220, 230, 237
競争促進庁　119, 135, 137, 140, 189, 191-193, 217, 219
競争入札方式モデル　261
「共通言語」　150, 251, 258, 259
クーイ, Køge　259
クリスチャンサン, Kristiansand　317, 321,

327
グレーマーケット　141
クロノベリィ，Kronoberg　101，103，106，111
ケアの合理性　12，75，76，79，80，85，91，93，94
ケア・パートナー社　213
経済地域振興庁　189，193，214，236
現代型ナーシングホーム　253，254，266，275
公共サービスポータル　269
公共調達（法）　126，181，257，269，308，316
構造的な力　67
購入者－供給者分離モデル　6，84，179，181，251，258，303-305，336
高齢者介護行動計画　300
高齢者ガイド　149，150，196，197，199，221，226
高齢者ケア国家戦略　99
高齢者の反乱　299
高齢者ビリオン　299，300
国際公共サービス連盟　324
国税庁　215
コペンハーゲン，København　124，268，274，277
コミューン　176
コムーネ　251，293
雇用者組織　268，310

〈さ行〉

サーヴィス　77，78
サービス選択自由化法　134，184
サービスハウス　29，30，82
サービス判定員　81，100，177，191，258，283，303
サーラ条項　148，168，195，202，203
再家族化　1，7-9
在宅介護主任　30
作業療法　30，100，104，108，253
サムスー，Samsø　277
自主管理・小グループモデル　80，82
自治体権限法　186
自治体振興省　305，324，336
自治体保健福祉サービス法　296
自治体・民間職員組合　322-324，329，333，335
自治体連合会　190，195，196，324，326
質の規則　298，311
シニア・アラート　196
私費購入化　1，7-9，80，81
市民参加の高齢者の家　217
社会移民省　283
社会サービス法　19，30，132，176，193，202，253，256，261，266，296
社会福祉不服審査庁　273
社会民主主義レジーム　57
自由選択データベース　150，151，269
自由選択法　127，134，139，168，256
従来型ナーシングホーム　253，254，266，275
小規模多機能ホーム　108
消費者選択　133，179，183，184，206，211，215，264
新自由主義　1，211
スウェーデン自治体連合会　190，197
スウェーデン・クオリティ・インデックス社　228
スコーネ，Skåne　101，111，210
スタヴァンゲル，Stavanger　315-317，321
ストックホルム，Stockholm　3，20，100，124，138，140，169，210-212，215，216，219，227，229-231，234，242，347
スモーランド，Småland　98，103
スロットマシン協会　130
政策研究センター　288
成長政策分析庁　189，193，237
赤十字　19，81，217
責任センター　305
全国労働組合総連　39，54
選択の自由　32，33，71，127，168，180，188，190，191
ソーデマーレ　129，131

〈た行〉

宅老所　108
タンペレ　143
地域包括ケア　107，109
地方自治法　127，132，177，179-181，183，185，192，205，235，296
チャーチ・シティ・ミッション　125，309，314
追加サービス　257，259，262，275，278，328

ディアコニ財団　267
デイサービス　3, 19-21, 30, 32, 34, 82, 185, 196, 227
停止法　131
ティステズ，Thisted　278
伝統的介護　83
伝統的モデル　80, 82
デンマーク競争促進・消費者庁　268
デンマーク基礎自治体連合　259, 265, 273
デンマーク・ディアコンイェム　125, 267, 279
登録ヘルパー　33, 68
独立法人　121, 130, 266
特区コムーネ事業　259, 287
トリトン社　213
トロンハイム，Trondheim　315-317

〈な行〉

ナーシングホーム及び24時間対応のサービスに関する法　311
ナッカ，Nacka　302
入札委員会　158, 268, 269, 281, 285
入札・認可複合モデル　262
ニュー・パブリック・マネジメント　75, 80, 116, 149, 179, 256, 294, 300
認可モデル　168, 261-263, 265
認識共同体　164
認知症看護師全国ネットワーク　99
認知症ケアプログラム　103
認知症の医療とケアの国家ガイドライン　99
認知症の人と家族の会　107
認知症の人のためのケアプログラム　103, 104
ノランディア・ケア株式会社　318
ノランディア・ケア社　125
ノルウェーNGO連合　310
ノルウェー企業連合会　310, 315, 317
ノルウェー経営者連盟　118, 302, 315, 321-323, 333, 334
ノルウェー自治体・民間職員組合　302, 322
ノルウェー自治体連合会　301-304, 306, 310, 331
ノルウェー女性福祉ボランティア協会　125, 314
ノルウェー私立学校法　308
ノルウェー統計局　313, 315, 326, 336
ノルウェー労働環境法　310, 329

〈は行〉

パーソン・センタード・ケア　108
バールム，Bærum　124, 320
バウチャー（モデル）　80, 133, 184, 260, 263
バウチャーモデル　168, 261, 263, 264
バランス・スコア・カード　312
ハルスネス，Halsnæs　264
非営利事業者連合　196
非営利住宅法　266
標準化　84, 90, 93, 149, 150, 162, 195, 199, 251, 258, 269, 326
「開かれた比較」　150, 158, 190, 195-199, 221, 225, 227, 228, 230, 238, 239
福祉医療指導局　146
福祉国家のためのキャンペーン　323
普遍主義　7, 8, 115, 146, 154, 165, 166, 237
ブリッジポイント社　213
ブルーカラー自治体職員組合　302
フレーゼンスボー，Fredensborg　259
フレザレチャ，Fredericia　264
フレズレクスベア，Frederiksberg　264
ベッド売り　128, 183, 236
ヘムサマリート　80
ベルゲン，Bergen　138, 139, 312, 313, 317, 321, 327, 328, 331, 336
ベルトコンベア風モデル　80, 82
法律・財政・行政サービス庁　188, 189
ホームヘルパー2級　49, 50, 53
北欧モデル　2, 13, 418
保健医療サービスの公的監査に関する法律　297
保健医療庁　312
保健医療法　176, 180, 184
保健・社会政策省　99
保健と社会的ケアの調和　298
補助器具　28, 285
ボランタリーセンター　299

〈ま行〉

マイニオ・ヴィーレ社　125
マリーイイェメネ基金　279
マルメ，Malmö　99, 103, 111, 211, 212
ミケヴァ社　125
民間事業者連合　192, 196
モス，Moss　314, 317, 331
モダン・サービス　83, 84

〈や行〉

ユヴァスキュラ，Jyväskylä　143
ユニケア介護株式会社　319
要求度－裁量度－サポートモデル　12, 58
要求度－裁量度モデル　58
ヨーテボリ，Göteborg　211, 212

〈ら行〉

ランゲラン，Langeland　278
ランスティング　30, 31, 34, 97, 100, 101, 111, 168, 176, 177, 242
リハビリ　24, 26, 27, 81, 82, 276, 296, 298, 299, 371
リンショッピング　216
ルット → 家事労賃控除
レイト・モダン・アウトプット　83, 84
レギオン　34, 100, 101, 111, 168, 176, 242
レスー，Læsø　278
ロンネビィ，Ronneby　98

編者略歴

斉藤弥生（さいとう　やよい）Yayoi Saito　**大阪大学大学院人間科学研究科教授**

学習院大学法学部政治学科卒業後，スウェーデン・ルンド大学政治学研究科（行政学修士）に留学，1993 年大阪外国語大学助手（スウェーデン現代社会論），講師，助教授を経て，2000 年に大阪大学大学院人間科学研究科助教授，2013 年より現職．博士（人間科学），専門は社会福祉学（比較福祉研究，高齢者介護研究）．主著に『スウェーデンにみる高齢者介護の供給と編成』（大阪大学出版会 2014），共編著に *Eldercare Policies in Japan and Scandinavia: Aging Societies East and West*. Palgrave macmillan 2014 等がある．

石黒　暢（いしぐろ　のぶ）Nobu Ishiguro　**大阪大学大学院言語文化研究科准教授**

大阪外国語大学外国語学部卒業，デンマーク・ロスキレ大学社会経済計画学部留学，同志社大学大学院文学研究科社会福祉学専攻博士前期課程修了．専門は社会福祉学（高齢者介護論，福祉国家論）．主要な著作に『シニアによる協同住宅とコミュニティづくり』（共編著，ミネルヴァ書房 2011），*The Routledge Handbook of Social Care Work Around the World*. Routledge 2017（共著）がある．

市場化のなかの北欧諸国と日本の介護
その変容と多様性

2018 年 11 月 30 日　初版第 1 刷発行　［検印廃止］

編　者　斉藤弥生・石黒　暢

発行所　大阪大学出版会
代表者　三成賢次

〒 565-0871　大阪府吹田市山田丘 2-7
大阪大学ウエストフロント
TEL　06-6877-1614
FAX　06-6877-1617
URL：http://www.osaka-up.or.jp

印刷・製本　尼崎印刷株式会社

ISBN 978-4-87259-597-0 C3036